股市实战操盘分析

陈 山 著

地震出版社
Seismological Press

图书在版编目(CIP)数据

股市实战操盘分析/陈山著. —北京:地震出版社，2013.2

ISBN 978-7-5028-4094-5

Ⅰ.①股…　Ⅱ.①陈…　Ⅲ.①股票投资—基本知识　Ⅳ.①F830.91

中国版本图书馆CIP数据核字(2012)第118744号

地震版　XM2701

股市实战操盘分析

陈　山　著

责任编辑：刘素剑

责任校对：孔景宽

出版发行：地震出版社

北京民族学院南路9号　　邮编：100081

发行部：68423031　68467993　　传真：88421706

门市部：68467991　　传真：68467991

总编室：68462709　68423029　　传真：68455221

证券图书事业部：68426052　68470332

http://www.dzpress.com.cn

E-mail:zqbj68426052@163.com

经销：全国各地新华书店

印刷：三河市鑫利来印装有限公司

版(印)次：2013年2月第一版　2013年2月第一次印刷

开本：787×1092　1/16

字数：382千字

印张：21.25

书号：ISBN 978-7-5028-4094-5/F(4772)

定价：48.00元

前　言

股票市场是一个博弈的场所，在这里只有少数人能够赢取财富。所谓股市“一赢二平七分亏”，而真正能持续、稳定盈利的，更加连一成都不到。很多人仅怀着追逐财富的梦想，未经任何学习就匆匆进入股市，最后不过是坐坐电梯，然后坠入底层。

任何领域的成功都不会非常容易。在当今社会，且不说要获得多大的成功，仅仅是想得到一份稍强点儿的职业，如医生、律师等，都需要经过数年的专业学习，而投资市场中成功者所能得到的回报，远非上班族所能比。为此需要学习的知识和付出的努力，也绝不会比其他领域少。这是一个最基本的道理。可偏偏很多人都不这样认为，由于股市是一个门槛极低的投资领域，任何人只要拿着身份证到证券公司开个户就能参与进来，有的人就因此忽视其专业性，把这里当成一个可以不劳而获的发财捷径，毫无准备地冲进来，最终往往不可避免地受到市场的教训。我们首先应该想想，股市这个接近于零和的游戏中，赢家的收益必然对应着输家的损失，如果没有过人的本领，别人凭什么会输钱给你。有的人在自己的工作、生活中就碌碌无为、无所事事，进入股市却自以为能吉星高照、好运连连，如果钱真让他们赚走了，那么那些付出大量时间、精力，百炼成精的职业投资者们都干什么去呢？

世界是公平的，没有人天生就是胜利者，要想成为股市游戏中的赢家，除了通过学习提高自己，别无他法。但是到底要学些什么？这又是一个问题，也是很多人感到困惑之处。与其他专业领域不同，其他专业的人才培养，多数在学校里都有一套成熟的标准化课程体系，比如医学、法律、电子、外语等，都有着相对应的专业课程内容。但股市投资需要学些什么，从来没有一个标准的答案，这令很多渴望学习的股民感到无从下手。市场的运行有其规律，而这规律却并非是显而易见的，我们很难说只要掌握了什么就一定能赚钱。有许多人学习研究股票，是希望找到一种一学就会的所谓“绝招”，然后就能靠着这“绝招”一劳永逸地财源滚滚，为此甚至不惜四处拜师。股票市场数百年的历史早已证明，这种所谓的“绝招秘籍”是根本不存在的，反倒是很多行骗者利用这些股民迷信绝招的心理，打着“操盘培训”一类的幌子，到处招摇撞骗，这种现象目前实在是屡见不鲜。还有些不学无术之辈，整天鼓吹什么“大道至简”，即使大道真的至简，也不是从空中楼阁中来，至少要有一个由繁到简的过程，如果对市场知识缺乏全面、深厚的积累，想直奔“大道”只能是空谈。这类想法，归根结底还是前面讲的，忽视股票投资的专业性，将其当做捞偏门的发财捷径，这些在现实中注定是行不通的。

要认清市场规律，把握市场波动，首先需要我们对影响市场走势的实际因素有一个全面的了解。走势本质上是多空双方博弈的结果，正是市场各方参与者的交易合力决定了走势的波动方向。分析市场，从根本上讲就是要分析市场参与者的行为动向，而这一点，取决于技术、主力、资金面、政策消息等几个核心因素的影响。所以，我们分析市场关键就是要从这几个方面入手进行综合研判，进而才能得出有效结论。

基于以上思路，笔者写作了本书，从A股市场实战操盘角度，分别对技术分析、主力、板块、基本面和消息面等几部分内容进行探讨，力求使读者经过系统的学习，对市场运行特征和内在规律形成较为全面客观的认识，从而在实际投资中掌握有效的分析方法和思路。本书最初只是笔者所做的内部培训讲义，现在整理后出版，希望能为市场中有心人的学习提高起到一些帮助。

股市求知之路注定不是平坦的，只有经过大量的学习磨炼才能有所收获，但这一切的付出都是值得的，因为这是当今社会人们通往财富自由之路的最佳途径。如今的中国已经进入资本时代，考虑到目前A股市场的实际状况和中国所处的历史发展阶段，未来数年国内证券市场必将迎来极大的发展空间，这是时代赋予每个参与者的历史性机遇，希望读者朋友们能够抓住机遇，把握未来！

感谢舵手证券图书的郑义主编和地震出版社在本书出版过程中给予的大量帮助。

读者学习过程中如果有什么问题，欢迎来信交流，邮箱地址是：chenshan@vip.126.com

陈　山

2012年4月

目　录

第一章

技术分析和市场心理

技术分析是股票市场投资分析方法中的一种流传最广泛的分析方法，其各种理论和技术的发展已逾百年历史。技术分析尽管存在着很大的局限性，但由于简单易用，且适用性广等特点，依然被大量投资者所普遍接受和使用。所以，不论是从掌握基本常识，还是从与市场大众博弈的角度出发，都要求我们首先对技术分析有必要的了解。

对于职业投资者而言，技术分析只能算是入门性的常识，单独依靠技术分析的简单运用并不能使我们持续稳定获利。但是，由于市场大众对技术分析的广泛接受和相信，所以在博弈性的股票市场中，技术分析是一种与市场博弈的重要工具。也正是因此，越是为大众所普遍掌握的技术分析“常识”，对市场的影响作用越是明显。所以从这个角度讲，技术分析无需深究，掌握其中最重要的内容即可。技术分析内容涵盖较广，专门讨论这部分内容的书籍也较多，本章只对其中最重要的内容进行总结，这些已足以使读者对技术分析的掌握达到够用的程度。本章将着重结合行为金融学的相关原理对技术图形背后相关的市场心理规律进行剖析。

第一节　技术分析的理论基础

一、技术分析三大假设

作为一种投资分析方法，技术分析的思想是基于三项有一定合理性的市场假设：价格指数包容一切；价格以趋势方式演变；历史会重演。

1. 股价指数包容一切

技术分析认为能够影响证券市场的任何因素，包括经济、政治、供求关系等等，都反映在标的物价格变动中，所以不必对影响股票价格的因素具体是什么过多地关心，只关心这些因素对市场行为也就是价格变动的影响效果即可，因为价格的变化已经包含着这一切。这条假设有一定合理性，任何一个因素对股票市场的影响最终都必然表现在股票价格的变动上，它是技术分析的基础。可惜很多人只是从字面上了解了这句话，而并没有悟到其最根本的意义。

2. 价格以趋势方式演变

这一假设是技术分析最根本、最核心的因素。其主要思想是股票价格的变动是按一定规律进行的，股票价格有保持原来方向运动的惯性，而股票价格的变动方向是由供求关系决定的。技术分析认为股票价格的运动反映了一定时期内供求关系的变化，供求关系一旦确定，股票价格的变化趋势就会持续下去。只要供求关系不发生改变，股票价格的走势就不会反转。正是由于这一条，技术分析者才花费大量心血试图找出股票价格变动的规律。所以“顺势而为”成为了股票市场上的一句名言，如果股价没有调头的内部和外部因素，没有必要逆大势而为。这一假设也有一定的合理性。

3. 历史会重演

这条假设是从人的心理因素方面考虑的。市场上进行具体买卖的是人，是由人的交易行为决定价格。人必然要受到心理学中某些规律的制约，尤其是群体性心理变动更加会体现出规律性，这就为类似的市场状况下出现类似的群体性交易行为奠定了基础，由此反映在由群体行为决定的价格波动上，也会体现出历史规律不断重演的特点。因此，技术分析认为，可以根据历史走势总结出来的规律来预测未来。

二、 道氏理论

道氏理论是技术分析的理论基础，许多技术分析方法的基本思想都来自于道氏理论。该理论的创始人是美国人查尔斯•亨利•道。为了反映市场总体趋势，他与爱德华•琼斯创立了著名的道琼斯平均指数。他们在《华尔街日报》上发表的有关证券市场的文章，经后人整理，成为我们今天看到的道氏理论。道氏理论主要包括以下主要原理：

(1)市场价格平均指数可以解释和反映市场的大部分行为。这是道氏理论对证券市场的重大贡献。道氏理论认为收盘价是最重要的价格，并利用收盘价计算平均价格指数。目前，世界上所有的证券交易所计算价格指数的方法大同小异，都源于道氏理论。此外，他还提出平均价格涵盖一切信息的假设。目前，这仍是技术分析的一个基本假设。

(2)市场波动具有某种趋势。道氏理论认为，价格的波动尽管表现形式不同，但是最终可以将它们分为3种趋势：主要趋势、次要趋势和短暂趋势。主要趋势是那些持续1年或1年以上的趋势，看起来像大潮；次要趋势是那些持续3周至3个月的趋势，看起来像波浪，是对主要趋势的调整；短暂趋势持续时间不超过3周，看起来像波纹，其波动幅度更小。

(3)主要趋势有3个阶段(以上升趋势为例)。第一个阶段为累积阶段。该阶段中，股价处于横向盘整时期。在这一阶段，聪明的投资者在得到信息并进行分析的基础上开始买入股票。第二个阶段为上涨阶段。在这一阶段，更多的投资者根据财经信息并加以分析，开始参与股市。尽管趋势是上升的，但也存在股价修正和回落。第三个阶段为市场价格达到顶峰后出现的又一个累积期。在这一阶段，市场信息变得更加为众人所知，市场活动更为频繁。第三个阶段结束的标志是下降趋势，并又回到累积期。

(4)两种平均价格指数必须相互加强。道氏理论认为，工业平均指数和运输业平均指数必须在同一方向上运行才可确认某一市场趋势的形成。

(5)趋势必须得到交易量的确认。在确定趋势时，交易量是重要的附加信息，交易量应在主要趋势的方向上放大。

(6)一个趋势形成后将持续，直到趋势出现明显的反转信号。这是趋势分析的基础。道理虽如此，然而在行情的当下确定趋势的反转却不太容易。

道氏理论并不是用来指出应该买卖哪只股票，而是在相关收盘价的基础上确定出股票市场的主要趋势。因此，道氏理论对大势的判断有一定的价值，但对于级别更小的中短期波动则显得无能为力。道氏理论的另一个不足是它的可操作性较差。一方面，道氏理论的结论落后于价格变化，信号太迟；另一方面，理论本身存在不足，使得精通这些理论的投资者在进行行情判断时，也会因得到诸多不明确的信号而产生困惑。其根本原因在于，道氏创立这些理论的初衷只是为了“描述”市场波动呈现出的特征，而非预测市场，他本人并不认为他的理论具有预测市场的功能。

尽管道氏理论存在某些缺陷，有的内容对今天的投资者来说已显得过时，但它仍是许多技术分析的理论基础。近几十年来，出现了很多新的技术分析方法，有相当部分是道氏理论的延伸，这在一定程度上弥补了道氏理论的不足。

第二节 经典技术分析的主要理论

在包括价格、成交量的历史资料基础上进行的统计、计算、绘制图表方法是技术分析的主要手段。一般说来，技术分析分为K线分析、切线分析、形态分析、技术指标分析等几个主要方面，这几个方面统称为“经典技术分析”。此外，技术分析还包括一些自成一家的理论，例如波浪理论、江恩理论。下面分别对经典技术分析的各部分内容进行扼要的讲解，至于其余技术理论，限于本书篇幅和定位，不做探讨，感兴趣的读者可以参看相关书籍。

一、K线分析

K线分析是根据若干天的K线组合情况，推测证券市场中多空双方力量的对比，进而判断行情走向的方法。

K线又名蜡烛图，起源于数百年前的日本，最初用于记录米市的交易，经过百年的发展运用，形成了一套K线理论，成为了技术分析的重要组成部分。K线是一条柱状的线条，由影线和实体组成，实体的边沿表示一日(以日线图为例)的开盘价和收盘价，上影线顶点表示一日最高价，下影线顶点表示一日最低价。当开盘价高于收盘价，K线为阳线，反之为阴线(图1-1)。沪深股市采用集合竞价方式产生开盘价，交易日的9:15～9:25为开盘集合竞价时间。而对于收盘价，沪市用当日最后1分钟平均成交价为收盘价；深市则通过最后3分钟进行集合竞价来产生收盘价。

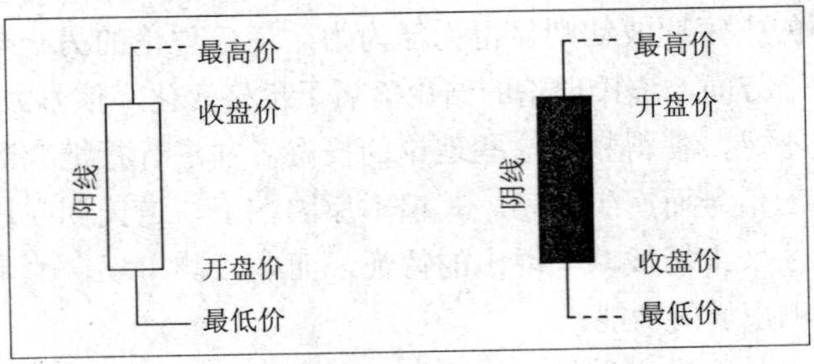

图1-1 K线

根据开盘价、收盘价、最高价、最低价的相对位置，单根K线可以表现为大阳线(大阴线)，小阳线(小阴线)，十字星，T字形(倒T字形)，一字涨停板(跌停板)等。一根K线记录了对应的品种一天的价格变动情况，将每天的K线按时间顺序排列，就可反映该品种一段时间以来的价格变动情况，也就是行情软件上所看到的日K线图。此外，K线可以用于各种不同长度的时间周期，除了以日为单位，相应的还有周K线、月K线、30分钟K线、1分钟K线等等。

K线理论主要是对单根K线以及K线组合形态所反映出的多空战况进行分析，并由此得出一些多空强弱的结论。K线理论中所总结的单根K线技术意义的价值不大，最为市场技术派所重视的还是由连续几根K线所构成的K线组合分析。K线组合的情况非常多，无论是两根K线、三根K线乃至多根K线，都是以各根K线的相对位置和阴阳来推测行情的。下面将最典型的K线组合总结如下：

(1)早晨之星和黄昏之星(图1-2)

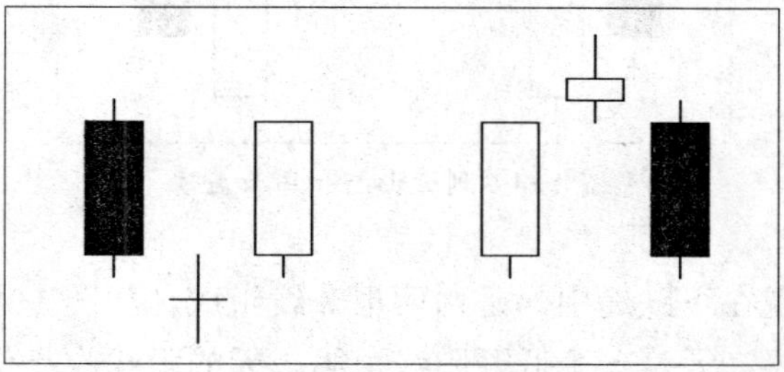

图1-2　早晨之星和黄昏之星

早晨之星(图1-2)出现在下跌途中，由三根K线组成。第一根是阴线，第二根是十字线，第三根是阳线，第三根K线实体深入到第一根K线实体之内。由早晨之星的形态就可以知道，其背后意味着多空双方战局的扭转，故在K线理论中属于向上反转信号，也就是说走势有可能由跌转涨。

黄昏之星(图1-2)则与早晨之星形状相反，是一种向下反转形态，意味着短期走势有可能由涨转跌。如图1-3圆框所示。

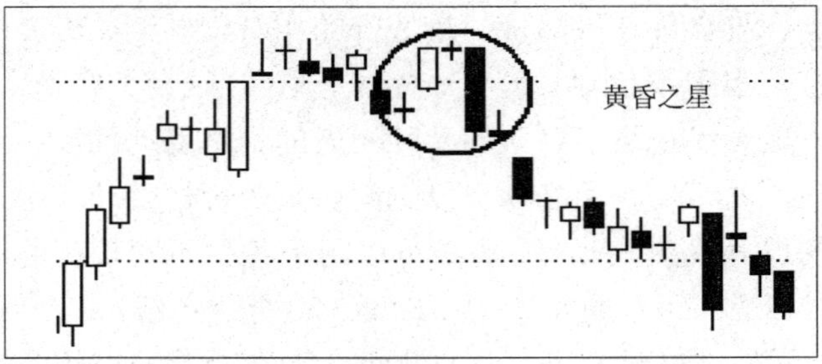

图 1-3　黄昏之星

(2)刺透形态和乌云盖顶(图 1-4)

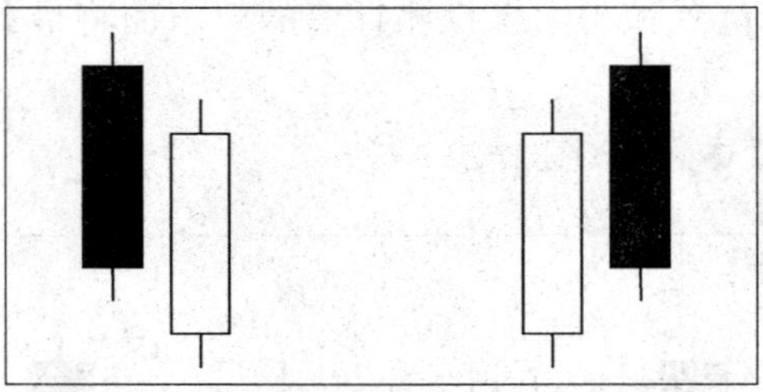

图 1-4　刺透形态和乌云盖顶

刺透形态出现在下跌途中，是由两根 K 线组成，如图 1-4 左所示。第一天是一根中阴线，第二天是一个低开阳线，第二天的阳线收盘位置升破第一天阴线实体的中点，说明多方开始绝地反击。与早晨之星类似，刺透形态也属于典型的向上反转组合。

乌云盖顶则出现在一波涨势的末端，形状与含义均与刺透形态相反，如图 1-4 右所示。

(3)看涨吞没与看跌吞没

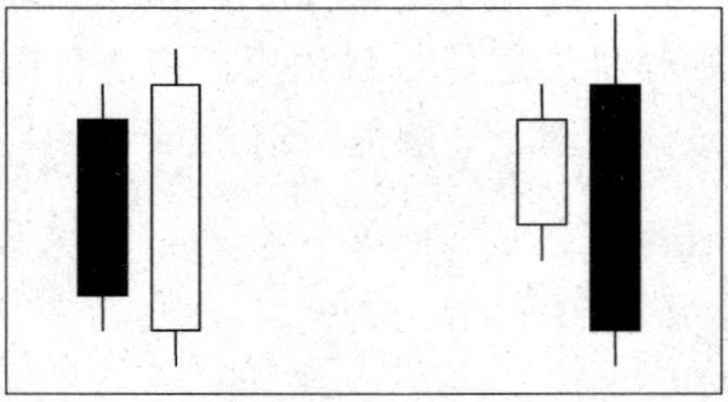

图 1-5　看涨吞没与看跌吞没

看涨吞没出现在一段时期的下跌后，市场突然出现了一根中阳线将前一日的阴线全部吞没，显示出多方开始大力反扑，此时意味着市场很可能见到阶段性底部。看涨吞没的原理与刺透形态类似，但是多方的反攻力度更为强劲，构成K线组合理论中一种典型的反转信号。在K线理论中，对于两根K线的组合来说，第二天的K线的相对位置是进行行情判断的关键，简单地说，第二天多空双方争斗的区域越高，越有利于上涨；越低，越有利于下跌。例如刺透形态要求第二日低开后收盘要收在前一日阴线一半以上，而看涨吞没则要求次日阳线吃掉前一日的整个阴线，反转意味还要更强一些。

看跌吞没(图1-5右)的形状含义和“看跌吞没”相反。如图1-6所示。

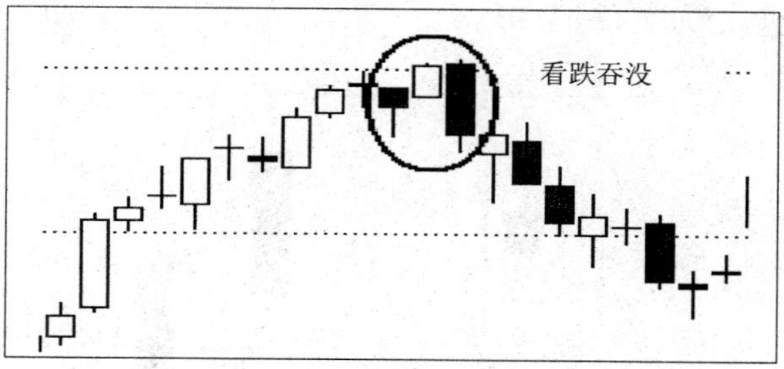

图1-6　看跌吞没

(4)红三兵与黑三兵(图1-7)

图1-7　红三兵与黑三兵

红三兵一般指连续下跌后连续拉出三根阳线。红三兵属于较为强势的攻击组合，说明短期有继续上扬动力(图1-8)。

黑三兵出现在涨势之后，意味着空头反攻力量较强。

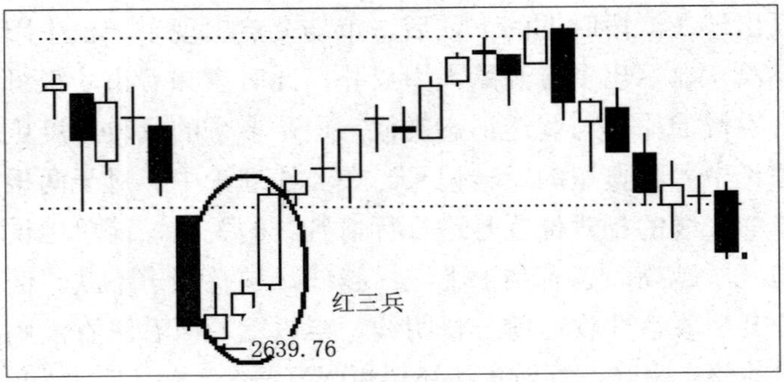

图 1-8　红三兵

(5)多方炮与空方炮(图 1-9)

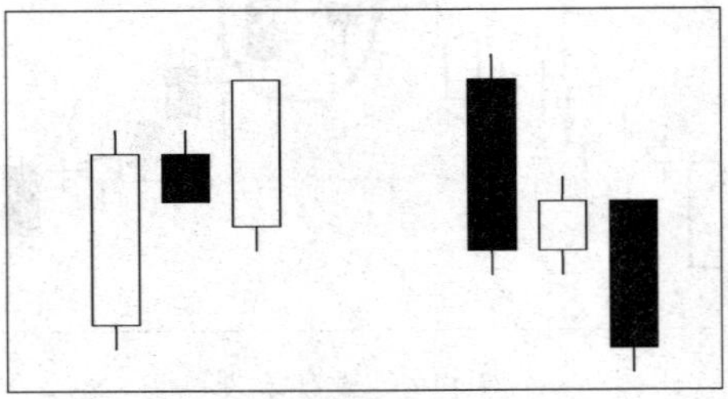

图 1-9　多方炮与空方炮

多方炮(图 1-9 左)走势呈现两阳夹一阴的 K 线技术形态，另有特殊的三阳夹二阴称做重叠多方炮。多方炮是一种著名的 K 线攻击组合(图 1-10)。空方炮(图 1-9 右)形态与含义和多方炮相反。

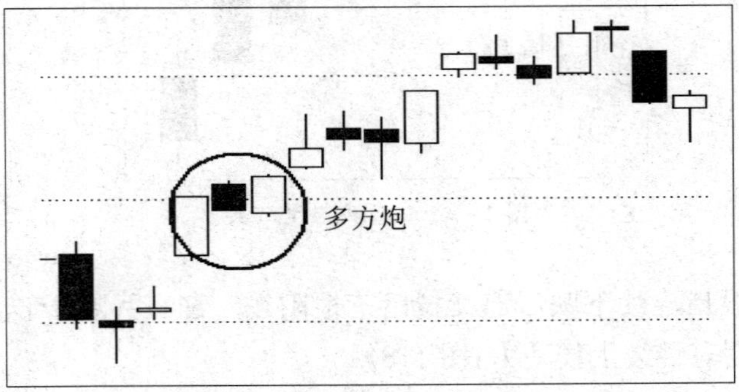

图 1-10　多方炮

K线组合多种多样，这里只讲解几种最为典型的。K线理论在股票操作中并不是十分核心的内容，单凭K线理论进行操作的实战效果极其有限，故了解最重要的几种即可。在K线理论中，无论K线的组合多复杂，考虑问题的方式是相同的，都是由后面的K线相对于前面K线的位置来判断多空双方的实力大小。无论是一根K线，还是两根、三根以至更多根K线，都是对多空双方争斗做出的一个描述，由它们的组合得到的结论都只是相对的，不是绝对的。对股票投资者而言，结论仅仅起一种参考作用。

二、切线分析

1. 趋势分类

股市投资讲求顺势而为的理念。“价格以趋势方式演变”是道氏理论的一条基本观点，市场的实际运行情况也常常鲜明地体现出这一点。切线分析就是技术分析方法中用以识别大势变动方向的较为实用的方法。

趋势是指股票价格的波动方向，趋势的方向有：

(1)上升方向。如果图形中每个后面的峰和谷都高于前面的峰和谷，则趋势就是上升方向。

(2)下降方向。如果图形中每个后面的峰和谷都低于前面的峰和谷，则趋势就是下降方向。

(3)水平方向(无趋势方向)。如果图形中后面的峰和谷与前面的峰和谷相比，没有明显的高低之分，几乎呈水平延伸，这时的趋势就是水平方向。

而按照道氏理论的基本观点，趋势又分为三种类型：

(1)主要趋势。主要趋势是趋势的主要方向，了解了主要趋势才能做到顺势而为。主要趋势是股价波动的大方向，一般持续的时间比较长。

(2)次要趋势。次要趋势是在主要趋势过程中进行的调整。趋势不会是直来直去的，总会有局部的调整和回撤，次要趋势完成的正是这一过程。

(3)短暂趋势。短暂趋势是在次要趋势中进行的调整。短暂趋势与次要趋势的关系就如同次要趋势与主要趋势的关系一样　。

这三种类型的趋势最大的区别是时间的长短和波动幅度的大小。主要趋势持续时间最长，波动幅度最大；次要趋势次之；短期趋势持续时同最短，波动幅度最小。

2. 趋势线和通道线

(1)趋势线。

由于证券价格变化的趋势是有方向的，在切线理论中用直线将这种趋势表示出来，这样的直线称为趋势线。反映价格向上波动发展的趋势线称为上升趋势线；反映价格向下波动发展的趋势线则称为下降趋势线。

由于股票价格的波动可分为长期趋势、中期趋势及短期趋势，因此描述价格变动的趋势线也分为长期趋势线、中期趋势线与短期趋势线。由于价格波动经常变化，可能由升转跌，也可能由跌转升，甚至在上升或下跌途中转换方向，因此反映价格变动的趋势线不可能一成不变，而是要随着价格波动的实际情况进行调整。换句话说，价格不论是上升还是下跌，在任一发展方向上的趋势线都不是只有一条，而是若干条。不同的趋势线反映了不同时期价格波动的实际走向，研究这些趋势线的变化方向和变化特征，就能帮助我们把握价格波动的方向和特征。

通过连接一段时间内价格波动的高点或低点可画出一条趋势线。在上升趋势中，将两个低点连成一条直线，股价仿佛被托住而形成上升趋势，这条线就是上升趋势线；在下降趋势中，将两个高点连成一条直线，股价仿佛被该线压制而形成下降趋势，这条线就是下降趋势线。如图 1-11 中虚线所示。标准的趋势线必须由两个以上的高点或低点连接而成。

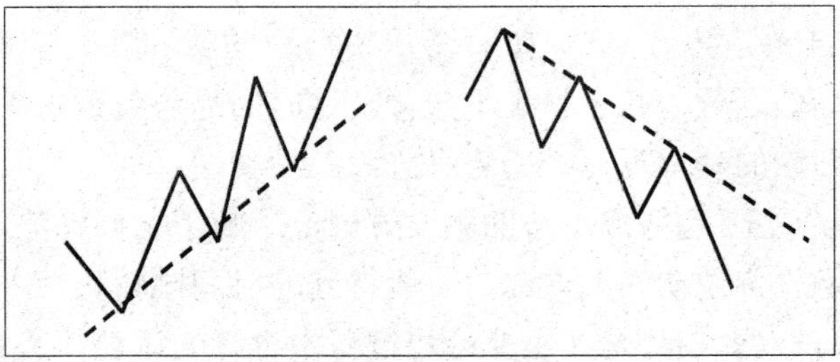

图 1-11　上升趋势线和下降趋势线

可以看出，上升趋势线起支撑作用，是支撑线的一种；下降趋势线起压力作用，是压力线的一种。

绘制趋势线首先要正确判断走势图中的高点或低点，对于高点和低点，我们首先要求其在图表中必须较为“明显”，也就是说该处应该是较为明显的股价阶段性拐点。这里我们不妨对高点和低点增加一个定义：在某级别 K 线图中，只有促使10周期均线拐头，并且其后使得10周期均线与20周期均线发生交叉的转折点，才能形成该级别K线中的高点或低点。例如在常见的日K线图中，如果趋势正处于下跌途中，那么下跌途中的反弹，只有使得10日线与20日线金叉，这个反弹前后的高低拐点处才能成为确定趋势时的参考高低点，否则转折的级别太小，不构成日线图上的低点，但有可能构成低一级图表上的低点，比如60分钟或30分钟K线上的。

例如图1-12为一幅日K线图，图中A、B、C均为该图表中的高低点，因为形成这些高低点时的转折的力度能够使得10、20日均线相交(箭头处)。而图中两个圆框处的a、b、c、d则不构成该日线图中的高低点，因为转折力度太小，没有使得10、20日均线交叉。但是a、b、c、d四处可以构成60分钟级别K线中的高低点，因为在60分钟K线中，两个圆框处的转折能够使得该级别下10周期均线和20周期均线相交。

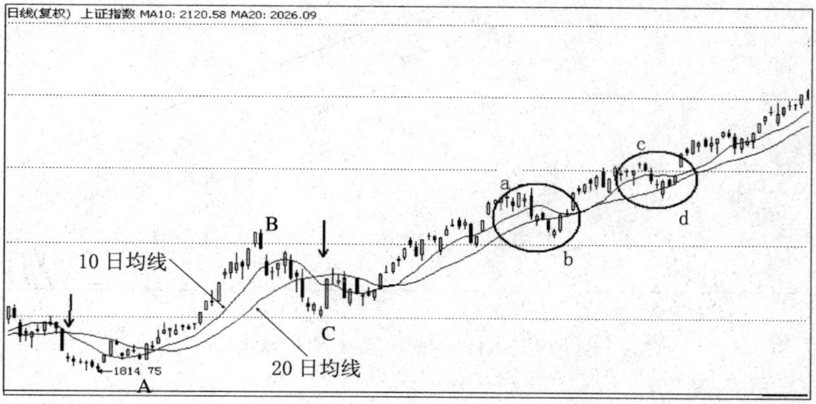

图1-12　上证指数日K线图

一般来说，上升趋势线的两个低点应是两个反转低点，即下跌至某一低点开始回升，再下跌没有跌破前一低点又开始上升，则这两个低点就是两个反转低点。同理，决定下跌趋势线也需要两个反转高点，即上升至某一高点后开始下跌，回升未达前一高点又开始回跌，则这两个高点就是反转高点。在若干条上升趋势线和下跌趋势线中，最重要的是由反转低点或反转高点连接成的原始上升趋势线或原始下跌趋势线。它决定了价格波动的基本发展趋势，有着极其重要的意义。

要得到一条真正起作用的趋势线，要经多方面的验证才能最终确认，不合条件的应该删除。首先，必须确实有趋势存在。也就是说，在上升趋势中，必须确认出两个依次上升的低点；在下降趋势中，必须确认两个依次下降的高点，才能确认趋势的存在。其次，画出直线后，还应得到第三个点的验证才能确认这条趋势线是有效的。一般说来，所画出的直线被触及的次数越多，其作为趋势线的有效性越能得到确认。

图 1-13 是上证指数 2011 年的日 K 线走势。从图中可以看到，上证指数上冲 3000 点见顶后，转入下跌趋势。前两个高点 A、B 确定一条下跌趋势线，而后的反弹在 C 处受到下降趋势性压制再度出现一轮急跌。

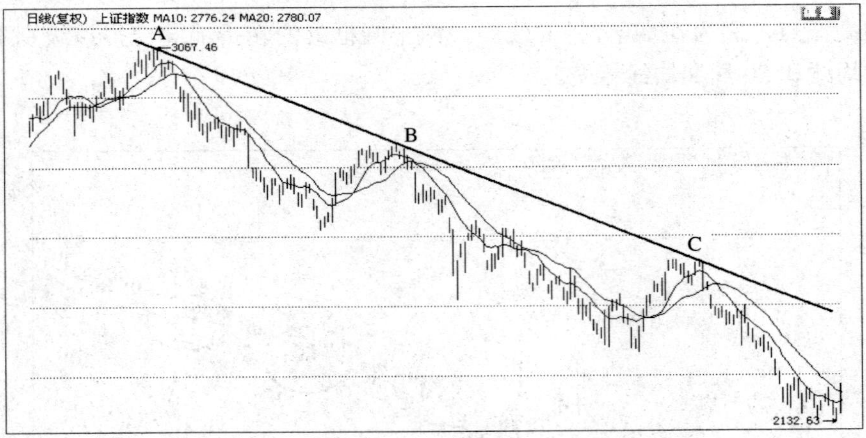

图 1-13 上证综指 2011 年日 K 线走势

一般来说，趋势线有两种作用：第一，对价格今后的变动起约束作用，使价格保持在这条趋势线的上方(上升趋势线)或下方(下降趋势线)运行。实际上，就是起支撑和压力的作用。第二，趋势线被突破后，就说明股价下一步的走势可能将要反转。越重要、越有效的趋势线被突破，其转势的信号越强烈。趋势线原来所起的支撑或压力作用，在被突破后将转换角色。例如上升趋势线被突破后将对后面的走势起到压制作用，而下降趋势线被突破后将对后市起到支撑作用。如图 1-14 和图 1-15 所示。

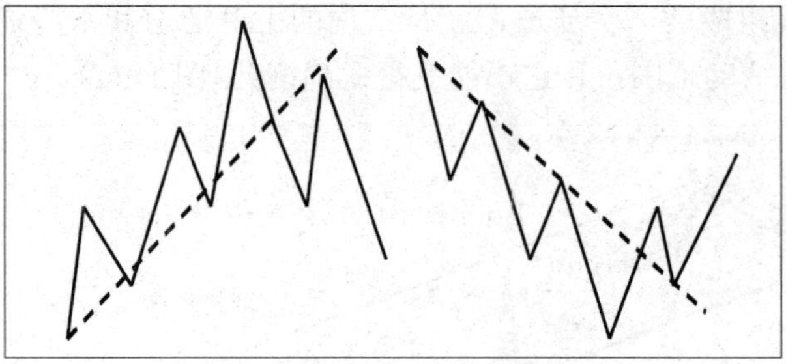

图 1-14 支撑作用与压制作用

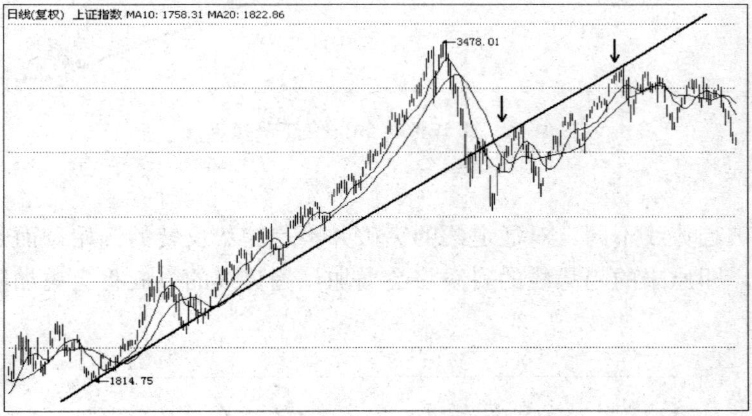

图 1-15 上证指数趋势线作用

(2)通道线(图 1-16)

通道线又称轨道线或管道线，是配合趋势线进行切线分析的一种方法。在已经得到了趋势线后，通过第一个峰和谷可以做出这条趋势线的平行线，这条平行线就是通道线。如图 1-16 中的虚线。

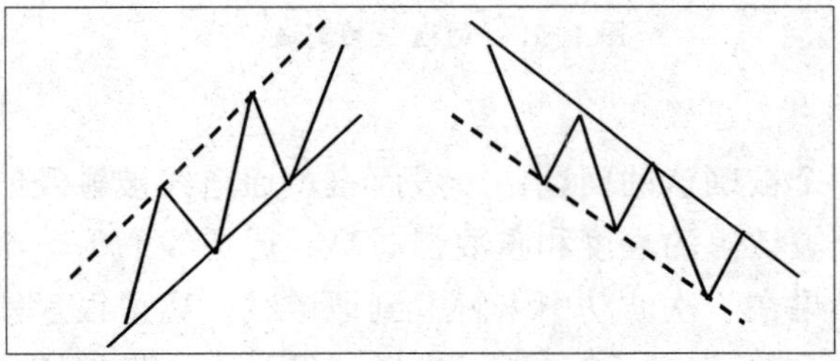

图 1-16 轨道线

两条平行线组成的一个通道，就是常说的上升通道和下降通道。通道的作用是限制股价的变动范围，让它不能变得太离谱儿(图 1-17)。

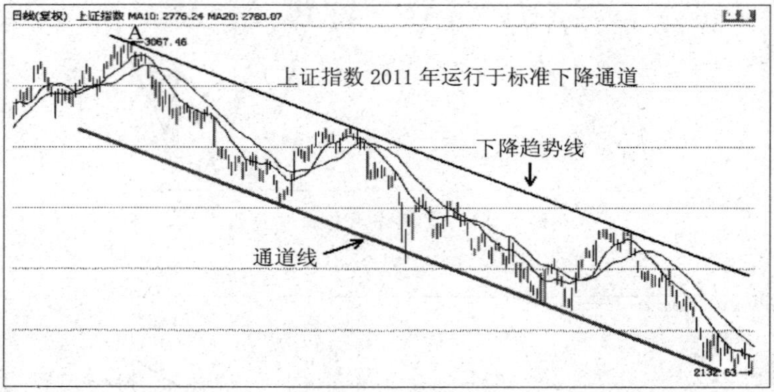

图 1-17　上证指数 2011 年下降通道线

与突破趋势线不同。对通道线的突破并不是趋势反转的开始，而是趋势加速的开始，即原来的趋势线的斜率将会增加，趋势线的方向将会更加陡峭。如图 1-18 所示。

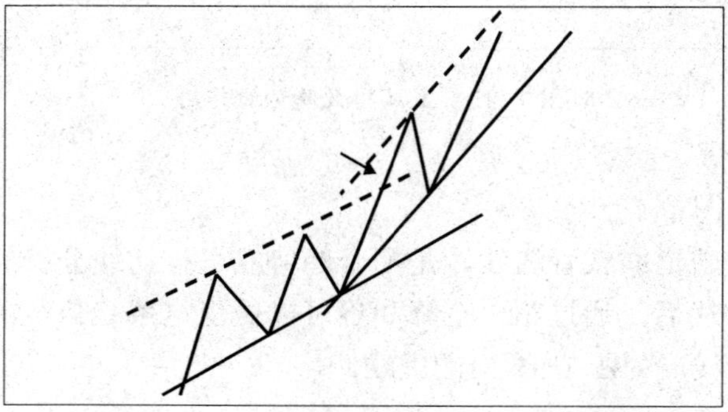

图 1-18　通道线的突破

通道线也有一个被确认的问题。一般而言，通道线被触及的次数越多，延续的时间越长，其被认可的程度和重要性越高。通道线的另一个作用是提出趋势转向的预兆。如果在一次波动中未触及到通道线，离得很远就开始掉头，这往往是趋势将要改变的信号。这说明，市场已经没有力量继续维持原有的上升或下降的趋势了。轨道线和趋势线是相互配合的两条线，很显然，先有趋势线，后有通道线，趋势线比通道线重要。趋势线可以单独存在，而通道线则不能单独存在。

3. 支撑线和压力线

支撑线指的是当股价下跌到某个价位附近时，会出现买方增加、卖方减少的状况，从而使股价停止下跌甚至回升，在这个低点绘制的水平线就是支撑线。压力线又称为阻力线，指的是当股价上涨到某价位附近时，会出现卖方增加、买方减少的状况，股价停止上涨甚至回落，在这个高点绘制的水平线就是压力线(图 1-19)。

在某一价位附近之所以形成对股价运动的支撑和压力，主要是由于投资者的筹码分布、持有成本以及投资者的心理因素所导致的。一般情况下，当股价下跌到投资者的持仓成本价位附近，或股价从较高的价位下跌较大幅度，或股价下跌到过去的最低价位区域时，都会导致买方增加卖盘减少，使股价在该价位站稳，从而对股价形成支撑。当股价上升到某一历史成交密集区，或当股价从较低的价位上升一定程度，或上升到过去的最高价位区域时，会有大量解套盘和获利盘的抛出，从而对股价的进一步上升形成压力。

支撑线和压力线的作用是阻止或暂时阻止股价朝一个方向继续运动。股价的变动是有趋势的，要维持这种趋势，保持原来的变动方向，就必须冲破阻止其继续向前的障碍。例如，要维持下跌行情，就必须突破一个个支撑位的阻力和干扰，创造出新的低点；要维持上升行情，就必须突破上升压力，创造出新的高点。由此可见，支撑线和压力线并不一定能真正阻挡股价运行，它们所起的作用只是对股价运行施加一定阻力而已。

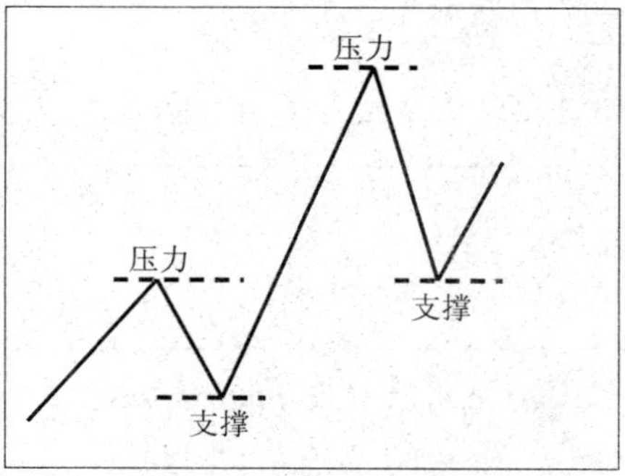

图 1-19 压力线和支撑线

在上升趋势中，如果下一次上涨未创新高，即未突破压力线，这个上升趋势就已经处在很关键的位置了，如果往后的股价又向下突破了这个上升趋势的支撑线，这就产生了一个很强烈的趋势有变的警告信号，这意味着这一轮上升趋势可能已经结束。同样，在下降趋势中，如果下一次未创新低，即未突破支撑线，这个下降趋势就已经处于很关键的位置，如果下一步股价向上突破了这次下降趋势的压力线，这就发出了这个下降趋势可能将结束的强烈信号。

支撑区域和压力区域之间还存在着相互转化的关系，也就是说支撑区域一旦被突破后就变成压力区，而压力区被突破后则转化为支撑区。这种转化关系在很大程度上是由于心理因素方面的原因，这也正是支撑线和压力线理论上的依据。当股价在一个区域停留了一段时间后突破压力区域开始向上移动，在此区域买人股票的多头们会认为自己对了，并对自己当时没有买入更多股票而感到后悔，在该区域卖出股票的空头们这时则更加认识到自己错了，他们希望股价再跌回他们卖出的区域时，将他们原来卖出的股票补回来。也就是说，那些后悔的人们都希望能再有机会在该区域买进，这样，原来的压力线就转化为支撑线。在这种心理合力下，当股价向该区域回落时，上述新增的买方力量又会把价格推上去，从而使得此前的压力区域现在体现出支撑的效应。

可见，一条支撑线如果被跌破，那么这一支撑线将成为压力线；同理，一条压力线被突破，这个压力线将成为支撑线。这说明支撑线和压力线的属性不是一成不变的，而是可以改变的，条件是它被有效的、足够强大的股价变动突破。如图 1-19 中的虚线，每次被突破后，在其后的股价变动中就变换身份(图 1-20)。

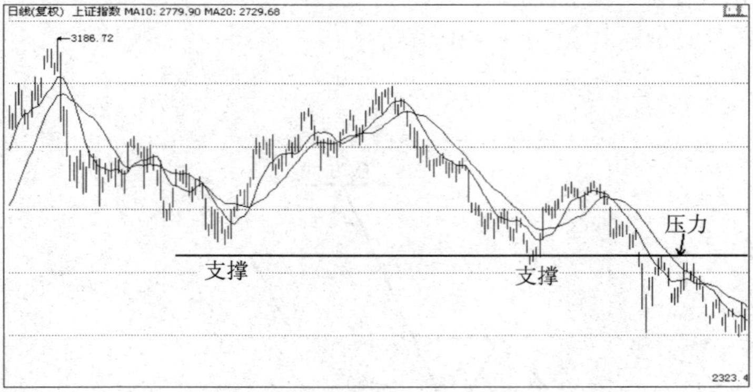

图 1-20　支撑线与压力线互换

一般来说，一条支撑线或压力线对当前影响的力度取决于三个方面：一是股价在这个区域停留时间的长短；二是股价在这个区域伴随的成交量大小；三是这个支撑区域或压力区域发生的时间距离当前这个时期的远近。很显然，股价在某个区域停留的时间越长、伴随的成交量越大、离现在越近，则这个支撑或压力区域对当前的影响就越大；反之就越小。上述三个方面是确认一条支撑线或压力线有效程度的重要识别手段。

三、 形态分析

前面所讲到的 K 线理论起源于日本，K 线组合分析侧重短线波段的研判，它的预测结果只针对其后很短的时间，而起源于西方的形态分析则主要用于分析中长线走势。西方技术分析是以道氏理论为基础的，所以注重趋势分析。趋势的方向发生变化一般不是突然来到的，变化都有一个酝酿和发展的过程。酝酿的时候，趋势可能会发生反转，也可能会盘整后再继续前进。当趋势反转时，就会出现反转形态；当趋势盘整时，就会出现整理形态。形态理论正是通过研究股价曲线的各种形态，发现股价正在进行的行动方向。在这些形态形成的过程中，如果价格波动的范围越大，或其形成时所消耗的时间越长，或伴随的成交量越多，那么它们所具有的意义就越重大。

一般来说，重要的反转形态包括：头肩顶(底)、双重顶(底)、三重顶(底)、V 形顶(底)、圆弧形等。整理形态包括：矩形、三角形(对称三角形、上升三角形、下降三角形)、旗形、楔形等。下面分别予以总结。

1. 反转形态

(1)头肩形态。

头肩形态是实际走势中出现较多的一种形态，也是形态理论中最著名的反转突破形态。除了普通头肩形态外，还包括复合头肩形态。

①头肩顶。头肩顶形态通过连续的三次起落波动构成该形态的 3 个部分，也就是要出现三个局部的高点。中间的高点比另外两个都高，称为头部；左右两个相对较低的高点称为肩部。这就是头肩顶形态名称的由来(图 1-21)。

头肩顶形态的形成过程大致如下：①股价长期上升后，成交量大增，获利回吐压力亦增加，导致股价回落，成交量较大幅度下降，左肩形成。②股价回升，突破左肩之顶点，成交量可能因充分换手而创纪录，但价位过高使持股者产生恐慌心理，竞相抛售，股价回跌到前一低点水准附近，头部完成。③股价第三次上升，但前期的巨额成交量将不再重现，涨势也不再凶猛，价位到达头部顶点之前即告回落，形成右肩。这一次下跌时，股价急速跌破颈线，再回升时，股价也仅能达到颈线附近，然后再度转为下跌，头肩顶形态宣告完成。

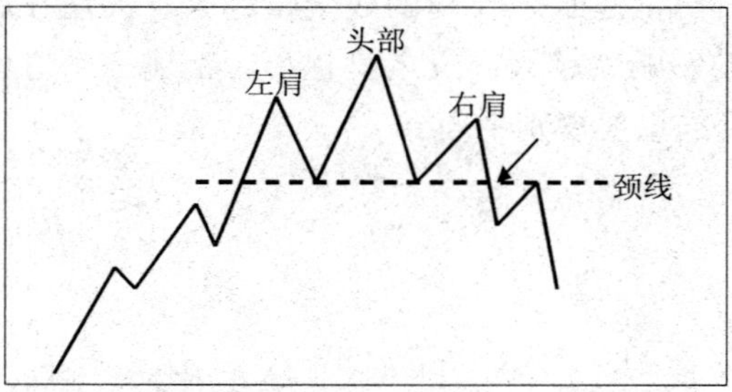

图 1-21　头肩顶

图 1-21 中的虚线是头肩顶形态中最为重要的一条线——颈线。在头肩顶形态构筑过程中，它是支撑线，起支撑作用。头肩顶形态直到右肩处，都只能说是原有的上升趋势已经转化成了横向延伸，还不能说已经反转向下了。只有当股价向下突破了颈线时(箭头处)，才能说头肩顶反转形态已经形成。同大多数的突破一样，这里颈线被突破也有一个确认的问题，百分比原则和时间原则在这里都适用，比如跌破颈线的幅度达到 3%，或者跌破时间超过三天未能重新站上，则视为有效跌破。一般而言，突破的力度越大，则该确认信号越强烈，该图形也就越是可靠。

头肩顶形态是一个长期趋势的转向形态，一般出现在一段升势的尽头。这一形态具有如下特征：①一般来说，左肩与右肩高点大致相等，有时右肩较左肩低，即颈线向下倾斜；②就成交量而言，往往左肩最大，头部次之，而右肩成交量最小，即呈梯状递减；③突破颈线不一定需要大成交量配合，但日后继续下跌时，成交量会放大。头肩顶形态对于股价下跌的深度有所谓的测算功能，即从突破颈线位算起，股价将至少下跌与形态高度相等的距离。如图 1-22 所示。

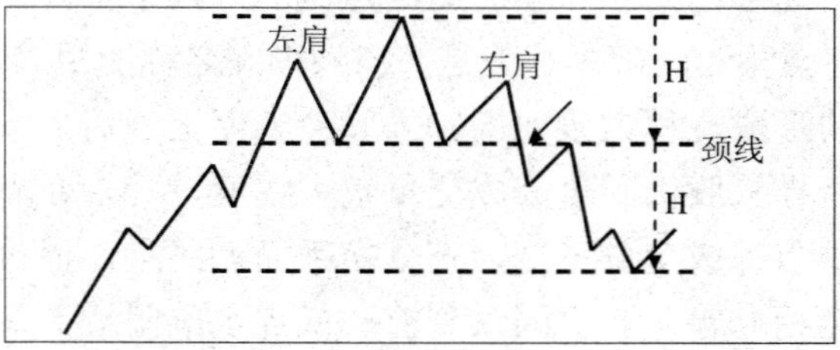

图 1-22　突破头肩顶颈线下跌幅度

②头肩底。头肩底是著名的底部反转形态。该形态的构成和分析方法，除了在成交量方面与头肩顶有所区别外，其余与头肩顶雷同，只是方向正好相反。如图 1-23 所示。值得注意的是，头肩顶形态与头肩底形态在成交量配合方面的最大区别是：头肩顶形态完成后，向下突破颈线时，成交量不一定放大；而头肩底形态向上突破颈线，若没有较大的成交量出现，可靠性将大大降低(图 1-24)。

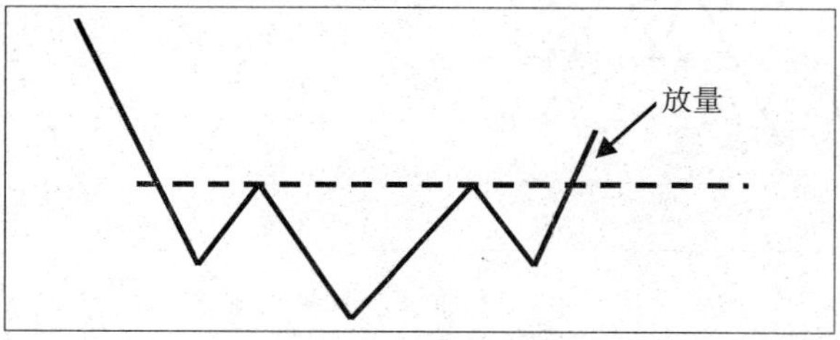

图 1-23　头肩底

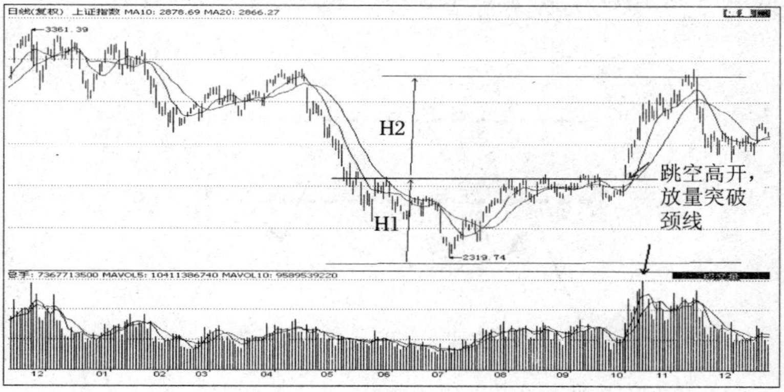

图 1-24　头肩底形态向上突破颈线

③复合头肩形态。股价在顶部或底部经过较长时间的复杂演化，所形成的形态可能不是标准的头肩形形态，而是形成所谓的复合头肩形态。这种形态与头肩形态基本相似，只是左右肩部或者头部出现多于一次。其形成过程与头肩形态类似，分析意义也和普通的头肩形态一样，往往出现在长期趋势的底部或顶部。在形态理论中，复合头肩形态一旦完成，即构成一个可靠性较大的买进或卖出时机。

(2)双重顶形态和双重底形态(图 1-25)。

双重顶形态和双重底形态就是市场上所谓的 M 头和 W 底形态，是一种极为重要的反转形态，它在实际中出现得也非常频繁。双重顶(底)形态与头肩形态相比，没有中间的头部，只是由两个基本等高的峰或谷组成。图 1-25 是这种形态的简单形状。

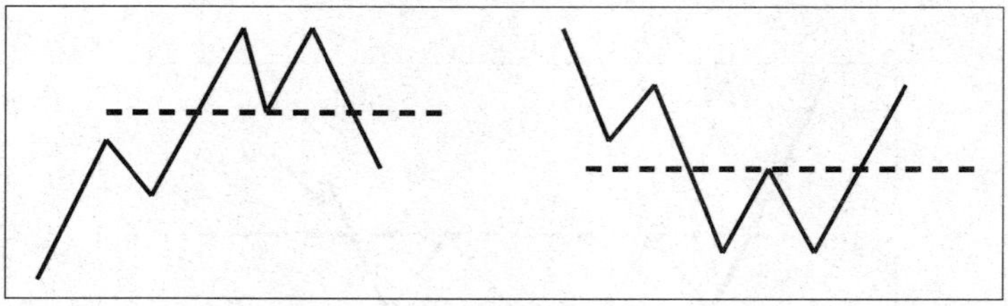

图 1-25　双重顶和双重底形态

从图中可以看出，双重顶(底)一共出现两个顶(底)，也就是两个相同高度的高点(低点)。下面以双重顶为例说明该图形形成的过程(图 1-26)。

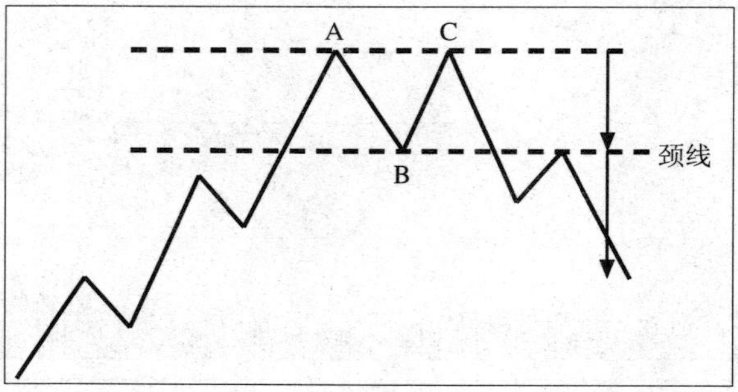

图 1-26　双重顶

在上升趋势的末期，股价快速上涨达到 A 高点之后受阻回跌，在峰顶处留下大成交量。受上升趋势的支撑，这次回档在 B 点附近停止，成交量随股价下跌而萎缩。往后就是继续上升，股价又回至前一峰顶附近 C 点(与 A 点几乎等高)，成交量再度增加，却不能达到前面的成交水准，上升遇到阻力，接着股价掉头向下，这样就形成 A 和 C 两个顶的形状。

M 头形成过程中，有两种可能的后续走势：第一是未突破 B 点的支撑位置，股价在A、B、C三点形成的狭窄范围内上下波动，演变成中继形态；第二是突破B点的支撑位置继续向下，这种情况才是双重顶反转突破形态的真正确立。

以B点做平行于A、C连线的平行线(图1-26中下面的虚线)，就得到双顶形态中最重要的一条线——颈线。一个真正的双重顶反转突破形态的出现，除了必要的两个相同高度的高点以外，还应该向下突破颈线支撑。

双重顶形态一旦得到确认，同样具有测算功能，即从突破点算起，股价将至少要跌到与形态高度相等的距离。这里的形态高度是从顶点到颈线的垂直距离，即从A或C到B的垂直距离。

总结起来，双重顶反转形态一般具有如下特征：①双重顶的两个高点不一定在同一水平，两者相差少于3%就不会影响形态的分析意义；②向下突破颈线时不一定有大成交量伴随，但日后继续下跌时成交量会扩大；③双重顶形态完成后的最小跌幅度量度方法是由颈线开始，至少会下跌从双头最高点到颈线之间的差价距离。

双重底形态正好与双重顶相反，这里不再赘述。需要注意的是，双重底的颈线突破时必须有大成交量的配合，否则很可能成为无效突破。

双重顶形态和双重底形态在实际走势中出现的较多，如图1-27和图1-28所示。

图1-27 双重底形态实际走势

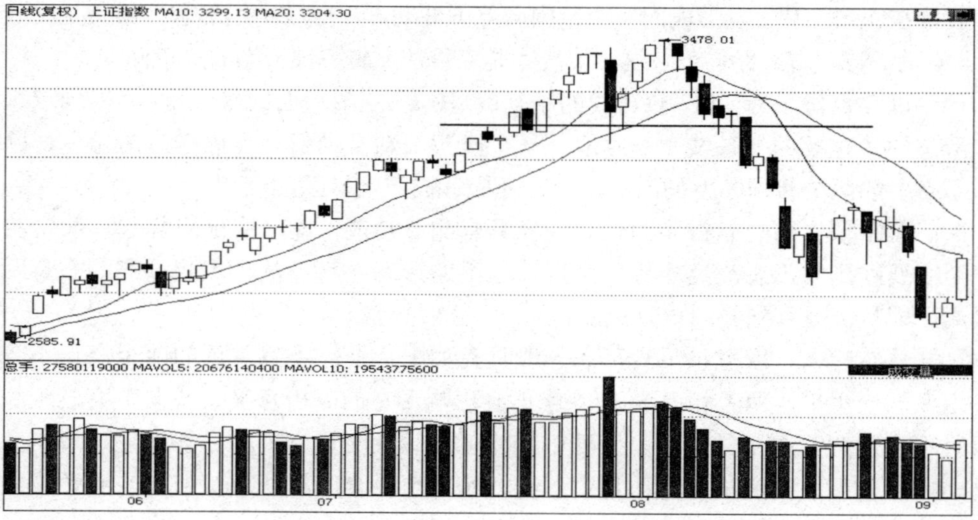

图 1-28 双重顶形态实际走势

(3)三重顶(底)形态(图 1-29)。

三重顶(底)形态与双重顶(底)形态类似，该形态由三个一样高或一样低的顶和底组成。该形态与头肩形的区别是头的价位回缩到与肩部差不多相等的位置，有时甚至低于肩部一点。

图 1-29 是三重顶(底)形态的简单图形，它的颈线差不多是水平的，三个顶(底)也差不多是相等高度。

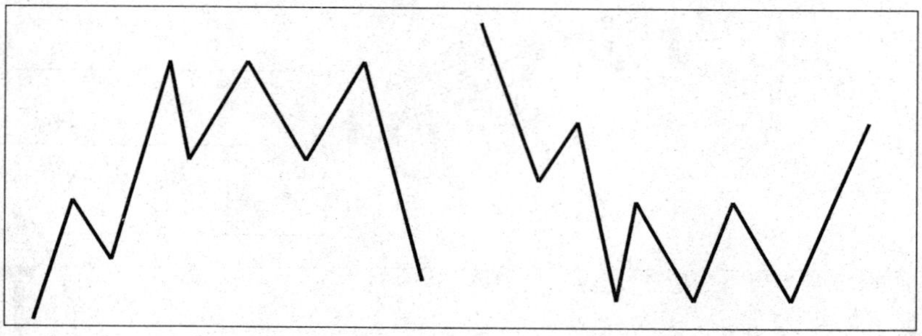

图 1-29 三重顶和三重底形态

研判三重顶(底)的方法与头肩形态的研判类似，三重顶(底)从本质上说也是一种特殊的头肩形态，只是三重顶(底)的颈线和顶部(底部)连线是水平的，这就使得三重顶(底)具有矩形的特征。比起头肩形态来说，三重顶(底)在构筑过程中，更容易演变成持续形态，而不是反转形态。

(4)圆弧形态(图 1-30)。

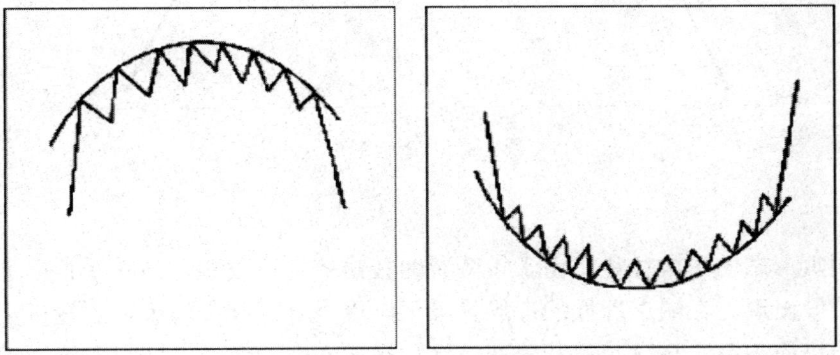

图 1-30 圆弧形态

圆弧形态又称为碟形、圆形或碗形等，也是一种反转形态。如图 1-30 所示。

在形态理论中，圆弧形态具有如下特征：①形态完成、股价反转后，行情多属爆发性，涨跌急速，持续时间也不长，一般是一口气走完，中间极少出现回档或反弹。②在圆弧顶或圆弧底形态的形成过程中，成交量的变化都是两头多，中间少。越靠近顶或底成交量越少，到达顶或底时成交量达到最少。在突破后的一段，都有相当大的成交量。③圆弧形态形成所花的时间越长，今后反转的力度就越强，越值得人们去相信这个圆弧形。一般来说，应该与一个头肩形态形成的时间相当。事实上，圆弧形态在实际中出现的机会较少，尤其是圆弧顶形态很少出现，原因将在下一小节“市场心理”中讨论。

(5)喇叭形(图 1-31)。

喇叭形也是一种重要的反转形态。与“圆弧形态较少出现在顶部”这一规律相反，喇叭形态较少出现在底部，大多只可能出现在顶部，原因将在后面“市场心理”中讨论。喇叭形态在实际中出现的次数不多，但是一旦出现，则较为有用。

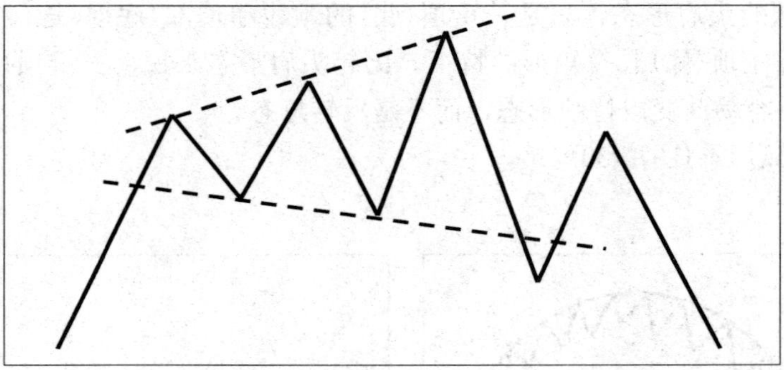

图 1-31　喇叭形态

喇叭形态的形成往往是由于投资者的狂热情绪造成的，通常在长期上升的最后阶段出现。在缺乏理性的市场背景下，投资者受到市场火爆的投机氛围或利好消息的刺激，很容易追涨杀跌。这种极度亢奋的市道，使得股价不正常地大起大落，形成巨幅震荡的行情，继而在震荡中完成形态的反转。

一个标准的喇叭形态应该有三个高点、两个低点。一般当股价跌破第二个谷，形态得到确认。股价在喇叭形之后的下调过程中肯定会遇到反扑，而且反扑的力度会相当大，这是喇叭形的特殊性。但是，只要反扑高度不超过下跌高度的一半，股价下跌的势头还是应该继续的。

喇叭形态具有如下特征：①喇叭形一般是一个下跌形态，暗示升势将到尽头，只有在少数情况下股价在高成交量配合下向上突破时，才会改变其分析意义；②在成交量方面，整个喇叭形态形成期间都会保持不规则的大成交量，否则难以构成该形态；③喇叭形走势的跌幅是不可量度的，一般说来，跌幅都会很大；④喇叭形源于投资者的非理性，因而在那种非常低迷的市道中不会形成该形态。

(6)V 形反转(图 1-32)。

V 形反转是一种非常突然的反转形态，它没有一个明显的形成过程，在价格底部或者顶部区域只出现一次低点或高点，随后就改变原来的运行趋势，股价呈现出相反方向的剧烈变动。这一点同其他反转形态有较大的区别，它往往出现在外力引发的市场剧烈波动中，事先很难预料。

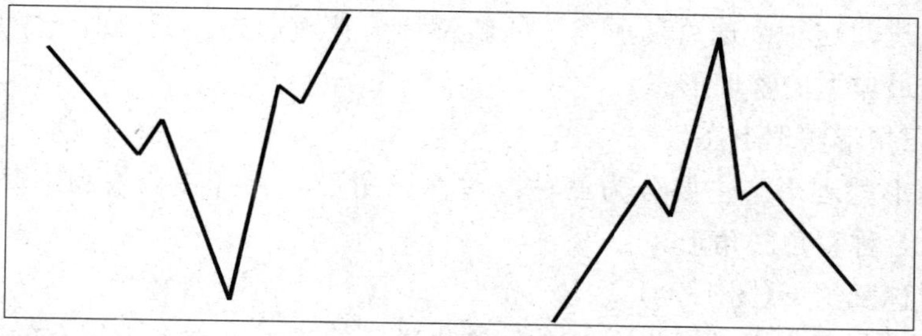

图 1-32　V 形反转

一般的反转形态都有一个渐变的过程：首先是原来的走势趋缓，市场多空双方的力量渐趋均衡；接着价格也由先前的走势转为横向徘徊；最后，多空力量的对比发生改变，走势发生逆转，股价反向而行。但 V 形走势却截然不同，它没有中间那一段过渡性的横盘过程，其关键转向过程仅 2～3 个交易日，有时甚至在 1 个交易日内完成整个转向过程。V 形反转一般同突发消息的出现有密切关系(图 1-33)。

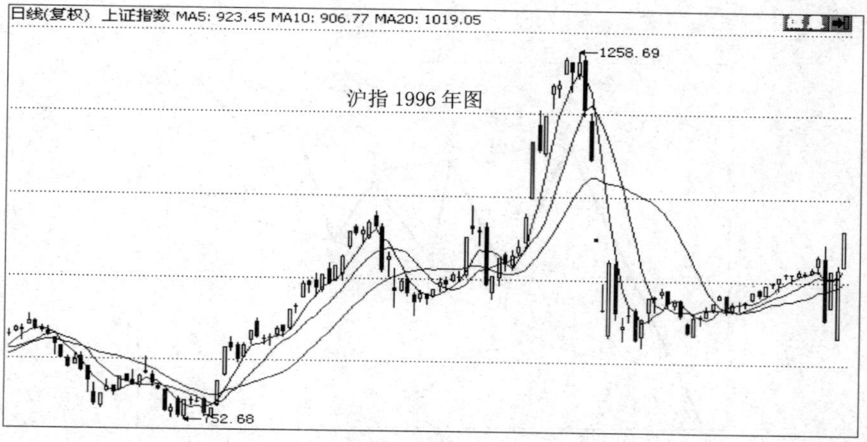

图 1-33　V 形反转日线图

2. 整理形态

与反转突破形态不同，整理形态指的是在股价向一个方向经过一段时间的快速运行后，不再继续原趋势，而在一定区域内上下波动，等待新动能积蓄后再继续前进，这种中途震荡所留下的轨迹称为整理形态。三角形、矩形、旗形和楔形是最典型的整理形态。

(1)三角形整理形态。

三角形整理形态主要分为三种：对称三角形、上升三角形和下降三角形，后两种又合称直角三角形。

①对称三角形(图 1-34)。

对称三角形大多是发生在一个大趋势进行的途中，它表示原有的趋势暂时处于休整阶段，股价之后走向最大的可能是沿原有的趋势方向运动。

图 1-34 是对称三角形的一个简化的图形，图形中处于上升趋势。可以看出，对称三角形有两条聚拢的直线，上面的向下倾斜，起压力作用；下面的向上倾斜，起支撑作用。三角形形态中应至少有 4 个转折点(如图 1-34 中的 A、B、C、D)，这样，上下两条顶点连线才能得到确认。

对称三角形只是原有趋势运动途中的休整，所以持续的时间不会太长，如果持续时间太长，保持原有趋势的能力就会下降。一般来说，突破上下两条直线的包围，继续原有既定方向的时间要尽量早，越靠近三角形的顶点，三角形的各种功能就越不明显。

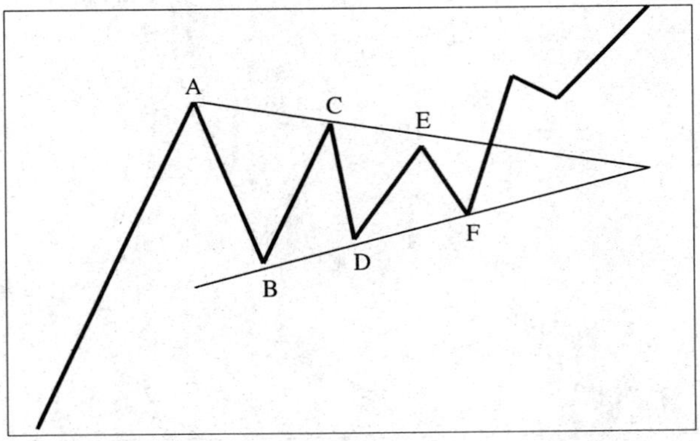

图 1-34　对称三角形

要注意的是，对称三角形的成交量因愈来愈小的股价波动而递减，向上突破需要大成交量配合，向下突破则不必。形态理论中，三角形被突破后，也有所谓的测算功能：即从连线突破点开始，股价将至少运行三角形左侧底部宽度的距离。

②上升三角形(图 1-35)。

上升三角形是对称三角形的变形，不同的是上升三角形的上方阻力线并非是向下倾斜的，而是一条水平直线。在对称三角形中，压力和支撑都是逐步加强的，一方是越压越低，另一方是越撑越高。上升三角形则不同，压力是水平的，而支撑是越撑越高。所以，上升三角形比起对称三角形来，有更强烈的上升意味，多方比空方更为积极。通常，以其上边沿的突破作为这个持续过程终止的标志。如果股价原有的趋势是向上，遇到上升三角形后，极大的可能是将向上突破。

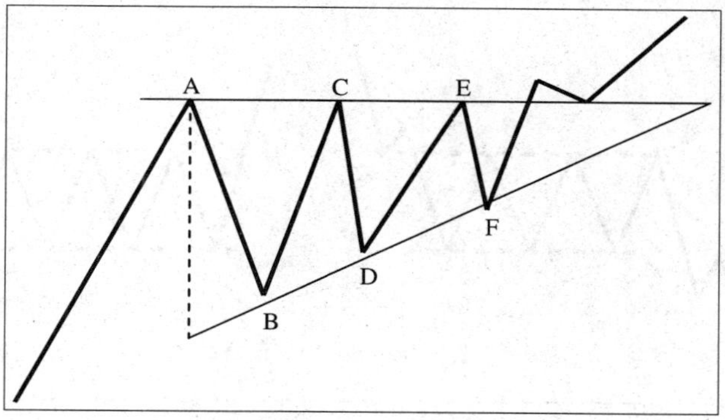

图 1-35　上升三角形

③下降三角形(图 1-36)。

下降三角形同上升三角形正好反向，是有一定看跌意味的形态。它的基本内容同上升三角形相似，只是方向相反。这里要注意的是：下降三角形的成交量一直十分低沉，突破时不必有大成交量配合。

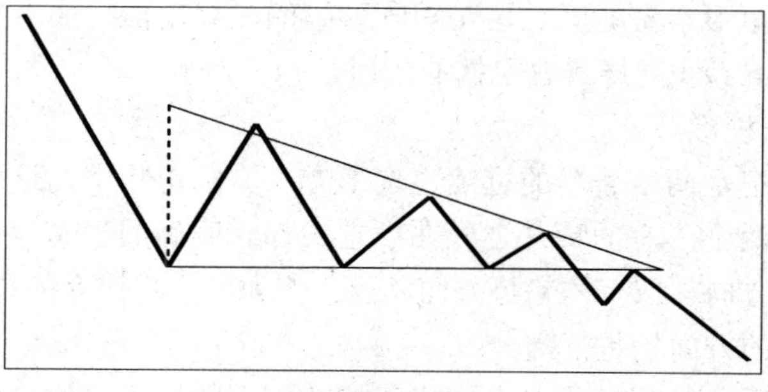

图 1-36　下降三角形

(2)矩形(图 1-37)。

矩形又叫箱形，是一种典型的整理形态，在实际走势中非常常见。矩形描述的是股票价格在两条横着的水平直线之间上下波动，做横向延伸的运动。矩形在形成之初，多空双方斗争激烈，各不相让。空方在价格涨到某个位置就抛出，多方在股价下跌到某个价位就买入，时间一长就形成两条明显的上下界线。随着时间的推移，多空分歧减小，市场热情下降，成交量也随之减少。如果股价处在趋势运行的中途休整中，那么经过一段矩形整理，往往会继续原来的趋势。

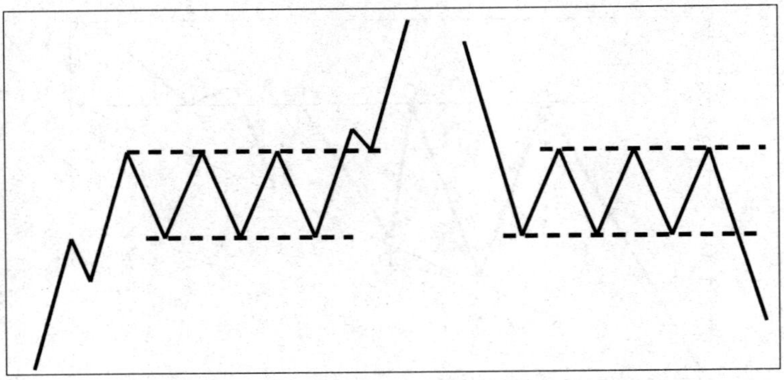

图 1-37 矩形

从图 1-37 中可以看出，矩形在其形成的过程中有可能演变成三重顶(底)形态，使得趋势无法延续之前的方向。所以技术理论认为，在面对矩形和三重顶(底)进行操作时，往往应等到突破之后才能采取行动。

矩形的突破也有一个确认的问题。当股价突破箱体上轨时，必须有大成交量的配合方可确认，而向下突破则不必有成交量增加。当矩形突破后，其涨跌幅度通常等于矩形本身宽度，这是矩阵形态的测算功能。面对突破后股价的反抽，矩形的上下界线同样具有阻挡的作用。

(3)旗形和楔形。

旗形和楔形是两个著名的持续整理形态。实际走势中，这两种形态出现的频率很高。这两个形态的特殊之处在于它们都有明确的形态方向，如向上或向下，并且形态方向与原有的趋势方向相反。例如，如果原有的趋势方向是上升，则这两种形态的方向就是下降。

从形状上看，旗形一般是上倾或下倾的平行四边形。旗形大多发生在市场极度活跃、股价运动近乎直线上升或下降的情况下。在市场快速而又大幅的波动中，股价经过震荡回拉后，形成一个稍微与原来趋势呈相反方向倾斜的长方形，这就是旗形走势。旗形走势的形状就如同一面挂在旗杆顶上的旗帜，因此得名。它又可分为上升旗形(图 1-38 左)和下降旗形(图 1-38 右)两种。

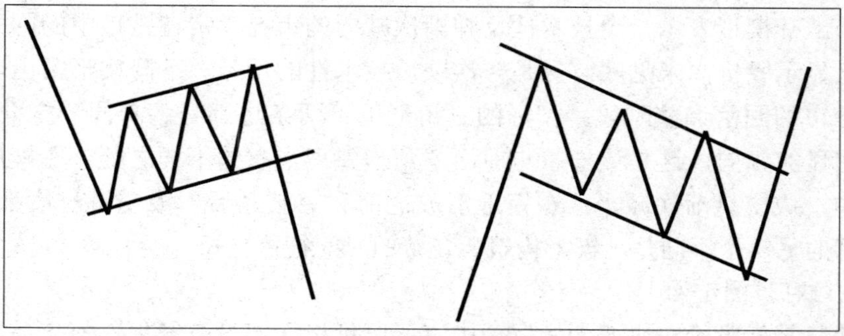

图 1-38 上升旗形和下降旗形

旗形的上下两条平行线起着压力和支撑作用，这一点有些像轨道线。这两条平行线的某一条被突破是旗形完成的标志。旗形也有所谓的测算功能：旗形被突破后，股价将至少走到形态高度的距离。

旗形一般有如下特征：①旗形出现之前，一般应有一个旗杆，这是由于价格快速单边运动形成的。②旗形持续的时间不能太长，时间一长，保持原来趋势的能力将下降。③旗形形成之前和被突破之后，成交量都很大。在旗形的形成过程中，成交量从左向右逐渐减少。

如果将旗形中上倾或下倾的平行四边形变成上倾或下倾的三角形，就会得到楔形。楔形可分为上升楔形和下降楔形两种(图 1-39)。

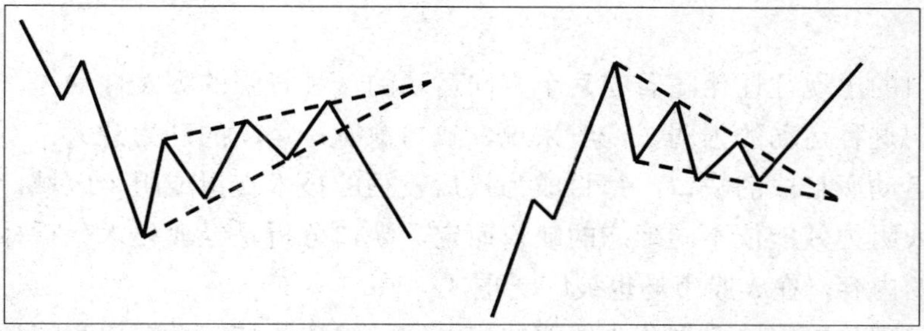

图 1-39 上升楔形和下降楔形

上升楔形是指股价经过一次下跌后产生强烈技术性反弹，价格升至一定水平后又掉头下落，但回落点比前次高，然后又上升至新高点，再回落，在总体上形成一浪高于一浪的势头。如果把短期高点、低点分别相连，则形成两条向上倾斜直线，且两者呈收敛之势。下降楔形则与之相反。

同旗形一样，楔形也有保持原有趋势方向的功能。趋势的途中会遇到这种形态。上升楔形表示一个技术性反弹渐次减弱的市况，常在跌市中的回升阶段出现，显示股价尚未见底，只是一次跌后技术性的反弹。下降楔形常出现于中长期升市的回落调整阶段。楔形的三角形上下两条边都是朝着同一方向倾斜，具有明显的倾向，这是该形态与前面三角形整理形态的不同之处。在楔形形成过程中，成交量渐次减少；在楔形形成之前和突破之后，成交量一般都很大。与旗形的另一个不同是，楔形构筑所花费的时间往往更长。

3. 缺口(图 1-40)。

缺口是指股价在快速大幅运动中有一段价格区间没有发生任何交易，显示在 K 线图上就是两根 K 线之间出现了一个没有交集的真空区域，这个区域称为“缺口”。

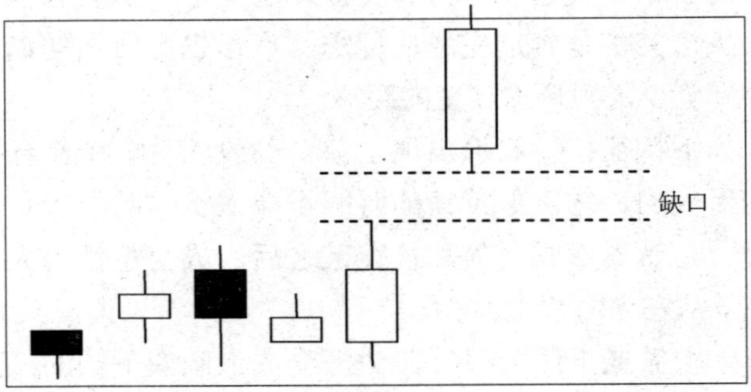

图 1-40 缺口

缺口的出现往往伴随着向某个方向运动的一种较强的突发性动力，其宽度正好表明这种运动的强弱。一般来说，缺口愈宽，运动的动力愈大。不论向何种方向运动所形成的缺口，都将成为日后较强的技术支撑或阻力区域，不过这种支撑或阻力效能依不同形态的缺口而定。缺口分析是经典技术分析体系中一种重要的内容，在 A 股市场也被广泛重视。

缺口理论中将缺口划分为普通缺口、突破缺口、持续性缺口和消耗性缺口四种类型，这四种类型分别有如下意义：

(1)普通缺口。

普通缺口通常出现在密集的交易区域(如图 1-41 所示)，也就是股价整理形态中，特别是出现在矩形或三角形等整理形态中。由于股价仍处于盘整阶段，因此，在形态内的缺口并不影响股价短期内的走势。绝大多数的缺口都属于普通缺口，普通缺口具有的一个比较明显特征是，它一般会在 3 日内回补，而且成交量很小。普通缺口的支撑或阻力作用一般较弱，技术意义不大。

(2)突破缺口。

突破缺口是证券价格向某一方向急速运动，跳出原有形态所形成的缺口。突破缺口由于具有很强的突破意味，所以技术意义比较明显，一般预示行情走势将要发生大的方向性变化。突破缺口的形成在很大程度上取决于成交量的变化情况，特别是向上的突破缺口。若突破时成交量明显增大，且缺口未被封闭，则形成真正突破缺口的可能性较大。若突破时成交量未明显增大，或成交量虽大，但缺口短期内很快就被封闭，则该缺口很可能是假突破缺口。

突破缺口被技术派视为重要的买入卖出信号，因为突破缺口一旦形成，行情走势将向突破方向纵深发展。

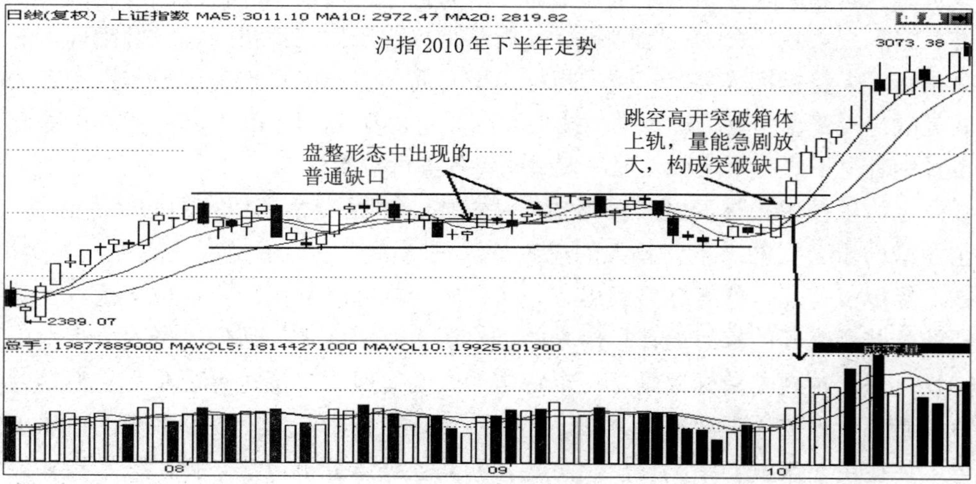

图 1-41　普通缺口

(3)持续性缺口。

持续性缺口是在价格向某一方向有效突破之后，由于急速运动而在途中出现的缺口，它是一个趋势的持续信号。在该缺口产生的时候，成交量可能不会增加，但如果增加的话，则通常表明一个强烈的趋势。持续性缺口的技术含义非常明显，它表明证券价格的变动将沿着既定的方向发展变化，并且这种变动距离大致等于突破缺口至持续性缺口之间的距离，这即是持续性缺口的测量功能，因此持续性缺口也被称做度量性缺口

(4)消耗性缺口。

消耗性缺口一般发生在行情趋势的末端，表明股价变动的结束。若一轮行情走势中已出现突破缺口与持续性缺口，那么随后出现的缺口就很可能是消耗性缺口。判断消耗性缺口的方法主要是考察缺口是否会在短期内封闭。若缺口出现后很快封闭，则构成消耗性缺口形态的概率很大。消耗性缺口容易与持续性缺口混淆，它们的最大区别是：消耗性缺口出现在行情趋势的末端，而且伴随着大的成交量。

四、 技术指标分析

技术指标分析是依据一定的数理统计方法，运用相应的公式，计算出反映股价运行状态的某些指标，用以辅助判断股价走势的技术分析方法。技术指标种类繁多，大致可分为：趋势指标、震荡指标、压力支撑指标、量价指标、能量指标、大势指标等类型。技术指标由于其简单直观的特点受到很多投资者尤其是散户投资者的青睐，有不少技术派对其趋之若鹜，成了“指标迷”。一些股市行骗者也正好利用这种心理，大肆兜售各类付费指标。

之所以技术指标受到股民追捧，从根本上讲是懒惰和依赖的心理在作怪。企图借助于公式的力量代替人的思考，这在博弈的市场中是不现实的。其实，技术指标没有任何值得迷信的地方，所有的指标都是利用价格、成交量以及其他的一些最公开的信息而计算出来的，本质上不会增加任何信息量，一点都不神秘。每一种技术指标都是从一个特定的方面对股票市场进行观察，它们尽管有其看似合理的原理和解释方法，但一到实际操作中，面对复杂多变的市场走势，往往用起来就会错漏百出。总之，和其他技术分析方法一样，技术指标最多只是具有一定的参考意义，了解最常见的几种即可。这里着重介绍市场中最有影响的几个指标，包括均线、MACD、KDJ 等。

1. 移动平均线

在技术分析中，对价格趋势进行平滑处理的最有效的方法，就是计算市场

价格的移动平均线(MA)。所谓“移动”的概念，指的是每天产生的新价格会被纳入后一日的平均计算法里，形成更新的价格平均值。具体说来，移动平均线是用统计处理的方式，将若干天的股价加以平均，然后将每天计算的平均值连接成一条曲线，用以观察股价运动趋势。

均线的理论基础来源于道氏理论的“平均成本”概念，它是目前应用最广泛的技术指标。均线是对交易成本的最直观反映，它实质上是一种追踪趋势的工具，其目的在于显示旧趋势已终结或反转、新趋势正在萌生的行情走势，因此也可以将其看做弯曲的趋势线。均线也具有重要的支撑和阻力作用。

常用的均线是简单移动平均线，在计算的时候，每日数据的权重都是相同的，取的是算术平均值。其计算公式如下：

$$第\ n\ 天的\ MA=(C_1+C_2+\cdots\cdots+Cn)/n。$$

其中，C 为每日收盘价，n 为计算周期。例如要求 10 日均线的数值，则以最近 10 个交易日的收盘价相加然后除以 10。

由于移动平均线的理论基础来源于道氏理论的“平均成本”概念，而道氏理论将股价的波动情形依照时间的长短划分为基本趋势、次级趋势和短暂趋势三种，所以移动平均线也可以分为长期移动平均线、中期移动平均线和短期移动平均线，以研判股价的长期、中期和短期变动趋势。对于不同周期的均线而言，其本质上都是在反映股票在不同时间周期里的平均交易价格，例如 10 日均线反映了近 10 个交易日买进者的平均持仓成本，年线则反映了此前一年买进者的平均成本。借助于均线，投资者可以从不同的时间角度去察看现有的股价比过去是便宜还是贵了，过去的投资者现在是获利丰厚还是处于套牢状态，以及由此判断股价的强弱变化。

均线多数在日 K 线图中使用，但也可以用于其他周期级别的图表。在 A 股市场中最常用的是 5 日、10 日、20 日、30 日、60 日、120 日、250 日均线。其中 5 日、10 日、20 日属于短期均线；30 日、60 日均线属于中期均线；120 日、250 日均线属于长期均线。

(1)5 日均线。

每周为 5 个交易日，5 日均线对应着 1 周交易的平均价格。5 日均线是股价超短期走势的强弱分水岭，对市场短期走势具有重要影响。

(2)10 日均线。

10日均线是股票连续两周交易的平均价格，是考察股价在半个月内走势变化的重要参考线。相比于5日均线，10日均线少了随股价频繁起伏的缺点，又能较及时和准确地反映短期平均股价的变动情况。

(3)20日均线。

20日均线对应着过去一个月中的投资者平均持仓成本，往往将20日均线和5日、10日均线组合使用，以研判股价的短期运动趋势。

(4)30日均线。

30日均线具有特殊的地位，它是股价短期均线和中期均线的分界线，对于股价中线走势至关重要。当股价跌破或向上突破30日均线，往往被看做是中期趋势开始转向的信号。

(5)60日均线。

60日均线同样是重要的中期均线，走势的中期调整或者中级反弹常常止步于此。

(6)120日均线。

120日均线又称半年线，半年线被股价突破的市场震撼力比较大，它意味着股价很有可能进入长期上升趋势或长期下降趋势的状态。

(7)250日均线。

250日均线又称为年线(一年大约是250个交易日)，是股价此前一年的市场平均交易价格的反映。它是股市长期走势的生命线，被视做牛熊分界线，是技术派们判断牛市是否形成或熊市是否来临的主要依据之一。即当股价有效跌破年线时，说明熊市来临；当股价有效上穿年线时，说明牛市来临。

以上是最常用的均线周期，除此之外，有些技术派喜欢标新立异，用一些特殊周期的均线，例如3、7、13等周期。实际上这种做法的意义不大，均线和其他技术分析一样，只是与市场进行心理博弈的工具，越是普通的就越为大众理解和接受，也就越是重要，所以一般使用最常见的周期即可。

技术分析理论中，在单根均线的应用上，最著名的是葛兰碧的八大法则，它分为四大买入法则和四大卖出法则。买入法则为：①平均线从下降状态开始走平，同时股价从平均线下方突破平均线时，为买进信号；②股价下穿平均线，而平均线仍在上扬，不久股价又回到平均线上时，为买进信号；③股价原在平均线上，现股价突然下跌，但未跌破平均线又上升时，为买进信号；④股价原在平均线下，现突然暴跌而远离平均线之时，物极必反，是买进时机。卖出法则为：⑤平均线从上升状态开始走平，同时股价从平均线上方往下跌破平均线时，为卖出信号；⑥股价上穿平均线，而平均线仍在下行，不久股价又回到平均线下时，为卖出信号；⑦股价原在平均线下，现股价突然上涨，但未涨到平均线处又开始下跌时，为卖出信号；⑧股价原在平均线上，现突然暴涨而远离平均线之时，物极必反，是卖出时机。

一般而言，单根均线的意义并不是很大，更多的时候我们是将各周期均线作为一个系统整体来看待，称为“均线系统”。由不同周期均线所构成的均线系统往往表现出以下特点和规律：

(1)均线的助推。

“均线的助推”是指不同周期的均线在股价的上升趋势或下降趋势中，均线跟随股价呈现明显的方向性运动，并且对股价运行形成有力推动。以上升趋势中为例，随着股价上涨，短期均线同步向上，每当股价回调其附近便反身向上，从而对股价形成支撑和助推，同时，中长期均线的上扬又会给短期均线提供支撑的作用，支持短期均线继续推进。

(2)均线的修复。

“均线的修复”是指不同周期的均线在运行中，当短期均线与中长期均线之间乖离过大时，会出现短期均线向中长期均线回归的现象。均线修复包括主动修复和被动修复。

以上涨途中为例，主动修复是指当股价快速上涨使得短期均线过度偏离中长期均线后，经过一段时间的回调，短期均线掉头向下从而主动缩小与中长期均线的间距。被动修复是指当股价的短期均线过度偏离中长期均线以后，股价转入横盘整理，短期均线也开始横向运行，使中长期均线逐渐向短期均线靠拢。

(3)均线的背离。

“均线的背离”是指不同周期的均线在运行中，短期均线与中长期均线的运行方向相反，从而形成的背离现象。一般而言，当股价在上涨趋势中快速回调或下跌趋势中快速反弹时，短期均线将会与长期均线代表的原趋势方向相反，这时就出现了均线背离的现象。均线系统出现背离后，一般都会有一个修复的过程。

(4)均线的黏合。

“均线的黏合”是指股价经过较长时间的横盘震荡，不同周期的均线趋于收敛，使得三条甚至更多条均线相互纠缠在一起的现象。这往往是股价趋势即将变盘的技术状态。当均线黏合时，一旦其后股价向某个方向突破，爆发力往往较强，所以值得我们高度留意。

(5)均线的平行。

“均线的平行”是指股价的趋势形成后的行进途中，不同周期的均线几乎形成平行的排列状态。

均线的平行包括向上平行和向下平行。以向上平行为例，显然，向上平行出现在股价上升趋势中，具体表现为短期均线贴近K线运行，中长期均线则以落后短期均线一定距离的状态跟随其同步上扬，使得多条均线形成齐头并进的、发散向上的现象。这种状态通常称之为均线系统的“多头排列”或“多头发散”，被技术派认为是完美的股价上升趋势形态。向下平行则称为“空头排列”或“空头发散”，其状态与向上平行相反。

(6)均线的交叉。

“均线的交叉”是指不同均线的相互穿越现象。一般把短周期均线向上穿越比之更长周期均线的现象称之为“金叉”，例如5日线上穿10日线称为5日、10日线金叉；反之，将短周期均线向下穿越比之更长周期均线称之为“死叉”。均线的金叉与死叉也是一种重要的转势技术信号，显然，这种转势的级别与形成金叉的均线的周期密切相关，例如5日、10日线金叉意味着短期趋势开始由跌转涨，而10日、30日均线金叉则意味着中期向上趋势逐步形成。

2. 指数平滑异同移动平均线MACD

指数平滑异同移动平均线(MACD)是根据移动平均线能够反映股价趋势的特点而发展出来的。它先是由两条长短不同周期的指数平滑移动平均线来计算两者之间的差离状况(DIF)，然后再求取DIF的9日平滑移动平均线，由此得出平滑的异同移动平均线。

平滑异同移动平均线实际上是考察快速和慢速两条移动平均线的聚合与分离的现象，从而研判股票的买进与卖进时机的。其最大长处在于平滑移动的特性，对于某些剧烈波动的市场或个股而言，这种平滑移动的特性能够对价格波动作比较平缓的描述，从而提高指标的实用性和有效性。

MACD指标图上包括黄白线和红绿柱，其中DIFF线即白线，指的是快速、慢速移动平均线间的差；DEA线即黄线，是DIFF线的M日指数平滑移动平均线；MACD线是DIFF线与DEA线的差，即彩色柱状线。

实际运用中常以12日EMA为快速移动平均线，26日EMA为慢速移动平均线，一般的行情软件中默认都是此设置，具体的计算过程为：

12日EMA=2/(12+1)×(今日收盘价－昨日EMA)＋昨日EMA

26 日 EMA＝2/(26+1)×(今日收盘价－昨日 EMA)＋昨日 EMA

DIF=12 日 EMA－26 日 EMA

DEA 一般是 DIF 的 9 日平滑移动平均线，即

DEA(9)=2/(9+1)×(今日 DIF－昨日 DEA)＋昨日 DEA

一般而言，在股价持续的涨势中，12 日 EMA 在 26 日 EMA 之上，其间的正差离值(＋DIF)会愈来愈大；反之，在股价持续的跌势中，差离值可能变为负数(－DIF)，负差离值会愈来愈大；当股价趋势开始反转时，正差离值或负差离值将会缩小并开始反向增大。

此外，指标图上的红绿柱 BAR 是 DIF 减去 DEA 的值再乘以 2

BAR=(DIF-DEA)×2

MACD 指标的常见应用法则有如下几点：

(1)当 DIF 与 DEA 在零线以上时，说明股价正处于多头市场行情。此时若 DIF 向下突破 DEA，只能看做趋势行情正在做短期的回调，不能看成空头市场的开始。

(2)当 DIF 与 DEA 在零线以下时，说明股价正处于空头市场行情。此时若 DIF 向下跌破 DEA，可做卖出信号；当 DIF 向上突破 DEA 时，可看做股价反弹行情即将开始。

(3)当 DIF 向下跌破 0 轴线时，此为卖出信号，即 12 日 EMA 与 26 日 EMA 发生死叉；当 DIF 上穿 0 轴线时，为买入信号，即即 12 日 EMA 与 26 日 EMA 发生金叉。

(3)底背离：股价出现新的低点，但 DIF 并不跟着出现新的低点时，属于底部背离现象，视做买入信号。

(4)顶背离：股价出现新的高点，但 DIF 并不跟着出现新的高点时，属于顶部背离现象，视做卖出信号。

(5)当 DIF 在零线以上的高位第二次下穿 DEA 时，往往股价会出现大跌的行情；当 DIF 在零线以下的低位第二次上穿 DEA 时，往往股价会出现大涨的行情。

MACD 的优点是能在一定程度上减少移动平均线频繁的欺骗信号。在有明显趋势的行情中，MACD 指标能最大限度的确保移动平均线买卖法则的准确性，但

在盘整市道中则常常“失灵”。

3. 随机指标 KDJ

随机指标 KDJ 起源于期货市场，它是通过当日或最近几日最高价、最低价及收盘价等价格波动的波幅，反映价格趋势的强弱。由于随机指标在设计过程中主要是研究股票最高价、最低价和收盘价之间的关系，同时也融合了其他指标的一些优点，因而能够比较迅速、直观地反映股价行情走势。其计算过程如下：

先计算未成熟随机值 RSV：

计算公式为：9 日 RSV=[(C9-L9)/(H9-L9)]×100

式中 C9 为第 9 日的收盘价，L9 为最近 9 日内的最低价，H9 为最近 9 日内的最高价。

再对 RSV 进行指数平滑，得到 K 值：

今日 K 值 =2/3×昨日 K 值 +1/3×今日 RSV 值

式中，1/3 是平滑因子。

再对 K 值进行指数平滑，得到 D 值：

今日 D 值 =2/3×昨日 D 值 +1/3×今日 K 值

式中，1/3 为平滑因子。

最后计算出 J 值：J=3D-2K=D+2(D-K)

J 是 D 加上一个修正值的结果，实质上是在反映 D 和 D 与 K 的差值。

KDJ 指标在图表上共有三根线，K 线、D 线和 J 线，，其常见的法则如下：

(1)一般而言，D 线由下转上视为买入信号，由上转下为卖出信号。

(2)KD 都在 0～100 的区间内波动，50 为多空均衡线。如果处在多方市场，50 是回档的支撑。

(3)K 线在低位上穿 D 线为买入信号，K 线在高位下穿 D 线为卖出信号。

(4)K 线进入 90 以上为超买区，10 以下为超卖区；D 线进入 80 以上为超买区，20 以下为超卖区。

(5)高档区 D 线的 M 形走向是常见的顶部形态，第二头部出现时及 K 线二次下穿 D 线时是卖出信号。低档区 D 线的 W 形走向是常见的底部形态，第二底部出现时及 K 线二次上穿 D 线时是买入信号。M 形或 W 形的第二部出现时，若与价格走向发生背离，分别称为“顶背驰”和“底背驰”，买卖信号可信度较高。

(6)J 值可以大于 100 或小于 0。依据 KD 买卖信号 J 指标为是否可以采取行动提供可信判断。通常，当 J 值大于 100 或小于 10 时被视为采取买卖行动的时机。

五、 如何做技术分析

上节对经典技术分析的几方面内容做了简要讲解，关于技术分析如何作为实战综合分析中的一部分，在最终的投资决策中发挥作用，将在本书后面几章陆续探讨。但是总而言之，传统的技术分析方法只能算是一般常识，并非是最重要的内容。这些理论单独使用的价值都不大，主要是用于反向思维来揣摩市场大众的心理状态。之后我们还将进一步剖析技术图形背后的心理规律，帮助读者理解技术分析的本质。

前面所讲 K 线理论、切线理论、形态理论、技术指标这四部分内容，构成经典技术分析的主要理论体系。技术分析方法和理论多种多样，每一种方法既有其独特的视角，也有非常明显的不足和缺陷。在对大盘和个股走势进行技术面分析的时候，需要结合技术分析理论的各部分内容，对走势进行多角度的全面观察分析，进而得出该图形技术面上的综合结论，而不能仅从某一个角度去分析。具体而言，当面对一幅 K 线图时应当遵循先大后小，整体到局部的顺序去分析，即：

先分析趋势，通过切线分析，以及长期均线系统走向的分析，判断大的运行趋势是处在牛、熊趋势市，还是大级别的震荡市中，并且注意观察趋势运行的角度大小。

再分析形态，看当前股价是否处在典型的反转形态或中继形态的构造中，以及相应的支撑压力位。

再看均线系统，运用前面所讲的均线研判原则，判断短、中、长期均线系统的状态，以及由其所揭示出的股价运行状态。注意相应均线的支撑压力作用。

再看K线组合，看近几日K线是否构成典型的K线组合。

此外，如果K线图中有尚未回补的典型缺口存在，则该缺口的技术意义也不容忽视。

如果对技术指标感兴趣，可以进一步分析MACD、KDJ等指标的状态，看是否有明显的技术信号出现。

最后，根据以上各方面的分析得出对该图形走势的技术面观点。

第三节　技术图形背后的市场心理

市场参与者的买卖交易行为是价格走势波动形成的直接动因。价格上涨，是因为当时买进的力量超过了卖出的力量；价格下跌，则是因为卖出的力量超过了买进的力量，价格的运行轨迹本身就是买卖力量博弈的结果。所以研究价格走势从根本上讲是要研究走势背后的各类交易者的心理及行为。通过对市场心理的剖析解读，可以帮助我们更深刻的理解市场的波动。所以，本书在讲解相应投资分析技巧的同时，还十分注重通过剖析投资者心理来解释各类市场现象和规律的成因，这对于读者掌握市场规律的本质有很大帮助。

本节将从行为金融学的角度对技术分析以及图形走势进行探讨。

一、技术图形的自我实现和自我毁灭

技术分析为什么会起作用？为什么突破信号出现后常常出现有力度的上涨(下跌)？为什么行情常常在重要支撑(压力)位转折？为什么那些标准的图形经常能出现？这些是我们学习技术分析必须思考的问题。要回答这些问题，就要理解“技术图形的自我实现和自我毁灭原理”。

由于技术分析简单易学，受众面极广，所以市场中相信技术分析、使用技术分析的是一个很大的群体，即所谓的技术派。设想市场由10000名投资者组成，其中8000位是相信技术分析的技术派，剩下2000位投资者不相信技术分析，而是以基本面或是消息面等其他与技术面无关的因素来决定买卖，姑且将其称做基本派。

现在假设市场此前运行在牛市的上升通道中，由于已经经历了一定时间的上涨，而且技术图形显示上升趋势良好，那么绝大多数人都已是看多的多头，大家都认可目前的上升通道，价格稳步上升。每当回落到通道下轨，便出现买盘增加卖盘减少，使得价格再度回升。最终在这种情况下，由于技术派相信上升通道的有效，并且依据这种图形交易，使得上升通道的图形结论在“深入人心”后，反过来被这股相信的力量所实现。同时，技术派又因此更加相信技术分析的灵验。这就是技术图形的“自我实现”。

但是这个过程不会无限延续，随着上涨的继续，多数人获利了结的欲望开始越来越强。等到临近某个价位，比如前期高点(图 1-42 中 A 点)，这是技术分析中明显的压力位，大半技术派都在考虑在这个阻力位前出局，也就是卖出。当图形慢慢接近 B 点时，这 8000 位技术派中越来越多人不再买进，并且卖出的冲动逐渐变强，剩下 2000 位基本派还在苦苦挣扎。最后当到达这个价位时，8000 张抛单陆续抛出，价格在前高处受阻而快速回落。由于缺少买单，许多卖单只能在比他们想要卖的价格低得多的价位才能成交。当价格回落至牛市上升通道下轨或是支撑上升趋势的中长期均线附近时(C 点)，技术面重新给出买进信号，技术派也再度进场，价格重拾升势。

这次，那 2000 位基本派记住了上次的教训，他们决定当达到上次头部这个阻力位置时退出观望。这时，所有的 10000 名投资者都已成了按技术分析交易的技术派，所有人都打算在同一个位置开始行动。但是有两件事情与上次不一样：第一，在接近上次这个阻力区时只有比上次更少的人想买；第二，很多人想早溜一步，尤其是资金量偏大者，以便他们的卖单能够成交。于是，再也达不到这个价位，上升形态也不再延续，技术图形则也自我毁灭了。

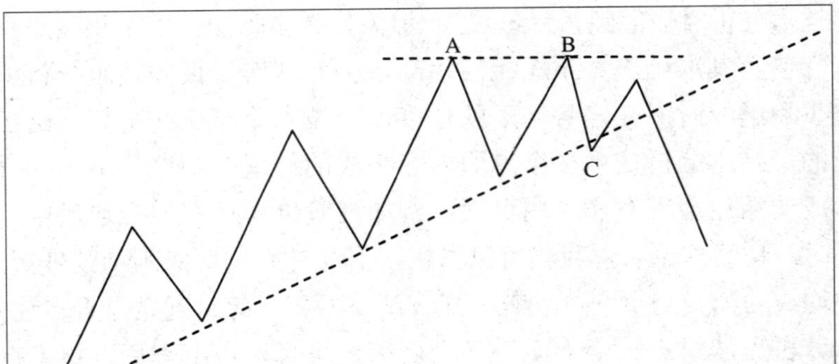

图 1-42　技术图形自我实现和自我毁灭原理模型

这正是拉斯特韦德对“技术图形自我实现和自我毁灭原理”的描述模型。虽然所设定的场景只是一种理想情况，但却深刻体现出了该原理的实质：当大量的人相信某个图形或某个技术结论时，这类人依据该图形交易所形成的交易力量使得该图形得以实现或强化，但是当人们预期变得过于一致时，图形却又会自我毁灭。这就告诉我们，技术图形之所以能时常显现灵验，并非来自上天的神秘安排，而是人群自身的力量造成的。这就是“技术图形自我实现和自我毁灭原理”。

世上本没有技术分析，只是信的人多了，也就有了。

由此我们还可以知道，越是为大众所熟知的技术分析理论就越是重要，因为越是相信的人多，其自我实现的力量就越强，就越能对市场造成影响。相反，技术理论中一些比较生僻的内容则价值不大。这也是为什么在本书前面仅用较少的篇幅对技术分析理论中最精要内容进行讲解原因所在。因为掌握最常见的就已经足够了，技术分析无需深究，实战的真功夫不在这里。

注意，市场的实际情况远比前面的假设情景复杂的多，参与者构成也不会是这种简单的“技术派—基本派”和“多空—空头”的二元模式，但技术图形发挥作用的原理依然是不变的。除了那些相信和使用技术分析的大众的交易力量导致图形自我实现外，主力机构也同样会利用市场对技术图形的迷信心理，借市场之力引导市场，例如通过制造漂亮的技术图形来吸引跟风买单达到推升或减仓的目的，抑或是通过制造恶劣的图形或指标信号来恐吓打压。这一系列因素进一步强化了图形的自我实现力量，使得技术上的某些典型结论经常得以在实际走势中呈现，最终进一步增加了标准图形出现的概率。

尽管技术分析看似能经常“显灵”，但为什么实际操作中单靠技术分析难以稳定获利，甚至其准确率并不比抛硬币高多少？其实，很多技术分析的灵验只是体现在事后解释时站在走势当下的角度，而技术分析往往是无法给出真正有效的结论的。技术分析是由多个方面内容构成的体系，从这些不同的方面去观察，所形成的结论会带有模棱两可性，例如当股价运行在上升通道中，回跌至下轨附近时，切线理论告诉我们可以买进，但此时股价可能刚刚跌破短期均线，甚至形成均线的死叉乃至空头发散。那么站在当下，此时到底是看多还是看空？显然技术分析无法给出结论。而一旦当后续走势真正走出来后，技术派们又能从图形上给出合理的事后解释，来证明技术分析的有效——如果股价回升了就是趋势给予了支撑，如果破位向下则说是短期均线提示了卖点。由此不难理解，为什么技术派总是被戏称为“事后诸葛亮”了。

但是，这并不是说技术分析没有价值，恰恰相反，技术分析非常有用，关键是看怎么用。股市投资本质上是一场博弈游戏，技术分析是大众所相信的，正好成为我们与市场博弈的重要工具。例如，可以通过技术面信号出现时的市场反应来观察市场的多空状况，又或是通过主力对技术面的引导和利用来揣测主力意图，这些内容将在后面章节中陆续讨论。

二、 市场中常见的心理现象

1. 后悔理论

在心理学中，后悔理论是指人们总是力图避免那些证明自己错误的举动。后悔理论可以帮助我们很好地理解一些股市现象。

投资者无时无刻不在对所做出的错误投资决策感到后悔：在牛市背景下，会为没有及时介入自己看好的股票，或者之前买的太少而后悔，过早地卖出了获利的股票也会后悔；在熊市背景下，没能及时止损出局会后悔，获点儿小利没能兑现，然后又被套牢也会后悔；在平衡市场中，自己持有的股票不涨，别人推荐的股票上涨，自己会因为没有听从别人的劝告而及时换股后悔；当下定决心卖出手中不涨的股票，而买入别人推荐的股票，又发现自己原来持有的股票不断上涨，而别人推荐的股票不涨反跌时，更加后悔。

针对“后悔理论”展开的研究表明：由于人们在投资判断和决策上经常容易出现错误，而当出现这种失误操作时，通常感到非常难过和悲哀，所以投资者在投资过程中，为了避免后悔心态的出现，经常会表现出一种优柔寡断的性格特点。于是，在决定是否卖出一只股票时，投资者往往受到买入时的成本比现价高或是低的情绪影响，由于害怕后悔而想方设法尽量避免后悔的发生。也就是说，自己的持仓成本和盈亏状况会对买卖决策产生重要影响。例如，一旦亏损，多数人不愿意轻易“割肉”，而如果是盈利的股票，则很容易就会获利了结。心理研究认为：投资者不愿卖出已下跌套牢的股票，是为了避免做了一次失败投资的痛苦和后悔心情，向其他人报告投资亏损的难堪也使其不愿去卖出已亏损的股票。

还有一些研究者认为：投资者的从众和追随行为，是为了避免由于做出了一个错误的投资决定而后悔。许多投资者都会觉得：买一只大家都看好的股票比较容易，因为大家都看好它并且买了它，即使股价下跌也没什么。大家都错了，所以我错了也没什么！而如果自作主张买了一只市场形象不佳的股票，如果买入之后它就下跌，自己就很难合理地解释当时买它的理由。此外，基金经理以及股评们也更喜欢名气大的上市公司股票，主要原因也是因为如果这些股票下跌，他们因为操作的不好或者推荐不好而受到责怪的可能性较小。

事实确如这些研究者所说的那样，后悔理论描述的心理规律存在于各类投资者中。例如上一段中所说的情况，一位在私募操盘的朋友就曾讲过自己类似的经历：数年前这位朋友在一家私募基金任职，当时有一只个股他十分看好，因为盘面上主力中线运作的痕迹已经明显显露，而且正处在启动前期，所以在公司力荐了该股，但最后公司并没有采纳，因为老总认为这只股票偏冷门，十大股东中没有基金的身影，券商也没有对其出具研究报告。老总一贯主张的是买进基本面受到市场普遍认可的白马股，他甚至毫不讳言的表明这样做的理由：这么操作即使亏损也不会被客户过分指责。也就是说，当过错发生时可以将责任归咎于市场，因为他买的是“好”股票。其实想起来，这位老总的心理在基金行业实属人之常情。至于普通投资者，相信在自己的投资过程中对于后悔理论描述的心理感受一样有着切身体会。

害怕后悔反映了投资者对自我的一种期望。研究认为：投资者在投资过程中除了避免后悔以外，还有一种追求自豪的动机在起作用。害怕后悔与追求自豪造成了投资者持有获利股票的时间太短，而持有亏损股票的时间太长的现象，这种现象被为卖出效应。研究发现：当投资者持有两只股票，股票 A 获利 20%，而股票 B 亏损 20%，此时又有一个新的投资机会，而投资者由于没有别的钱，必须先卖掉一只股票时，绝大多数投资者往往卖掉股票 A，而不是股票 B。因为卖出股票 B 会对从前的买入决策后悔，而卖出股票 A 会让投资者有一种做出正确投资的自豪感，所以投资者觉得卖出 A 是“天经地义”的，至于 A 和 B 的具体走势前景，甚至都不重要了。

实际的市场经验告诉我们，这确实是投资者中普遍存在的一种心理。抛掉获利的股票总是相对容易的，80%以上的散户在单只个股上获利 10%甚至 5%以上就会有较强的售出意愿，绝大多数散户在获利不超过 20%时就会卖出。反之，当亏损发生时，“割肉”则是多数人不情愿的，因为这等于承认自己犯的错误，而只要捂着不卖则还可以安慰自己：这只是账面亏损，只要还没将仓位了结就不是实际亏损，还有涨回成本的机会。事实上，这种人性的弱点是交易的一大心理障碍，是我们做股票时必须克服的，我们应当依据市场的实际状况，而不是自己的盈亏状况来交易。

技术分析中的关于支撑和压力区的理论，认为前期的成交密集区会对股价产生支撑和压力的作用，这一点已经得到普遍认可。产生这种效应的心理基础正是后悔理论。

以下跌为例，如图 1-43 所示。当股价在某个区域停留了较长时间，此后向下跌破，这会导致大量在此区域买进者因判断失误而被套，这无疑令他们痛苦和后悔，并且期待着股价能够反弹给他们以出局纠错的机会，同样，对于之前有卖出意向但没有卖，或仅选择部分卖出者，也会后悔当初在那个位置没有都卖掉。由于价格在向下跌破前的区域停留了较长时间，所以此处密集成交了大量筹码，也就决定了上面所说两类后悔者的大量存在。这样，当下次股价再度回升到该区域时，卖压会因为这些后悔者的纠错行为而增加，从而使股价承压，该区域由此成为技术上的压力位。同样的道理，在上涨中，下方密集成交区则会形成支撑效应。

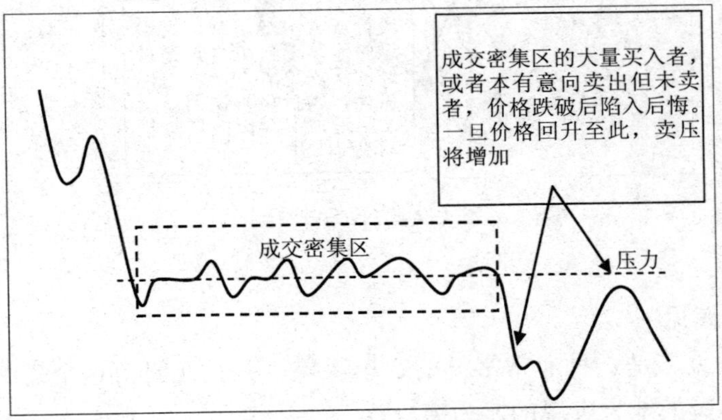

图 1-43　成交密集区的压力效应

显然，当价格在某个区域运行时间越长、成交越大、波动区间越大，则该位置的换手就越充分，成交越密集，从而后悔效应在其后将体现的更加强烈，也就是说支撑或压力作用将表现的更明显。正是这个原因，技术理论认为成交密集区的支撑和压力作用取决于该区域的运行时间、成交量及波动程度这三个要素，这是符合客观规律的心理表现。

此外，在技术理论中股价前期的重要低点和高点也构成重要阻力和支撑位。这很大程度上也是后悔效应所致。显然，前期的高点和低点是股价前期所波动到的极限位置。例如图 1-44 所示，某股股价下跌至 A 点后展开反弹，则 A 位置成为前期低点。这种极限位置会给市场留下深刻印象：很多人事后会发觉当时的 A 位置是最好的买入价位，他们后悔那个位置没有买进或者买的太少，而对于当时的卖出者而言，更会为自己做了最蠢的事情而后悔不已，并且渴望得到在该位置纠错买回机会。这样，一旦价格再度向这个极限价位回落，后悔效应将使得买盘增加，从而对股价形成支撑作用。这正是重要高低点形成技术阻力和支撑的心理依据。

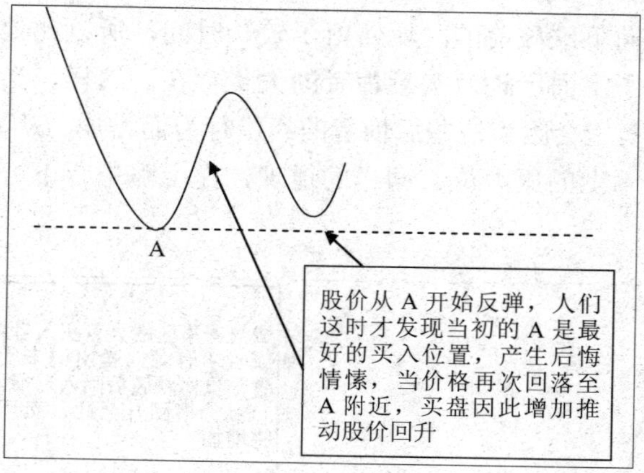

图 1-44　后悔效应

2. 事后偏见

“事后偏见”是一种非常常见的心理现象，并且在股市这个需时刻面临选择、判断、决策的地方表现的尤为突出。

“事后偏见”又被称做“早知道效应”或“滞后决定论”，它可以严重地改变我们对问题的判断。在这种心理现象的作用下，你会感觉很多事情的后果自己早就想得到，并且归功于自己的聪明智慧。也就是说，对于某些事前并不确定的事，一旦我们听说它发生时，我们就改变了在知道这件事之前的看法，我们现在可能强烈地认为，我们早就有这种预感，知道它会发生的，虽然实际上我们一点儿线索也没有。

“事后偏见”心理看似十分愚蠢可笑，但却是一种人普遍会有的心理倾向，尤其在股市中体现的淋漓尽致。例如某日市场大幅下跌，很多股民总是会说：“我昨天就想到了今天很可能将如何如何”，“KDJ 之前就已经预示了下跌”等等，尽管这些人昨天可能并没有卖出，甚至还买进了。再比如看到某只自己曾经关注过的个股大涨了之后，人们总是会懊恼地抱怨：我早就因为某某原因而十分看好它了，当初没有买实在太可惜了，没有买完全是怪××××。事实上当初他们心里一点儿底都没有，所以才会白白错过黑马。靠嘴吃饭的股评们就更不用提了，每天收盘后都能将当天的行情讲的眉飞色舞，表现得好像一切早在他预料之中，可明明前一天他什么都没猜到，或者观点完全是模棱两可、含糊其辞的。

实际上，如果我们冷静的审视自己的内心就会发现，在实际操作的过程中，站在行情的当下，各种看多和看空的理由总是会在心里反复交织和纠结，这令我们犹豫不决。但之后当走势一旦明确走出来后，那些脑海中交织着的多空两方面理由中，与实际走势相符的那部分就会瞬间在心中涌现并放大，我们会感觉事实结果正如我们当初所想的。

在这种普遍存在的事后偏见心理的作用下，很多人会觉得自己投资股票时总是“看得对做不对”。了解这种心理之后就应该明白，这其实是一种自欺欺人的想法，是为自己的错误开脱，以寻求心理安慰。做不对的根源归根结底还是因为没看对，是判断出的问题。

曾经听说过一个有趣的人，他在这方面的问题就比较典型。此人大概算是一知名股评，据说崇拜者有不少，许多股民敬称其为“老师”。但他曾经的合伙人却私下很无奈地告诉我：其实他的操作相当糟糕，理论讲起来头头是道，实际操作比一般散户水平好不到哪里去。更要命的是，每每操作失利却从来不承认自己的错误，每次都坚称自己是“看对没做对”。有一阵子他连续操作失误后，觉得自己是因为有严重的心理障碍，无法执行自己的“英明”判断，所以都不敢自己下单了，只好让下单员给其下单。只是结果依然没有改善，于是转而将责任归咎于下单员无法准确执行其指令，却依然不认为是自己的判断出的问题，以致下单员因为受不了无端指责而辞职。业内竟也有这样的妙人，看来被这事后偏见心理所累的人实不在少数。

和后悔心理一样，事后偏见心理也是影响市场的重要心理规律。事后偏见效应对于上面所讲的后悔效应具有强化作用。当我们决策失误后，如果在事后偏见心理作用下，我们感觉已经发生的事实其实是自己早就想到的，而决策错误只是因为“一时糊涂”，那么我们的后悔心理将成倍地放大，我们会为没有在第一时间采取本该采取的正确行动而懊恼不已，此时我们想要追随市场实际运行方向的愿望也将强烈膨胀，使得后悔效应的作用更加强烈。后悔心理和事后偏见心理这两种大众心理倾向会在股市的运行中促使一种“反馈环效应”的形成，而“反馈环效应”正是趋势市运行的主要心理基础，这将在后面的小节中论述。

3. 验证性偏见

所谓验证性偏见，指的是人们很容易对自己的发现或者想法形成错误的信念，然后试图寻找支持性的例证，而非尝试去证明自己的直觉不成立。也就是说，我们想要相信的事情会给我们的结论带来过度的影响，这导致我们偏好那些可以证明我们所做事情正确的消息，而躲避那些对我们不利的消息。

心理研究表明，人们在做判断的时候，往往不是针对各类信息进行全面考虑以得出正确的结论，而是由于某些原因而先入为主的形成某种结论和倾向，然后潜意识里拼命为此寻找论据证明自己的想法，这会导致对自己的结论有利的信息在心中被放大，以致无法客观地去衡量整个事实的全部。这就是验证性偏见。

另有两种心理现象与验证性偏见密切相关，分别是选择性暴露和选择性理解。选择性暴露指的是人们总是试图让自己接触那些确认自己行为和态度的信息；选择性理解指的是人们总是按照对自己行为和态度有利的方式来解释信息，当面临的信息不利于他的判断时，他甚至会无意识地曲解这些信息，使它们看起来支持他的判断。

我们只要稍加留心很容易就能发现，人的这种倾向会体现在方方面面。举一个我生活中的例子：我的母亲是名医生，她做菜的时候经常放不准盐，有时菜会偏咸，有时则偏淡。为此我偶尔会抱怨几句。有一回吃饭，我说："盐放的有点儿多。"

"现在是夏天，人出汗多，吃咸点儿补充电解质"母亲这样回答。

没过几天，又在吃饭时，我说："菜有点儿淡了"

"吃咸了对血压不好，尤其像你这种精神高度紧张的操盘工作，更不能吃太多盐"母亲又这样回答。

这个小事例很生动地反映了上面所讲的验证性偏见心理。母亲是一名医生，对于氯化钠对人的生理影响是有全面了解的，但是在不同的情景下，却会不由自主地放大了其中某个方面，以致前后的结论有所冲突。

验证性偏见其实是人的一种本能倾向，弗洛伊德将其称做"自我防御态度"。当然，人有这种本能也不是什么坏事，毕竟生活中多数都是些无关紧要的小事，没必要执著于是非黑白。但在股票投资中，这种心理倾向却是影响我们正确判断的最大心理障碍。很多时候，正是这种倾向蒙蔽了我们的双眼，让我们用偏见，用自己的喜好和期盼代替了市场的实际，并且最终受到惩罚。

股票市场是信息最多的地方，有关宏观经济、行业、上市公司的各类利好、利空新闻每天都会充斥着我们的眼球。股票市场也是分析要素最多的地方，技术面、基本面、消息面、资金面等等各方面的情况都会影响到市场。在对这些一一思考后，最终，支持看多和看空这两方面的因素都可以说出无数，要对行情做到综合客观的研判，无疑是一件不容易的事情。由于多数人对市场的了解比较有限和片面，所以在看待行情走势时，面对诸多复杂因素，上面所讲的“验证性偏见”“选择性暴露”“选择性理解”这些心理会表现的尤为严重。具体来讲，就是人们在判断大盘或个股的时候，很大一部分人会先入为主地形成看多或看空的倾向，然后再从自己有限的市场知识或是听到的消息中寻找论据，来支持自己的多空倾向，而自己则往往没有察觉到这一点。

这种心理在市场中表现得最极端的就是在所谓的死多头和死空头身上。这类人将看多或者看空近乎当做一种信念，以致不肯随实际情况的变化而改变看法。对于一个死多头来说，似乎股市应该永远上涨，当基本面不好的时候，他会用技术面来鼓励自己，当技术面不好的时候，他又找消息面、政策面利好来支撑自己的信念；而当这些都不好的时候，他还可以用中国经济美好的长期前景安慰自己。好像股市永远都有上涨的理由,坏消息则通通被忽略。而对于死空头来说，每一个利空都可能成为压垮市场的最后一根稻草，在他们眼里，即使在牛市，也觉得 CPI、加息、技术压力位等各类因素会随时让市场掉头甚至崩盘。导致这类人认知脱离事实，出现极端态度的，正是这“验证性偏见心理”。

多数股民虽然不像死多、死空一般顽固地坚持一个方向的看法，但也会在极大程度上受到这种心理的控制和干扰。特别是当其对走势存在某种“企盼”的时候，就会不自主的对支持其“愿望”的因素进行放大。而他的“企盼”常常决定于其仓位、配置等利益关联因素。重仓时，企盼大盘上涨，所以借好消息安慰自己；空仓时，企盼大盘下跌，寻找利空就成了此时的乐趣。

股民们对于自己所持有的个股，潜意识里无疑总是尽可能寻找这只个股身上好的因素。一个股民谈到自己持有某只个股的原因时，往往都能说得头头是道，例如该公司业绩如何如何好、有什么厉害题材等等，完全是一副专家的样子。实际上他可能在这只股票上已经套了一年半载。人们往往不会察觉到，自己是在拿着放大镜看自己的股票，正应了那句俗语：关心则乱。

做股票千万要避免的就是“因关心而乱”——用喜好、企盼、想象、愿望、情绪去扭曲事实。要想成为成功的操作者，必须克服这“验证性偏见”心理，而要做到这一点，首先要做到的就是本书所强调的全面学习。只有先对市场有了较全面的了解，才可能在分析的时候有客观的权衡，否则一知半解只会令偏见更盛。

4. 群体思维

群体思维是社会心理学中一个有代表性的现象。有一个关于这方面的十分有趣的心理实验：让人们观察图 1-45 所示的图形，然后询问 A、B 和 C 三条线的长度哪一条等于左边的虚线段。99%以上的受访者都选择“B”，其余选择 A 或 C 的要么眼睛不好使，要么就是开玩笑。

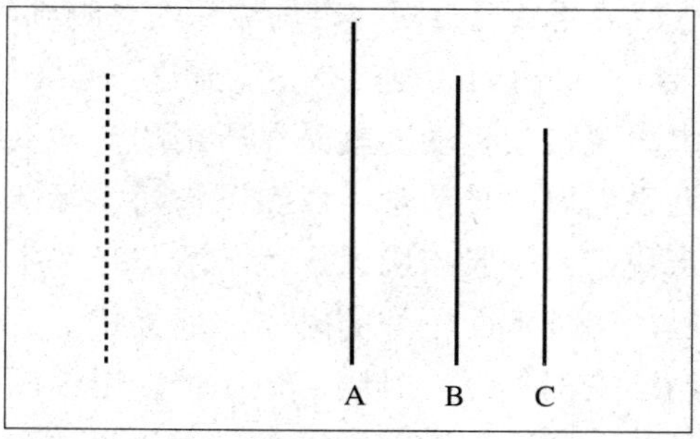

图 1-45　群体思维测试

因此，当单个人接受调查时，99%以上的人都能正确回答。但是现在来看看，如果把这些人和持不同意见的人放在一起，会出现什么情况。研究者挑选了一些小组，其中有的是故意安排进去的人，有的是正常接受调查的人。然后告诉故意安排的人在其他不知内情的人面前故意给出错误答案 A。下面是平均答案：

在你面前没有答案：	1%的人给出错误答案 A 或 C
紧挨你前面那个人回答 A：	3%的人回答 A
前面两个人回答 A：	13%的人回答 A
前面三个人回答 A：	33%的人回答 A

因此，如果看到前面的人这样做，将有 1/3 的人也会跟随，否认明显的事实。

当存在同意群体意见的压力时，人们往往更加容易屈服于群体意见。当上述实验的研究者告诉受访者，大家将根据参与者得到正确答案的比例分享经济奖励时，结果很清楚地证明了这一点。他们发现，如果受访者知道这个消息，而且如果在他之前有三个或更多的人给出错误答案A，那么有超过47%的人会给出同样的错误答案。

有两个重要的心理学规律与群体心理密切相关。第一个是社会比较，它出现在当我们对某些事情表示怀疑、看看别人是怎么做的时候，这时人们倾向于用别人的判断作为自己判断的基础；另一种是所谓的说服效应，这个理论认为我们更容易被一个可信的消息来源所说服，而不是可信的论据。

群体思维的原理其实也适用于金融市场：一些明显的错误得到相当一部分人认可，仅仅因为他们认为其他人也认可。研究发现，当精神高度紧张或情况非常复杂的时候，群体思维会表现的格外明显。而金融市场的情况显然满足这两个特征，所以金融市场中的群体思维效应往往非常明显。与金融市场相关的是一个广大的群体，包括普通散户、分析师、财经媒体、基金管理人等。在群体心理作用下，各类人相互影响，很容易形成一致的态度，从而对市场的波动格局起到强化的作用。理解这一点，对于理解和感知不同背景下的市场波动和市场心态非常重要。

5. 赌收益和赌损失心理

为什么股价往往在上涨过程中放量，在下跌过程中缩量？

为什么牛市的成交量远远大于熊市？

答案来源于人的心理，有一个十分著名的心理实验可以帮助我们理解这个问题。

600人感染了一种致命的疾病，有以下两种药物可供选择：

(A)可以挽救200人的生命；

(B)有1/3的概率能治愈所有人，2/3的概率一个也救不活。

请问选择哪种药物？

测试的结果是：72%的受访者选择A。

再来看另外一个问题：

600人感染了一种致命的疾病，有以下两种药物可供选择：

(A)肯定致400人于死地；

(B)有1/3的概率能治愈所有人，2/3的概率一个也救不活。

这次，只有22%的受访者选择A，78%的人选择了B。

其实，这是两个完全相同的问题，只是在选项的表述上有所不同。前者的重点放在收益上，而后者的重点放在损失上。这个心理实验的结果表明：人们对于收益和损失的态度是不一样的，人们更愿意为损失而赌而非收益。

这个结论很容易引申到金融市场，当买的股票出现亏损，怎么办？多数人会选择拿住它，赌它还会涨回来。而当买的股票已经获利，很多人却不会再赌了，多数人倾向于尽早卖出，落袋为安。

正是由于这一普遍心理，导致股价下跌过程中被套者捂住筹码不卖，成交量则相应地萎缩。反过来当股价上涨，获利盘会增多，所以会有更多的人获利了结，所以上涨往往需要放量。

为什么牛市的成交量会远大于熊市，道理和上面所讲的一样。此外，牛市中，多数人会由于盈利而信心增加，这使得人们交易更加频繁，很多人会在不同的板块、个股中不断地跳来跳去，这也是牛市交易量上升的重要原因。

三、 趋势市的心理基础——正反馈效应

我们都知道，股市的波动受到经济基本面的影响，经济基本面是股票市场的价值基础。一般认为，经济周期是导致牛市和熊市出现的原因。但实际上，经济基本面尽管会存在着周期变化，但其变动程度相比于受其影响的证券市场却十分有限。证券市场的价格运动常常出现一边倒的局面，当大趋势形成时，往往会运行很长时间和极大的幅度，超出任何人的想象。这一点无法用其背后的价值基础来解释，趋势运动被放大的真正根源在于其背后的市场心理基础——正反馈效应。

反馈是起源自控制论中的概念，是指将一个系统的输出返回到输入端，并以这个由输出反馈回来的量来对输入施加影响，从而反过来又影响到输出的过程。社会生活中我们以其泛指这样一种情况：某个原因导致某种结果的出现，而这个结果又会反过来对原因产生影响，并且最终影响到结果本身，当出现这种情况时，称之为一个反馈循环。

反馈有正反馈和负反馈之分，当结果对原因有强化效应，并且反过来导致更强的结果出现时，称之为正反馈。我们常说某些事情进入了“恶性循环”，所指的就是这种正反馈效应出现在了某些不好的情况中，例如一个孩子学习成绩不理想，会出现厌学情绪，而厌学情绪又会导致成绩进一步下降，这之间就是一个正反馈加强作用。

趋势市的背后往往同时存在着多种这样的正反馈环，这些是趋势运行的内

在驱动力。其中最核心的反馈环是基于后悔理论和事后偏见效应的心理正反馈，此外还存在着其他几种重要反馈。本节以牛市行情从诞生到演化发展的过程为例进行分析。

当市场经历了长时间、大幅度下跌的熊市折磨后，逐渐进入到底部运行的状态。那些下跌途中提前进入抄底的看多者纷纷受到了教训，而空头也在不断的破位下跌中饱受折磨，受不了的持筹者在下跌途中陆续割肉，市场情绪陷入绝望。但是，由于做空力量已经在持续的恐慌中得到充分释放，而剩下的套牢者已经麻木不仁，所以到最后抛压已经极轻，市场不再下跌而转为底部震荡格局。在持续的底部震荡后，多空力量对比悄然发生改变，潜在的买家数目在增加，只是由于市场没有大的动静，所以多数都在观望，市场交投并不活跃。

这时，对于部分精明的机构以及经验老道的职业投资者而言，已经开始逐步分批进场建底仓。由于抛盘极轻，所以市场开始从盘底状态中快速回升(如图1-46A阶段)。等到市场有了一定的涨幅之后，市场的心态发生了微妙的变化。那些底部的观望者陷入了深深的后悔和懊恼，包括那些当时不敢买的人、在最低位置割肉的人，以及本来在低位想买更多，却因为犹豫和担心而只买进少量的人。

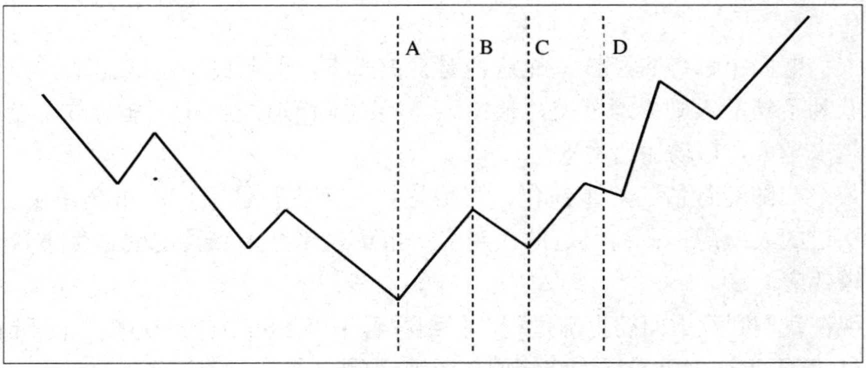

图1-46 牛市行情从诞生到演化发展示意图

请回想一下前面所讲的后悔理论和事后偏见效应此时是如何在这些人身上发挥作用的。现在，这些人都在企盼着价格能回落一些，便能够纠正他们此前的失误。

而对于更多的人而言，则还只是将这次回升视做熊市途中一个小反弹，并不怎么看好。的确，刚刚经历了熊市的人们对反弹不以为然，因为此前的一路下跌中不断地反弹然后再次破位，让他们坚信这次不过是旧事重演，他们已经不抱希望。所以此时的市场虽有回暖，但依然关注度不高。

但是，这次多空能量的对比确实发生了改变，因为抛压已经接近枯竭，所以第一次反弹后的回落，没有创出新低(如图 1-46B 阶段)。更重要的是，那些错过机会的底部观望者们和急于纠错的人在大盘出现一定回落后纷纷进场，推动大盘再度回升(如图 1-46C 阶段)。

当市场重拾升势，此前对反弹不以为然、不抱希望的投资者开始感到有些不对劲了，因为这次的反弹并没有像以前的熊市反弹那样很快终结，这令他们想起了一个很久以来都不敢想的词：反转。基本面、政策面上似乎暖风缓缓吹来，媒体、股评们也开始拼命寻找上涨的利好因素，生怕自己对上涨解读的不到位，以致人们满耳听到的都是唱多的声音。

这时，乐观情绪开始蔓延，悲观情绪开始一扫而光，新的上涨已经让更多的人陷入后悔和事后偏见，随着新的买家急切加入，市场开始突破向上(如图 1-46D 阶段)。而在上涨中，技术面上，类似双底、头肩底这些底部形态出现，长期均线被有效突破，均线纷纷金叉甚至开始多头排列，上升通道逐渐形成……总之，各类技术分析理论开始不断给出看多的结论，这又反过来令市场看多的情绪更盛。

人们账面上都赚到了钱，在这种财富效应下，新股民也踊跃而至。而那些提前获利了结的人则惨遭逼空，最终因为受不了而追高回补。推动市场上行的力量越来越大，市场加速上涨。

最终，随着行情的逐步演化，形成这样一个正反馈效应：市场越是上涨，看多买进的人就越多；而买进的人越多，市场就越是上涨。这就是牛市背后的正反馈效应。

现在我们回顾上面的上涨过程，仔细看看牛市上涨中会出现哪些正反馈环：

(1)基于事后偏见和后悔情绪的正反馈环(图 1-47)。

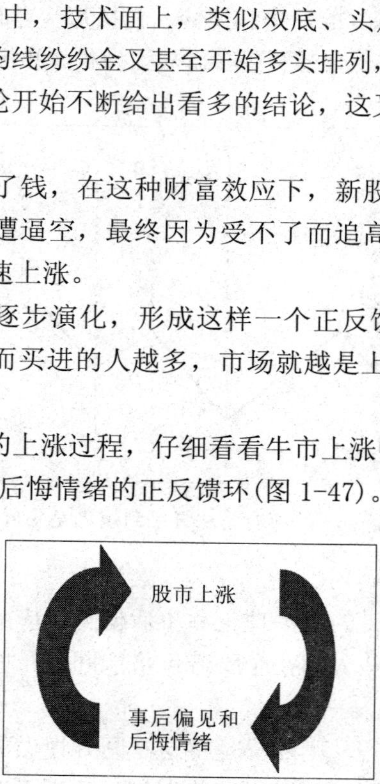

图 1-47　基于心理形成的正反馈环

这在前面已经分析过，事后偏见和后悔效应令人们在错过上涨之后急于纠错，于是逢回落纷纷买进，甚至之后继续不断追高，于是推动市场再次上涨。而市场越是上涨，就会有越多的人因错过赚钱机会而后悔，包括因犹豫而买进过少者、后知后觉者以及因为过早获利了结而被轧空者，从而，引来更大的买盘力量。这就形成了一个正反馈过程，市场在这个反馈过程中，逐级抬升。正是基于事后偏见和后悔的正反馈环，导致牛市中前期的高低点或者密集区往往成为后面的支撑阻力位，这在上一小节中已经分析过了。

(2)技术分析引发的正反馈环(图 1-48)。

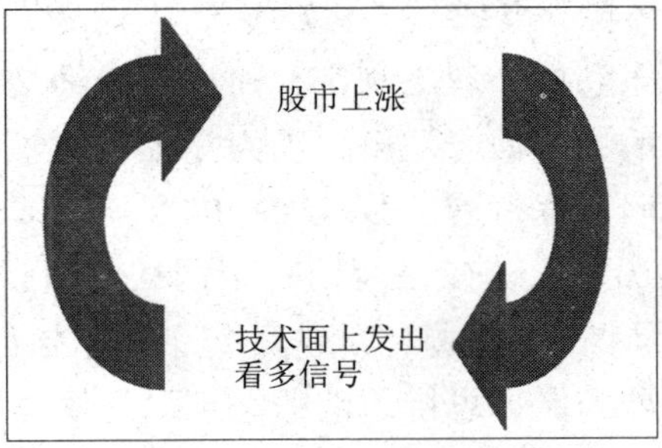

图 1-48　基于技术面引发的正反馈环

当市场从底部开始不断回升，与之相对应的技术面上，包括形态、趋势、均线等各方面都会不断地出现看多信号。例如，在从底部开始一路上涨的过程中会陆续出现：短期均线金叉、底部反转形态、缺口突破、站上中长期均线、均线多头排列、上升通道形成等一系列看多的技术信号，这无疑会不断地刺激技术派更加踊跃地看多做多，而做多的力量越多，推动市场上涨后，技术面上又越是会出现更多的多头信号。最后，良好的趋势上涨图形开始自我实现，并且形成良性循环，这就是技术分析引发的正反馈环。

(3)媒体制造的舆论环境所引发的正反馈环(图 1-49)。

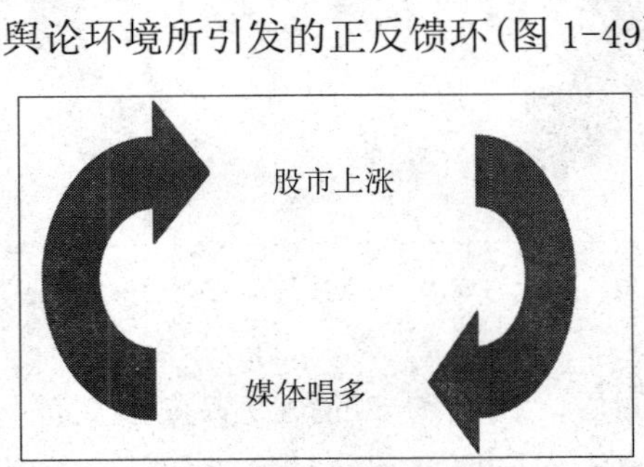

图 1-49　基于媒体等所引发的正反馈环

当牛市上涨达到一定程度后，市场上将充斥着唱多的声音，并且越是上涨，唱多的声音将越多。这是十分正常的现象，因为此时验证性偏见心理和社会比较效应会表现的非常突出。我们已经讲到过，这些心理倾向会影响市场中的各类人。例如，我们舆论环境的主要制造者——媒体，此时就是一个典型代表。媒体总是希望自己的报道符合事实，而牛市中最大的事实就是市场大幅上涨了，所以财经媒体们此时的主要任务就成了寻找支撑上涨的理由，尽管他们自己往往没有意识到这一点，他们会觉得自己是在全面客观的报道新闻事实。

自然而然，牛市中的好消息被媒体或者包括股评在内的财经评论人深度发掘，于是我们的舆论环境就变成了“利好漫天飞”。验证性偏见心理使得媒体股评们的报道评论里放大利好，忽略利空。而群体思维又使得这些普通投资者眼中的“专业人士”们的看法向一边倒，因为在牛市背景下，这些靠嘴吃饭的人中的绝大多数，会倾向于保持同多数人一样的观点，即使持有相反的看法，也不敢直截了当地表达出来——如果和同行犯同样的错误，没人会过分注意到；而当独自持有异见却又说错，则成了天大的笑话，于自己的利益声名十分不利。

受验证性偏见心理和群体思维影响的绝不只是媒体股评们，更包括他们的观众或读者。想想牛市中，股民们手里都拿着大把的股票，最希望听到的是什么？最喜欢宣传鼓吹的是什么？

最终的事实是，利好愈多，市场愈涨；市场愈涨，利好愈多。这就是又一个反馈环：媒体为牛市制造的。

(4)“玩别人的钱”心理所形成的反馈环(图 1-50)。

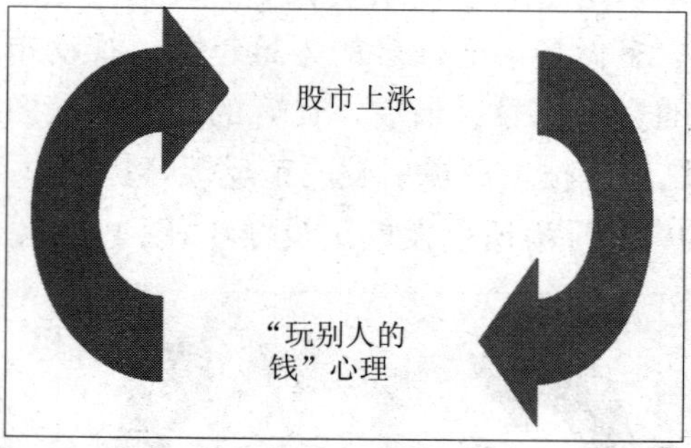

图 1-50　基于“玩别人的钱”心理形成的反馈环

当牛市持续一段时间后，越来越多的投资者账面上有了不菲的收益。虽然每次投资都能赚钱，但很多人更愿意把包括赚来的钱在内的更多的钱再投回牛市。社会心理学中把这个现象称为“玩别人的钱”，这个说法是从赌场借用过来的。在赌场赢了一大把的人往往会一直赌下去，直到输光为止。因为他们不认为自己赌的是自己的钱，那是从别人那里赢来的。他们将自己最近的收获与其他财富分开，只在头脑中承认这笔钱，把它专门用于赌博。

基于这个原因，牛市中的财富效应使得投资者手里的“钱”(市值)越来越多，市场流动性因此变得更加充裕，尽管这些“钱”还只是账面上一时的市值数字。市场越是上涨，因股票升值带来的流动性越是充裕，而流动性越是充裕，推动市场上涨的动能就越是强劲，这就又构成了一个反馈循环。

(5)基于券商、基金等证券行业机构的经营活动所制造的反馈环(图 1-51)。

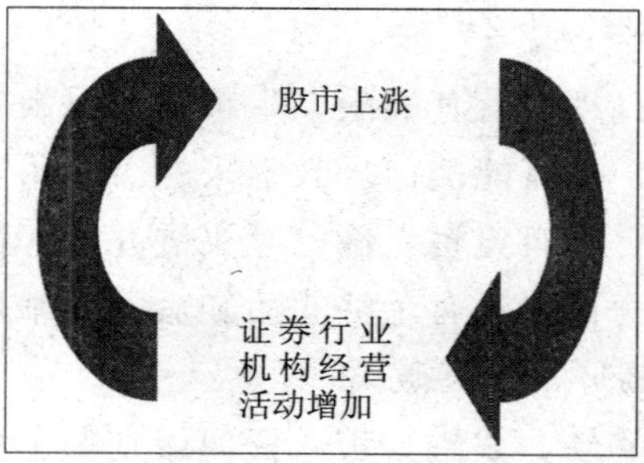

图 1-51　基于证券行业机构的经营活动制造的反馈环

当行情大好的时候，直接受益的是证券行业的各类机构。对于券商而言，成交量的大幅提升使得其佣金收入随之大涨，证券公司的客户经理们此时都拼命招揽客户，各类开户广告也随处可见。同时，券商还会鼓励现有客户更加积极频繁地交易。而对于基金公司而言，收入与其资产管理规模成正比，牛市正是其发行和推销基金产品的最佳时机，所以这时会积极地以各种渠道招揽客户。此时基金一方面要吸引新客户的申购，一方面要减少老客户的赎回，所以出于营销目的，基金们此时抛出的观点一定是倾向看多的。

2011 年上映的电影《单身男女》中就有这么一个片段，2008 年金融危机前夕，高圆圆饰演的角色作为证券分析师，在其所任职的基金公司开会时，向其他人表达了“金融海啸将至”的观点，但是立即遭到了上级的责备：“你想把客户都吓跑吗？客户赎回基金，损失你承担吗？”这番话确实反映了证券行业的心态。

牛市无疑为基金提供了扩大管理资产规模的机会，而牛市中，基金的规模增大，又反过来不断提供更多的资金买入其看好的个股，进一步推高股价，从而推动股市上涨，形成反馈效应。2006～2007年国内股市的大牛市中基金因为赚钱效应而被老百姓疯狂申购，规模急剧扩大，基金获得资金后不断加仓，又反过来加剧了市场的非理性暴涨，引来了更多人申购，鲜明的体现出了这一反馈效应。

所以，不难理解，在牛市中，证券机构们的经营行为如何为市场制造出了更大的泡沫。

上面是牛市行情演化发展过程中几种最典型的正反馈环，此外还有其他一些反馈效应的存在，这里不做介绍。牛市中，这一系列反馈过程交织在一起，产生强烈的内在动力，使得价格疯狂上涨，超出价值理论可以接受的范围，就像是一个自发形成的“庞氏骗局”。

但是，任何正反馈过程都有其极限，牛市中的反馈效应也无法一直持续下去。到了牛市最后阶段，所有能被市场吸引来的潜在买家都已经吸引进来，几乎所有人都在看多，几乎所有投资者都已经买进并且等待坐轿，但这恰恰意味着多头力量已经燃尽——再也没有足够的后知后觉者来抬轿了。牛市中群体性行为所自发形成的正反馈环，最终破灭。

其实，不仅是大型的牛、熊趋势市，任何级别的上涨或下跌中，包括分时图的波动，都是蕴含着反馈环效应的。在本书最后一章“大势分析”中会对此有进一步探讨。

四、技术形态中的心理

上节我们讲了趋势市背后的心理基础。在趋势运行过程中，面临着停顿或者转折，这就形成了技术分析中相应的中继形态和转折形态。在技术形态的构筑过程中，快速运行的趋势停下脚步，市场往往表现为一种平衡市的运行状态，进而才形成不同的技术走势形态。技术分析理论中认为，当走势形态正在构筑过程中时，无法确认走势后续的演变方向，需要借助于后续的突破信号进行研判。

走势背后隐含的往往是市场的心理变化轨迹，各种形态也不例外。下面以几种典型形态为例进行分析，帮助读者进一步理解技术图形的本质。

在中继形态中，最著名的是所谓的箱形运动。当走势的两个以上相邻高点接近平行，两个以上相邻低点也平行时，则构成箱体形态。技术理论认为，箱体是一种平衡形态，箱体上轨是压力位，箱体下轨是支撑位，当价格有效穿越上轨或下轨则构成突破信号。这是符合一定的心理规律的。

为什么箱体的上轨有压力？首先，上轨区域意味着有近期的两次上涨都在这里止步，那么基于后悔和事后偏见效应，当价格再次运行到这个价位，不少前期的持筹者会选择卖出。另一方面，当箱体形成后，意味着这个区域进行了大量的筹码换手，短期筹码的成本都在箱体区域内。那么，当价格处在箱体上轨处时，也就是整个箱体区域的最高位时，短期筹码均处于获利状态，获利盘的抛售压力同样会导致卖压增大(图 1-52)。

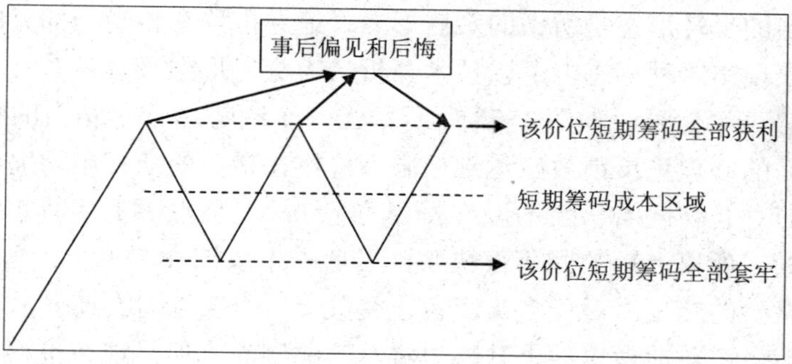

图 1-52　箱体形态

正是这两方面的原因使得箱体上轨成为箱体区域中压力最大的位置，所以有效站上该位置，就在一定程度上能够反映出新生的多头力量的强劲。因此，这在技术分析中被视做上涨突破信号。由此不难看出，并不是那一条“神奇”的上轨连线造成了压力，而是走势背后人的心理和行为。

反之，当价格处在箱体下轨时，后悔和事后偏见造成了买家对于该价位的留恋，一旦价格向该处回落，将有人因此回补。同时，短期筹码在这个箱体区域最低位悉数被套，从而卖压减少。由此下轨线对股价形成支撑作用。

再如三角形也是常见的整理形态，其形态中的高点或低点逐次收敛，意味着多空由于陷入观望导致的分歧暂时减小。其上下轨连线形成交叉，分别构成形态内的压力和支撑位，与箱体的水平压力和支撑不同。这是由于三角形整理形态形成于多空分歧逐步减少的状态，形态内高点和低点的逐次收敛，导致人们对于该区域内后续价格所能达到的高低位的心理预期同步改变。其他的整理形态道理与此类似。

各类整理形态从根本上讲都是趋势中途休整阶段多空博弈趋于平衡的外在表现，只是这平衡过程分别有其各自的特点。在不同的平衡过程中，有的时候是多方能量略强于空方能量，有时是空方能量略强于多方，有时是多空热情均下降、暂时休战导致的平衡，有时则是多空热情高涨、斗争激烈各不相让导致的平衡，正是这些不同的市场心理氛围格局，才导致了同样是整理形态，却呈现出矩形、三角形、楔形各类千差万别的图形。

再来看看反转形态。反转形态形成于价格大幅上涨或下跌后的平衡转势阶段，在这个阶段多空的天枰开始由先前的一边倒，逐渐转为向相反的方向倾斜，而反转形态所体现出的正是这种市场心理轨迹的转变。

最著名的反转形态是所谓的头肩形态。证券市场有相当一部分的重要头部和底部都表现出这种形态，所以技术分析认为头肩形态极具参考意义，是一种典型的趋势衰竭信号。如图 1-53 所示，当一个趋势运行了相当的幅度和时间后，其背后的心理正反馈效应达到极限，价格在最后的疯狂中，突破了上一个头部(左肩)并且伴随着极大的成交量(A 阶段)，但是由于正反馈效应已经无力进一步延续，所以之后的回落很快跌破了前一个头部(B 阶段)，这令市场的心态发生了微妙的转变：对于多头而言，突破上一个头部时会感到欣喜若狂，并且更加坚信自己此前做出的上升趋势将继续的判断，但是现在价格很快又回跌到了突破前的状态，不免信心动摇，陷入怀疑和犹豫中；而对于空头而言，最后一次的上冲对其构成了心理上的打击，但是价格很快跌回来，又令其重新燃起希望。这时，B 阶段市场心态的改变令双方都冷静下来，并且对行情有了新的思考，之后价格再次波动的情况就能从中反映出思考后的结果。如果价格再次上冲并且突破前高，说明头肩形态不成立，上升趋势仍延续。但是如果价格无法突破高点(C 阶段)，不仅意味着上升力量的衰竭，同时也会使多头心理再次蒙上更大的阴影，进一步促成了趋势的转向。而后价格跌破颈线，头部区域买进者纷纷被套，更是对多头心理形成致命打击，多空平衡的天枰开始反向倾斜，最终促成了趋势的反转(D 阶段)。所以，形态分析中往往将颈线位的跌破视作头肩形态的确认信号，是有一定心理依据的。双顶(底)背后的心理含义与此类似。

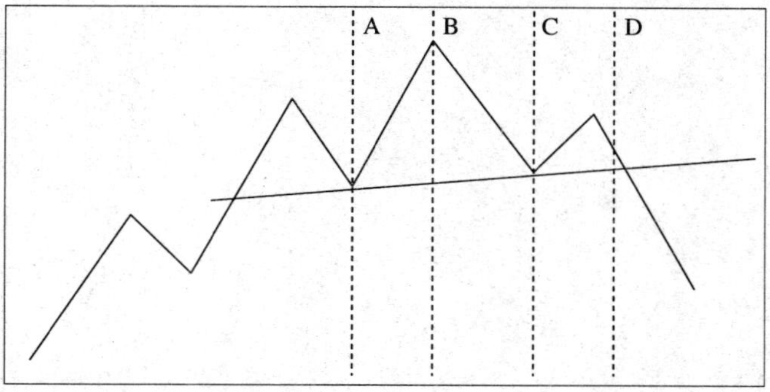

图 1-53　头肩顶形态

此外，还有一些不太常见的特殊反转形态。例如在某些成交低迷，多空分歧不大的底部会构造出圆弧形态。但是通过大量的观察统计我们会发现，圆弧形态一般只出现在底部，而很少出现在顶部，这一点其实与市场心理密切相关，因为顶部阶段市场往往处于上涨后的亢奋状态，交投非常活跃，所以波动会非常剧烈，很难出现波幅狭小的圆弧形态。

喇叭形态也是一种特殊的反转形态，只是与圆弧形态恰恰相反，喇叭形态一般多数只会出现在顶部，而几乎不会出现在底部。一般而言，当市场由趋势运动开始减速，并且构造反转形态的过程中，市场的情绪会转入犹豫和观望，所以顶部反转时一般不会呈现出喇叭形这种明显的扩散形态，只有对于某些高度投机性的市场，在市场情绪趋于失控的情况下，才会形成喇叭状的顶部。而底部时由于市道低迷，所以几乎不会出现喇叭形态。

理解市场心理有助于我们把握各类技术分析的本质。读者同时也要知道，虽然各类形态都有其心理意义的合理性，但是单纯简单运用形态理论却难以战胜市场，因为形态理论并不可靠。形态的演变要受到众多因素的影响，这些因素都是随着走势的运行而当下发生的，所以走势最终呈现出哪种形态并不是先验的，而是有多种可能。最初是中继形态，却演化为反转形态，或者最初是反转形态却演化为中继，这些都经常发生。所谓形态成立的确认信号，比如突破颈线或是高点(低点)连线，实际经验已经充分证明这经常是不可靠的，反而这更多的是被主力当作了骗线的工具。但是，了解这些形态也并非没有作用，形态是市场心理和情绪的外在表现，如果我们能做到通过走势感知背后的市场情绪，也就是逐步形成盘感，那么我们研判走势的准确性将大大提高。关于这个问题，将在本书的最后一章展开具体的探讨。

第二章

板块分析

第一节 板块规律

一、板块的定义及划分方法

所谓板块，就是由具备某种共性的股票组成的群体。股市中有一些股票会共同具备某种具有重大经济内涵的特殊性质，当这种共同性质被市场认同时，就会形成股市中的板块结构。这种共同性质可以体现在行业、地域、题材、业绩等多个方面，相应的板块划分方式也多种多样。板块的主要划分方式有：

1. 行业板块

行业板块的划分是依据上市公司所处的行业。比如招商银行属于金融行业板块，进一步说是银行板块；而万科属于地产行业板块等等。

行业分类标准常用的有三种：GICS(全球行业分类标准)分类标准、证监会分类标准、申万分类标准。从股票投资的实际操作角度讲，这几种行业分类标准大同小异。下表是截止2010年8月的申银万国一级行业分类标准：

申银万国一级行业分类标准

行业名称	上市公司家数	总市值(亿元)
SW金融服务	41	77,625.471
SW采掘	35	35,804.184
SW化工	192	19,218.633
SW机械设备	195	13,802.884
SW交通运输	76	13,499.041

续表

行业名称	上市公司家数	总市值(亿元)
SW 建筑建材	91	10,419.935
SW 有色金属	60	9,978.227
SW 医药生物	144	9,922.176
SW 公用事业	79	9,566.172
SW 房地产	113	9,511.153
SW 交运设备	87	9,356.137
SW 食品饮料	51	7,226.401
SW 黑色金属	33	6,671.952
SW 信息服务	83	6,509.641
SW 商业贸易	84	5,680.499
SW 电子元器件	83	4,105.305
SW 信息设备	62	3,800.787
SW 农林牧渔	56	2,984.797
SW 家用电器	29	2,628.915
SW 纺织服装	63	2,599.688
SW 轻工制造	66	2,506.187
SW 综合	50	1,834.427
SW 餐饮旅游	28	1,203.076

从申银万国一级行业分类表中可以看出，上市公司按行业可以划分为 23 个大类。进一步细分的话，每个大类中又包含多个小类。例如采掘业可以分为有色金属采掘、煤炭采掘、石油天然气开采等；交通运输可以分为航运、空运、陆运等；金融业可以分为银行、保险、证券、信托。

2. 地域板块

地域板块的划分主要依据是上市公司所在地。注意，这个所在地并不是单指公司注册所在地，更重要的是公司经营活动所在地。之所以需要将上市公司按地域划分成地域板块，主要原因是不同地域的经济发展情况、国家的相关政策、地方政府对上市公司的扶持政策均不同，而这些将导致不同地域的上市公司的经营环境和发展前景也会不一样。例如近几年国家出台了一系列区域经济发展规划，对部分地区的发展加大扶持力度，使得这些地区上市公司的后续发展潜力较为突出，例如新疆、西藏、海南等区域概念股由于受益国家利好政策，在近两年受到市场大力追捧。

3. 题材板块

题材板块的划分是依据上市公司所具备的某种市场热门题材概念，例如物联网、文化传媒、水利、“甲流”等都是近年的热门题材，相关的股票集合也就构成相应的题材板块。由于迎合了市场的短炒需要，所以题材板块尤其受到短线资金的关注。

在行情软件的板块排名功能中，分别提供了地区、行业、概念三种板块的划分方式目录，读者可自行查看。板块的划分是带有时效性的，随着市场的不断发展以及新事件、新题材的不断涌现，相应新的板块会不断出现，而不合时代的板块分类则会被市场逐渐淡忘。对于那些新涌现出的板块，应该给予积极的关注和重视。

如果要知道某个股票属于哪些板块，可以在行情软件上点“右键——所属板块”进行查看。需要注意的是，由于板块划分标准的多样性以及上市公司经营特征的多样性，所以每只个股都会具有多个板块属性。例如图 2-1 中 2010 年的大牛股德赛电池，同时属于“深圳”、“3G”、“新能源电池”、“电器机械及器材制造”等板块。

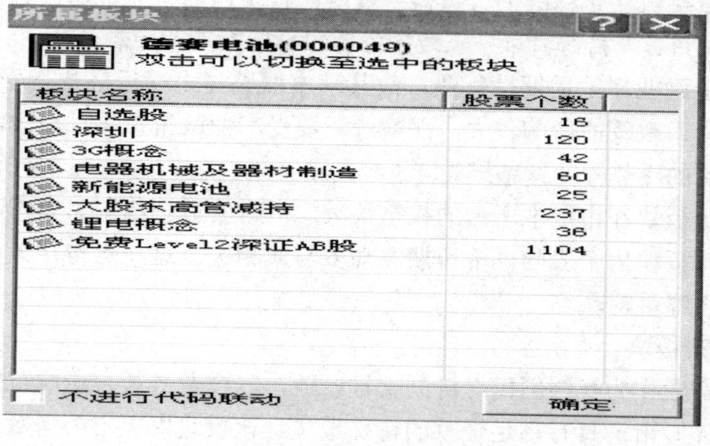

图 2-1　德赛电池(000049)所属板块

在分析具体个股时，要对其板块属性抓大放小，抓最核心的要点。例如德赛电池 2010 年的大涨是因为它是新能源电池板块的龙头股，而与“深圳”，“3G”等没有关系，所以其最重要的板块属性是新能源电池股。

还有一点要注意，对于混业经营的上市公司，其行业归属可能有多种，对于这种情况，可以进入F10信息中查看该公司的主营构成，看看到底哪种业务在该公司经营中占据主导，进而明确该公司的主要行业归属。

很多上市公司除主营业务外，还投资了其他产业，使得自身具备了一些新的题材。例如近年许多上市公司投资了新能源产业，于是进入了新能源板块，还有些公司涉足了矿业，于是进入了相应的资源板块。

二、 重要板块的规律解析

1. 金融板块

金融板块作为A股市场市值最大的板块，板块市值占到了A股总市值的近1/3，故其走势对大盘走势具有极其重要的影响。在许多时候金融股的走势可以说在很大程度上决定了大盘的整体波动格局。

金融板块又可以细分为银行、券商、保险、信托等，毫无疑问，这其中银行股的份量是最重的。截止2011年，A股市场的银行上市公司有16家，证券公司和保险公司则分别为17家和4家。由于金融类个股多数盘子大、质地优良，所以金融板块是标准的大盘蓝筹板块，板块内的个股普遍被机构扎堆。从筹码结构上讲，其持筹者以中长线投资者和机构投资者占据主导。

由于金融业属于周期性行业，故其基本面整体上受经济周期影响。同时，银行业受货币政策的影响较大，保险股还要受产业政策影响，而券商股业绩则与资本市场的冷热程度息息相关。

由于该板块在市场中所占的权重很大，故常常被超级主力用作干预大盘走势的工具，板块内个股的许多短期波动多与此相关。这一点将在大盘分析的相关章节中详细讲解。

2. 地产板块

房地产业作为我国国民经济的支柱产业，其产业链长，影响范围广，故地产板块在A股市场具有举足轻重的特殊地位。该板块内上市公司数量较多，共有100多家。其中，“招保万金”(招商地产、保利地产、万科、金地集团)被称做地产板块四朵金花，是地产股的风向标。

地产行业受货币政策影响较大，这是因为货币政策同时影响着开发商的借贷经营成本和消费者的购房利息成本。此外，由于地产行业对国民经济影响大，又关系到民生问题，故其景气状况还与政府调控意图密切相关。例如，当经济周期处于谷底时，政府为了拉动经济增长，会促进地产行业的繁荣；而当行业过热、出现泡沫时，政府又会出台系列政策进行调控。

最近 10 年来，国内地产行业发展迅猛，使得房地产市场泡沫日趋严重，所以 2010 年以来国家针对该行业出台了大量调控措施，对该行业的发展前景带来了较大的不确定性。

地产板块由于产业链长，影响范围广，故对其他很多板块都会产生影响，并由此产生明显的板块联动或轮动效应，这一点要引起注意。例如，银行股与地产密切相关，地产行业的冷暖一方面影响着银行股的业绩，同时房价若大幅下挫还会使得银行资产质量恶化，信贷风险上升。与地产板块直接相关的板块有：上游的钢铁、水泥、建筑、工程机械板块；下游的家电、家具板块等。这些行业的兴衰与房地产有着非常直接的联系，板块联动效应也较为明显。房地产与国民经济的景气程度关联度非常大，该行业的动向应当引起高度重视。

3. 有色金属板块

有色金属板块走势非常活跃，曾有人将其称做是 A 股市场中最为重要、迷人、妖媚的板块，单凭这一点就知道该板块值得我们长期关注。

说到有色金属板块，首先要明白什么是有色金属。金属分为黑色金属和有色金属，黑色金属主要指铁、锰、铬及其合金，如钢铁等；铁、锰、铬以外的所有金属统称为有色金属，例如铜、铅、锌、金银。这两年的热门题材——稀土也属于有色金属，稀土便是有色金属中的镧元素。

有色金属板块是典型的强周期性板块。该行业按经营内容可进一步分为有色金属采掘类和有色金属制造加工类。该板块内个股虽然整体市盈率偏高，业绩一般，但由于有色金属资源的稀缺属性，依然常常受到市场的追捧，被基金类机构大量持有。从投资的角度讲，该板块中那些有丰富矿产资源的公司更有关注价值。

从历史经验来看，有色金属板块走势表现出较强的前瞻性，与大盘的契合度很高，不但在各个市场阶段都与大盘同涨同跌，而且涨跌的速度和幅度往往胜于大盘。同时，该板块走势与国内外大宗商品市场价格波动联系紧密，所以在对该板块进行研判的时候，还需要重点关注相应的大宗商品价格走势。

从板块轮动和联动效应来讲，有色金属与其他板块的关系表现的较为疏离，与其联动性最强的板块是煤炭板块，这是因为煤炭和有色金属同属资源类板块。

鉴于有色金属股走势高度活跃，且由于其稀缺性带来了特殊的投资价值，所以是我们在实际操作时可以持续留意的板块，尤其是经济周期向上拐点以及通胀背景下，更是有色板块反复表现的时段。

4. 煤炭板块

与有色金属板块一样，煤炭板块属于典型的资源类行业，并且具备强周期性。该板块内的上市公司整体业绩优良，属于价值型品种，被机构大量持有。该板块走势除与大盘走势密切相关外，还受煤炭和石油等其他能源价格波动、政策干预，以及整体经济通胀形势的影响。影响国内煤炭价格的变动因素较为复杂，普通投资者可以借助相关的机构研究报告来把握。

5. 钢铁板块

钢铁板块属于大市值蓝筹板块，由于属于传统工业，行业成长性非常一般，对市场而言缺少投机性的吸引，所以板块内个股普遍市盈率很低。在发达国家，钢铁行业已经属于衰退期的产业。国内的钢铁行业则受益于大规模的固定投资和基建，依然有一定发展空间，只是经常受到铁矿石价格上涨、产能过剩、节能减排限制等因素的困扰。钢铁行业属于典型的强周期行业，每当熊市来临，钢铁板块的许多个股股价甚至会跌破每股净资产，充分说明了该板块成长性和想象空间有限。但是由于估值低，故钢铁板块具备一些价值层面上的优势，在蓝筹行情中也会有机会表现，同时该行业中个股面临一些重组的机会。

消费钢铁的主要下游行业是地产、汽车、家电，钢铁行业的基本面与这几个行业的繁荣息息相关。同时，铁矿石价格以及节能减排带来的限制政策等因素也是重要的影响变量。

6. 生物医药板块

生物医药是我们终其一生都值得关注的行业，因为健康始终是人类的头等大事，生物医药行业也就因此具备了长盛不衰的市场前景和广阔的发展空间。在我国由于医疗事业起点低，随着人们生活水平的快速提升以及医疗保障体系的建立完善，医药行业成长空间更是明显。故从长期来看，生物医药板块将是A股市场中的常青树，将持续受到关注。但是，随着医疗监管的完善加强，包括近两年招标制度的实施，使得之前该领域中存在的一些暴利现象可能会受到较大限制，所以对于相关政策的变化及影响是我们应当注意的。

生物医药板块有100余只个股，可进一步细分为医药股和生物股两类。由于医药股兼具防御性与高增长性，故板块内个股普遍被基金等机构投资者扎堆持有，盘面上也因此表现出筹码集中的状况。生物股则由于突出了题材性，常常受到游资的爆炒。生物医药板块不但价值性和成长性突出，而且事件催化剂较多，如地震、“非典”、“甲流”等出现时都给板块带来了巨大的投机性机会。

除了少数短炒机会外，医药股主要还是作为中长线标的，适合中长线投资者在适合中线建仓的相对低位买进。

7. 农业板块

农业板块主要包含农、林、牧、渔及农药、化肥，也是一个走势较为活跃的板块。该板块内上市公司虽目前整体经营业绩一般，但是由于农业在我国的特殊地位，国家对其高度重视，政策上给予了不少倾斜和扶持，所以其前景依然值得看好，也因此，农业股受到不少市场活跃资金的持续关注。

农业股常常被市场活跃资金短炒的原因在于其可供炒作的题材较多。农业股具备抗通胀属性，在高通胀时期，每当统计局发布 CPI 数据前后，农业股便常常借机表现。某些农产品价格大涨，或者有利好政策发布，也会对农业板块内相应个股形成刺激。例如每年“两会”期间国家都会发布针对农业的利好政策，农业股自然会不甘寂寞。农业股中的部分上市公司还具备农业科技相关的新兴热门题材，如生物育种等。另外，每当发生疫情灾情时，会对相关的受益个股形成利好。

8. 电子信息板块

电子信息板块是科技股的典型代表。科技发展日新月异，科技股自然也不会寂寞，总有新鲜题材供市场炒作。例如近两年物联网、三网融合、云计算等概念都给相关个股带来了波澜壮阔的大行情。电子信息是个比较大的概念，包括计算机、通信、软件、网络等行业，都属于电子信息的范畴。该类行业属于较前沿和高端的经济发展领域，在当前经济转型大背景下，国家对该行业有不少扶持、推动举措，所以板块内个股成长性值得看好，也是选股时可以经常留意的方向。

9. 公用事业板块

公用事业板块主要包括电力行业和供水、供气行业。按一般的经济理论，公用事业板块属于防御性板块，当经济周期下行，股市走熊时，会凸显投资价值，只是事实未必如此。就 A 股市场历史情况来看，公用事业板块在熊市阶段的走势并没有体现出所谓的防御性特征。

电力行业按发电方式可以分为火电、核电、水电等。电力行业上市公司数量较多，约有 50 多家，但是普遍业绩一般，这是因为我国目前是“计划电、市场煤”的价格模式，即电价受到政策限制，而煤炭则是市场化定价。由于煤价的高企，无疑制约了上市公司的经营业绩，许多火电类上市公司常年难以盈利甚至亏损；水电企业的业绩则主要受季节因素和气候因素的影响；关于核电，由于受 2010 年日本大地震核泄漏事故影响，而发展前景受到一定质疑。

除此之外，供气、供水类上市公司有十几家。由于水、电、煤气、天然气这些公共消费品的需求相对稳定，但价格都是行政定价，故该板块的主要投机机会来自政府对其产品价格的调控。目前，电价、水价、燃气价格均有上调空间，当价格调整预期强烈的时候，相应的个股会有一定投机机会。

10. 文化传媒板块

文化传媒板块是一个值得长期关注的板块。板块内共有上市公司30余家，虽然整体经营业绩并不突出，但依然受到市场的高度关注和追捧，成为持续的热门板块。这是因为，随着国内百姓生活水平的提高，消费面临升级，文化娱乐方面的需求会随之显著增长。同时，国家对于相关产业也是大力扶持，相关利好政策出台也比较频繁，2011年下半年党的十七届六中全会更是提出将文化产业发展成为国民经济支柱产业，这样就为该行业带来了很好的成长潜力，使得该板块存在不少投资或投机机会。

关于板块的知识，更多靠读者在日后的实践中逐步总结和积累，尤其是对于新涌现出的板块，更是需要采用新思维去面对。掌握关于典型板块的基本知识是非常有必要的，这对于行情的研判及个股的操作都十分重要。

三、 影响板块走势的因素

上一节对A股市场当前的一些有代表性的板块进行了简要讲解，市场自身是在不断变化发展的，各个板块的情况也会随实际情况发生变化，这就需要读者在投资过程中不断进行新的观察和总结。而不论市场如何演变，影响一个板块走势的基本要素是不变的，总结起来就是如下三个主要方面：

1. 基本面

不论是对于个股还是板块，基本面因素都是影响其价格走势的重要因素，尤其是随着机构投资者的逐步发展壮大，价值投资、理性投资的观念会在A股市场中越来越占据主导，基本面变化趋势对板块走势的影响也变得越来越明显。行业板块的基本面研判的侧重点与个股有所不同，主要是从以下几点来考察。

(1)经济周期。

对于各个行业而言，其经营状况会或多或少的受宏观经济的起落影响，尤其是强周期性行业，其业绩与经济周期高度关联。因此当宏观经济处于扩张期时，强周期性板块会走势强劲，而当经济处于衰退期时，一些周期性较弱的防御性板块则会受到关注。市场主流资金往往根据经济周期的运行情况来进行板块行业的选择，明白这一点，对于个人投资者追随主流资金的步伐、确定不同时期选股大方向而言十分重要。作为投资者，需要对宏观经济所处的阶段及各板块与经济周期的关联规律有一定的了解，这些内容我们将在第四章中进行更详细的阐述。

(2)国家政策。

在中国目前的体制下，政府在经济发展中的作用比较特殊，其对经济的主导性非常强。政府可以运用经济、行政和法律等手段，从政策上为不同产业、不同地域的发展创造不同的环境和条件。针对各行业的实际情况，政府会出台不同的产业政策，如行业限制性政策和鼓励性政策、行业内产品的政策性调价、行业内的融资政策、重组政策、税收政策，信贷政策等等。所以对于一个行业而言，政策倾向对于其基本面有着至关重要的影响。

(3)特殊机遇。

我们生活的这个时代，世界日新月异，新事件、新情况的出现会给许多行业带来新的特殊发展机遇，由此对相关板块的基本面产生重大影响，尤其是科技领域中更容易产生这类机遇。比如电动汽车的发展对电池产业的基本面带来巨大的催化作用；光伏技术的发展推动着太阳能产业发展；“微博”的兴起带来了网络社交产业新的革命。再如战争，或者其他对人类影响重大的事件的发生，也会使某些板块的基本面产生质的变化。

2. 主力面

主力作为股价走势的重要推手，其运作会对板块走势形成重要影响。对于资金量庞大的“超级主力”而言，其运作往往不是以单只个股作为标的，而是涉及到一整个板块。没有主力资金的深度介入，即使板块基本面优良也难以出现有爆发力的走势。

主力介入并强势运作某个板块，前提是该板块当时具备某种特殊的优势，由此才能在其运作过程中对市场产生足够的号召力。这种特殊的优势往往来自基本面、消息面、题材概念等方面。此外，还包括该板块的个股数量、流通盘大小等也是主力要考虑的因素。所以，在对这些方面进行研究后，就能先人一步地知道哪些板块最有可能受到主力关注。而对于那些主力已经介入的，甚至是长期受主力关照的热门板块，则要从其之前的波动中研究该板块主力的身份和运作特点，并从这些规律中发掘板块后面的投资机会。

3. 消息、题材和概念

消息、题材和概念是板块行情的重要催化剂。在第二节板块效应及第四章中会有进一步讨论。

第二节　板块效应

一、　板块联动效应

所谓板块联动，指的是同一板块内的个股往往出现同步波动的现象。例如某一天大盘以小涨小跌收盘，如果查看行情软件中的板块排名，却可能会发现，当天的强势板块中的个股出现明显的集体上涨，板块平均涨幅达几个百分点，而同时有的板块却出现了明显的集体回调，不同板块间的冷热不均形成了鲜明对比，这就是由板块联动性造成的。

为什么同板块个股会出现联动现象呢？从根本上讲，这是由板块内部的比价效应带来的。具体来说，一方面是因为主力在运作板块行情时，往往会对一个板块内的数只个股进行同步运作；另一方面，由于板块效应在市场中深入人心，于是当某些个股出现明显异动并引起市场注意时，很多资金会追买(卖)与这些个股同板块的其他个股，使得这些个股同步波动。这两方面是造成板块联动出现的主要原因。此外，某个热门板块受到各路游资炒作时，尽管各家游资有时并非一路，但是只要有资金对该板块中一只个股发起攻击，往往会受到其他游资呼应，进而在率先发起者振臂一呼下揭竿而起，对其他个股进行同步攻击。

板块联动效应在市场中普遍存在，其表现形式也是多种多样的。于是，就形成了由板块联动所带来的一系列市场规律，认清板块效应是我们看懂盘面运行所必须的。这里对板块联动的几类典型表现形式进行分类，并且对每种形式的规律特征进行总结：

1. 大题材带来的板块大机会

每当有重大题材性事件发生时，常常给相关的板块带来巨大的投机机会，受到利好刺激的板块内的个股甚至会集体走出波澜状况的大行情，为持股者带来惊人的收益。例如物联网、地震、海南国际旅游岛等题材出现时，相关个股连续疯狂涨停的表现令所有股民印象深刻。所以，我们有必要关注和重视大题材带来的板块大机会，虽然这种机会并不是常有，但一旦出现此类机会时应及时参与，因为它是获取短线超额收益的一种重要方式。这里将相关规律总结如下：

第一，能使板块出现系统性大涨的题材必然要能给市场提供充分的想象空间。例如稀土概念股近两年大涨，原因正是稀土是我国少有的具备国际垄断地位的重要战略资源，并且早年一直是廉价出口，近年来其战略地位逐渐引起国家重视，新的行业政策出台将给相关产业带来重大历史性机遇，于是稀土概念股持续受追捧也就不足为奇了。还有区域概念、云计算、地震、物联网等利好题材，道理与此类似，都是因为题材影响大，难以估量，想象空间巨大，所以才给了主力充分的运作空间。但是，像那些一般性的常规题材新闻，则往往只能给相关板块带来短期异动，甚至只在消息当天早盘冲高后即回复平静。

第二，一旦出现某个板块的重大利好题材，如果确认值得跟进，那么投资者需要研判该板块内哪些股票会成走的最强，即成为市场所谓的龙头股。只有买到龙头股才能使收益最大化，风险最小化。而什么股票会成为龙头，一般取决于以下几个方面：

①与题材的契合程度。利好题材出台后，板块内不同的上市公司受益程度也不同。例如2010年的超级细菌题材，媒体对超级细菌新闻进行报道后，生物医药股很快集体上涨，但真正能连续暴涨的只有联环药业，因为联环药业是国内唯一生产针对超级细菌的抗生素的医药企业，是当仁不让的第一受益者。再比如2010年初海南国际旅游岛规划获批，海南板块成为超级热门板块，而板块内走势最强的是罗顿发展和海德股份，这是因为海南旅游业快速发展，区域价值大幅升温，首当其冲受益的是房地产业，而海南板块上市公司中主营地产的只有罗顿和海德股份两家。

②个股的质地。不同的上市公司经营水平、管理质量参差不齐，在某个行业面临新机遇时，质地优良的公司更容易受益。所以，个股质地的好坏往往影响着市场对其的认同程度，质地好的个股跟风基础好，更容易受到主力资金的青睐，于是就更容易成为热门板块中的龙头。所以个股的质地决定了其能否成为龙头的潜质。但需要注意的是，基金扎堆的筹码集中股虽然公司本身质地一般较好，但由于股性呆滞，不受游资主力青睐，往往不适合短线投机。

③个股的股价及流通盘。主力资金在选择目标股时往往要重点考虑个股的股价及流通盘大小。在其他条件相同的情况下，价格低的股票更受主力青睐。这是因为炒作低价股一直是A股市场的共识，低价股的群众基础更好，同时价格低的股票股价大幅上涨后，也不会显得价格很高，导致市场出现畏高情绪，这样主力在高位出货时的难度较小。所以，低价股在投机时的优势是显而易见的。另一方面，流通盘也是主力要重点考虑的。当前市场环境下进行题材性炒

作的往往是短线游资，资金量有限，盘子太大的话炒不动，所以更愿意选择盘子偏小的个股，以争取更大的控盘优势。但需要注意的是，盘子太小也不行，因为盘子太小的股票流动性欠佳，能容纳的资金量有限，真正有实力的主力会避开。一般而言，流通市值在10～30亿之间最佳。总而言之，在其他条件相同的情况下，板块中低价偏小盘的股票机会更大。

④个股的技术面状态。技术面同样是需要考量的一个因素，板块内技术状态较好的个股有望走的更强。比如，技术面临近突破状态，股价临近箱体突破或对重要均线的突破，这时一旦启动就会呈现出技术攻击形态，又或者股价严重超跌，距离上方成交密集区较远，这些情况下的短线走势往往更有力。

需要注意的是，一个板块内的龙头股往往并不只是一只，当板块出现重大机会时，一般有几只个股担当龙头的角色，在板块行情中轮番领涨，而这种轮涨现象也是板块大行情的一种典型表现。一般来讲，行情初起时，率先涨停的那些个股往往就是龙头股。

第三，研判板块整体走势的时候需要重点参考龙头股的表现。龙头股是板块的风向标，起到领涨领跌的作用。板块的每一轮集体上攻都由龙头股发起，一旦龙头股开始调整，板块整体也将进入调整。而板块内的其余个股，则更多地扮演一种跟风的角色。有的投资者在参与板块行情时，喜欢选择涨幅偏小的跟风股，他们往往认为龙头股前面涨的多，风险更大，选择涨幅小的更安全一些。其实这是一种错误认识。板块大行情中往往是强者恒强。试想，当连龙头股都不行了的时候，其他的跟风股会更加不行，根本谈不上安全；而如果跟风上涨的股票都能走得好，那龙头股的表现会比它更强势，所以机会最大、风险最小的就是龙头股。追逐热门板块行情追的就是强势资金流冲击下带来的短线机会，所以应首选资金聚焦的龙头个股。

第四，在板块大行情发动的初期，往往板块的联动性最强，而到了后期联动性则会减弱。这是因为，新的重大题材刚刚出现时，带来的资金流最为充沛，市场对受益板块一哄而上使得整个板块的个股同步表现。但许多个股其实只是初期跟风上涨，随着行情进一步深入，板块内很快会出现分化走势，板块联动性随之减弱，最后甚至会出现板块整体已经偃旗息鼓，但少数龙头黑马脱离板块走势而独立上涨，股价疯狂大涨趋于“妖魔化”。

2. 长效题材带来板块的长期活跃

所谓长效题材，就是指能对相关行业或板块带来长期利好刺激，并且使相关的股票在一个较长的时期内反复活跃的题材。长效题材是区别于短期题材而言的，短期题材往往只能使股价短线活跃，一旦热度消退便对股价失去支撑，股价波动也会重归平静。例如，某些新的传染病出现并造成恐慌，会使得医药板块走强，但一旦这种疾病被卫生防疫部门有效克服，民众的恐慌消退，题材的作用也随之失效。但是，具备长效题材的板块则不一样，它们往往会长期活跃，并且以板块联动的方式进行。这种形式的板块联动有如下规律和特点：

第一，具备长效题材的板块往往能不断地迎来利好消息的刺激，而板块的活跃期则与新的利好消息的出台时点有关。例如三网融合题材，由于三网融合是一个耗时较长的大工程，故从事件出台后该板块会不间断地迎来利好新闻，诸如“规划获批”、“试点城市确定”等等一系列消息，这样每隔一段时间板块就会有新的表现理由；再比如一些抗通胀题材的板块，每当统计局公布超预期的 CPI 数据，或者大宗商品市场大涨时，该类板块就会走强。所以，对于那些具备长效题材的板块，如果能提前预判到某些消息出台的大致时点，则可对相关板块进行“潜伏”。

第二，一些板块在长期的市场波动中会形成一些规律性的炒作特点。例如每年春节期间，白酒类个股和烟花爆竹类个股会受到关注；长假前，旅游股、商业股会受到关注；“两会”期间，农业股往往受到炒作；国庆时，军工题材容易走强，等等。这些规律需要靠读者自己在平时记忆总结。

第三，对于一些反复走出强势行情的板块，在市场中会形成很高的认知度，成为公认的热门板块。这样，当时机合适时，就算该板块没有新的刺激题材出台，也同样敢于站出来表现。这是因为长期活跃的热门板块中聚焦了大量市场资金的眼球，名气大，跟风基础好，即使没有利好，主力同样可以介入进行短期运作。不担心没有跟风。

所以，在选股时尽量考虑具备长效题材的板块个股，这样会获得更大的中短线获利机会。

3. 权重类板块集体异动

所谓权重类板块一般指的是大盘蓝筹股板块，即金融、地产、钢铁、煤炭、石油等板块。大盘股由于股性差、波动小，是许多投资者选股时摒弃的对象。但大家在看盘时也不难发现，权重板块的个股虽然走势比中小盘的个股平稳，但在许多时候却也经常出现一些盘中集体异动现象，并且形成明显的板块联动。例如在一些日内的走势中，大盘的分时图本来走势平静，却在某个时刻突然出现明显的拉升或下跌，这时往往就伴随着某些权重类板块的大幅走强或走弱，严格地说，此刻大盘的方向性运动正是由异动的权重板块带动的。

权重板块异动带动大盘波动这种现象在盘中出现的频率非常高，需要引起高度重视。权重板块联动往往是超级主力调控大盘走势节奏的手段，隐含着超级主力的战略意图。这种分时异动的研判将在第五章中有进一步讨论。

二、 板块轮动效应

所谓板块轮动，指的是不同板块轮流大幅波动的现象。以牛市中为例，牛市行情中常出现几个热点板块轮番领涨、轮番推动和引领大盘上扬的现象，这就是最常见的板块轮动形式，往往是市场行情火爆的一种标志。另外，熊市中出现的板块轮跌现象也属于板块轮动，但我们关注的重点是上升行情，所以如无特别说明，以后提到板块轮动均是指的上涨行情中的板块轮涨现象。

为什么会有板块轮动现象呢？这是因为在同一个时期内，市场的存量做多资金是有限的，而市场的整体容量却很大。这样，有限的资金不可能使整个市场一直同步上涨，多数时候，当天只有为数不多的一部分板块能够得到市场资金的关注和追捧。于是，市场各路主力便会集中兵力对那些有号召力的板块轮番炒作，以求获得热点聚焦效应，跟风资金也会心领神会地集中追逐这些轮流涌现出来的热门板块，从而最终使得上涨行情以板块轮动的方式演绎。

板块轮动是一种重要的市场现象，合格的职业交易者必须对其有很好的感知和判断能力。不同行情性质及背景下的板块轮动方式是不同的，只有在操作中把握好板块轮动节奏，才能获得超越大盘的收益。下面对板块轮动的几类典型表现形式及规律进行总结：

1. 大牛市背景下的板块轮动

从历史来看，我国股市历史上的大牛市行情中往往遵循着整体的一线股—二线股—三线股的轮动。这就是大牛市背景下的轮动特征。

这里先附带讲一下一、二、三线股的定义。数年前的市场，喜欢按股价的高低来进行划分一、二、三线股，即优质高价股为一线股，绩平中价股为二线股，绩差低价股为三线股。不过这种划分方式已经不适合当前的市场，目前我们说到一线股，往往指的是公司规模大、业绩优良且稳定、作为价值投资代表的大盘蓝筹股，比如银行、地产、钢铁、石油、煤炭板块中这类个股较多；二线股则指的是公司业绩及成长性都较好，规模适中的股票；三线股则指的是公司经营情况不佳，没有多少投资价值的绩差股、st 类股。

当大牛市行情到来时，一般情况下，一线股会首先领涨大盘。这是因为在股市长期下跌之后，一线股由于质地好，水落石出，其投资价值在股价下跌后表现的最为突出。同时，对于那些先知先觉的主流大资金而言，一线股盘子较大，能够容纳大规模资金的进出，因而发动行情的主流资金会首先布局一线股，通过拉高一线股来提振市场人气，消除熊市气氛，吸引增量资金进场，共同推高行情。

一线股先涨之后，在比价效应下，二线股的价值就体现出来了。这时候资金就开始大量涌入还没有被炒高的二线股。股票市场有"两头小中间大"的特点，就是二线股数量上最多，一线股和三线股相对说来都比二线股少。二线股一旦开始发力上涨，赚钱效应迅速扩散开来，往往能够激发更加旺盛的市场人气。此时行情就全面升级向纵深方向发展。这个时期市场热点层出不穷，板块行情十分活跃。

一线股、二线股相继走高后，三线低价股的比价优势就出来了。三线股本来绝对价位就低，一线股和二线股的上涨，使三线股更显得非常"便宜"。因此，那些从一、二线股中获利了结的资金中的一部分开始转入三线股。同时，有些之前踏空的新进大资金不愿意抬别人的轿子，也会选择还没有怎么涨的三线股，来作为自己的炒作对象，这些使得三线股开始集体补涨。三线垃圾股补涨行情一旦展开，各板块的做多能量就已经得到轮番消耗，板块行情已经无以为继，一般意味着行情之后将见到中线顶部，出现阶段性的大面积休整。这是牛市中预判大盘回调的重要方法。

以上就是牛市中往往会出现的大轮动现象，即行情初期一线股先涨，行情走出底部后二线股全面上涨，行情后期一、二线股都已充分上涨，并且涨不动的时候，三线股补涨。这种板块大轮动格局，其核心是一线股、二线股、三线股之间存在的"比价效应"。

所以如果是处在大牛市中，应该有意识地把握和跟随这种轮动节奏，依据轮动节奏调整自己的选股方向和持仓重点。只要踏准了板块轮动节奏，就能获得超越市场整体的收益水平。

2. 阶段性行情主题板块轮动

相对于数年一次的大牛市而言，股市中阶段性的波段上涨行情更为常见。所谓波段行情，即持续数周至数月的一波上涨行情，往往是非牛市背景下出现的阶段性行情，或是熊市中的级别较大的反弹行情。

每一次阶段性行情往往会伴随着一个上涨主题，正是这个主题催生和刺激带动了这一波上涨，而板块轮动也将围绕着这个主题展开。所以，与行情主题相关的那些板块，将有望在轮动中走的比其他板块更加强势。至于每个阶段会有什么样的上涨主题和主线，取决于当时的具体情况，例如在市场估值较低时，会有所谓的估值修复主题，当时的低估值板块会轮番表现；在促进经济转型利好政策大量出台时段，会有新兴产业主题，新能源、生物等新兴产业各板块会轮动表现；在通胀压力较大时期，会有资源行情主题，有色金属、煤炭、黄金等板块会轮番表现。我们需要密切关注市场外部环境和各板块的走势动向，才能在行情初起时及时明确行情性质主题，从而缩小选股范围和方向。

3. 震荡行情下的热门板块轮动

市场整体常常处在无方向的波动中，表现在大盘上即是指数处于长时间震荡中，也就是所谓的震荡市。有时大势背景尽管是震荡市，但市场中活跃的短线主力资金不会甘于寂寞，常演绎出活跃的板块行情，导致大盘没有怎么涨，甚至不少个股是下跌的，但其实板块机会却此起彼伏。这种行情的一种重要表现即是热门板块的轮动。如果此时能认清形势，及时以短线和波段的思路参与，根据当时板块轮动的节奏特征进行操作，同样可以获得较好收益。

在这种大盘震荡，板块轮番活跃的市场背景下，要重点分析哪些板块在当时最有成为热点的潜力，并以潜伏 + 适当追涨的策略参与。

第三节　板块研判的注意事项

一、板块分析的作用

板块分析的作用有两个方面：第一是研判大势；第二是指导个股的操作。

大势对于股票操作的重要性自无需多言，但如果将大势仅仅理解为大盘指数的走势的话，就太过片面了。大势除了指市场平均波动情况，还包含大盘内部结构性的波动特点。板块作为联系大盘和个股的纽带，其动向是结构性波动特点的最重要体现。有时在几乎同样的大盘走势 K 线图下，行情的结构性特征却截然相异。例如：同样是指数横盘震荡，有时是权重股强势，中小盘题材股弱势；有时则中小盘纷纷表现，而大盘股弱势。这是两种不同的行情特征，而在这不同的结构性波动特点之下，大盘运行的推动因素是不同的，后市的走向和特点显然也会不一样，我们的操作策略也因此而不同。

所以，在研判大势时，不能仅仅关注大盘指数，指望单独对沪深指数的K线图进行分析就能得出关于大势的结论，那是远远不够的。大盘走势是各板块走势形成合力的结果，多空博弈的能量强弱状况往往能够通过各板块的起伏特征更细微的体现出来，因此要获得有效的结论，还需要我们研判大盘的各个肢解部分——板块的动向。

板块分析另一个方面是为了指导个股的操作。虽然作为资金量较小的普通投资者并不需要按照机构自上而下的思路(宏观经济研究—行业研究—个股研究)进行选股，但是尽量选择所处行业具备优良成长性或者拥有长效题材的个股，无疑会获得更多的上涨机会和更高的安全边际。毕竟，那种大盘单边上涨，个股普涨的时候是很少的，多数时候机会主要是在一部分板块和个股中，必须要有所选择。尤其是短线投资者，追逐热门板块是最重要的获利手段之一，更是需要在板块分析上积累足够的经验和感觉。

二、 如何看板块强弱情况

要进行板块分析，首先要知道各板块的走势情况，即当日或者近期哪些板块走的强，哪些板块走的弱，这都主要借助于行情软件。

板块涨幅排名功能是所有的行情软件都会提供的功能，主要是反映盘中实时，或收盘后当日各板块的排名情况。例如在同花顺软件中，点击“分析——板块分析”后出现如下界面。

图 2-2 便是 2010 年 9 月 21 日收盘后同花顺软件的板块涨幅排名。可以看出，在当天沪指平收的背景下，排名靠前的板块其平均涨幅明显强于大盘。不仅要注意涨幅居前的板块，还需要注意走的最弱的板块情况，这些板块构成了当天大盘的主要调整动力。在软件界面的“均涨幅”处点击鼠标，则图 2-2 的涨幅排名就会由从大到小变为从小到大(图 2-3)。

可以看出，虽然大盘平收，但图中板块表现却明显弱于大盘。对于表现异常的板块应根据当时状况做进一步分析

以下为同花顺软件中的板块排名，在通达信软件中点击“报价——热门板块排名”也可以查看板块排名。除了所有板块的排名外，通过点击界面下方的选项卡，通达信软件还可以对行业板块、区域板块、概念板块等分别进行排名。注意，不同的软件对各板块的分类及称谓有所不同，但这个并不影响我们把握最核心的东西。

统 报价 分析 股指期货 商品期货 创业板 资讯 智能 下单 紫金理财 工具 帮助

	板块代码	板块名称	均涨幅%↓	领涨股	成交量	金额-亿	总手比%
1	BI1128	化学农药	2.10	大成股份	1007038	12.31	0.90
2	BI1127	化学肥料	1.72	盐湖集团	879882	16.21	0.79
3	BI1081	青海	1.69	盐湖集团	533826	10.65	0.48
4	BI1139	汽车制造	1.30	亚星客车	1998424	25.48	1.79
5	BI1130	塑料制造	1.25	领先科技	1738715	16.91	1.56
6	BI1093	重庆	1.16	九龙电力	1355181	16.23	1.22
7	BI1006	稀土永磁概念	0.99	天通股份	1547929	40.94	1.39
8	BI1175	ST板块	0.80	ST方源	2170529	19.30	1.95
9	BI1164	保险	0.79	中国太保	423692	14.01	0.38
10	BI1176	*ST板块	0.73	*ST张股	2057237	16.61	1.84
11	BI1049	迪斯尼概念	0.70	中路股份	2156744	24.00	1.93
12	BI1144	医药制造业	0.70	太极集团	3146993	55.10	2.82

图 2-2 同花顺软件板块涨幅排名

统 报价 分析 股指期货 商品期货 创业板 资讯 智能 下单 紫金理财 工具 帮助

	板块代码	板块名称	均涨幅%↑	领涨股	成交量	金额-亿	总
1	BI1051	黄金概念	-2.52	紫金矿业	1045351	23.10	
2	BI1005	创业板成份股	-1.77	上海凯宝	1107188	36.85	
3	BI1112	创业板成份股	-1.77	上海凯宝	1107188	36.85	
4	BI1048	创业板概念	-1.77	上海凯宝	1107188	36.85	
5	BI1116	渔业、牧业	-1.65	顺鑫农业	978879	17.81	
6	BI1167	旅游	-1.48	*ST张股	507692	7.55	
7	BI1113	农业	-1.48	冠农股份	834361	13.30	
8	BI1154	仓储	-1.39	中储股份	137018	1.41	
9	BI1165	公共设施服务	-1.36	铁龙物流	1434633	14.01	
10	BI1044	西藏区域概念	-1.34	五洲明珠	632383	12.92	
11	BI1089	西藏	-1.34	五洲明珠	632383	12.92	
12	BI1118	有色金属开采	-1.32	中色股份	1144691	26.64	
13	BI1069	贵州	-1.31	振华科技	820862	13.19	
14	BI1158	计算机应用服务	-1.21	启明信息	641736	14.72	
15	BI1166	旅馆	-1.02	锦江股份	204177	3.24	
16	BI1065	甘肃	-0.96	祁连山	851665	9.78	

图 2-3 板块跌幅排名

分析当日涨幅排名，对以下三种情况要区别对待：

第一，某些板块由于板块内个股过少，常常会因板块内少量个股的异动而出现在板块涨跌幅前列。比如，有的板块中仅有三四家个股，如果其中一家个股因为与该板块无关的原因涨停，则板块均涨幅必然也会很大，但这显然并不代表该板块在走强。例如 2010 年 9 月 21 日收盘后的通达信板块综合板块排行中显示，如图 2-4 所示。

热门板块分析–所有板块 今日:2010-09-21,二 点右键进行设置

	板块名称	均涨幅%	权涨幅%	总成交	市场比%	换手率%	市盈(动)	领涨股票	涨股比
1	自行车	2.37	2.12	2.64亿	0.02	3.01	0.00	中路股份	2/3
2	农药化肥	2.01	1.75	24.60亿	0.18	1.88	39.95	大成股份	25/30
3	青海板块	1.69	0.58	10.65亿	0.08	1.05	36.63	盐湖集团	6/10
4	石油行业	0.98	0.62	5.83亿	0.04	0.06	12.88	杰瑞股份	10/13
5	ST板块	0.80	0.58	36.06亿	0.27	1.15	0.00	ST方源	97/155
6	印刷包装	0.80	1.30	5.72亿	0.04	1.66	25.81	界龙实业	7/12
7	重庆板块	0.76	0.39	16.47亿	0.12	1.33	36.15	涪陵电力	18/29
8	飞机制造	0.71	1.20	5.39亿	0.04	0.91	122.12	洪都航空	5/6

图 2-4 2010 年 9 月 21 日综合板块排名

图中显示自行车板块涨幅第一，但进入该板块后可以看到(图 2-5)：

系统(S) 功能(F) 报价(B) 分析(A) 资讯(I) 港股期货 工具(V) 帮助(H)

	代码	名称	涨幅%	现价	日涨跌	买入价	卖出价
1	600818	中路股份	6.54	18.41	1.13	18.38	18.39
2	000017	*ST中华A	1.11	6.38	0.07	6.38	6.39
3	002105	信隆实业	-0.54	7.37	-0.04	7.37	7.38

图 2-5 自行车板块个股

该板块总共只有三只个股，板块均涨幅较大完全是由于中路股份一家大涨所致。通过查看三家个股当日分时图，中路股份于上午10点半后开始发力上攻，其余两只个股完全没有出现跟风上涨，说明走强只是个股行为，板块整体并未发力。故自行车板块虽涨幅第一，却显然并不是真的强势板块。

再如当天青海板块涨幅排名第三，但查看该板块内个股(同花顺)(图2-6)：

报价 分析 股指期货 商品期货 创业板 资讯 智能 下单 紫金理财 工具 帮助

	代码	名称	涨幅%⬇	现价	总手	现手	昨收	开盘
1	000578	盐湖集团	+7.08	27.51	71678	1159⬆	25.69	26.01
2	000792	盐湖钾肥	+5.60	59.98	77639	1022⬇	56.80	57.60
3	600869	三普药业	+3.30	18.48	42381	20⬆	17.89	17.80
4	600381	ST贤成	+2.87	6.10	23844	9⬆	5.93	5.93
5	600714	ST金瑞	+0.49	10.16	12005	26⬆	10.11	10.18
6	600117	西宁特钢	+0.27	7.50	27742	2⬇	7.48	7.48
7	000606	青海明胶	+0.00	5.87	41464	462⬇	5.87	5.88
8	600771	ST东盛	-0.83	6.00	13989	13⬇	6.05	6.09
9	601168	西部矿业	-0.91	12.02	203867	79⬇	12.13	12.22
10	600243	青海华鼎	-0.95	8.30	19217	274⬇	8.38	8.38

图2-6　同花顺青海板块排名

可以看出，青海板块只有10只个股，板块涨幅居前的主要原因是盐湖双雄(盐湖集团、盐湖钾肥)尾盘大涨所致，而盐湖双雄发力的原因是农药化肥板块的启动，而并非是青海这个区域概念在启动。故青海板块也不应被视为当天的强势板块。

第二，分析板块排名时应注意抓住体现当天行情结构性特征的主要矛盾。例如，当煤炭板块大涨时，往往山西板块也会出现在涨幅榜前列，这是由于山西板块中煤炭类上市公司较多所致，所以此时煤炭股上涨才是当日板块行情特征，而非山西板块；又如，有时计算机、通信、物联网、手机支付等板块会同时出现在涨幅榜上，而这些板块具有同质性，此时的板块波动实际上是电子信息板块的整体活跃，而不应将上述板块当做几种单独的热门板块；再如，当旅游、商业零售、食品饮料等板块集体上涨时，板块行情的主基调实际上是消费类板块的活跃。

第三，当有新股上市时，新股上市首日动辄50%以上的涨幅，也容易使得自身所处的板块当天的平均涨幅看似很大，此时如果板块中其他个股没有联动上涨，则该板块并不是真的强势上涨。

进行当日强(弱)势板块分析时，强势股排名也是辅助分析的一个方面。在行情软件中输入60后回车即可进入个股涨幅榜界面。某个板块当天能有多只个股进入涨幅榜前列，是板块短线爆发力的一种体现，而出现在涨幅榜中的个股则往往扮演该板块龙头的角色。同样，如果有多只个股出现在跌幅榜，则往往说明该板块中出现了较大了短线调整压力，要看看是什么原因。

前面讲的是每日收盘后如何看当日板块强弱，对于短线投资者，或者进行较精细研判，以实现高抛低吸操作的职业投资者而言，还需要对盘中的波动细节，以及一些短线机会进行实时的把握，所以仅对板块进行收盘后的复盘分析是不够的，还需要在盘中实时监控板块的动向。主要的工具仍然是行情软件的板块排名功能，盘中应时刻对此保持关注。除此之外，对于追涨型的短线交易者，往往需要在热门板块启动的第一时间追进，这时板块排名功能就显得滞后了，因为当板块涨幅排名上体现出板块的强势时，意味着板块内大部分个股都有动作了，这时龙头股往往已经涨了不少，所以来不及反应，这时就需要用到个股涨速榜，比如5分钟涨速榜。板块的启动首先源于个股的启动，通过监控个股涨速榜来进行监控，一旦看到涨速榜上出现数只属同一个板块的个股，很可能是该板块开始启动，这样可以第一时间做出判断。

还有就是，前面已经讲到，从研判大势的角度讲，权重类板块的动向非常重要，所以职业投资者盘中需要对权重类板块进行实时监控。权重板块尽管对大盘举足轻重，但不如热门题材板块那般活蹦乱跳，故其分时图上的走强或走弱常常不能在板块排名中鲜明地体现出来，需要进行更微观的监控。监控的方法是增加一台显示器，然后使用行情软件的多股分时同列功能，从各权重板块中选几只有代表性的股票走势同时显示出来，以便于及时把握其中某个板块的动向。例如，可以选择十几只个股进行分时同列观察：中石油、中石化、招商银行、工商银行、中国平安、中国太保、中信证券、光大证券、万科A、金地集团、宝钢股份、西山煤电等等。一旦超级主力通过权重板块干预大盘指数，这些个股走势上必然会及时出现变化。

在对板块进行研究时，除了需要知道某一天的板块强弱，有时还需要分析阶段性的板块强弱，即较长一段时间以来，比如最近一个月哪些板块涨的较多？哪些板块走的最弱？要知道这一点，可以借助行情软件提供的阶段性板块排行功能，例如在通达信软件的板块排名界面下点击“右键——区间热门板块”，然后选取自己需要的时间段，即可看到该时间段中的板块涨幅排名。另外，大智慧软件中针对各板块编制了板块指数，投资者可以查看各板块指数形成的K线图走势，从而更为直观的感知各板块的走势。还有就是财经媒体常常引用的一些研究机构自己编制的板块指数，如申银万国行业指数，也可以参考。

不过从最实际的角度来讲，即使不借助任何工具，投资者心里也应该能清楚阶段性的板块强弱情况。因为阶段性的走势也是由每天的走势累积而成，而作为非中长线投资者，在每天的看盘和复盘中，对各板块的情况自然会形成感性认识，从而能够轻易地感知到近一段时间内涨的较好的热门板块，或是跌幅较大的重灾区板块，这对于研判行情和操作个股已经足够了。

第三章

主力分析

几乎所有股价暴涨暴跌的背后都闪烁着主力资金的身影。个股短线的快速上涨，或者中长线的持续大幅上涨，多数都有主力资金在其中推波助澜。对于个人投资者而言，学会分析主力动向并且跟随主力进行操作，是快速获取中短线收益的捷径，这也正是成为一名职业投资者所需要掌握的最重要知识。

庄家、主力向来是A股市场热衷讨论的话题，同时也是各种谬论流传最严重的话题。在A股市场发展早期，主力、庄家曾一度大量存在于市场，所以有“无股不庄”的说法流传下来。只是时过境迁，目前的市场环境相比数年前已经发生了翻天覆地的变化，无股不庄的时代早已经成为了历史，大资金的运作手法也与过去的庄股时代完全不同。现如今，长庄已经基本绝迹，而这个客观事实与现在很多人对市场的认识却有不小的出入，尤其是大量的中小投资者，其观念往往受到市场中一些低层次股评或是草根伪高手，或者某些有关庄家的股票书籍的以讹传讹的影响，在对庄家的认识方面存在着严重的误区，以为现在仍然是无股不庄的时代，以致不少股民变得神神叨叨，言必谈庄家，似乎每一只股票中都有那么一个名叫庄家的“上帝”画着这个股票每一刻的走势图。更有些自作聪明者，谈论股票恨不得将股价的一切涨跌都与庄家的拉升、打压行为对号入座，并将此当成一种专业的体现，当成一种时尚，实是祸害匪浅。

当今市场的生态环境，主力资金的表现特点相比市场早期已经明显不同，传统的强庄已经基本绝迹，主力资金的身份、运作模式、手法都呈现出了新的特点，所以关于主力的分析也需采取新的思维。本章将对有关主力分析的知识进行全面探讨，以帮助读者掌握研判主力的方法。这一章是本书的重点，也是学习股票操作最大的难点之一。学会分析主力并非易事，所以需要读者下不少功夫，对此应该有心理准备。本章将先介绍有关主力的背景知识，然后讲解如何从K线图、分时图以及盘口对主力资金动向进行研判。

第一节　主力背景知识

一、沪深股市主力的演变历史

在沪深股市发展至今的20余年里，主力的演变大致经历了以下三个阶段：

第一个阶段是大户庄家时代，时间大约从1990年股票市场成立至20世纪90年代中期。在这个股市发展的最初阶段，靠原始股暴发的大户们资金增值很快，许多人在这个暴利时期快速完成原始积累，成为了沪深股市第一批大户。于是，早期的庄家活动也随之开始兴起。由于此时市场容量很小，并且机构投资者尚未得到发展，所以这时的庄家活动基本由个人大户唱主角。同时，由于早期证券市场监管不严，个股流通盘较小，所以坐庄比较容易，庄家行为随处可见。大户资金动辄就可以垄断个股一半以上流通筹码，对个股进行控盘运作，而暴涨暴跌也就成为股价走势的常态。

第二个阶段是机构庄家时代，时间从20世纪90年代中期至21世纪初的2001～2005年5年大熊市期间。在这个阶段，证券公司自营业务得到开放，券商开始携巨资在证券市场翻云覆雨，券商坐庄十分普遍。同时，信托公司、民营机构在股市中也有了极大发展，民营机构甚至形成派系坐庄，即用几家公司资产联合私募资金来控制几家上市公司，利用资产重组的方式为上市公司带来业绩或概念，然后在二级市场上坐庄牟利，比如当年著名的中科系、德隆系等。总之，在这个时期，市场已经脱离了成立初期的个人大户坐庄的原始状态，各路机构成为坐庄的主要力量，并且长庄、控盘庄运作的方式十分普遍，以致市场中有“无股不庄”的说法。直至2001年开始的大熊市，使得证券市场经历了一场大洗牌，券商庄家由于大量违规操作，包括挪用客户保证金、老鼠仓等问题，导致券商行业多年积累的风险呈现集中爆发态势，出现严重的危机。最终监管风暴到来，伴随着大熊市的漫漫熊途，不少庄家遭到灭顶之灾，机构庄家们在这个历史时期被淘汰出局，从而宣告了旧庄家时代的结束。

第三个阶段是2006年至今。这个时期的市场环境已经有了很大变化，庄家这种称谓已经不再适合市场，因为严格意义上讲，传统的庄家已经逐渐销声匿迹，取而代之的是各种类型的主力。主力是对股价有主动性干预行为的大资金的统称，与庄家最大的区别在于持仓比例的高低，一般只有持筹至少达到流通盘的三四成以上甚至一半以上的控盘主力，才应该被称做庄家，而没有达到这种控盘程度的，只能算做一般性主力。还有比之持筹更少，只对个股进行阶段性小规模干预的，被称做小主力。

“无股不庄”的时代已成为了历史，尽管目前的市场大资金干预股价的现象依然常见，但操纵者多只是大大小小的主力，而且也并不是每只个股都有主力运作，甚至可以说，如今多数个股是没有主力在其中长期运作的。可惜这个事实与目前很多股民的认识存在出入，很多人依然沉迷在庄家的传说里，相信庄家无处不在。尤其是自己持有或关注的个股，涨了认定是庄家拉升、跌了是庄家在洗盘，总之认定是庄家在导演一切，盘面上的一切现象都要往主力身上套。这种缺乏常识的思维，目前依然大量存在于普通股民群体中，对其正确理解市场波动形成严重阻碍，所以，这里先对庄家时代退出历史的原因简要讨论，以帮助读者形成正确认识。

之所以曾经真正意义上的庄家从市场消失，根本原因在于市场环境的变化，主要包括以下几个方面：

首先是监管趋严。坐庄从法律上讲毫无疑问是违法行为，破坏了市场交易规则和秩序，在成熟市场是受到严格监管的。但在国内证券市场发展早期，监管不力、法制缺失，监管层出于各方利益考虑，存在默许和放纵的倾向，只在市场过热时才会适度打击操纵行为，这是庄家得以大面积存在的最重要基础。而近年来随着证券市场影响的不断扩大，配套的监管措施和法制建设正在日益完善，政策对违规行为的容忍度大幅下降，像过去那种极端的、过度的操纵行为影响过于恶劣，已经为监管层和市场所不容了。所以市场中的大资金群体在巨大的监管风险面前，不得不有所收敛，转而寻找更为稳妥的生存方式，类似过去那些极端的庄股案例将很难再出现。

当然，站在职业投资者个人利益的角度而言，当然是希望市场越乱越好，一个主力横行的市场对于多数人而言是绞肉机，对于内行而言则是取款机。投机操纵行为越是猖獗，可把握的高效获利机会就越多。但是，市场的逐步规范成熟却是大势所趋，这一点不管我们是否情愿，都是无法改变的。庄股时代的乱象再难上演，所以顺应新形势、新情况才是明智之举。但话说回来，监管趋严只是相对过去而言，尚不是要将所有违规操纵赶尽杀绝，主力资金依然有其生存空间，只是与庄股时代的表现形式已大不相同了。

第二个原因是中小投资者观念上的变化。市场初期由于价值投资理念尚未形成，蔓延在整个市场参与者群体中的投机风气较盛，有什么样的水就长什么样的鱼，正是市场整体的这种跟庄投机的心态，给了庄家充分的生存空间，因为“粉丝”多、捧场的人多，所以庄家更加积极的大张旗鼓登台表演。但是，A股市场经过这些年的发展，价值投资的观念已经逐渐在市场中大得人心，由此带来的效应是，个股在市场中得到的股价定位更加理性合理，股价过分脱离其基本价值难以得到市场投资者认可。由于非理性的跟风盘减少，庄家的发挥空间也就大大减少了。

第三个原因是机构投资者的飞速发展导致市场结构发生了根本性变化。近年来以公募基金为代表的证券投资机构在市场参与者中占比快速提高，其资产规模已占到A股市场近半壁江山。机构投资者现在成为了市场中最有影响力的群体，过去那种不是主力就是散户的二元博弈时代一去不复返，在目前新的市场结构下，呈现的是多元化的博弈格局。机构投资者一方面自己秉持着相对理性的以价值为主导的投资理念，同时也将这样的理念扩散到整个市场。最终的结果就是整个市场生态环境发生变化，庄家作为食物链中的一环，生存空间被压缩，也只能顺应潮流，转而寻求更为合理的生存方式。

第四个原因是传统的控盘坐庄理念已经逐渐被大资金抛弃。早期市场普遍存在着这样的观念：坐庄风险小赢面大，我是庄家我做主，因为能控制股价走势，涨跌我说了算，所以盈亏就更能受自己掌控。但之后不断发生的庄家被消灭的事实证明了，高控盘的长庄模式风险其实很大。一方面控盘运作存在着巨大的监管风险、资金链风险；另一方面还存在着极大的系统性风险，即大盘的风险。大势不好时泥沙俱下，会将个股的跟风基础损坏殆尽，即使主力控盘也并不能抵御这种风险。历史上有很多大资金就是没有充分认识到这一点，才导致最终的覆灭。所以，目前即使是具备坐庄实力的大资金，基本上也不再倾向于这种方式进行运作。

第五个原因是市场容量不断增加以及融资的日渐困难，导致坐庄门槛大大提高。在股市早期，市场经济也是刚刚起步，由于体制不健全，为庄家的融资带来了极大的便利。庄家曾经可以通过国企、券商、民营资本等各种途径来为其坐庄融入大量资金，而现在许多非法融资途径被断绝，给坐庄活动的融资带来了困难。再加上长庄模式逐渐不被认可，更是使得愿意以身犯险提供资金者大大减少。另一方面，随着市场的不断扩容和全流通时代的到来，市场容量在不断增加，坐庄一只个股所需的资金也随之大大增加，这些因素使得坐庄的门槛已经大大高于从前。

正是这些方面的原因，导致了庄股时代的谢幕，使得曾经的“庄家”降格为目前形形色色的“主力”。

二、 主力的分类

“主力”只是对主动干预股价这一类大资金的统称，主力资金的表现形式和运作方法是多种多样的。从运作时间和控盘程度上，主力大致有如下的分类：

1. 按时间划分

(1)长线主力。

长线主力是指针对目标个股进行一年以上运作的主力。在早期的庄家时代，有些主力会垄断个股一大半的流通筹码，达到控盘的程度，并且进行长线运作，这种被称做长庄。目前长庄已经基本绝迹，但长线主力依然存在于一些个股中，只是不像长庄那样达到高度控盘的状态。长线主力选择的个股一般基本面上存在长期亮点，例如业绩高成长或者有重组等长效题材，这也是长线主力运作的底气所在。由于达不到完全控盘的程度，所以长线主力的运作节奏基本也是要以顺势为主，除非是在利好因素兑现前后，否则并不会让股价过分脱离大势的波动。长线主力在顺势的基础上会尽量让个股中长线走势强于大盘，使得股价中长线保持良好上涨状态，而短期走势则不一定十分强劲。甚至有的长线主力持仓量并不大，主要是根据大势、板块、个股消息面的情况在目标个股中进行波段运作，通过高抛低吸赚取波段差价，而股价则不会出现明显的长期大幅上涨。

(2)中线主力。

中线主力的运作周期一般为几周至几个月，其选择的目标个股一般在未来数月内存在着突出的股价催化因素，例如中期业绩大幅提升、高送转，或者公司生产经营等方面的题材变化等等。我们都知道，主力的运作大致有“吸、洗、拉、出”这几个步骤，这四部曲的特征在中线主力的运作中会体现的最为明显，而长线主力或短线主力运作的阶段划分则要模糊一些。中线主力运作的个股往往会出现大幅上涨的主升阶段，而这也正是跟随主力操作的最佳时机，所以中线主力是通过主力分析选择个股时重点追踪的对象。

(3)短线主力。

短线主力的运作周期一般为几天至几周，甚至可以短至两个交易日。短线主力是目前市场中出现频率最高和最普遍的主力类型，其操作遵循“短平快”的原则，所以又被市场称作游资。短线主力选择攻击目标时最注重个股的题材概念性，以便于借市场之势快速拉高股价。封涨停板是短线主力吸引市场短线跟风资金眼球的重要手段，惯于以这种方式谋利的资金也被称做“涨停板敢死队”。尽管短线主力运作的个股往往短期涨势凌厉，令中小投资者艳羡，但短线主力的炒作存在较强的突然性和随机性，而且持续时间很短，所以这种机会多数捕捉不易，目前市面上流传着大量的所谓“追涨技巧”，教导人们依据某些指标或形态追涨来“跟庄”，实则令不少笃信者沦为游资的炮灰。对于短线主力运作的强势个股，只有在满足多个方面的研判条件时，才具备追进的价值，这种需要投资者具备足够的综合研判能力。未形成这样的能力之前，盲目追逐题材、热点是不可取的。

2. 按控盘程度划分

(1)控盘主力。

持仓筹码占个股流通盘比例较高，达到控盘程度的称做控盘主力。一般控盘主力持仓比例至少要在三成以上，而要达到高度控盘的状态，则持仓比例需要在50%以上。所谓的庄家，严格来说指的就是这种达到高度控盘状态的主力。在早期市场，极端情况下有的庄家甚至会控制个股90%以上的流通筹码。

当主力达到较高的控盘比例后，对个股走势的控制程度会相应增强，股价的运行也因此表现出更加独立的特点。个股的走势在正常情况下应该是跟随大盘和所属板块的走势，而被控盘后的个股的走势会显得特立独行，独来独往。很多人纯凭听闻或者想象，觉得每只个股中都有一个控制着股价的控盘主力，但是如前面所述，当今的市场，高控盘模式已经逐渐被大资金摒弃，所以真正意义上的控盘主力已经十分少见。

(2)顺势主力。

顺势主力是目前比较常见的。这类主力基本上延续过去的主力运作模式，锁定个股一部分筹码作为底仓后进行中长线运作，只是持仓比例一般在10%～30%，达不到高控盘程度。由于控盘程度有限，所以其运作往往会顺势而为，股价走势节奏基本上与大盘和板块的波动节奏一致，只是主力会力争使股价强于大盘。这类主力的运作时间往往较长，对股价的干预也是阶段性的，当时机不合适时会暂时放弃一段时间的股价运作。

(3)游资。

从控盘程度上讲，游资和其他的主力不同，游资就像四面出击的游击队，它们基本是没有底仓的。对游资而言，基本上不会专门花时间在低位慢慢建立底仓，其在拉升过程中买进的筹码就是之后用以抛出获利的主要仓位。游资的炒作主要就是借助题材概念之势，一鼓作气拉升出货，用很短的时间完成炒作。所以有时某些短线黑马看似涨幅较大，被人误当做是其中潜伏的“强庄”所为，其实只是仓位很少的游资在背后推动。

(4)小主力。

小主力的身份比较模糊，它的特点是持股数量不多，往往只占到流通盘的百分之几，也并没有大规模运作股价的意图，甚至多数时间只是作为一个大的持仓者，并不主动干预股价走势。严格来说小主力并不是个股中的主力，但是，这类资金在某些时刻，出于特定目的，也确实会短时间担当主力角色，出手对股价进行一定的干预，所以我们将其称做小主力。在本章后面，对小主力有更加细致的讨论。

三、主力的操作手法

很多人都已经知道，主力的操作就是通过“吸、洗、拉、出”这几个大的步骤来获取价差，尽管不同类型主力的操作手法迥异，但通过这几步完成低买高卖是主力资金运作获利的基本原理。尤其是对于深度介入、控盘运作的主力而言，这些步骤和阶段表现的较为明显(图 3-1)。下面我们对此进行叙述：

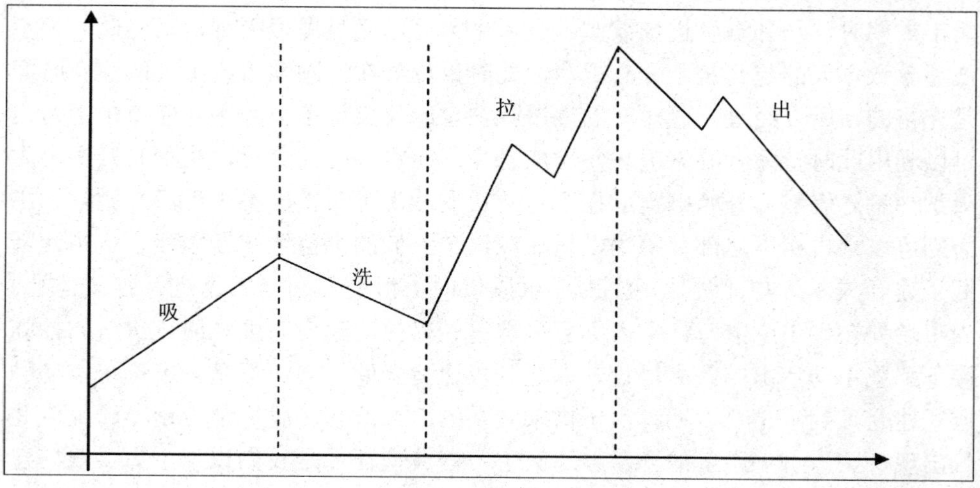

图 3-1 主力操作步骤

1. 吸筹

吸筹阶段是主力建立底仓的阶段，主力在这个阶段建立其主要仓位，用于以后高位卖出获利。

前面已经讲到，不同类型主力控制的筹码数量是不同的，所以建仓的特点不能一概而论。对于手握未来重大利好，打算深度介入目标股进行较大幅度和较长时间炒作的主力而言，其所需的底仓较多，所以会有较长的建仓期，往往长达数月。同时由于这种运作所需资金较多，主力或庄家的资金不一定够，所以常常会邀请一些其他的资金帮忙“锁仓”，即让这些资金在相对的低位拿一些筹码锁定，相当于帮主力持有一定的底仓，便于主力此后的控盘。

对于打算深度介入的主力而言，建仓期如何在价格相对较低的底部区域拿到足够的筹码就是摆在面前的难题。股价处在低位时市场卖单的供给有限，当主力这样一个超级大买家“混进”买方队伍时，必然会造成买卖双方力量的失衡。所以从根本上讲，这类主力要完成大规模建仓，就需要采取各种技巧引导卖方增加供应，同时尽可能的减少除了自己之外的其他市场买家的买进量。这类主力的大量建仓会导致成交量的放大，以及股价的间歇性走强，但建仓期的放量是温和的，动作太大会过早地引起市场注意，不利于此后的操作。所以，中长线主力在建仓期会表现的尽量低调，以避免引起其他资金关注，这是识别主力建仓的要点之一。此外，主力大规模建仓会动用多个证券账户，以分散持有，规避监管风险。

至于主力采取哪些手段建仓，这与当时的市场状况密切相关。当市场处在熊市末期时，场外资金进场欲望不强，主力可以横盘慢慢吸纳，虽然此时换手低迷导致每天的建仓量十分有限，但此时市场处在低潮期留给主力的建仓时间是充裕的，所以经过一段时间的慢慢吸纳也能收集到不少筹码。熊市中主力也可以利用此时持筹者心态脆弱易形成恐慌，而进行打压吸货，这种时候主力先吸纳少量筹码然后开始砸盘，在主力的卖盘冲击下会带出不少恐慌性抛盘，主力则可以乘机接下这部分筹码，然后在这个更低的价位继续慢慢建仓，由此降低了建仓成本。与此类似，主力还可以借助上市公司利空消息进行打压建仓。当市场处在牛市中继时，主力则更多地只能以拉高建仓为主，通过价格的抬高接下那些主动涌出的获利抛盘，以达到快速建仓的目的。但是，不论采取哪种方式建仓，到了建仓后期，由于供求关系的严重改变，股价都会逐步转强，并且出现一些量价关系上的异常，这其中一些典型征兆是我们识别主力大规模建仓的重要手段，这在后面还会讲到。

而对于目前十分普遍的那些介入程度不高，只进行顺势运作的主力资金，由于所需底仓数量不多，所以完成建仓的时间往往较短，并不需要一系列复杂的建仓过程，多数直接采取向上积极买进的方法。对于游资主力，则基本没有建仓期，其拉升初期所承接的抛盘就等于其建仓筹码。

2. 洗盘

洗盘是主力推动股价上涨过程中的休整阶段。洗盘的作用是促使持筹者中的获利盘以及其他不坚定分子与当前价位的新买家进行换手，从而提高市场整体的持筹成本，以此来减轻抛售压力、稳定股价，同时为股价的再度上升积蓄新的动能。

洗盘的作用机理源自人的心理。前面已经讲到，当账面盈利超过10%，就会有相当一部分人会产生抛售欲望，因此这些获利盘的存在，会对股价的继续上行造成压力。而在股价一路上涨的过程中，很多舒服的“坐轿者”又并不会轻易下轿，所以主力需要不时地通过洗盘，利用股价的调整将不坚定者赶下轿，让市场中的新买家以更高的成本与旧持仓者形成换手。由于那些新进场者成本在现价附近，不会轻易抛出，因此浮动的获利盘数量在换手之后就随之减少，取而代之的是不会轻易卖出的新买家，股价得以稳定下来。另一方面，根据市场心理研究表明，倾向于在股价调整过程中买进的投资者，其持股心态往往更加稳定，也就是说这类买家的持仓周期往往更长，所以洗盘过程中的换手所引入的这些新持仓者无疑能改善个股持筹结构，减少短线浮筹数量，增加中长线持筹者比重，最终提高筹码稳定性。最终通过洗盘，主力不仅得以夯实股价上涨的基础，与此同时，主力会利用洗盘过程高抛低吸，赚取差价，从而达到降低持仓成本的目的。

洗盘只是上涨过程中的休整的泛称，洗盘的规模有大有小，不要认为洗盘就一定会持续很长时间，或者股价一定会大幅调整。实际上，短至1个交易日的震荡也可以是洗盘。大大小小的洗盘是在整个股价上涨过程中不时出现的。但是，不同的洗盘过程的力度和效果是不同的，力度越大，就越能动摇持股者的信心，从而形成更加充分的换手。显然，洗盘的力度取决于股价调整的时间和幅度这两个要素：调整的时间越长，持股者所受的煎熬就越久，很多人会因失去耐心而出局；而调整的幅度越大，就越能造成持股者的恐慌，从而达到有效“震仓”的目的。

一般而言，洗盘时间在一周内的为短线洗盘，主要是清理短线获利浮筹；洗盘时间一个月左右的为中线洗盘，可以洗出部分中线筹码；还有些洗盘时间长达数月的为长线洗盘。就洗盘的空间而言，回调幅度在此前上涨幅度1/3内的为一般力度的洗盘，主要出现在拉升阶段；回调幅度达到此前上涨幅度1/2，甚至跌回起点以下的则为力度较大的洗盘，不过这种一般只可能出现在真正拉升开始前的大规模建仓阶段。主力在洗盘时会尽量制造恶劣的技术图形和技术指标状态，增强市场恐慌情绪和悲观气氛，以迫使更多浮筹出局。事实上，主力在各个运作阶段都会利用技术分析诱骗市场，达到诱空或诱多的目的。

从洗盘的方式上讲，各类主力洗盘的基本方式无外乎就是让股价横盘震荡或者回调，区别只是在于时间长短和幅度大小。以前标准的庄股操作模式中，会有持续时间较长的专门的洗盘阶段，庄家在完成底部建仓，或者完成一波拉升后，会通过长时间震荡或者大幅度回调来洗出持仓成本和自己相近的底部筹码，否则这些低成本筹码将成为今后大量出货时的重要隐患。还有就是那些手握重大利好题材，炒作力度较大的中线主力的运作，中途也需要有充分的洗盘过程。但对于短线主力而言，往往一两天的震荡，甚至盘中分时的震荡就能够达到洗盘的要求。

洗盘的目的是清理浮筹，所以庄家或者主力判断洗盘效果是否充分主要是通过成交量。洗盘过程中随着浮筹的换手，成交量会是一个逐渐萎缩的过程。对于较长时间的洗盘而言，到了洗盘后期，K线量能高度萎缩，并且不再继续缩减，股价以地量运行，这就说明浮筹清洗基本到位，故而以前有句股谚叫“洗到无量方是底”。

而现在更多的主力资金是以顺势运作为主，即根据大盘、板块、个股消息面等情况进行阶段性运作，所以往往是以边拉边洗的方式洗盘，也就是让股价在上涨过程中根据大势波动节奏进行休整，并且洗盘的同时主力会完成高抛低吸操作，或者是减掉之前推升股价所增加的仓位。所以这种顺势主力运作下的休整并不一定是主力刻意的要洗盘，有时更多的只是为了高抛低吸或阶段性减仓，顺带达到了洗盘的效果而已。

3. 拉升

主力在获得足够的底仓后，下一步就是拉升股价获取账面收益。庄股或者是手握重大题材利好的中线主力运作的个股，一般会出现大幅上涨的主升浪阶段；而顺势主力则主要顺应大盘节奏和板块及消息面情况发力，起到的是推波助澜的作用，所以其上涨节奏与这些外部环境因素密切相关；游资类主力则是高举高打，短线拉升迅猛，往往直接就是以封涨停的方式拉升，但是持续的时间很短。

对于主力而言，其拉升需要借市场之势推动，所以选择大力拉升的时点往往是题材利好出台前后，或是大盘环境良好时，这些情况下更容易获得市场踊跃的跟风盘，从而减轻拉升过程中的增仓压力，以及更加容易进行拉升后的减仓。主力在建仓期过后并不希望再大量增加仓位，但是在推升股价的过程中会不可避免地临时增加一些仓位，所以拉升时也会不断借市场之势进行减仓，减仓所获得的资金继续用于下一步拉升，也就是说主力用于拉抬的资金是循环利用的，使得拉抬资金在筹码和资金这两种状态下循环。有些规模较大的资金往往会同时运作多只个股，这时其用于拉升的资金利用率更高，可以根据这些个股节奏的不同，仅用一笔拉抬资金轮番拉抬，让拉抬资金在不同个股间流动。

很多人都知道，主力在拉升的过程中往往会伴随着“对倒”的动作，即先在卖出挂单中挂出自己的大卖单，然后用大买单向上吃进，形成盘口中买盘汹涌的景象，从而吸引散户追进。同时，对倒使得 K 线图中成交量放得更大，量升价增的势头更明显，以更加引起市场关注(放量上涨最容易吸引市场眼球)。但是当今监管已经大大趋严，过分对倒会引起不必要的监管风险，所以目前的主力资金已经收敛许多，不会像从前一样过分对倒制造成交量。

过去在讲到主力庄家运作手法时，还会讲到主力的拉升方式，例如台阶式拉升、通道式拉升等，但是这些知识已经不再适用当今市场，所以不再赘述。主力最终拉升的幅度，主要取决于题材力度、大势环境等因素，这对于主力而言往往是一个当下判断和反应的过程，而非事先预设好的。

4. 出货

对于深度介入的主力而言，大幅炒作后会进入集中出货的阶段。出货是将账面盈利转化为实际盈利的阶段，也是主力操作难度最大的阶段，花钱买股票容易，大量变现却不容易，所以出货阶段是主力最为费心的时段。由于主力大量介入是由于事前就握有上市公司尚未被市场充分知晓的利好，所以其出货阶段就是在这些利好最终兑现的时间段。

当股价进入拉升后期，市场的跟风热度已经完全激活，这时主力的仓位就开始逐渐下降。此时个股利好也开始集中向市场发布，各类利好消息频传，吸引各路资金追进，于是这些市场接盘就成了主力出货的对手盘，股价也开始由此前的上涨，进入放量滞涨阶段，出现震荡回落。最终的出货走势取决于消息、大势的变化以及主力的出货规模。当主力持筹比例较高并且打算全身而退时，出货过程往往持续较长，甚至长达数月，股价回跌的空间也会非常大。如果只是一般性主力的阶段性出货，则一般只持续数个交易日。

当股价走势由上涨转弱时，投资者往往会疑虑是主力洗盘还是出货。当然，这个问题成立的前提首先是该股中有比较大的主力，即使是没有主力，股价也一样会上涨、会调整，那这时根本谈不上洗盘或出货之说。所以首先要明确有主力在其中运作，才谈得上研判出货和洗盘。对于顺势主力而言，除非是打算全身而退，否则多数情况只是在上涨后进行阶段性的减仓，随后的调整也不过是顺势而为，一般并不算刻意洗盘。只有被强主力运作的个股才存在洗盘和出货的研判。

一般而言，洗盘和出货这两个过程中的区别主要在于期间的成交量和消息面。一方面，洗盘过程中成交量会明显的快速趋于萎缩，而出货过程由于主力在不断抛出，并且通过对倒回拉以维持较高的出货价位和维持人气，所以期间交投保持活跃，量能萎缩并不到位和及时，甚至会出现高位震荡、放量滞涨。另一方面从消息面上讲，出货过程往往伴随着利好消息的发布，而洗盘时则消息面平静，甚至会有利空消息发布配合主力达到更好的洗盘效果。

以上我们对主力运作过程进行了一般性的总结，通过这些我们已经对主力运作的基本过程有了一定了解，后面在讲到具体主力类型时还会有进一步介绍。学习主力分析的主要目的在于从图形中研判背后主力的运作状态和阶段，以跟上主力的步伐。通过吸、洗、拉、出完成获利是主力资金运作的基本模式，但是不同类型主力的具体操作手法是不同的，最终呈现的走势也就千差万别，所以分析主力根本不存在某种固定的简单程式可以参考。主力分析是股票操作的重点和难点，需要我们结合量价走势、分时波动、盘口动态等各方面进行综合的、当下的研判。从下面开始，我们将对主力分析的具体技巧和方法进行讨论。

第二节　主力分析的思路和方法

一、主力分析的基本思路

或许有些读者此前就已经了解了不少关于主力或庄家的知识，但是，真正当一只个股拿到面前的时候，面对复杂的K线走势，对于如何分析依然会感到无从下手。的确，K线图总是在涨跌间变化不断，但背后发生了什么，是否有主力存在，主力干了什么，这些却并非显而易见。人们多数都会先入为主地认为自己的股票中存在主力，并且生搬硬套某些片面的结论，认定主力是处在建仓期、洗盘期，或者拉升初期，总之后面主力一定还会拉升，股价还要涨。学完前面市场心理的相关内容，我们就知道这些想法很多只是人的偏见心理作怪，对于主力的一知半解和对自己投入资金的患得患失加剧了这种偏见心理。更加害人的是一些股评或书籍，出于营销的目的，鼓吹一些看似简单易学的所谓“跟庄技巧”，对市场大众误导甚深。主力分析是学习股票操作最难的部分，分析主力需要具备较强的综合知识，绝不是像某些人宣扬的，单靠某些技术形态、指标的生搬硬套所能做到的。

分析主力，首先要明确最基本的思路。我们都知道，股价是市场所有参与者共同交易所形成的结果。走势由各方交易的合力构成，我们唯一能看到的，就是这个由合力所构成的走势。从资金量和身份特征上讲，市场参与者分为散户、主力、大户(包括机构投资者和个人大户)这三大类。显然，交易合力也由这三类分力构成。当个股没有主力的干预时，其走势合力就由其中的散户和非主力性大户的交易构成，这时的股价运行是相对“平静”的，是一种自然的波动状态，与有主力运作时所表现出的状态是不同的。分析主力，正是从这个“不同”中入手，找出主力运作的痕迹。

这里我们还可以用一个简单的函数来比喻股价走势，从散单、大户、主力这三类驱动力的合力角度来解释价格波动。设 P(t) 为股票价格，t 即是时间，那么以这二者为坐标系的 Y、X 轴绘制的函数图形即是我们在行情软件上看到的价格走势图。若 t 以分钟为单位，即是分时图，若以日为单位即是日 K 线走势图。则有：

$$P(t)=C+I(t)+Z(t)+W(t)$$

C 代表价格波动的平衡位置，即个股在某个时间内的大致波动区间。多数情况下，C 大致等于前一日收盘价和前一日日内均价的中间值，例如前一日收盘价 10.4 元，日内均价 10.2 元，则当日 C 大致为 10.3 元。从本质上讲，C 这个因子体现出的是多空平衡区域随时间变化的连续性。

I(t) 代表散单的变化因素给走势造成的扰动力量，一般散单这个分力受大盘、板块、消息、自身技术面这四个方面的影响(后面将进一步讨论这个问题)，显然 I(t) 既可能为正也可能为负。需要注意的是，大盘波动是与个股股价波动同步进行的，故大盘因素影响着整个股价运行过程，是代表散单变化的 I(t) 项中最常规和最重要的影响因素。其他几项如板块等因素均属于非常规因素，但一旦出现其影响非常大。

Z(t)代表的是主力的干预动作。如果主力的买进力量促使了股价走强，则Z(t)＞0，反之则Z(t)＜0。

W(t)代表非主力性的大单的买卖行为给股价带来的冲击。随着机构投资者的逐步发展壮大，这一项因素目前出现的频率越来越高，因此必须单独列出。

由此可见，P(t)=C+I(t)+Z(t)+W(t)可以看成是股价走势图的简单函数关系，我们看到的个股走势P(t)，就是C、I(t)、Z(t)、W(t)这四个因子的叠加函数。我们所看到的走势是股价P(t)的走势，而我们所进行的主力分析，关注的焦点是Z(t)和W(t)这两个代表大资金动向的因子，由于

$$Z(t)+W(t)=P(t)-C-I(t)$$

由上式看出，将C和I(t)从P(t)中减去即得到两个大资金项，也就是说主力分析的首要任务就是从体现合力的价格中滤除I(t)的成分，即散单的交易分力，进而才能看清大资金的动向。然后，再通过某些具体的研判技巧，将W(t)这个大户项剔除，最终得出关于主力的分力Z(t)。

上述为价格走势的函数关系，根据相同的思路，类似的也可以有成交量的函数关系，设P0(t)为某一天的成交量数值。则：

$$P0(t)=C0+I0(t)+Z0(t)+W0(t)$$

C0可以看做底量，表征的是假设当天个股交易完全处在平静状态时会发生的成交量。这一点很容易理解，即使当天大盘、板块、消息面完全平静，也没有主力、机构等大资金的进出，这时依然会有很多买卖的成交，C0表示的就是这个成交量水平。一般情况下，这个量大约为个股5日均量乘以0.8的水平。

I0(t)代表的是散单受外因影响的变化给当日成交量造成的干扰，与I(t)类似，一般是来自大盘、板块、消息、自身技术面这四个方面的影响。

同样，Z0(t)和W0(t)则是代表大资金交易的两项，但与前面Z(t)和W(t)的不同在于，Z(t)和W(t)可能是正也可能是负，但Z0(t)和W0(t)却只能为正数，即主力和其他类型的大资金的交易动作既可使得股价走强也可使得股价走弱，但从成交量上看，却只能增加成交量，无法减少成交量。这一点需要我们牢牢记住：大资金的进出可能导致市场的真实放量，也可能用对倒虚增成交量，

却一定无法做到减少成交量，因为别人的交易如何拦得住？所以一定要记住，主力可以放大成交量却无法缩小成交量，小量有时更加真实可信。

这里借助简单的函数式来表示股价走势，只需要从中记住：走势是由散户、机构及个人大户、主力这三者的合力构成，主力分析的基本思路就是通过一些具体的研判技巧滤除前面两项分力，来分析主力这个分力。而当主力参与到个股中，个股的量价走势、分时波动、盘口动态、公开信息等方面会呈现出相应的特征，我们的研判就依靠这些特征。

二、 散单交易的特性及股价的自然波动状态

市场中流传一句话，叫做“大资金的进出必然会在平静的股价走势上掀起波澜”，主力分析的切入点便是从主力掀起的“波澜”中窥探主力的运作轨迹，这些在上节中已经讨论。那么，要在股价的起起伏伏中看清这波澜，首先要明白什么是“平静的股价走势”，换句话说，就是首先要知道股价的自然波动状态。

所谓股价的自然波动状态，指的是在没有大资金(主力、基金、超大户等)的较大规模买进卖出行为干扰下，价格走势所呈现出的状态。此时盘中交易者以中小散户为主，代表市场自发力量的散单是股价波动的主要推动力。而散单交易是一种群体性行为，从整体来看呈现出明显的规律特性，如下所述：

1. 均匀性和连续性

在数千万的A股投资者里，中小投资者从数量上讲占据了绝大部分，而可供交易的个股数目是十分有限的，仅有2000余只，所以平均分散到任何一只个股，都有大量散单的关注和参与。一般来讲，一只股票的流通股东人数约为几万人，这几万人构成了这只股票的卖出者群体；再从多空平衡的观点来看，同样也有至少几万人构成了这只股票潜在的买家群体。这买卖双方合起来即是一只股票的交易参与者，尽管在某一天的交易中参与的只是这些人其中的一部分，但依然数量庞大，所以这些来自全国各地的大量散单随机散布到某一天短短的200多分钟的交易时间中，就会呈现出连续性和均匀性的特征。连续性体现在：不同的交易时段中散单大致是连续参与的，例如说散单不会在十点到十点半之间突然集体停止交易，到了十点半之后又大量交易。这一点与来自主力、基金、大户的单子就不同，因为这些资金量大的交易者从个体数量上讲比较少，所以其单子分散到交易时间中必然是不连续、不均匀的，即有时有而有时无。散单

的均匀性则体现在：在平静状态下，个股中分布到不同交易时段上的散单成交数量是大致均匀的。

散单的均匀性和连续性表现在走势图上，即是自然波动状态下成交量变化的相对平稳。这也说明，那些突然出现的急剧放量或者急剧缩量一定不是来自自然散单，而是受到了某些非自然因素的影响。

2. 随大盘

散单的均匀和连续是其第一特征，这一点强调的是散单分力的“不变性”。但在外力作用下，散单分力同样有方向性的特征，因为散单的交易情绪会明显受外部因素变化的影响，这个外部因素，主要包括大盘、板块、消息面(包括基本面)变化这三个方面。

大盘的每一步走势是众多交易者随时要参考的，自然成为了散单交易时的重要参照。当大盘分时图盘中上行时，散户们看多情绪上升，这样向上买进的散单数量会同步增加，而主动卖出的散单数量会减少，所以股价随之走强；当大盘下跌时，散单的主动性抛压会加重而买进力量会减弱，所以股价会随之走弱。在没有主力等外力干扰时，个股的股价会自然性的随大盘波动，这是股价自然波动走势状态的最重要特征之一。

需要注意的是，这里的大盘并非是单指沪指，还要综合考量深成指、领先指数(指数走势图上的黄线)、中小板指、创业板指等指数。这是因为当市场内部不同类型的个股走势分化严重时，单个指数可能会无法体现市场真实的整体情况，例如有时大盘股大涨，而同时中小盘股却逆势下跌，又或者是创业板、中小板上涨，而主板却下跌。所以参考大盘波动因素时需要综合细化考量。

3. 随板块

个股股价波动除了跟随大盘外，随板块波动也是一个重要特征，尤其在所属板块的联动效应明显时。由于板块效应已经被众多投资者理解和重视，会影响大量散单的跟风交易，故当个股所处板块明显异动时，大量的散单会跟随交易，进而推动股价随板块一起运动，这一点在“板块分析”章节中已有详细的讲述。

4. 随个股基本面和消息面变化

大盘和板块的变化属于盘中实时同步影响个股股价的因素，而个股基本面和消息面的变化则是盘外因素。看重消息是A股市场的传统，消息是对散单交易者影响和刺激极大的因素，尤其影响着散单中最为活跃的短线分子，所以对个股走势的影响也是立竿见影的。当重大利好出现时，即使没有主力资金的运作，股价一样可能在散单的蜂拥推动下大涨；同理，散单在利空恐慌下的集中出逃也能带来股价暴跌。

在分析消息面和基本面时，重点是判断其对散单的“刺激力度”。即什么样的信息能给散单的交易带来什么样的影响，多大的影响？只有在弄清楚散单的动向之后，才能进而从盘面上混合的成交中分辨出散单之外的大资金交易者行为，为进一步研判打下基础。

5. 随自身技术面走势

个股的散单交易状态与该股自身的技术走势有密切联系。例如一只个股刚刚大涨且涨幅明显大于大盘，由于短期大涨，获利盘会显著增加，故在主力、消息等干扰因素暂时消失时，这只个股中散单的抛盘压力会较其他个股更大，并导致个股股价之后容易呈现出调整状态。这样，可能后面大盘涨，而该股就暂时不再跟涨，或者大盘下跌而该股跌幅大于大盘。这些正是因为个股之前的技术面走势改变了自然散单的状态，使散单在受大盘和板块因素影响之外，还受到了自身走势因素的影响。再比如，当股价运行面临技术面上的重要支撑位和压力位时，在散单中占有不少比例的“技术派”会做出一些符合技术分析结论的动作，并导致了“技术图形的自我实现”效应。比如当股价运行于箱体中，跌至箱底时，主动性散单抛压往往会由于这种技术状态出现暂时性减少，从而与其他在相同大盘和板块背景下的个股相比，自然性调整动能较小一些。

6. 某些特殊因素干扰

股市之大，无奇不有，有不少非常规的变因是我们无法得知也无法预料的。除了上面列举的影响散单的常规因素外，还存在一些意外因素的影响。举例来说，现在存在大量的荐股诈骗活动，其中有一种手法是利用会员的跟风资金来短暂冲击股价进而牟利，比如行骗组织用自有资金前一天尾盘建仓，第二天制造高开后通知会员买进为自己接货，从而赚取差价，并且形成当天股价的高开低走。像这样的因素会给股价带来明显的看似是非自然的波动，其实只是散单的动向受特殊因素干扰发生了短时间的变化，而我们身为局外人却根本无法获知内情。再比如有的主力通过小范围的散布谣言来左右部分市场散单的跟风，进而配合自己的炒作，这样取得的效果跟个股消息题材面有利好是一样的，而我们却无法从公开渠道获知这些。很多看似非自然的波动其实只是特殊的自然波动，所以有时在碰到一些解释不通的异动时不必“过度分析”，毕竟仅从盘面是看不出所有真相的。

以上是散单交易的几大特性，了解了这些基本特性我们就会知道，对于没有大资金干预的个股，在盘中交易以散单为主的情况下，走势会呈现出这些特征：随大盘、随板块、随自身消息，也就是说走势基本取决于大盘、板块、消息这三者的合力。此外，还有成交量的变化相对比较均匀连续，在技术面的关口前呈现出符合技术分析结论的波动特性。这一系列特征下的个股走势即是典型的自然波动状态。

例如，图 3-2 和图 3-3 是两幅分时示意图，图 3-2 为当日大盘分时走势和黄金板块平均走势，图 3-3 为黄金板块三只个股的走势。可以看到，当日大盘基本是横盘震荡格局，黄金板块盘中则出现两波明显拉升。所以，当日大盘对个股走势没有明显影响，除了自身消息面发生变化外，该板块个股的自然波动应主要随板块。图中，A 股波动格局基本与板块一致；B 股随板块上冲后，尾盘明显脱离大盘大幅回落，所以应是有大资金主动逢高减仓所致；而 C 股则从开盘就单边走弱，盘中在板块上冲时段跟随短暂回升后，继续下跌至收盘，所以当日要么是消息面上有利空，要么就是有主力或大单交易者当天大量减仓。K 线波动的道理与此类似。

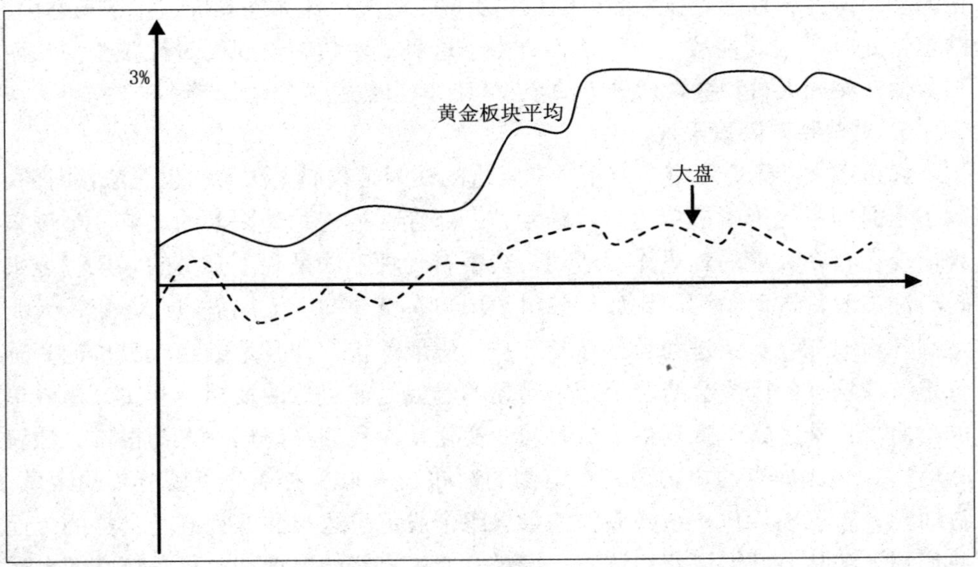

图 3-2　大盘分时走势和黄金板块平均走势

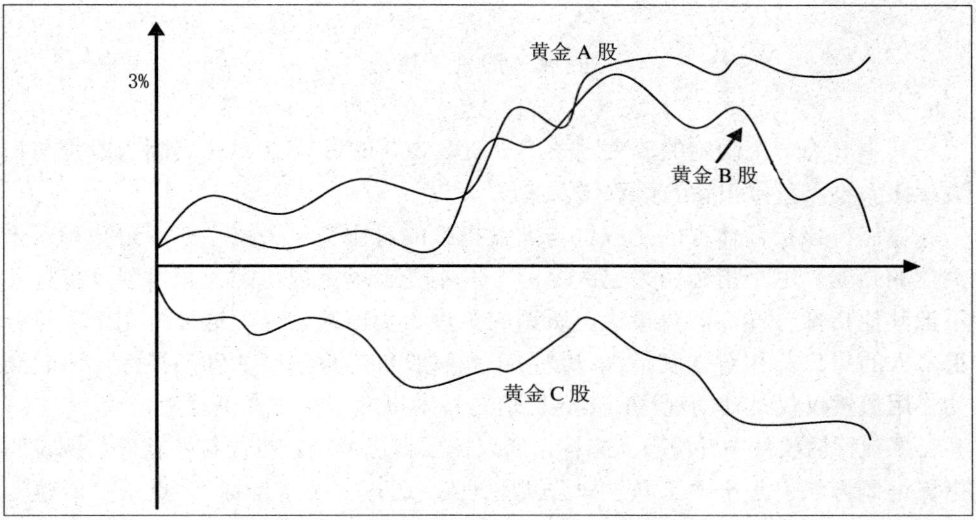

图 3-3　黄金板块个股分时走势

三、 主力分析的辅助工具

我们已经讨论了散单交易的特征以及相应的股价自然波动状态。股价自然波动状态下最主要的特征是跟随大盘，而当股价受到大资金干预时就会表现出脱离大盘的走势状态，所以寻找大资金运作痕迹的第一步，正是研判个股走势与大盘走势的关系。为了便于做到这一点，避免来回翻看大盘走势的麻烦，一般可以借助于两个常见工具——大盘叠加和相对强度指标。

1. 大盘叠加

大盘叠加功能是所有行情软件都会提供的功能，对于我们看盘和分析来说必不可少。严格的说，分析一幅孤立的个股走势图是没有太大意义的，相同的走势出现在不同的大势背景下，其含义也截然不同。只有对比大盘走势才有利于分辨背后的驱动力以及发现实际异动，所以叠加大盘是看盘所必须的，这样会方便对比观察。

在同花顺软件 K 线图界面上点“右键——叠加品种”，再点击“上证指数”，即可将大盘叠加上去；在个股分时图上最好也叠加大盘。其他行情软件方法类似。

2. 相对强度

相对强度指标的计算公式为：

RRI=C×股价／指数

其中 C 为一个固定的放大因子，一般取 100 或者 1000。这是因为股价与指数相比太小，直接相除的话数值太低。

显然，该指标体现的是股价与大盘指数的对比变化关系，亦即走势相对于大盘的强弱。这个指标由来已久，但一般不受市场重视，因为相对强度指标并不像其他指标一样，能直接给出所谓的买进、卖出等信号，这样就完全不符合很多人的胃口。相对强度指标只是用于观察股价走势强度的辅助指标，所起到的作用虽然仅仅是辅助观察，但这恰恰是技术指标存在的真正意义。

多数行情软件中并没有该指标，所以需要自己编制。以同花顺软件为例说明指标编制方法：点击“工具——公式管理”，选择“技术指标”；点击“新建”，然后选择“技术指标”；进入指标编写界面，并将框中的内容输入自己的软件(图 3-4)：

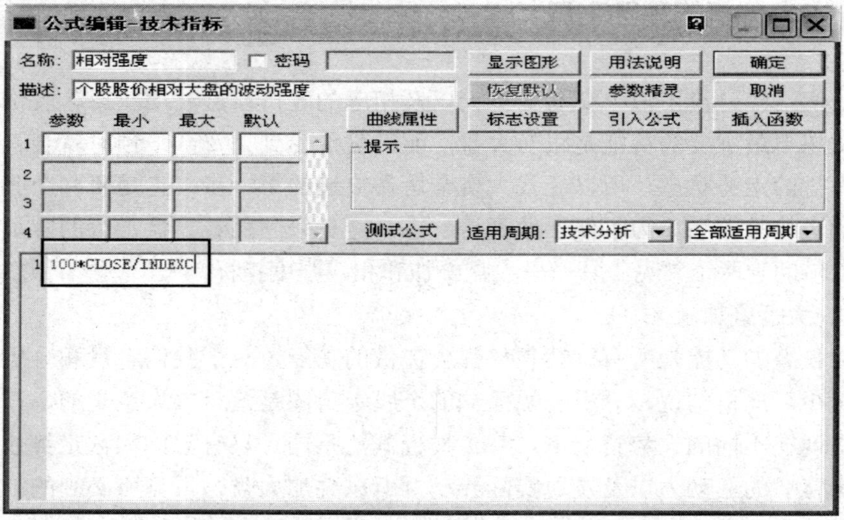

图 3-4　技术指标编制

100*CLOSE/INDEXC 即是相对强度指标公式的内容，CLOSE 为个股的收盘价，INDEXC 为大盘指数。全部输入后，在 K 线图界面的下方显示指标的一栏处点

"右键——常用指标——相对强度指标",即可看到该指标的走势。

根据该指标的含义,当相对强度指标上冲时,表示期间股价走势强于大盘;当相对强度指标下跌时,表示期间股价相对大盘走弱。但是,相对强度指标的涨跌与股价涨跌并无直接对应关系,例如相对强度上涨时,股价有可能是下跌的,只是比大盘跌的少而已。

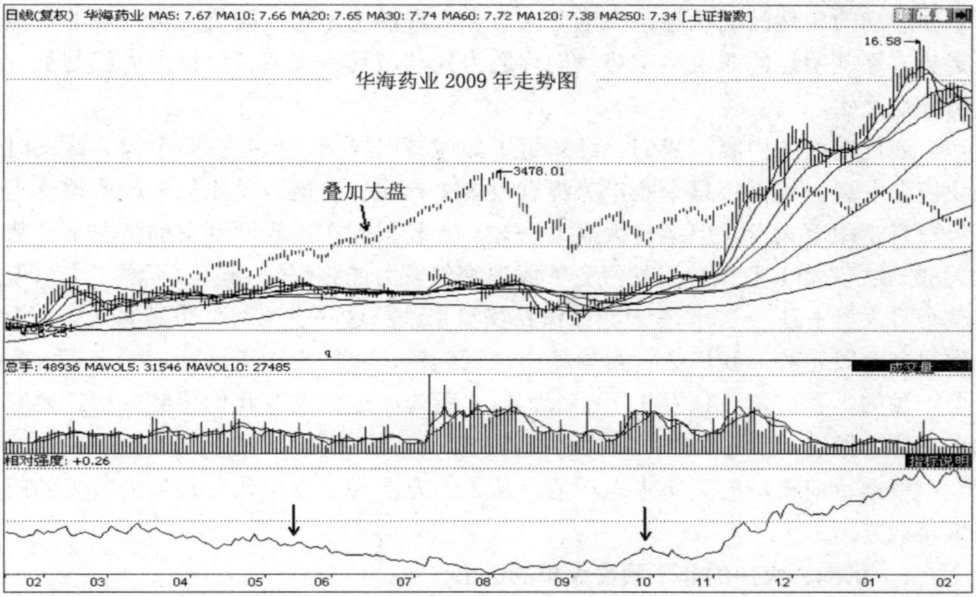

图 3-5 华海药业 2009 年日 K 线

如图 3-5 所示,华海药业 2009 年的走势,通过相对强度指标和大盘叠加可以看到,上半年大盘大幅上涨过程中,该股股价弱势横盘整理,表现弱于大盘,相对强度指标下跌(箭头处)。而后,大盘进入调整,该股的波动格局发生改变,主动走强,相对强度指标转为回升(箭头处)。待学完本章全部内容后,读者可以再回过头来进一步分析这个案例。

大盘叠加功能和相对强度指标虽不是用来直接指导我们买卖的,却是辅助研判主力的有效工具。主力资金的大规模进出,会导致股价的非自然波动,最重要的特征便是走势波动异于大盘,相对强度指标和叠加大盘就是让这种异常更加便于观察。这两种方式原理相同,对于熟练者,仅使用叠加大盘即可。

四、 异动的原因

根据前面走势函数模型我们知道，走势是散单、机构及个人超大户、主力这三个分力形成合力的结果。如果一只个股中没有主力存在，并且某个时期中也没有超大户的集中买进卖出，那么这时股价呈现的一定是随大盘、板块、消息面波动的自然波动状态。而当有大资金大规模进出时，股价则会出现非自然走势。那些明显的非自然走势我们称之为异动，观察主力、分析主力就是从分析异动开始。

通过前面的内容，我们已经知道了如何看出异动，但是打开个股K线图时我们会发现，似乎每只个股走势都有很多“异动”的地方：比如A股票整体走势一直是跟着大盘，但某日大盘大跌2%，A股票却在消息面真空的情况下逆势大涨5%；又如B股票，虽然没有A股票突然发力的强悍，表现的不温不火，但某个月大盘下跌了15%，B股票却维持横盘未跌。这些表现都是明显的异动，观察很多个股走势后我们会觉得异动出现很频繁，我们也知道这背后一定有大资金干预的因素，但具体发生了什么，何人所为，这依然令我们感到疑惑。要对这些异动做进一步的研判，我们必须首先了解哪些原因会导致个股的异动。

根据目前市场的真实生态环境，从大的方面讲，以下几种是最为常见的股价异动原因：

1. 机构、大户的非干预性大单的进出

随着市场逐步发展，机构投资者队伍已经非常壮大。仅就公募基金而言，截止2011年已有股票型基金700余只，单只平均资产规模可达数十亿。除此之外，保险、社保、QFII、私募等机构资金也同样规模庞大。这些资产配置型的机构以分散持股为主，持有的个股数目常可以达到数十只甚至上百只。如此多的机构投资者，平均一家参与数十只个股的交易，这样相对于A股总共2000余只交易品种而言，平均一只个股会获得多家机构关注。而这些机构资金由于资产规模庞大，所以买卖一只个股一次少则几十万股多则数千万股，在其买进卖出的过程中无疑会对股价造成较大的冲击。从当前的情况来看，目前个股中常常出现的一些局部异动、阶段性异动的现象中已经有一大部分都是此因素所导致的。由于这类买卖力量的本意并非干预股价，所以我们将其称做机构、大户的非干预性大单。一般而言，由这类买卖单所导致的股价异动有如下特点：

(1)影响时间短。

虽然机构等超大户的资金量较大，但如果其只是进行资产配置的话，介入单只个股的资金也是有限的。因为，首先考虑到流动性问题，在一只股票上介入过多的资金后进出不便，买进或者卖出时的“价格滑点”(由于单子较大无法在一个价位完成足量的交易)会增加交易成本；其次对于公募基金而言，政策严格规定的持股上限决定了其不可能像主力一样将占几成的流通盘揽入自己怀中。所以，尽管大户资产配置性的单子较散户的买卖数量大的多，且会对走势造成冲击，但影响股价的时间一般并不会太长，大多只会对当天的分时走势造成影响，少部分会影响到最多几天的走势，而不会像主力一样长期影响股价。所以，有的人将这类单子称为“一次性大单”，是非常有道理的。

(2)单向交易。

这类以资产配置为目的的机构大单的另一个特点是单向交易，意思是这种单子出现时，身份要么是单纯的买方，要么是单纯的卖方。它们的目的是只进行买卖交易，而非控盘，不像主力一样会在某一时段又买又卖来上上下下干预股价走势。所以，其在买卖时对股价的冲击和影响一定只是单方向的，在其交易过程中要么促使股价在分时图上走强，要么使股价走弱。同时，盘口上也因此体现出真实交易的特征，比如向上买进时不会在买盘处一路托上大买单吸引别人跟进，更不会挂一些反向大单进行对倒交易，这些都是分辨的要点。

(3)交易动作相对温和。

机构投资者对某个股票的买进卖出相比于散户来说，数量要大得多。散户的单子一般最多几万股，只需要将价格稍微报高买进或报低卖出就可以做到一次性成交，而机构大户的单子少则数十万股多则上千万股，需要分多笔完成。由于买卖数量大，难免对股价走势造成冲击，比如当机构大单一路买进时往往需要不断吃掉上方卖单并且使得股价在这个过程中上涨，同样其快速卖出也会造成股价下跌。但多数情况下，这种状况并不是它们愿意看到的，如果买进过程中股价不断上涨无疑会垫高其买进成本，同样卖出时股价一路下挫也会直接降低其卖出价位，这即是一种流动性问题带来的价格折让(价格滑点)。于是，这类单子为了在有限的价格折让范围内买进或者卖出数量足够多的筹码，交易动作会相对温和，比如盘中下单买进时，不会突然向上猛打单子以致股价直线上冲几个点，如果这样做结果只会是还没买进多少筹码，价格却已经贵了很多，同时还会招致跟自己同方向的跟风盘。所以，除非是想有意干预股价，否则这类大单不会这么操作，而是以相对比较温和的方式在盘中分笔逐步买进或卖出，即使由于买卖速度偏急给股价造成异动，股价也会是盘中“一步一趋”的动，而不会表现的像主力急拉或打压那样。

以上总结的是机构、大户的非干预性大单的进出给股价造成异动的特点，这种情况在当今的市场环境下极为普遍，可以说我们看到的大部分的盘中异动都是此因素造成的，而并非是所谓的“主力”。很多人听庄家的故事听得太多，以致看见股价涨就言主力拉升，看见跌就是出货洗盘，这不过一厢情愿的想象罢了。

2. 游资

有一种异动格外受到市场的关注，那就是股价快速连续大涨，比如连续涨停。这是一种比较极端的走势，从当今市场的实际情况来看，导演这种走势的多数为游资。游资属于短庄，多数都是民间大户资金，也有基金等机构采用类似手法炒作。游资的运作遵循“短平快”的特点，选股偏重于小盘低价的题材股，尤其是消息面上出现利好的个股和板块，这类个股给游资提供了短线优良的跟风基础，令其通过快拉快出，完成短线获利。如今出现连续巨量暴涨的中小盘个股多数都是游资短线介入导致的，对于这种异动，交易者要明白是何人所为。强庄时代已经远去，千万不要一看见暴涨就认为是庄家拉升。事实上，游资拉升的个股在暴涨之前，绝大多数都是没有庄家驻扎其中的散股。

3. 小主力的阶段性干预

前面我们已经提到了小主力，小主力并非是市场中一种标准的称谓，但是能够贴切的描述新的市场环境下的一些新情况。小主力持仓不多，很多不超过个股流通盘 5%，只在某些特定的时候出手干预股价走势。扮演小主力这种角色的资金很多，最常见的是以下几类：

(1)常驻性的小主力。

这种小主力大部分都是因为某些原因而长期看好某股，并一直驻扎在其中。由于持仓比例较低，所以没有能力也没有意图去大规模干预股价，只在时机合适时才会出手。而所谓的“时机合适”则包含了多种情况，比如说有的小主力与上市公司相熟，能提前知晓一些利好消息，所以消息出台的时点前后小主力会借机进行一定的拉升从而谋取差价，消息兑现后股价往往会复归平静；再比如有的小主力擅长高抛低吸，这样就会利用大盘和板块的波动节奏而不断地在其中做差价。但小主力做差价与散户不同，它会通过顺势的主动性干预为自己争取更大的差价空间和主动权，同时也导致了股价的振幅会相对加大。

(2)新进场的资金。

有些新进场的小主力是出于特殊原因介入某只股票，例如看好该股具备的某个题材或者提前知晓了某些利好消息。从介入的资金量上讲，新进场的小主力资金比上面所讲的资产配置性的机构类大单并不一定多多少，但区别在于资产配置性的大单多是由交易员按命令执行的指令单，其只是单纯的买进并持有，而小主力很多属于民间资金，运作者具备一定的做盘技巧，所以会通过对走势的干预来增加自己的盈利面。例如建仓后会有适当的推升或者护盘，尤其是当手握消息题材时，更是会出手引导股价。

(3)因特殊原由主动干预的资金。

许多特殊原因会导致个股中持仓的非主力性大资金临时出手干预股价，从而摇身一变，扮演小主力的角色。比如为了盘中的一些“利益输送”而对股价进行短时间打压或拉抬，又或者因为大盘等意外原因被套，从而在股价下跌到底部后决定投入资金拉升自救等等。

当前的市场已经有非常多的大资金参与其中，尤其是对于股质优良题材丰富的个股，一般都会吸引多家机构、大户等参与，这样使得一只个股中可能会干预股价的“无形之手”也会很多。有时，小主力的身份是模糊的，或许个股中的某家大资金最初只是出于资产配置的目的介入，本是没有干预股价的意图的，只是在某些特定时刻由于特定目的而临时出手，这些情况出现的频率并不低。所以，与机构、大户的非干预性大单一样，小主力也是当前造成股价异动的一种十分常见的因素，二者的不同在于小主力的操作带有一定的运作意图。但小主力毕竟不是绝对意义上的主力，其只能顺势进行一些推波助澜的动作，它所参与的个股除非受到大的利好所推动，否则K线走势的大格局是无法脱离大盘和板块的，也就是说小主力参与的个股整体上还是要随大盘和板块的节奏波动。

4. 主力的操盘动作

主力的参与将造成个股大规模、长时间的异动，这里不再赘述。

以上这四个方面是导致股价受到异常冲击的常见原因，当异动出现的时候，我们首先就是要看是否能从中判断出是何人所为。要做到这一点，需要我们对不同类型大资金的行为特征，以及相应的盘面表现有足够的了解。每一种异动背后都对着多种可能性，进行排除和分析需要运用一定的推理性思维，而理解我们前面介绍的相关知识是进行推理判断的基础。

第三节　盘面异常现象及公开信息分析

一、盘口异动

盘口指的是行情软件分时图界面右上方的报价栏和右下方的动态成交回报，从这里可以看到详细的挂单以及分笔成交情况。价格走势都是由报价开始，而后形成于盘口中的成交，所以盘口是最原始的市场数据，也是窥视市场交易最微观的窗口。主力资金由于参与量大，其进出的蛛丝马迹首先会在盘口中显现，造成盘口的异常现象。通过细致的观察挂单及动态成交结果，可以获知关于主力的一部分信息，进而起到辅助研判的作用。此外，盘口动态有时可以反映出个股中参与者该时刻的总体心态，帮助我们更好的与市场进行博弈。

在开盘时间内，职业交易者看个股盘的重点实际上就是盘口，也就是分时图右上方的挂单和右下方的动态成交。普通行情软件看到的是五档挂单，一些收费软件可以看十档挂单，但一般没有这个必要。行情软件的分时数据刷新间隔一般是 5 秒，显然，每一次间隔内个股的成交不一定只有一笔，往往有多笔，而每一次右下方成交回报数据显示的成交数量(图 3-6B 栏)是这个 5 秒刷新间隔内成交的总量，显示出的成交价位(图 3-6A 栏)为数据刷新间隔内最后一笔成交的价位。此外，深交所上市的股票可以显示数据刷新间隔中成交的笔数(图 3-6C 栏)。

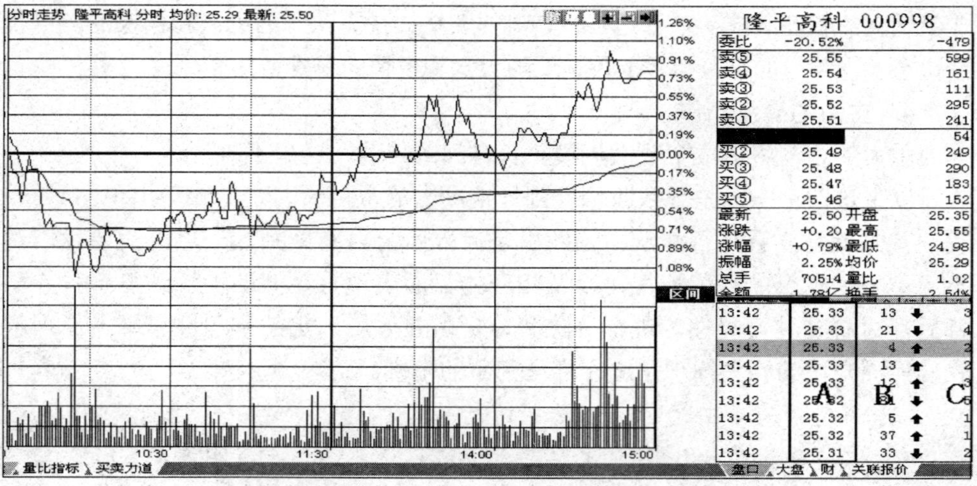

图 3-6　隆平高科分时图

前面我们已经讨论了股价的自然波动状态，而盘口也有相应的自然状态。其自然状态主要表现在两个方面：买卖挂单的平衡性和单子大小的合理性。

平衡性是指：在报价栏处，买、卖挂单的总量多数时候是大致对称的，也就是说除非股价盘中正在快速上冲或急跌，否则多数时候买盘处和卖盘处所挂的单子累计数量不会相差太远。例如如图 3-7 所示的盘口，买盘处五档挂单累计数量远远大于卖盘，属于异常挂单。

卖 5	9.33	158
卖 4	9.32	92
卖 3	9.31	267
卖 2	9.29	56
卖 1	9.28	280
买 1	9.27	1557
买 2	9.25	3066
买 3	9.24	1112
买 4	9.23	2750
买 5	9.22	952

图 3-7 盘口明细之一

单子大小的合理性是指：正常状态下，盘口各档挂单的单子大小相对合理，例如一些特别异常的大挂单往往是非自然挂单。这一点很容易理解，首先，散单在挂单时不会不约而同地集中挂在某一个价位上，导致这个价位的单子数量过大(只有整数位或者某些特殊关口单子会略多)。其次，即使是真正想要成交的大单，直接在盘口集中挂出，往往不利于其成交，一般不会这样做。例如大买家将特别大的买单挂在上面，会减少抛单抛出欲望，同时吸引其他买单跟进，这样自己的大单往往就会更加难以成交。所以，真正想成交的特大单往往是分批主动下单，而非挂到盘口上给市场看见，反而挂在上面的大单很多是主力出于某些目的，刻意挂出给人看的。例如图 3-8 所示，卖 3 处的单子大小明显超出正常范围，属于非自然挂单。

卖5	9.33	158
卖4	9.32	172
卖3	9.31	9895
卖2	9.29	206
卖1	9.28	307
买1	9.27	567
买2	9.25	366
买3	9.24	112
买4	9.23	350
买5	9.22	152

图 3-8 盘口明细之二

所以，一旦这些非自然的挂单出现，往往能够透露出背后大资金的信息，这些就构成我们盘口研判的重点。至于多大的单子才算大单，这与个股的流通盘和成交活跃度有关，例如工商银行中万手挂单不算大，而多数个股千手单就算大单了，所以大单也要针对具体个股而言，不能一概而论。其实只要我们连续观察一只个股的盘口，就能知道这只个股正常情况下大致的挂单情况，这样异常单子出现时自然能感觉得到。

我们已经知道，个股盘中的交易者分为散户、机构及个人大户、主力这三大类，所以盘口的挂单和成交也是来自这三类人，而异常的大单只会来自大户和主力。当盘口出现非自然状态，往往意味着大资金的身影在其中闪现，这时就需要进一步分析，看能否获取关于主力的一部分信息。下面我们对常见的盘口异常现象进行讨论，读者可以从中领会盘口分析的一般思路。

1. 静态大挂单

静态大挂单指的是当盘口成交较为平静时挂单处出现的反常大单，按照大挂单出现的位置，又分为大压盘、大托盘、夹板三种。

(1)大压盘。

大压盘指的是挂单上方，即卖盘处出现大单，压制了股价的上涨。大单可以是出现在卖盘的某一个价位，或者是多个价位。例如图 3-9 中分别有大单压在卖 1 与卖 2 的位置。

卖 5	9.33	158
卖 4	9.32	72
卖 3	9.31	95
卖 2	9.29	1016
卖 1	9.28	1700
买 1	9.27	67
买 2	9.25	66
买 3	9.24	112
买 4	9.23	50
买 5	9.22	52

图 3-9 盘口明细之三

一般而言，异常的大压盘只会来自主力、机构及个人大户这两类人，所以大压盘的出现一般有如下可能：

第一种可能是主力，并且主力这时往往只是刻意挂出单给散户看的。由于大压盘的出现会给散户一种股价短期无法上涨，甚至要跌的感觉，所以会对持筹者形成心理压力，迫使部分筹码卖出，同时也会降低买盘的买进欲望。主力则正好利用市场的这种心理，挂出压盘来引导市场。一般而言，在主力压低股价建仓的阶段，或者是洗盘阶段，会采取这样的挂单方式来暂时压制市场。

例如图 3-10 这种“大压小托”的方式就曾经是主力建仓的一种盘口动作，主力通过在上方压大单迫使其他筹码卖出，同时在买 1 处托较大的单子，承接市场抛盘的方式建仓。当然，更多的时候主力挂出大单压盘是为了短期压制一下股价，如在股价调整时挂出压盘以此增加恐慌气氛，增强洗盘的作用。所以，判断主力的具体意图还需要结合当时的股价位置。

卖 5	9.33	158
卖 4	9.32	662
卖 3	9.31	1000
卖 2	9.29	200
卖 1	9.28	756
买 1	9.27	302
买 2	9.25	33
买 3	9.24	6
买 4	9.23	30
买 5	9.22	52

图 3-10 盘口明细之四

第二种可能是机构等大户的真实想成交的非干预性大单。事实上，多数时候这类单子是不会采取直接挂出大卖单的方式的，因为这样做很可能难以成交。只有在那种被大资金集体关注的机构扎堆的优质股中才可能这么做，因为这类个股中大单交易者非常多，当某一方挂出大单，有时会很容易的吸引到一些正想买进的大买家的吃进，这时比直接砸盘卖出效果要好。但这种情况只限于那些机构交易者较多的优质股中，而且大单数量不会过大，也不会让大单同时出现在多个卖盘价位，这些都是判断的要点。

第三种可能是盘中主力与其他大单的博弈行为。由于大单交易者日益增多，所以主力在操作过程中会不可避免的受到其他大资金的干扰，而这往往并不是主力希望看到的。例如主力在建仓的低位或是即将开启一段拉升时，不希望其他大单在此时进场抢筹，如果有不怀好意的大买单出现，主力会对其进行打压恐吓；当主力在拉升过程中，不希望有大抛单出来砸盘，如果有大卖家现身，则主力会诱导其尽早卖出，避免其“坐轿”到更高位。所以，主力在运作过程中，除了与散户博弈外，还存在与大单交易者的博弈。主力与其他大单博弈的方式之一就是通过盘口语言进行对话和试探，以决定下一步的举动。例如，当股价处在低位，而盘中有不明身份的单子大量吃进，主力会通过放上大单压盘，或者打压、急拉等方式，测试该买家的反应，并据此判断买家的身份、意图、建仓量等信息。如果大压盘出现前数分钟内有一些异常大买单抢进，那么这时出现压盘就可能属于这种主力试探的情况。

另一方面，部分水平较高的民间资金会反过来利用主力的这种习惯，与主力进行“反向博弈”，即故意通过盘口对主力进行挑逗，诱骗主力打压或者拉升，以达到自己建仓或者快速获利，或者是娱乐一下的目的。当这些博弈行为出现在盘中，盘口动向有时就会不太符合常理，令其他看盘者感到难以理解。

(2)大托盘。

大托盘指的是异常的大挂单出现在买盘处，仿佛托住股价。大托盘的分析思路与大压盘一样，其含义与大压盘相反。

如果是主力所为，那么这一般是主力在股价面临调整压力时的护盘动作，或者拉升阶段的造势举动。也有可能是大单集中关注的优质股中的一次性大买单，或者主力与其他大资金之间的博弈所形成的挂单。

(3)夹板。

夹板指的是盘口上下均有异常大单压阵，像夹板一样将股价夹在狭小的空间内波动。注意这里所说的情况针对的是股价和盘口成交处在较平静的状态，而当股价快速波动时上下分别出现大单则属于正常。

卖 5	9.33	1158
卖 4	9.32	1662
卖 3	9.31	100
卖 2	9.29	200
卖 1	9.28	56
买 1	9.27	202
买 2	9.25	133
买 3	9.24	26
买 4	9.23	3530
买 5	9.22	52

图 3-11　盘口明细之五

夹板一般是主力而非其他大单交易者所为，因为如果同时挂出大单的买卖双方中有一方是真实想成交的，那么为了快速成交，多数会乘着盘口中挂有反向的大单，直接向其砸去以顺利的成交，而不会为了一点儿微小的价差，冒着无法成交的风险挂在上面干等。

夹板一般出现在主力洗盘的阶段，当股价在小区间内波动时，许多短线筹码会因失去耐心而离场。有时在高位出货阶段也会出现这种盘口现象，主力此时在小区间内通过小单连续出货。这两者的区别在于出货时由于市场人气高涨，所以小单主动进场十分积极，而洗盘时盘口中散单成交则明显比较冷清。

2. 盘口异常变化

我们已经知道，盘口中的小单往往是真实的，而大单则很可能透露出主力的踪迹。前面我们讨论了盘口中出现静态大单的情况，这些情况下大单一般只是静静的挂在盘口中，但是在某些情况下，盘口中除了出现异常大挂单，同时还伴随着一些其他的异常变化，比如撤单，或者随后异常的成交等等，这时就需要我们将这些异常变化结合在一起进行研判。

例如，下面这个例子中就包含了撤单这种挂单变化。假设某小盘股盘中波动平静，成交较为清淡。某时刻盘口出现图 3-12 中的挂单状态：卖 3，即 15.21 处压着 1520 手的大单。

卖 5	15.23	158
卖 4	15.22	70
卖 3	15.21	1520
卖 2	15.20	67
卖 1	15.19	58
买 1	15.18	102
买 2	15.17	56
买 3	15.15	20
买 4	15.14	115
买 5	15.13	62

图 3-12　盘口明细之六

由于卖 3 处的大单数量明显超出该股正常挂单量，所以不是散单，应该是主力或其他机构类的大单，但是单凭这一细节还无法进行更详细的判断。假设继续观察发现，随后大盘略有回升，该股中随之有小单逐渐向上吃进，但是当价位逼近 15.21 时盘口发生了变化(图 3-13)：

卖 5	15.25	85
卖 4	15.24	70
卖 3	15.23	158
卖 2	15.22	75
卖 1	15.21	20
买 1	15.20	155
买 2	15.18	96
买 3	15.15	20
买 4	15.14	115
买 5	15.13	52

图 3-13　盘口明细之七

我们发现，之前挂在 15.21 处的大卖单竟然撤掉了。这是一个异常的举动。

当大盘盘中回升时，有散单主动向上吃进，这应是所有人意料之中的。之前挂在 15.21 处等待的大卖单本来成交希望渺茫，现在终于能被成交，该大单的挂单者应该感到庆幸才对，但当价格逼近该位置时，该卖单竟然撤走了，这显然是不合情理的，值得进一步分析。由于该单子此时撤走，说明并不是真正想卖的单子，那么可以排除是一般的大单交易者，因为很少会有大单交易者在不想卖出的情况下，冒着筹码被主力或其他大单一口吃掉的风险而把单子挂在卖盘上取乐。所以，该大单只可能来自主力。进一步分析，由于主力撤走了单子，说明主力不愿意在此处将筹码让给别人，再考虑到撤单之前的压盘状态，说明主力处在建仓期或者是洗盘阶段。更重要的是，主力不肯在当前价位损失筹码，说明目前的股价位置与主力预期拉升的目标位还相距较远，后面一定有更高的出货价位。所以这一盘口异常现象无疑告诉我们，该股十分具备关注的价值，尤其是当这种现象在近期多次出现。当然，最终的交易决策需要结合个股其他方面进一步分析。

现在我们将以上情景颠倒过来，也就是盘口出现大托盘，并且大托盘在股价随大盘回落过程中撤走，这是什么含义？分析思路与上面类似，相信读者已经可以自己分析。显然结论并不乐观，说明主力只是在没有诚意的诱多护盘。

我们再来看看一些其他的大单异常现象，比如所谓的大单吃货。

假设某股近期 K 线走势基本跟随大盘，盘中某时刻出现下面的挂单情况，当时该股分时走势相对平静(图 3-14)。之后成交回报出现一笔超过千手的成交，盘口变成图 3-15 的状态。显然，之前挂在卖盘处几个价位的单子被一笔大单直接以扫货的方式吃掉，导致盘口买卖价位之间出现了较大的空档。这种盘口现象出现的频率不低，市场将其称做大单扫盘。

卖 5	11.60	201
卖 4	11.59	270
卖 3	11.58	126
卖 2	11.57	351
卖 1	11.56	86
买 1	11.55	52
买 2	11.54	156
买 3	11.53	210
买 4	11.52	363
买 5	11.51	98

图 3-14　盘口明细之八

卖 5	11.67	12
卖 4	11.64	300
卖 3	11.63	177
卖 2	11.62	42
卖 1	11.61	2
买 1	11.55	52
买 2	11.54	156
买 3	11.53	150
买 4	11.52	332
买 5	11.51	98

图 3-15 盘口明细之九

当这一现象出现，很多人会很自然的立刻联想到是“主力”开始拉升，实际情况并不一定是这样。假设继续观察发现，大单扫掉几个价位卖盘后，随后盘口回复平静，中间挂单的空档也逐渐被小单填上，又恢复到了类似图 3-14 的状态，只是股价比之前略有提高。继续观察，之后的几十分钟内又连续出现了多次类似的大单扫货，走势也在这些大单的扰动下呈现出脉冲锯齿式的抬高。

现在回过头来分析这一异常的盘口现象。首先可以排除是主力拉升，因为主力拉升的话除了需要不断打掉上方的卖盘，同时也会在买盘处挂上一些单子防止股价掉下来，而本例中每次大单扫盘后，扫盘者并未挂上买单在买盘处防止股价掉落，以致价格由于买盘处的大空档而自然回落，所以并非是拉升动作。由于扫盘现象出现多次，那么是否是有主力在建仓呢？这一点也可以排除。前面已经提到该股近期走势基本跟随大盘，所以假设有主力建仓那么建仓应该还只是刚刚开始，而真正意义上的主力在建仓初期会十分低调，这样连续扫单的方式只会将股价推高，同时吸引市场注意，十分不利于在低位大量建仓，真正的主力一般不会这样做。所以综合判断，此处的盘口现象应该只是普通大单交易者的买进，而且很可能是基金等机构，机构下单员们经常采用这种方式下单。我们或许会感到一丝失望，因为这些单子并非来自主力，但事实就是这样，现在的很多盘口大单都是来自机构而非主力。不过这些研判结论依然是有价值的，至少告诉我们在这个位置有机构看好，所以该股基本面值得我们进一步考察。

上面所说的都是大单出现异常举动的例子，通过对这些细微现象的分析推断，我们知道了这些大单背后的某些信息。其实，在对这些盘口的观察中，我们不仅可以获知背后大资金的信息，还可以获知一些关于散单和市场整体多空状态的信息。例如下面这个案例，某股近期 K 线走势处在一波上涨后的调整中，某日分时走势处于微跌调整状态，挂单比较正常，盘中某时刻大盘正在回落，这时该股出现如下挂盘情形(图 3-16)：

卖 5	16.81	162
卖 4	16.80	3555
卖 3	16.77	577
卖 2	16.76	850
卖 1	16.74	2031
买 1	16.73	52
买 2	16.72	56
买 3	16.69	250
买 4	16.68	191
买 5	16.66	98

图 3-16 盘口明细之十

可以看到，上档这时明显出现了超大单压盘，而且数量远大于下方接盘。现在我们来分析这一现象。由于压盘是在大盘回落过程中顺势压出的，所以不会是想要卖出的大单投资者，否则这样做不但没有成交的希望，反而会引出抛盘将股价压的更低。所以压盘应该是来自主力。主力乘大盘下跌时“落井下石”，刻意压盘制造看空氛围，为的是引市场抛盘出来，这样做的目的显然是洗盘或者建仓。前面已经给出股价 K 线处在上涨后的调整阶段这一前提，所以主力这时的目的应该是洗盘，这就意味着，该股后面还存在上涨机会。剩下的关键问题是，主力洗盘是否已经到位。这时，我们要重点观察的就是市场对抛盘的反应，也就是随后盘口中的成交变化，尤其是主动性抛单的数量，因为从中能够反映出目前市场中浮筹数量的多寡。事实上，主力挂出压盘后也正在密切关注市场的反应，一次检验洗盘的效果。我们需要具备与主力相同的思维，站在主力的角度观察和思考，和主力一起感知盘面多空状态。

假设通过观察发现，随后的几分钟内在这种压盘态势下主动性抛盘稀少，也就是说与该股平常状态相比，主动性抛单并未明显增多，那么这就可以说明，目前价位下浮筹数量已经很少，以致在主力的“恫吓”下市场并没有太大反应。其实洗盘过程中这种市场反应正是令主力感到满意的结果，这表明近期的调整洗盘已经比较充分，目前的股价状态对主力而言已经具备再次启动的基础，主力很可能会在近期，甚至当天展开再次拉升。

在这个案例中，我们通过对盘口现象的观察，除了获知关于主力的信息，同时还得到了市场其他参与者的状态信息。其实很多情况都可以进行类似的研判，尤其是针对这些主力带有测试性的盘口动作。

本节关于盘口的讨论就到此为止。盘口现象变化万千，不可能进行一一总结，关键是掌握基本的分析方法。通过本节所列举的几个例子，我们不难总结出研判盘口的一般思路，其实，个股盘中无非就是主力、散户、大单交易者这三类人在活动，而异常的盘口动向都是来自主力或大单投资者。所以，面对一个盘口异常现象，我们可以根据该现象的特征，以及给博弈各方带来的实际效益，用推理的方法来分析单子的身份、意图等信息。当然，多数时候，单凭少数片段只能获知个股背后的一部分事实，而且某些异常现象可能只是偶然的、一次性的，所以需要我们对多个现象的连续观察和对个股多方面的分析，才能有一个全面的把握。

二、 分时异动

前面已经说过，个股的自然波动状态应该是随大盘、随板块、随自身消息面，对于日线走势和分时走势都是如此。当个股分时图出现异动时，往往是受到了大资金进出的影响，这里我们对常见的分时异动现象进行讨论。

1. 盘中上冲或急跌

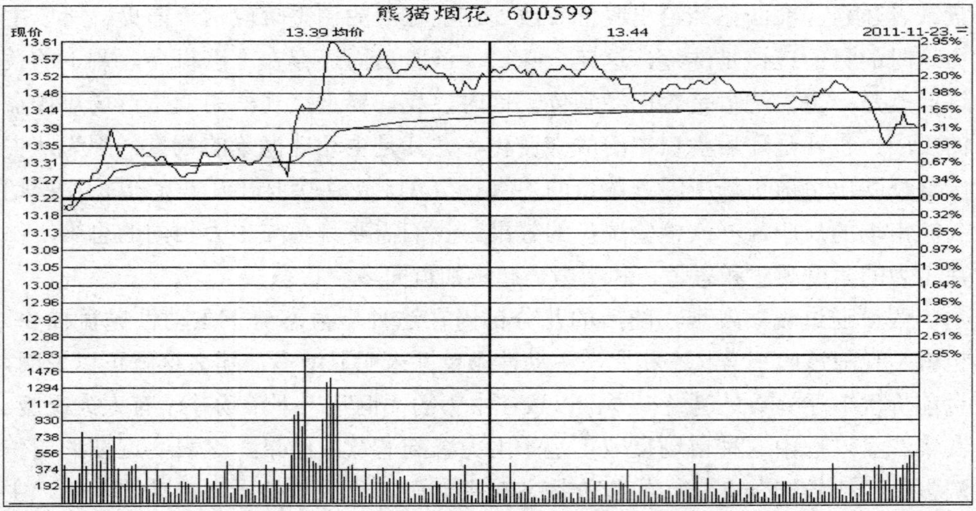

图 3-17 熊猫烟花分时图

盘中上冲是指个股分时走势突然脱离大盘快速上冲，且上冲幅度不小，比如超过两个百分点，如图 3-17 所示。这是几乎每只个股都会出现的走势，也是我们所乐于看到的，但是背后的原因还需要细细分辨。

如果上冲时与该股相同板块的个股也在同步上冲，并且该股涨幅并未明显超过板块平均上涨幅度，那么上冲往往只是由于受到板块因素的影响，被市场跟风买盘所推动的。而如果上冲时，板块等外部因素没有变化，那么上冲往往就是受到了盘中主力或大单交易者的干扰。

主力推动股价上涨的意图存在多种可能，相比于主力，普通大单交易者的目的则单纯得多，仅仅只是为了买进。由于两者身份、意图的不同，所以股价上冲时的表现也分别有所不同。大单交易者买进导致的股价上冲相对比较温和，否则不利于降低其买进成本，绝不会像主力一样突然连续猛拉，所以这种真正为了买入而导致的上冲往往表现为“一步一趋”的向上。同时，盘口挂单此时会比较真实，例如普通大单建仓时绝不会在买盘处一路托上大单以吸引跟风，或者是在卖盘处挂出大单然后向上对倒，导致分时图放出假量，一旦出现这些盘口动作可以立即排除大单交易者的可能。如果根据这些特征确认不是大单交易者，也就是说股价上冲是主力或小主力所为，那么需要细致观察当时的盘口变化，结合其他方面的特征以研判其意图。

盘中急跌与上冲的分析类似，请读者自行分析。

2. 尾市急拉

尾市急拉指的是个股股价在收盘前半小时甚至几分钟内快速上冲。这是一种出现频率较高的分时异动现象(图 3-18)。

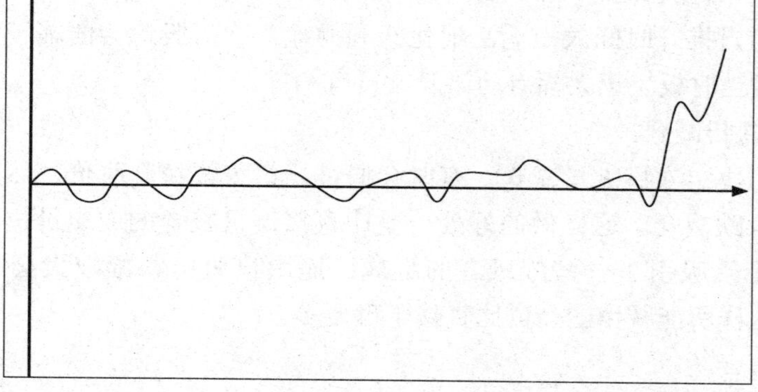

图 3-18　尾市急拉分时图

由于收盘价是个股当日最重要的价位，而尾市正是决定收盘价的时刻，所以尾市自然就成了各路资金最不安分的时刻。在排除大盘和板块等因素的影响后，尾市急拉主要有以下几种可能性：

(1)护盘。

当大势非常不好或者个股有利空发生导致股价自然调整压力较大时，主力为防止调整幅度过大影响后续运作，有时会在尾盘出手适当回拉股价，以收敛当日跌幅。如果个股中没有主力，该股中持仓比重较大的机构或个人大户此时也可能出手护盘，这时大户就扮演了临时小主力的角色。

(2)提高减仓价位。

当主力或者超大户减仓时，由于一天之内能减掉的仓位有限，而且当日股价往往受到其抛盘的冲击出现下跌，所以为了提高后续的出货价位，尾盘有时会反手买进部分筹码，将股价回拉，以便于提高第二日出货价位，同时以此稳定其他持仓者的心态。这种情况下由于主力或者持仓大户当日减掉了不少仓位，所以日线成交量以及当日盘口中都会有所体现，比如成交量明显放大。并且这时的尾市回升往往是到最后才开始以偷袭的方式回拉，以免需要买进太多筹码。

(3)震荡洗盘过程中的正常动作。

主力在洗盘过程中有时并不希望深幅调整，所以当日股价打压调整过后，尾市会被收起来，K 线则收出十字星类图形。这种情况和减仓最大的区别在于成交量的大小。

(4)推升。

前面三种情况都是股价尾市从之前的分时下跌状态回拉，此外也有股价从尾盘发力突破上涨的情况。对于主力而言，尾市拉升的好处是比较节省资金，所以主力经常选择最后一小时或半小时发力。但是这种推升的幅度不能太大，否则由于当日推升时间太短无法消化获利抛盘，次日股价会面临较大的调整压力，除非是当时板块正大幅启动该股次日有利好。

(5)为次日减仓。

当主力决定次日大量减仓，有时会通过尾盘大幅拉升股价，然后次日直接低开低走杀跌减仓。这样做的好处一是比直接砸盘减仓的成交价位要高，二是由于前日上涨吸引了一些跟风者的眼球，而次日股价跌幅较大会吸引许多人“抄底”，这样所能减掉的仓位比直接下砸要多。

3. 脉冲

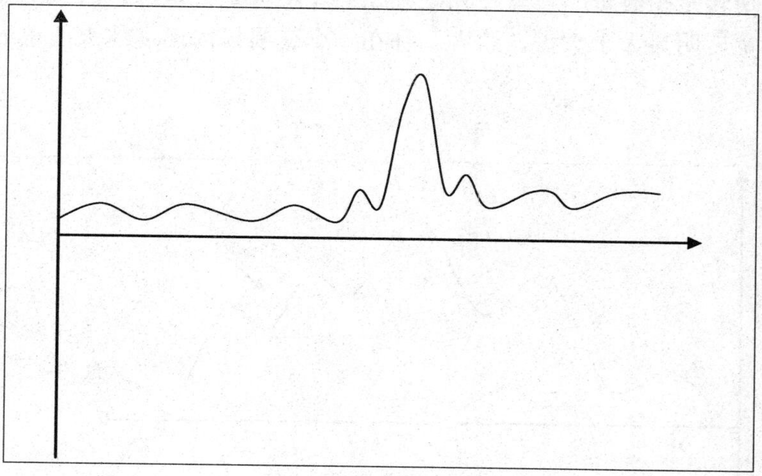

图 3-19 脉冲分时图走势

脉冲走势是指股价盘中原本波动平静，某一时刻突然急速大幅上冲，比如幅度超过 2%，而后又快速回落至原点的走势，整个过程只有一小时左右(图 3-19)。脉冲走势与情况 1 最大的不同在于，情况 1 中股价在快速上冲后不会像脉冲波一样快速回到原点。

根据实际操作经验，尽管大单交易者向上买进的单子完成之后，股价可能会因失去买盘的支撑而回跌，但也只是自然而缓慢的回落，并且回落的位置会高于上冲前的价位，绝不会像脉冲一样快速回到几乎原点附近，除非正好遇到其他大单砸盘或是大盘暴跌。所以，排除特殊因素的干扰，这种突兀走势往往是主力资金交易的结果。

多数情况下，这属于主力资金“试盘”的一种手法。试盘是主力资金运作过程中常有的动作，目的是测试市场的跟风盘和抛盘状态，以便于决定下一步的行动。试盘分为向上试盘和向下试盘，脉冲走势便是向上试盘的一种。所以，这时我们可以在股价上冲和回落的过程中，通过观察盘口中挂单及成交的变化，与主力同步感知市场的接抛盘状态。如果近期股价处在洗盘状态，那么试盘往往是股价再次启动的先兆。

此外，脉冲走势有时也被主力当作诱空手法，通过分时图的快速回落，以及之后 K 线图中因此形成的长上影组合来动摇部分持股者的信心。

4. 强弱逆转

强弱逆转是指股价当日盘中先是处在明显主动走强状态，后又明显主动走弱，波动幅度明显大于大盘，给人一种在一个交易日内出现冰火两重天的感觉(图 3-20)。

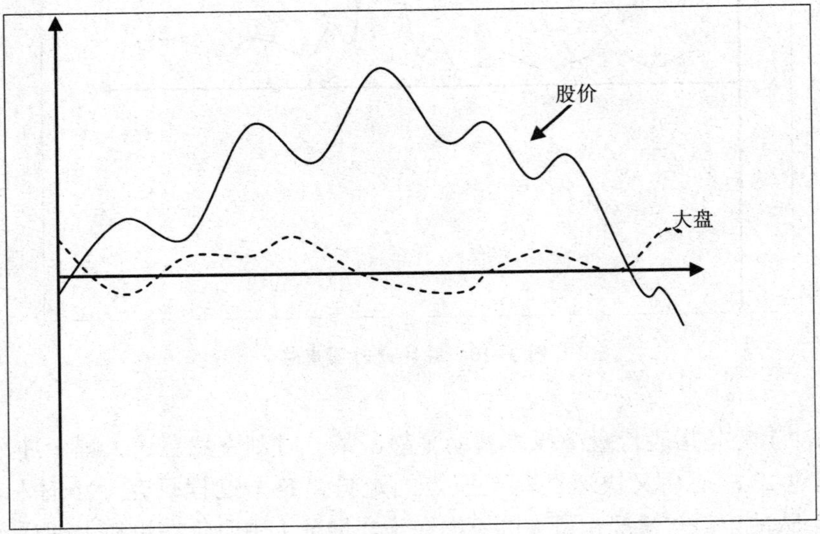

图 3-20　强弱逆转分时图

我们已经知道，普通大单交易者是不会在同一个交易日内既买又卖，大量进行双向交易的。所以在排除大势和板块因素影响的前提下，这显然是主力导演的走势。这种走势多数出现在一个波段上涨的过程中，是一种主力当日拉高减仓的表现。例如图 3-21 为英力特 2009 年的一段走势，后面两幅分时图(图 3-22 和图 3-23)分别为箭头所指当日分时走势(该案例在后面有更详细的讨论)。

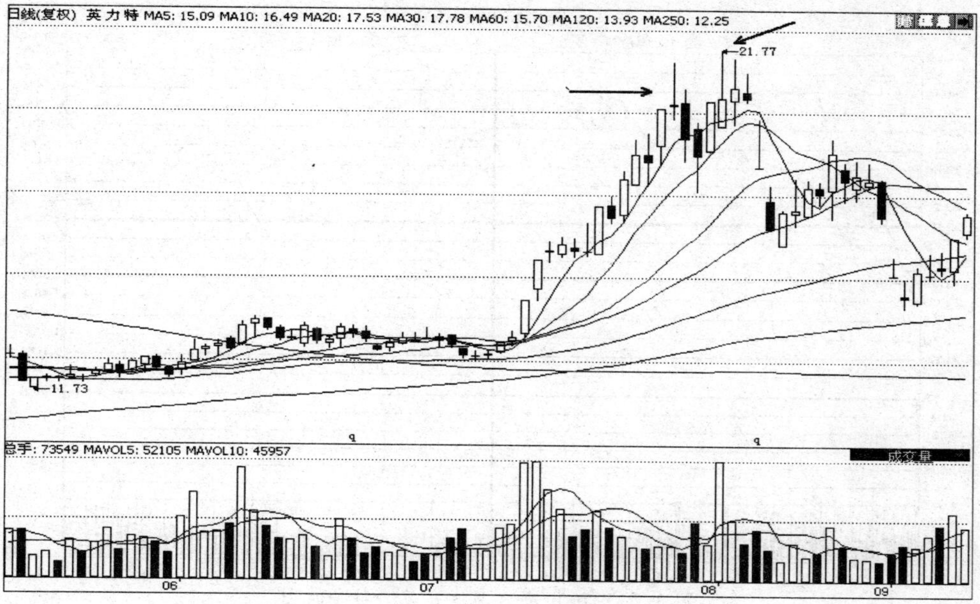

图 3-21　英力特(000635)2009 年 6～9 月走势

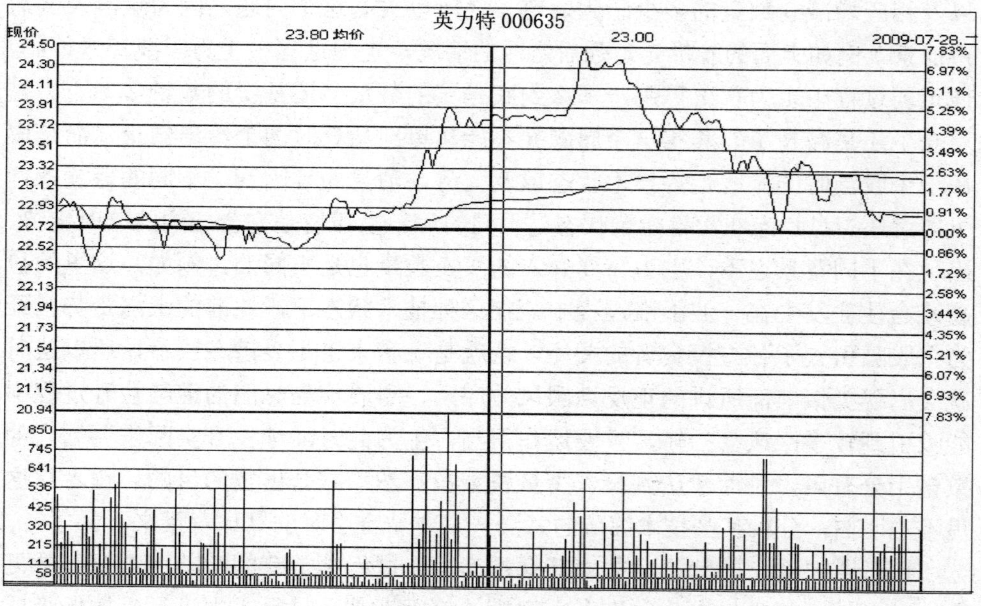

图 3-22　2009 年 7 月 28 日英力特分时图

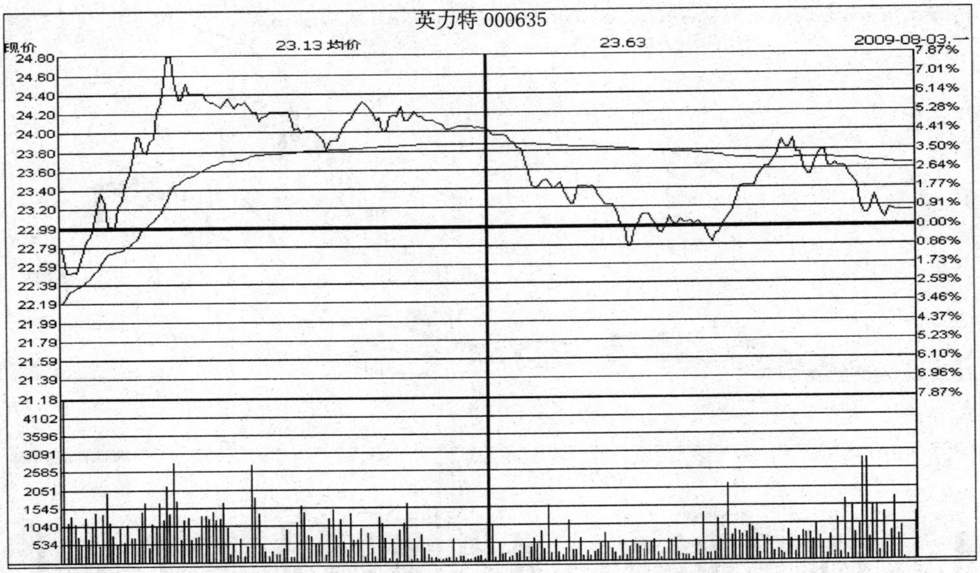

图 3-23　2009 年 8 月 3 日英力特分时图

当面对异动的分时图时，我们往往会对背后主力资金是增仓了还是减仓了，以及相应增减仓数量的多少感到疑惑。之所以关心这个问题，因为这涉及到后市前景。例如上面的股价先走强后走弱的情况，走强过程中主力需要买进筹码，而走弱过程中主力卖出筹码，那么到底是买的数量多还是卖的数量多？主力是增仓了还是减仓了？其实这个问题并不能从单纯从分时图上给出结论，而是取决于个股当时的 K 线走势技术状态以及大势、消息面等因素。不同的背景条件下的潜在买盘和潜在卖盘能量状态是不同的，所以即使是完全相同的分时走势，出现在不同背景之下，主力需要介入的买卖数量也是不同的。例如，这里的拉高减仓往往发生在一波上涨过程中，在这种技术状态下，此前的上涨走势已经为个股吸引到了各方投资者的关注，也就是说带来了不少潜在买盘，所以这时就会出现类似前面所讲的正反馈跟风效应，使得股价分时图的继续拉升过程中能吸引到较多跟风盘抬轿，只要运作得当，主力此时继续拉升实际需要增仓的数量十分有限，进而才达到投入少量资金拉高然后减仓出货的目的。读者从这里不难明白，分析某些技术细节的意义一定要结合当时的具体背景来看。

还有需要注意的就是，主力减仓是其运作过程中常有的举动，不要一看见主力减仓就觉得末日来临。许多小规模的阶段性减仓只是主力进行高抛低吸或者减掉之前拉升过程中所增加仓位，从而为后续运作腾出资金的举动，与全面出货撤退是完全不同的概念，所以不要一看见主力减仓就急于全部卖出，而是可以借助主力的运作节奏进行高抛低吸的操作，以获得更大的主动权。

5. 涨停

涨停是一种典型的分时异动，也是很多人格外关注的走势，所以后面对此安排了专题讲解，具体请参看本章第四节。

6. 非常见异动

除了一些常见的分时异动走势外，有时我们也会遇到一些较为特殊的波动，这里列举三种进行讨论。

第一，有时个股盘中会突然出现一笔或几笔超大抛单砸盘，股价瞬间下跌几个点，甚至瞬间被打到跌停附近，但是之后股价很快回归到了下跌前的位置，分时图上留下一个向下的“尖刺”，或者由于下探时间太短导致分时曲线上没有显示出来(分时曲线由每分钟最后一笔成交价连接而成，有些瞬间波动无法显示)，但是日 K 线上则必然留下了长下影线(图 3-25)，此外日内均线也在该处出现明显回落。图 3-24 为步森股份 2011 年 9 月 14 日走势：

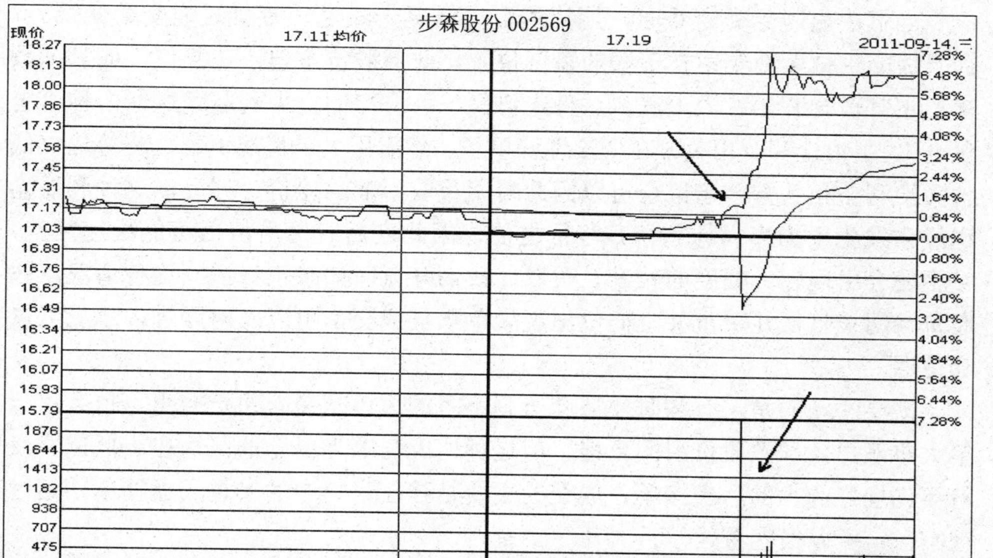

图 3-24　步森股份 2011 年 9 月 14 日分时图

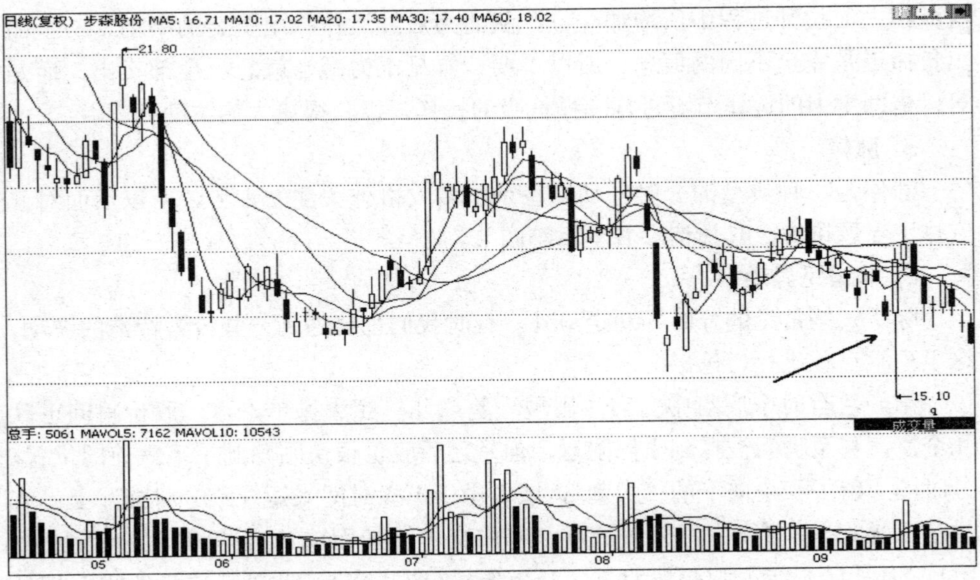

图 3-25 布森股份日 K 线图

当盘中出现这类走势时，期间的盘口情况一般是，砸盘时成交数量很大，而且成交价位主要集中在下探的最低位置，此后股价不但快速复位，而且多数情况下甚至会开始发力上涨。这种走势是一种典型的盘中利益输送，俗称“老鼠仓”。主力让利益相关方在低价埋好单子，然后用大单瞬间下砸，将筹码以低价卖给利益相关方，老鼠仓可以因此瞬间获取不菲的差价。并且，这种利益输送经常发生主力当日计划拉升股价之前，因此之后股价不但很可能快速复位，甚至还会出现较大幅度的拉升。所以，我们盯盘时如果正好遇到这种情况，即股价瞬间被打低几个点并且低位出现大单默契成交，可以及时跟进，享受老鼠仓待遇。

需要注意的是，有些时候持仓所剩不多的大单交易者急于抛出，也会用一笔大单砸出，导致股价瞬间下挫，但这种情况与喂老鼠仓的区别在于低位并没有事先埋好的大的默契接单，成交的主要是挂在盘口中的市场买盘挂单，通过观察盘口可以很容易区分。

第二，我们看另外一种十分特别的分时走势，如图 3-26 和图 3-27 所示，K 线图中箭头所指的是该股分时图出现的位置。

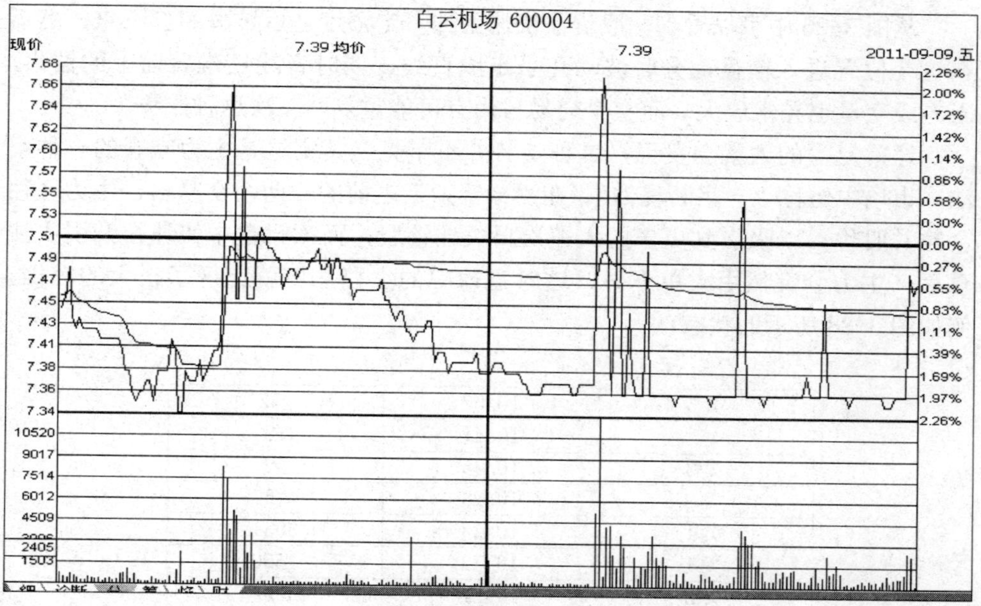

图 3-26　白云机场 2011 年 9 月 9 日分时图

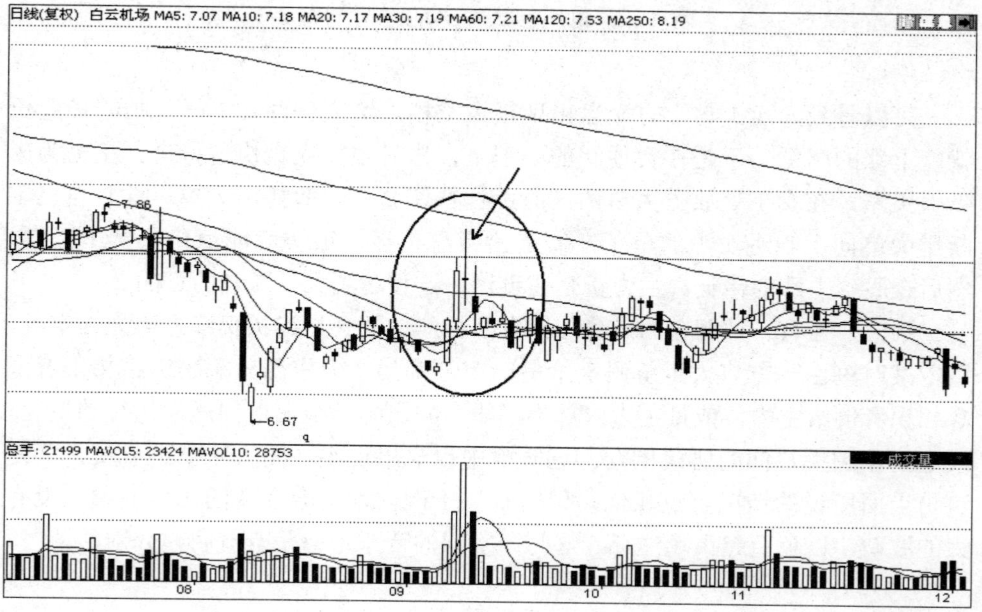

图 3-27　白云机场日 K 线图

从图 3-26 中可以看到，股价在快速上冲一定幅度之后被瞬间打下来，然后在这个位置进入横盘，分时波动几乎走成直线，同时直线还带着向上的锯齿，下方成交量也异常放大。而整个交易日内有可能重复两三次这种走势。

经常复盘的人就会发现，这种走势并不罕见。其实这是主力减仓的一种手法，市场中俗称“一字断魂刀”。在“一字刀”之前的一两个交易日，主力往往会拉升股价，以吸引到更多的人在次日关注该股，而次日盘中快速拉升引人注意后，主力会突然用大单下砸，这时盘口中的上档挂单就出现了很大的空档，例如图 3-28 所示的状态：

卖 5	10.52	152
卖 4	10.47	72
卖 3	10.45	32
卖 2	10.28	15
卖 1	10.23	3031
买 1	10.22	1550
买 2	10.21	650
买 3	10.19	1720
买 4	10.18	791
买 5	10.16	992

图 3-28　盘口明细

可以看到，卖 1 与上方卖盘出现很大空档，给人一种卖 1 一旦被吃掉股价就能上涨的感觉，于是在贪便宜的心理下，这时很多人会快速抢进。主力为了吸引买家，在卖 1 处放上大单的同时，往往还会在下面托出大单，并且自己不断用大单向上吃进卖 1 的单子，制造出买盘积极，很快就能消化完卖 1 压盘，然后令股价上涨的错觉。主力正是通过这一过程达到大量减仓的目的。

第三，还有一种倒仓的走势与此有些相似。倒仓是指买卖双方事先约定好，盘中某时刻由一方将大量筹码卖给另一方，例如主力将部分筹码倒给相识者或者相识者倒给主力，或是主力内部不同账户间出于资金调度问题而进行的倒仓，或是两家超大户间的协议倒仓。这时盘中也会出现小区间大单默契成交，其走势与上面所说的情况有点相似，但区别在于倒仓期间会表现的比较低调，没有大的波动，以免引起市场注意，这与一字刀的夸张走势是有着明显分别的。

三、量价关系异常

大资金的大规模进出不仅反映在K线走势的异常变化上，同时也会从成交量的变化中显示出各种端倪，所以成交量分析是主力分析的重要内容。成交量分析包括量的绝对大小分析和量价关系分析这个两方面，其中最重要的是量价关系分析。前面已经对有关市场心理及行为的知识进行了讨论，这些内容对于理解成交量分析至关重要。本节我们将讨论一些典型的量价变化。

1. 换手率

在研判K线成交量的时候我们会提到成交量的大与小、成交量的放量与缩量等特征，在此之前我们首先要明白弄成交量的含义和属性。

显然，成交量指的是个股当日的成交数量，但是这个数量的大或小却不能一概而论，因为相同的成交量对于不同流通盘的个股而言其意义是不同的，例如500万股的日成交量发生在流通盘5000万的小盘股中和发生在流通盘10亿的大盘股中，对应的含义是截然不同的。所以在说到个股成交量的时候，我们实际上更关心的是换手率，而不是成交量的绝对数值。

换手率这个指标的含义多数人都知道：换手率＝成交量÷流通盘。在当前新形势下要注意的是，在全流通的个股中，大股东以及一些战略投资者的股份占了个股流通盘相当大的比重，但实际上这批筹码基本是锁定不动的，真正在二级市场来回换手的筹码是流通盘中除去这批筹码以外的那部分，这一部分才是个股实际的流通筹码。所以当某只个股流通盘中实际不流通筹码的比重较高时，行情软件所显示出来的换手率是失真的。例如某股某日大涨，成交1000万股，总流通盘1亿，那么显示出的换手率是10%，但是1亿流通盘中假如有5000万是大股东的，那么实际意义上的换手率其实达到了20%，也就是说真正的二级市场投资者中，有20%在当日卖出筹码给了新的买家，这是非常高的换手水平，而这并没有从软件显示的换手率数值中体现出来。所以，我们在看待换手率的时候，心里应该明白更重要的是实际换手率，尤其当流通盘中有相当一部分是实际并不流通的“名义流通盘”时。

换手率代表的是个股当日有多少比例的筹码进行了换手，是交投活跃程度的反映。观察K线走势很容易就能发现，成交量和换手率的变化节奏与股价走势变化节奏密切相关，多数情况下，股价上涨时成交量和换手率会同步放大，下跌时则缩小。那些处在长期底部的个股换手率往往很低，而连续大涨的个股换手率则能达到很高。这其中的道理在前面的市场心理部分已经探讨过。但是我们同时也会发现，许多K线走势十分类似的个股，它们的实际换手率水平却存在很大差异，这是什么原因？原因在于一只个股换手率的高低不仅与走势相关，还与个股的持筹者结构有关。

这里我们对持筹者结构的问题进行简单讲解。前面我们讲到，个股中的交易者分为中小投资者、机构/个人大户、主力这三类，这是从资金量的大小来分类，此外，还有一种重要的分类，就是从持仓时间上分类。个股的筹码持有者按持仓时间的长短，大致分为长线持筹者、中线持筹者、短线持筹者。长线持筹者是打算长期持有的，买进后除非有特别重大的情况发生，否则基本不关心短期波动；中线持有者持有时间在几周到几个月，对于短线走势并不十分关注，但是一旦在几个月之内持仓获利达到一定程度，或者出现意料之外的情况则会考虑卖出；短线持筹者显然是以短线获利为目的，所以会非常注重短期波动，往往几个百分点的波动就会考虑止盈止损的问题，即使股价没有大的波动，也会因为失去耐心而在短时间内卖出。一般而言，基金等机构投资者多数时候都是中长期持股为主。

短、中、长线三类交易者存在于每一只个股中，但是不同的个股由于股质各不相同，对这三类人的吸引力也就不同。例如，基本面优良的个股更容易吸引长线投资者，而题材股更能吸引短线投资者。所以，不同个股中的各类持筹者结构比例，存在着明显差异，有的个股里面中长线持筹者占大多数，而有的个股中则有相当多的短线筹码。不同的持筹者结构下，个股的换手率水平会因此出现明显的差异。例如，两只K线走势相似的个股某日同时出现涨停，显然，短线持筹者比重较大的那只个股换手率会更高一些，因为短线持筹者更容易因为一天的大涨而卖出，从而成交量也更容易放大。由此我们明白了，持筹者结构比例的不同是导致走势相类似的个股换手率水平存在明显差异的主要原因。

读者可以看看以下两幅图。图3-29是荃银高科(300087)上市后半年的走势，可以看到，上市后股价连续涨至高位，成交量却大幅萎缩，高位时的换手率仅2%左右。图3-30是与荃银高科代码相邻的长信科技(300088)上市后半年的走势，二者几乎同时于2010年上半年上市，但该股在同一时间段，以几乎相同的走势涨至高位后，换手率明显大幅高于荃银高科。

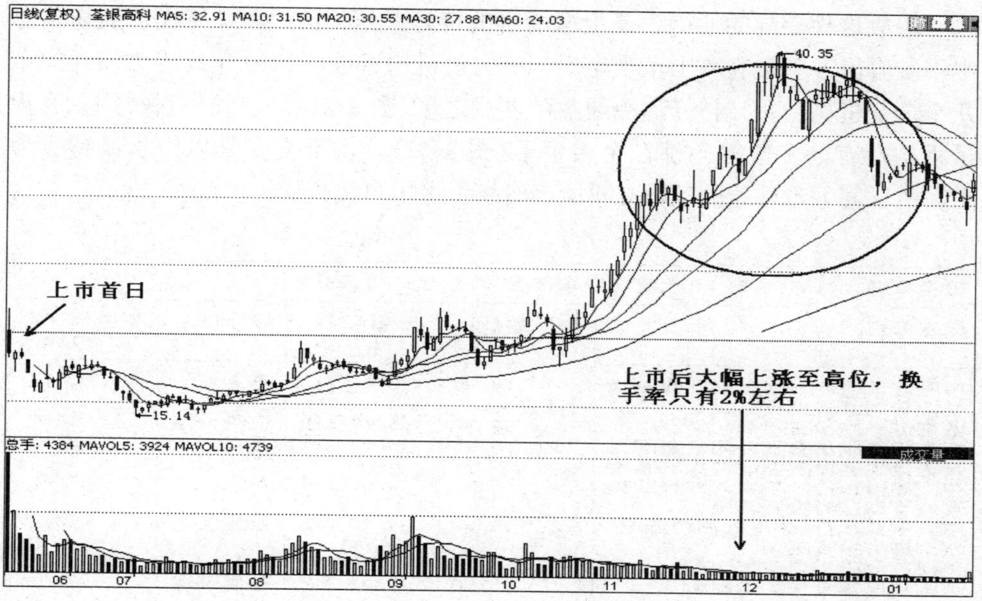

图 3-29　荃银高科日 K 线走势

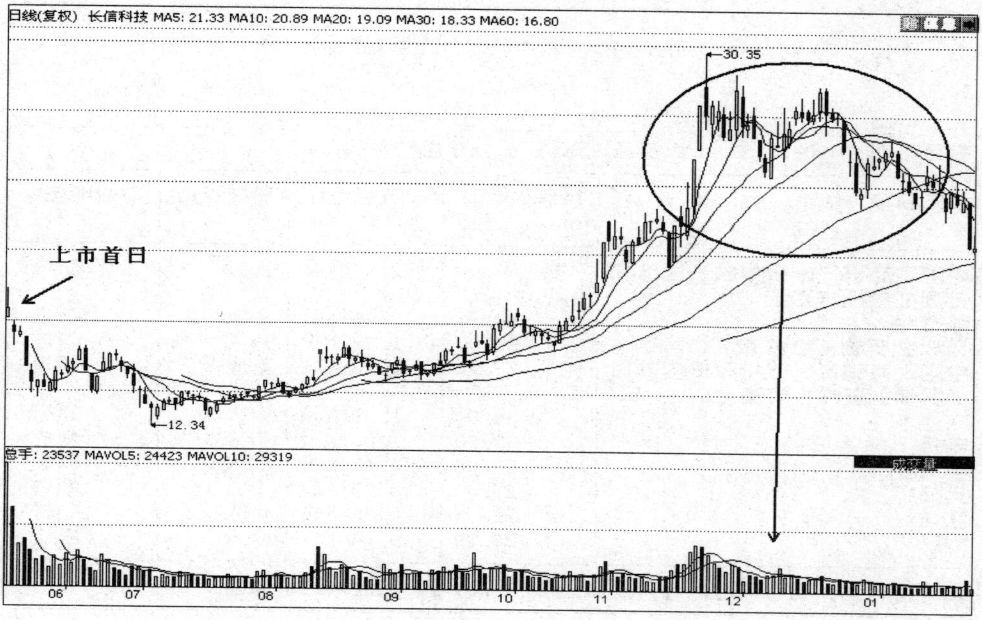

图 3-30　长信科技日 K 线走势

造成这种差异的原因正是上面所讲的持筹者结构问题。从下面的股东信息中不难看出，荃银高科上市半年后，有大量机构进驻，2010年终十大流通股东几乎全是机构，累计持仓达流通盘的四成之多(图3-31)。而长信科技则只有少量机构持有，多数筹码都在个人手上(图3-32)。由于基金是以中长线持股为主，所以其大量驻扎的荃银高科，当时换手水平自然较低。

截至日期:2010-12-31 十大流通股东情况 股东总户数:2810

股东名称	持股数(万股)	占流通股比(%)	股东性质	增减情况(万股)
中国建设银行－华宝兴业收益增长混合型证券投资基金	118.80	9.00 A股	基金	33.17
西南证券股份有限公司	89.37	6.77 A股	证券公司	新进
招商银行股份有限公司－富国天合稳健优选股票型证券投资基金	66.47	5.04 A股	基金	新进
中国建设银行－华宝兴业行业精选股票型证券投资基金	65.06	4.93 A股	基金	27.81
中国农业银行-银华内需精选股票型证券投资基金	62.93	4.77 A股	基金	新进
上海巨信进出口有限公司	57.82	4.38 A股	公司	新进
全国社保基金一零六组合	25.20	1.91 A股	社保基金	7.01
丰和价值证券投资基金	24.63	1.87 A股	基金	-18.04
联华国际信托有限公司－萃益1期	20.58	1.56 A股	私募基金	9.19
杨美林	19.15	1.45 A股	个人	新进

合计持有550.01万流通A股，分别占总股本10.42%，流通A股41.67%

图3-31 荃银高科十大流通股东情况

截至日期:2010-12-31 十大流通股东情况 股东总户数:12189

股东名称	持股数(万股)	占流通股比(%)	股东性质	增减情况(万股)
中国工商银行－银华成长先锋混合型证券投资基金	80.00	2.54 A股	基金	新进
陈智明	40.77	1.29 A股	个人	新进
深圳金石成长投资有限公司	38.60	1.23 A股	公司	新进
中国工商银行－上投摩根内需动力股票型证券投资基金	35.24	1.12 A股	基金	新进
党强	34.00	1.08 A股	个人	新进
李丹	32.50	1.03 A股	个人	新进
李加春	28.90	0.92 A股	个人	新进
吴炳辉	23.00	0.73 A股	个人	新进
张苗	22.95	0.73 A股	个人	新进
刘跃	20.19	0.64 A股	个人	新进

合计持有356.14万流通A股，分别占总股本2.84%，流通A股11.31%

图3-32 长信科技十大流通股东情况

我们都已经知道换手率存在差异，那么换手率水平是高好还是低好？很多人会为此而争论。有的人认为换手率高好，因为这说明交投活跃、买盘积极；反对者则认为，换手率高说明卖压大，换手率低则说明筹码稳定，股价更有上涨空间。其实，换手率只是多空交易的结果，高有高的道理，低有低的原因，不能一概而论。从多空平衡的角度来讲，股价波动是多空博弈取得平衡的结果，只要股价运行在某个位置，就说明当时该位置的多空是取得了基本平衡的，不论换手率是高还是低，这种平衡都是客观存在的，并不能表征多空谁强谁弱。所以换手率本身并没有什么强弱或者好坏含义。换手率(成交量)分析的真正意义在于通过其变化特征，窥探隐含在股价背后的某些事实。

前面讲到的持筹者结构不仅会影响个股换手率水平，更重要的是会影响个股的股性。一只股票的股性取决于该股的潜在买家群体和由持筹者构成的潜在卖家群体这两方面的特性，是一种群体性格的反映。如果一只个股短线交易者较多，那么走势就会较为活跃和有张力，而那些不受短线交易者关注的长线品种则走势较为呆滞，这些原因都可以从市场行为学的角度去理解。

个股的持筹者结构从根本上讲，取决于个股的股质，包括基本面、题材面、流通盘、历史走势等方面，这些决定了一只个股对不同类型投资者的吸引力。持筹者结构不是一天形成的，而是从上市之初开始，在二级市场经年累月地波动中形成的，并且随着市场新环境逐渐变化着。这里还有一个十分重要的影响因素，就是主力资金。主力资金的参与量和参与方式决定了其对持筹者结构必然有较大影响。如果一只个股之前是没有主力的散股，其中短、中、长线普通市场交易者构成了该股参与者的全部，之后被主力收集了三成流通筹码，那么持筹者结构中普通交易者这时就降到七成，有三成筹码都交给了主力，尤其是短线持筹者的筹码最容易卖出，所以会率先被主力拿走，这时持筹者结构就由此发生了明显的改变，这进而又会造成个股量价表现特征上的一些异常变化，对这些量价特征的研判正是主力分析的重要手段之一。

2. 小量上行

正常情况下，股价的上涨会导致放量的现象，这是由于上涨中不断增加的获利盘导致抛盘增多的缘故。但是我们从某些走势图中会发现，股价上涨中某些本该放量的时候却没有放出应有的量来，也就是说成交量没有达到正常情况下应有的水平，这种量价表现我们将其称作小量上行。例如图 3-33 圆框及下面箭头处所示，大幅上涨后高位突破的成交量比起涨前低位震荡期的成交量还要小，明显属于非自然现象。

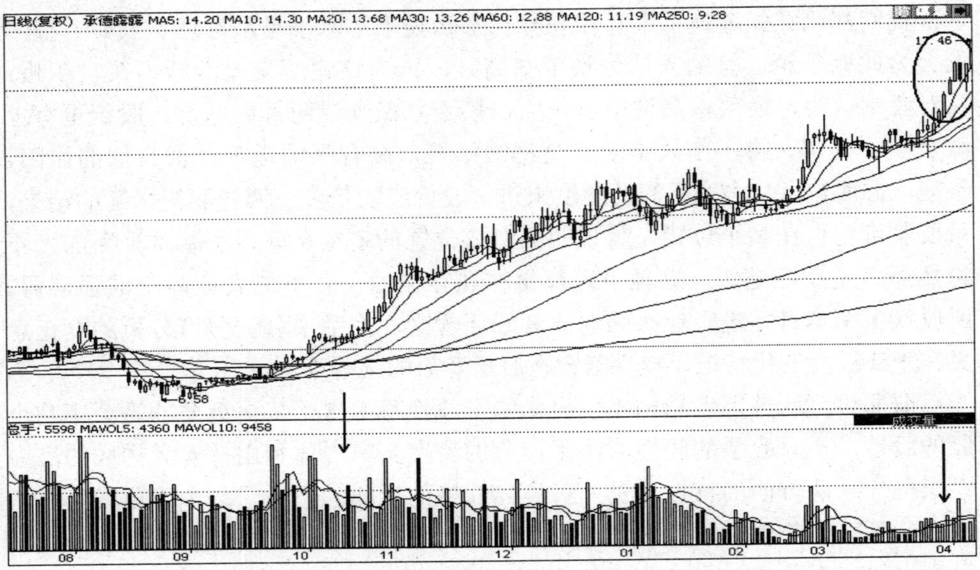

图 3-33　承德露露日 K 线走势

通过前面的内容我们已经知道，成交量只可能被人为地增加，而无法被人为地缩小，所以小量往往是真实可信的。但是，上涨中获利盘增加应该导致的放量，这本该出现的现象却没有出现，是什么缘故？难倒可以让那些原本打算获利后卖出的人集体改变主意吗？显然不太可能。获利后倾向于抛出，这是自然发生的群体行为规律。上涨中量能小于自然状态下正常水平的真正原因只有一种可能性，就是前面的走势中，有大量筹码被某些买家锁定了，换句话说有大量筹码被某些人拿到了手中，相应流落在市场其他买家手里的筹码比较少，这才导致上涨后的自然卖压并没有出现正常情况下的放大。

我们知道，中小投资者的单子是服从统计学规律的，其单子在上涨后必然会有相应比例转化为新增获利抛压，绝不可能集体锁仓，所以这些上涨中买入并锁定筹码的买家只可能是某些大资金。能够造成后续量价关系的异常，说明介入的量一定非常大，普通大户等级的介入数量是达不到这种效果的，所以导致这种现象出现只有两种可能：要么是主力建仓，要么是某些超级大户大量买进(例如数家公募基金某一时段内的集体介入)。显然，不论是以上哪一种可能，都有极高的关注价值，如果是主力建仓，则意味着该主力建仓量较大，后面存在较大的跟风机会；而如果是机构的集中买进，那么说明基本面或者消息面上将有好的变化出现，否则不会吸引机构资金的扎堆介入，这时我们还需要结合其他方面的分析来做出进一步判断。

总而言之，小量上行是一种筹码趋于集中的量价表现，是由于大资金大量建仓锁定筹码导致的，所以这就成了我们研判背后主力介入状态的重要依据。如果再配合期间大盘走势等辅助特征，那么研判将更有价值，在后面的案例分析中还将对此进行实例分析。

3. 低位异常放量

小量上行指的是股价上涨途中某些成交量应该放大的时候却没有放大，我们再来看看另一种异常的量价表现：低位异常放量。这种情况的前提是股价处在中长期低位，也就是说前期股价一定经历了连续的、较大幅度的下跌。首先，这种状态下的个股中存在一个必然的事实就是：由于股价处于长时间大幅下跌后的低位，所以几乎所有筹码都是悉数被套，多数持仓者的成本都高高在上。

处在这样的低位的个股，换手往往是十分低迷的，原因也正是在于此时的筹码成本分布特点。与上涨中的情况正好相反，此时多数筹码是深度被套的，几乎没有获利盘，所以抛盘会自然而言地减少，成交变得十分低迷。但我们有时也能在这类个股中观察到一些异常的放量现象，例如股价从低位刚开始小幅上涨就放出巨量，或者底部小区间震荡时明显放量，等等。这些都是非自然现象，一般与主力的行为密切相关。

由于多数人处于深套，不会轻易集中割肉，所以低位刚刚回升时的筹码分布状态决定了获利盘依然稀少，除非是连续暴涨，否则幅度不大的上涨绝不会出现巨量自然抛盘，也就无法出现巨大的自然成交量，所以，这时如果放巨量上涨往往是被套主力对倒吸引跟风。而对于底部小区间放量的情况，如果累计放出的量非常大，则很有可能是主力倒仓的行为，例如主力将筹码倒给愿意帮助锁仓者以腾出资金运作，或者是将筹码协议转让给新主力，自己则全身而退。当然还有一些非常见原因也可能导致这种异常现象，例如限售股解禁形成的低位抛压。学完主力分析全章后，读者可以试着分析美都控股 2010 年的走势，如图 3-34 所示。

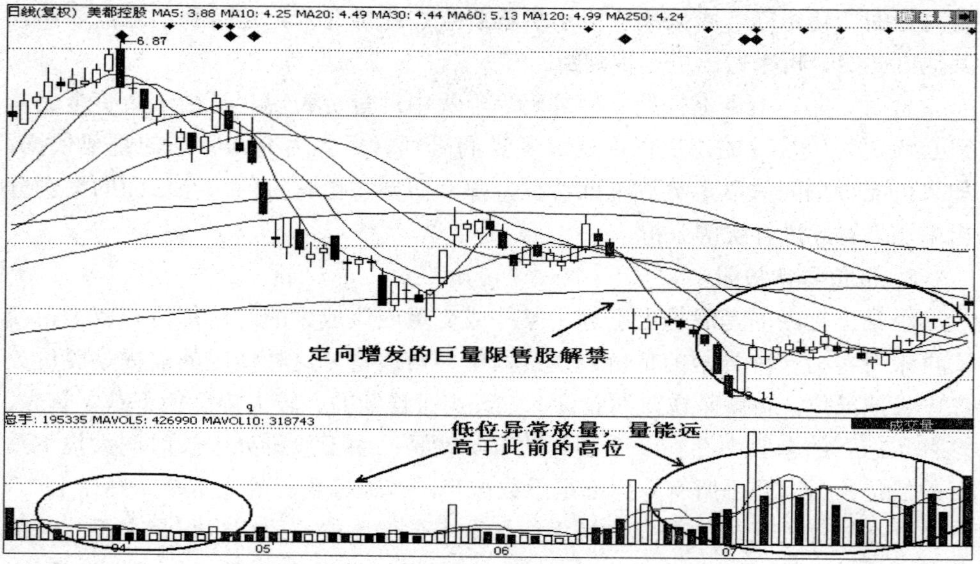

图 3-34　美都控股低位异常放量

4. 高位缩量运行

当股价处在中长期高位时，由于股价高于绝大部分持仓者的成本，所以此时大部分筹码都是获利盘。我们知道，获利状态下的筹码更容易被卖出，所以在这种获利盘占了绝大多数的筹码成本分布状态下，个股的实际换手水平往往不会低，这是正常自然状态。但是观察大量个股 K 线我们却会发现，有很多个股股价处在高位，却是缩量运行的状态，也就是说这些个股从大的 K 线走势上看运行在中长期高位，但是换手水平却非常低，不仅换手率绝对值较低，而且还低于自身价格处在低位时的换手水平。这是一种异常的量价表现，但在实际中出现的频率却并不低，甚至越来越常见。

事实上，高位缩量运行是一种筹码集中的表现。在以公募基金为代表的机构投资者逐步占据主导的今天，很多个股中都会有一定比例的筹码被机构持有，而由于 A 股市场中真正优质的上市公司数量并不多，这就会导致以价值投资为主的机构们扎堆介入少量优质个股中，进而造成这类个股的持筹者结构发生改变，也就是说，这类个股的大量筹码是被数家机构持有的，而机构介入这类个股的目的一般是中长期投资，所以这类个股的持筹者结构中，中长期筹码非常多，短期筹码很少(中长线买家介入时，股价被推高，短线筹码获利后最早纷纷出局，筹码在这个过程中被逐渐换手到中长线持仓者手里)，在被众多机构的轮番介入推到高位后，就会进入高位缩量运行状态(图 3-35 和图 3-36)。所以，这种量价状态在当今，多数都是由于机构扎堆导致的，对此我们可以通过查看十大股东榜做进一步确认。例如前面已经讲到过的次新股茎银高科(300087)就是一个典型例子。

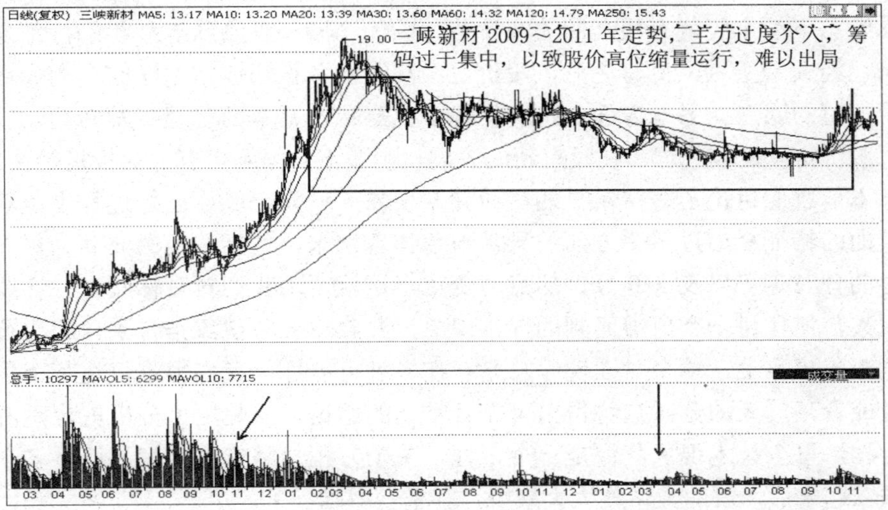

图 3-35 三峡新材 2009～2011 年走势图

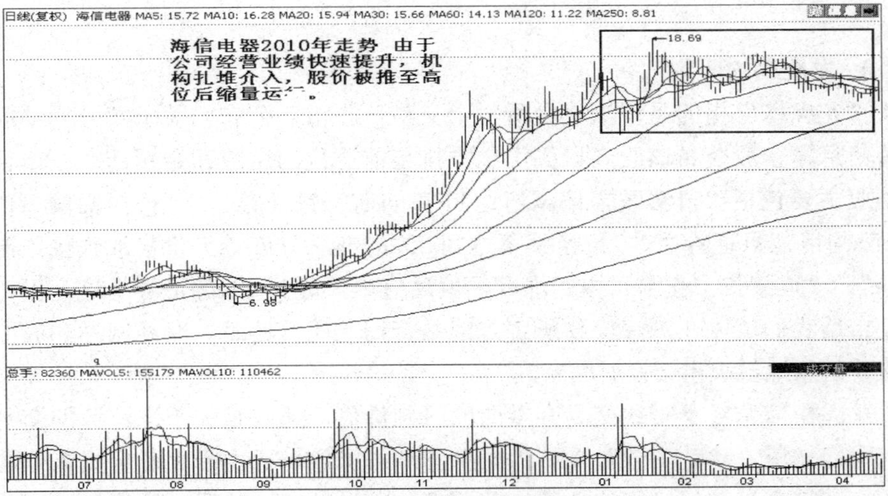

图 3-36 海信电器 2010 年走势

我们将个股多数筹码被少数人持有的状态称为“筹码集中”，这种高位缩量运行的量价表现就是一种筹码高度集中的表现。这时个股的流通盘中有相当一部分被机构持有，而机构的交易换手显然不像散户那么频繁，所以成交量才会出现萎缩。当然，主力资金的深度介入也会导致筹码集中的出现，但目前这种情况已经相对少一些。

虽然机构扎堆于某只个股意味着持有、看好的机构非常多，但这并不意味着该状态下的个股就有很高的关注价值，因为个股一旦进入这种状态，都是在机构已经大量买入、持有之后，股价已经高于很多机构成本，这些会构成后面股价调整的隐患。另一方面，持有机构多也意味着基本面已经被发掘的比较充分，股价定位比较合理，在没有新的大题材刺激下，很难再有大的投机价值。

本节我们讨论了一些常见的盘面异常现象。一只个股在运行过程中，其主力层面的特征会通过多个方面的异常现象体现出来，包括 K 线的波动、每日四小时的分时走势以及 240 分钟的盘口变化，这就要求我们对目标股进行连续跟踪观察，抓住每一个值得研判的异常现象，并且将各种现象结合到一起进行综合判断。事实上，单个盘面现象总是存在多种可能性，我们很难仅凭某个挂单片段或者某一天的分时走势得出可靠且唯一的结论，但是主力分析就像是解联立方程，每个技术现象就像是一个方程，单个方程总是有很多解，而将多个方程联立起来后，解的数量就大大减少，甚至变得唯一了。

四、 公开信息分析

1. 龙虎榜的研判

“龙虎榜”指的是沪深交易所每个交易日收市后公布的关于部分异动股的交易信息，一般公布该股当日买卖金额排名前五位的席位和金额情况。所谓的异动股主要包括“日涨跌幅偏离值达到 7%的前三只证券”、“日振幅偏离值达到 15%的前三只证券”、“日换手率达到 20%的前三只证券无价格涨跌幅限制的证券”、“连续三个交易日内，涨跌幅偏离值累计达到 20%的证券”这几类，每日收市后我们可以在沪深交易所官方网站查询龙虎榜信息，财经网站和股票行情软件信息地雷上也会及时收录。

龙虎榜信息对于短线交易有重要的研判价值，尤其是关于涨停股的交易信息。我们知道，异动多数是受到大资金的冲击所致，而由于大资金投入作战资金多，常常会在龙虎榜席位上露出踪迹来，所以龙虎榜是研判短线异动股的重要辅助手段。当然，有一点需要明白的是，大资金多数是分仓操作，即作战资金是分散在多个交易账号中的，如果太过集中会承受着较大的监管风险，但是再怎么分散也有个限度，至少主力参与的那些账户金额会比绝大多数普通投资者大得多。所以，异动股中与主力相关的席位会或多或少地在龙虎榜中显身，也因此龙虎榜才成为我们分析股价背后主力情况的一种辅助手段。读者可以将本节内容和本章第五节“涨停板专题”结合到一起阅读，以加深理解。

我们最关注的是当日涨停股的异动公告，当某只股票涨停并且被交易所进行交易信息披露后，我们就需要对交易信息中的席位和金额情况进行仔细分析。交易席位从属性上讲分为机构席位和营业部席位，机构席位是指公募基金、保险资金、社保、QFII 等证券投资机构使用的专用席位，而营业部席位则是普通投资者、个人大户以及民间机构使用的券商席位。根据席位属性和金额特征的不同，龙虎榜信息一般有一般有以下几种典型情况：

(1) 买进席位都是机构，例如图 3-7 所示。

华新水泥(600801)11月16日累计3日总成交金额为62325.35万元 2010-11-16 00:00:00

华新水泥(600801)11月16日累计3日成交量 296168(手)；累计3日成交金额 62325.35(万)；累计3个交易日涨幅偏离值 22.95(%)；交易所公布交易公开信息。

买入前5名营业部：

(1)机构专用
买入金额：48792298.34元
(2)机构专用
买入金额：39443441.32元
(3)机构专用
买入金额：31550390.44元
(4)机构专用
买入金额：29982600.30元
(5)机构专用
买入金额：26417914.59元

卖出前5名营业部：

(1)机构专用
卖出金额：21474924.95元
(2)光大证券股份有限公司武汉紫阳路证券营业部
卖出金额：11104820.14元
(3)中国银河证券股份有限公司武汉武珞路证券营业部
卖出金额：9161505.80元
(4)国信证券股份有限公司深圳泰然九路证券营业部
卖出金额：6939470.38元
(5)广发证券股份有限公司武汉武珞路证券营业部
卖出金额：6786119.27元

图 3-37 华新水泥 2010 年 11 月 16 日成交信息

如果异动大涨股当日公开信息显示买进席位都是机构，说明股价上涨是伴随着某些实质性利好的。这时我们还要进一步把握一个机构买卖量的问题。以涨停为例，如果前 5 家机构席位累计买进量超过当日总成交量的 25%，且金额明显比卖出前5家要大，那么说明当日的大涨中机构是绝对主导者，这种情况值得留意，机构大量追高买入意味着个股基本面很可能已有或将有利好消息，此时应该对该股近期基本面和消息面进行分析，看看是否是有尚未引起市场充分注意的利好吸引了机构的介入。例如图3-37就属于这种情况。事实上，机构买进导致大涨的股票很多会出现波段甚至中线上涨，而且有较为可靠的价值基础，这与游资的纯题材性短炒有很大区别，所以一旦发现龙虎榜中的这种情况，可以对相关个股做进一步留意和分析。

还有一点要知道的是，当龙虎榜买进席位全是机构时，次日早盘跟风热度会非常强，一般会高开较多，因为很多关注涨停板的短线交易者一般都会注意龙虎榜公告，而市场对于机构存在一种迷信和崇拜心理，机构买进席位大量出现的地方会吸引到更多的跟风者，所以涨停次日的跟风力度一般较强，如果在连续上涨的高位出现大量机构身影，要警惕是否有人利用散户的这种心理出货。

(2)买进席位几乎全是营业部，但买卖前五名金额占比均较小，例如累积金额低于当日成交总额的10%。那么，这时首先可以确认的一点是该异动并非公募基金等机构所为，因为基金类的机构尽管不止拥有一个账号，但与可以用大量自然人账户参与的民间主力(含游资)相比，数目还是十分有限的，基金类机构一旦参与那么单个账号的金额必然较多，不可能从龙虎榜上隐遁。例如耗资1.5亿将某股封上涨停，如果是民间游资的话，可以动用数十个账户，最终每个账户买入金额可以控制在千万以下(当然，多数时候没这个必要)，而如果是基金类机构的话，最多只会动用几个账户，这些账户买入金额将达到数千万，最终必然排在当日买入席位前列，从而进入龙虎榜。所以，对于买入席位全是营业部的这种情况，首先可以排除机构所为。其次，由于成交金额占比过低，透露出的另一个信息就是主力分仓较细，也就是说除了公开信息披露的前5买卖席位外，排在后面的主力账号可能还有不少，所以这时仅看龙虎榜就没有太大的分析价值。

(3)买入前5位累计买进量超过当日成交金额20%，5个席位中既有营业部也有机构，并且机构买入量也占了不少。这种情况很多时候都是主力资金与相熟的机构联手，让机构参与抬轿(图3-38)。

(4)个股股价刚刚启动大涨，买进席位都是营业部席位，累计金额占比超过30%，而卖出席位金额均较小。这意味着当日主力积极买进，且增仓较多。这时可以在之后几个交易日继续关注，如果之后走势显示没有主力出逃迹象，说明后市有很大可能将继续上涨。后面有几个案例就属于这种情况。

中华企业(600675)2月22日交易中总成交金额为22363.73万元 2012-02-22 00:00:00
中华企业(600675)2月22日涨跌幅偏离值 9.14(%)；成交量 479329(手)；成交金额 22363.73(万)；交易所所公布交易公开信息。

买入前5名营业部：

(1)机构专用
买入金额：1405.19万元
(2)光大证券股份有限公司奉化南山路证券营业部
买入金额：1202.02万元
(3)机构专用
买入金额：1175.00万元
(4)国泰君安证券股份有限公司总部
买入金额：940.00万元
(5)安信证券股份有限公司汕头金砂路第一证券营业部
买入金额：924.50万元

卖出前5名营业部：

(1)信达证券股份有限公司广州寺右新马路证券营业部
卖出金额：514.19万元
(2)中国民族证券有限责任公司鞍山人民路证券营业部
卖出金额：465.27万元
(3)华泰证券股份有限公司成都南一环路证券营业部
卖出金额：423.61万元
(4)广发证券股份有限公司佛山岭南大道北证券营业部
卖出金额：343.19万元
(5)招商证券股份有限公司无锡新生路证券营业部
卖出金额：318.55万元

图 3-38 中华企业 2012 年 2 月 22 日成交信息

(5)如果股价在某时段连续大涨，例如连续涨停，导致交易所连续几个交易日都对其进行了交易信息披露(除了单日信息外，这时还有可能公布三日信息，即“连续三个交易日内收盘价格涨幅偏离值累计达到 20%”这种情况)，那么我们可以连续性的观察交易信息，看看前面出现的买卖席位在后面是否出现，出现都做了什么。一般游资的手法都是滚动操作，即前一日拉升买进的筹码第二日拉高过程中会择机减掉一些，导致连续公告的龙虎榜上前一日的买进前 5 次日就成了卖出前 5，如果是这种情况，那么跟风价值不大，说明游资并不愿意拿下大量筹码，也就随时会撤退。而一旦出现与这不同的情况，也就是说未见买进席位大量卖出，而是有资金在单边买进，那么股价后面上涨空间往往会很大。例如后面的案例英力特(000635)就与此相关。

(6)在一波较大的上涨中，前面出现的龙虎榜中都是营业部买进，而大幅上涨之后在高位出现机构大量买进，则很可能是机构帮忙给主力游资高位抬轿或接货，意味着后面再涨的空间有限。像这种主力与机构利益输送的现象现在越来越普遍。

这里讨论了几种龙虎榜信息的典型情况，总的来说，前几名金额占比越高，该信息就越有研判价值。龙虎榜分析需要与走势以及其他方面的分析结合在一起，尤其是与“涨停板专题”中所讲的知识密切相关，读者可以将两部分结合在一起阅读，后面的案例分析中还会有对这些知识的实际运用。

2. 股东信息的研判

股东信息指的是个股的十大股东榜以及股东人数等信息，一般跟随上市公司年季报更新，可以在行情软“F10”中查看。龙虎榜多用于辅助短期走势的研判，而股东信息反映出来的问题则往往与个股中长期情况有关。股东信息对于主力分析有重要帮助，这里对相关知识进行总结。

与前面龙虎榜研判中所讲的道理相同，个股中持仓最大的几个账户往往能透露出有关其中潜伏的大资金的重要信息，所以个股十大流通股东榜中的股东身份和持股数量是我们需要重点留意的。此外，股东人数的变化也很重要。大资金的建仓会导致个股的筹码趋于集中，这时一个重要的表现就是股东人数的减少，所以股东人数的变化是我们辨别大资金建仓的辅助方法之一。以下几种是比较典型的股东信息特征表现：

(1)十大流通股东中一家机构(含公募、社保、QFII、券商)也没有。

如今机构投资者的研究实力早已覆盖了沪深股市任何一只个股，而由于国内上市公司整体质量不高，所以目前但凡基本面不太差的股票，一般都有大量基金等机构关注，机构一旦参与，则资金量较一般投资者会大得多，很容易就会进入个股的流通股东榜。所以以当今的市场环境，如果一只个股的十大流通股东中一家基金都没有，则说明该股基本面至少在此之前并不理想，甚至公司经营层面上存在着严重问题。所以，如果将这类个股作为中长线投资标的的话一定要慎重，除非我们对研判背后的主力十分有把握，或者能通过某些渠道提前获知该股基本面的向好变化，否则的话只能以短线投机的思维对待。

(2)十大流通股东以基金为主，且累计持股比例较高(图 3-39)，比如超过了流通盘的 10%。

这种情况一般说明该股基本面情况较好，毕竟机构的投资存在价值底线，大量基金出现在股东榜中不是偶然的。所以这样的个股相当于机构帮我们对该公司基本面进行了初步把关，我们可以进一步对比最近的股东信息和历史股东信息，看前十大流通股东的身份变化、增减仓情况、股东人数的变化等，以此判断筹码是否正在进一步向机构或主力手里集中。如果确实如此，则说明公司基本面在进一步向好，可能有中线关注价值，此时需要对该股的成长性和题材性进行细致分析，看是否有中线投资机会。当然，对于前面提到过的机构早已严重扎堆，且股价处于高位、走势呆滞的个股，属于基金扎堆股，股性会比较差，一般不适合作为投机对象。

截至日期:2010-12-31　十大流通股东情况　股东总户数:8299

股东名称	持股数(万股)	占流通股比(%)	股东性质	增减情况(万股)
泰达宏利市值优选股票型证券投资基金	455.00	7.29 A股	基金	24.65
东吴价值成长双动力股票型证券投资基金	451.52	7.24 A股	基金	141.03
国投瑞银创新动力股票型证券投资基金	436.74	7.00 A股	基金	未变
汇添富成长焦点股票型证券投资基金	336.21	5.39 A股	基金	30.00
汇添富医药保健股票型证券投资基金	249.02	3.99 A股	基金	新进
泰达宏利行业精选证券投资基金	240.73	3.86 A股	基金	48.73
泰达宏利价值优化型成长类行业证券投资基金	198.93	3.19 A股	基金	新进
泰达宏利效率优选混合型证券投资基金	151.61	2.43 A股	基金	新进
银河银泰理财分红证券投资基金	149.01	2.39 A股	基金	26.39
李乃芬	102.79	1.65 A股	个人	-5.50

合计持有2771.55万流通A股，分别占总股本10.84%，流通A股44.42%

图 3-39　十大流通股东以基金为主

(3)同一家基金公司旗下多只基金集体大量持有，如图 3-40 所示。这种情况值得重点关注，很多中线牛股就出自这类个股，原因在于，一家基金公司重点介入的独门股，往往是通过重点研究或者某些特殊方式渠道，发掘出了该股一些尚未被市场其他人充分认知的价值，故而才会将其作为全公司的重点品种。这种情况还有一种可能就是该基金与主力合作，为主力资金担任锁仓任务，甚至本来就是该基金联合外围资金一起作为个股中的主力，进行联合运作。

编号	股东名称	持股数(股)	持股比例	股份性质
1	上海汇能投资管理有限公司	38882048	4.081%	流通 A 股
2	中国银行 - 华夏大盘精选证券投资基金	20586578	2.161%	流通 A 股
3	新疆投资发展(集团)有限责任公司	18870000	1.981%	流通 A 股
4	中国建设银行—华夏红利混合型开放式证券投资基金	17442490	1.831%	流通 A 股
5	中国建设银行股份有限公司 - 长盛同庆可分离交易股票型证券投资基金	11009436	1.156%	流通 A 股
6	中国农业银行 - 华夏平稳增长混合型证券投资基金	10755866	1.129%	流通 A 股
7	中国银行 - 嘉实主题精选混合型证券投资基金	8445583	0.887%	流通 A 股
8	中国银行股份有限公司 - 华夏策略精选灵活配置混合型证券投资基金	8230340	0.864%	流通 A 股
9	中国建设银行 - 华安宏利股票型证券投资基金	8000000	0.840%	流通 A 股
10	中国农业银行 - 华夏复兴股票型证券投资基金	7105783	0.746%	流通 A 股

图 3-40　广汇股份 2010 年一季度十大流通股东

(4)十大流通股东多数是个人，且持股比例低(比如平均持仓市值只有几百万元)，同时股价走势比较呆滞。这种情况的个股多数是没有什么大资金关注的散股，基本面情况也较差，一般而言没有太大关注价值。

(5)十大流通股东多数是个人且股价中线连续走强，股东人数也在最近几个报告期明显减少。这种情况明确说明有主力介入运作，值得关注。例如后面的案例 000669 领先科技就属于这种情况。

(6)十大股东中新进某些有来头的账户大量持仓，比如某些明星基金产品，或者由于多次有成功潜伏牛股经历而被报道的所谓“超级自然人”、“超级散户”的账户，一旦他们出现在某家个股中，很可能意味着该股有某些潜在利好。

以上总结了一些典型的股东信息特征的含义，我们除了静态的观察最新一期股东信息外，还需要动态地对比分析连续几期信息之间的变化，包括连续几期股东榜中十大流通股东的身份、持股数目的变化、股东人数的变化等等，这其中的变化往往也能给出重要信息。

第四节　实际走势案例分析

前面已经讨论了关于主力分析的思路方法，主力分析并不像经典技术分析那么简单直接，而是涉及到各方面知识的综合分析运用，所以我们必须首先做到深刻理解前面的内容。本节将针对一些典型走势案例进行分析，从这些分析中我们可以看到前面所讲的知识是如何在实际中运用的。

第一部分先选取了关于中长线庄家的案例，对其运作过程进行了完整解析。虽然曾经的中长庄运作模式在如今的市场环境下已经逐渐销声匿迹，但是其中所体现出的主力操作原理对于我们理解大资金的运作是有帮助的，所以这些中长线庄股案例依然有学习的价值；第二部分则是关于中短线主力的运作案例，涉及到目前主力资金各类常见的操作模式；第三部分则进一步补充一些立足于实际操作的案例。

一、 中长线庄家运作案例分析

1. 长征电气

图 3-41 是长征电气(600112)2006～2009 年的周 K 线叠加大盘走势(复权

后）。2006～2007 年 A 股市场经历了一轮大牛市，期间该股有长庄介入运作，现在我们将视角定位到当时的走势。

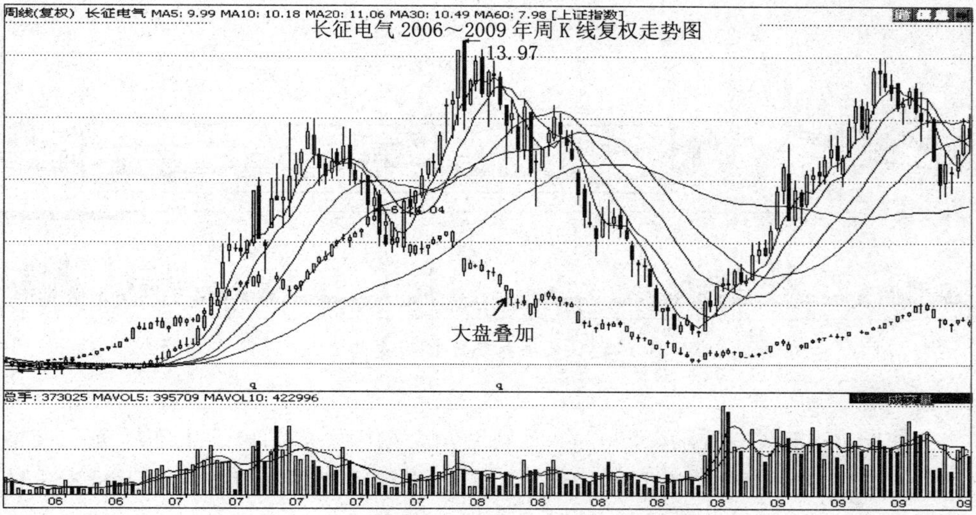

图 3-41 长征电气 2006～2009 年周 K 线复权走势图

对任何个股进行主力分析，首先要做的就是将个股与大盘的走势进行对比，因为主力资金大规模的进出最直接的影响，就是导致个股走势与大盘出现显著偏离，这在前面已经反复提到。通过大盘叠加我们可以看到，上证综指进入 2006 年后开始明显上涨，到了 2006 年下半年更是以几乎未出现明显回调的方式一路上行，而同期该股却运行在大级别的箱体中，一直横盘震荡不为大盘上涨所动(图 3-42)。尽管该股未与大盘同步上涨，长时间的滞涨相对于大盘是一种异常，但从当时市场具体情况来看，指数大涨主要是由一线蓝筹带动的，同期与该股类似的大量其他个股都未跟涨，所以该股横盘未涨是正常的，属于板块因素的影响。也就是说，该时段股价的横向运行并不属于大的异动，基本上是自然波动状态，属于没有主力运作的情况。

但是随着时间的推移，到 2007 年初后该股的波动格局开始发生变化：

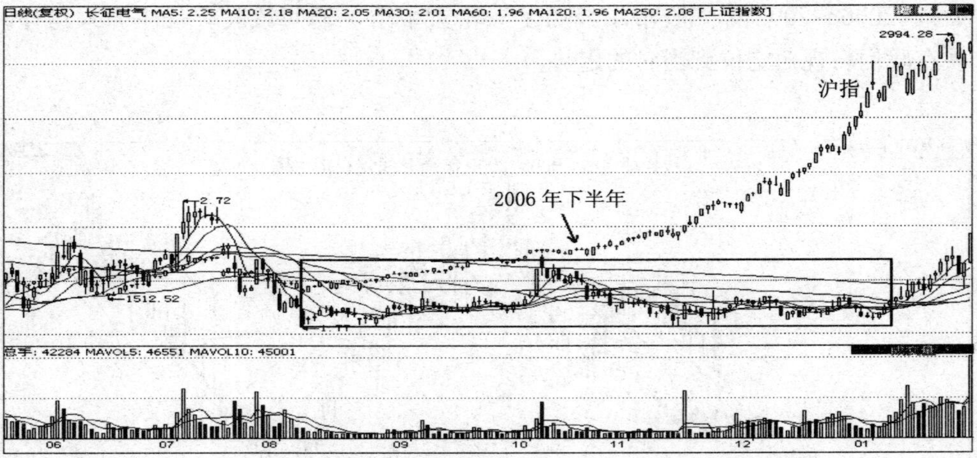

图 3-42　长征电气日 K 线走势之一

如图 3-43 框中所示，2007 年元旦后，大盘由之前的单边上涨转为震荡格局，而该股则由横盘状态开始稳步上行，如果观察相对强度指标也不难看出该指标在连续逐级下行后开始持续回升。这就出现了两个方面的转变：相对于大盘走势强度的转变和自身波动格局的转变。显然，由于长时间滞涨和热点切换等因素，该股此时已经开始受到增量资金的关注，这时职业投资者的注意力才真正开始投向该股。由于当时同期的其他二三线股也呈现资金涌入的迹象，所以此时仅从 K 线走势上看还无法对该股中出现的新多资金定性判断，需要更多细节的观察。将当时 K 线放大，如图 3-44 所示：

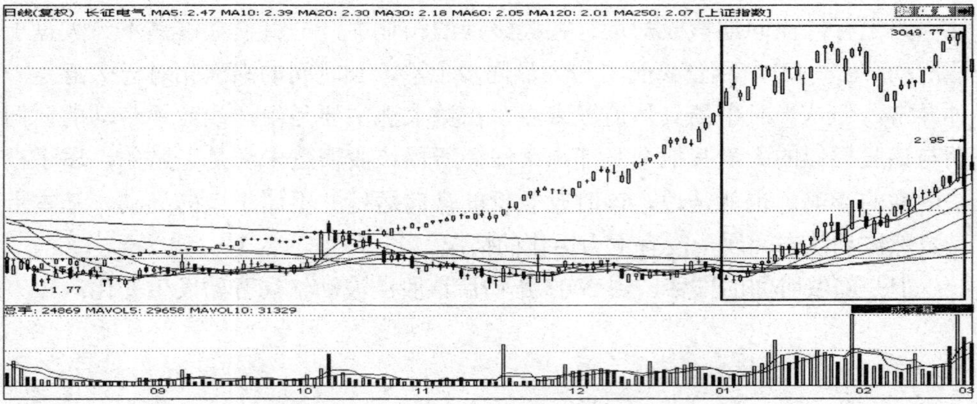

图 3-43　长征电气日 K 线走势图之二

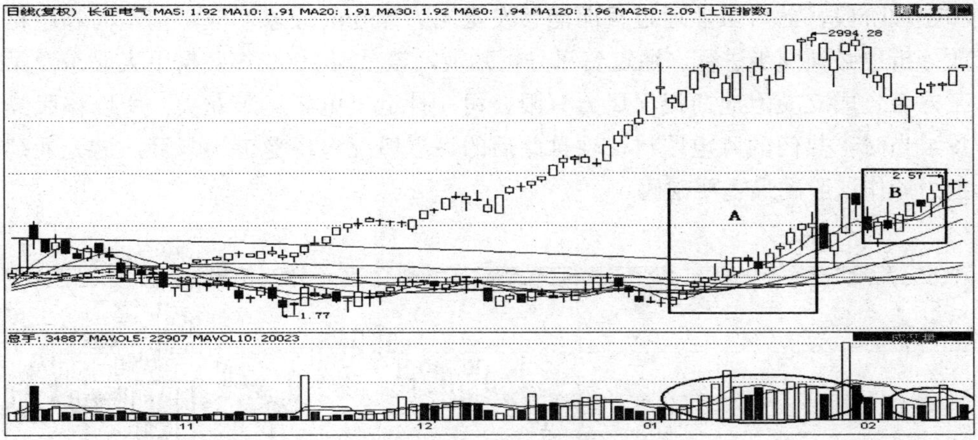

图 3-44 长征电气日 K 线走势图之三

图中 A 框区域是股价由横盘开始走强的阶段，期间股价以小阴小阳的方式依托 5 日线缓慢攀升，K 线排列紧密，量能则呈现出温和而均衡的放大，这是一种比较典型的主力推升吸纳的走势。在前面的主力运作步骤讲解中我们曾讨论过有关主力建仓的问题，本案例由于主力进场时处在牛市中继阶段，所以采取的是拉高建仓的手法。

图中 B 框中的区域是需要注意的地方。可以看到，沪指攻击 3000 点失败后出现了幅度较大的调整，而同期该股的表现是提前于大盘见底重拾升势，以很小的成交量逆市上行并创出新高。

这里出现了我们前面所讲到的“小量上行”的走势状态，可以看到，图中 B 框与 A 框从时间上比较接近，B 中上涨的斜率与 A 差不多，且 B 的股价位置比 A 高，此时按自然状态来说抛压不会比 A 小，更何况 B 中还是逆市回升先于大盘创新高，抛压更不会小，但对比两个圆圈中的成交量显示 B 框中的量能水平明显比 A 小，这就说明：股价在走强过程中筹码明显趋于集中，也就是说有资金在连续吸纳。所以这正是本案例关键之处。

之后对该股继续跟踪关注，看主力后续动作：

可以看到大资金在吸纳筹码后并未急于发力，而是跟随大势的脚步，依托十日均线继续爬升，框中位置出现过一根较大的阴线，这是由于 2007 年春节后第二个交易日大盘暴跌所致(图 3-45)。进入 3 月下旬后，大盘企稳并且重新进入升势，而该股则开始启动主升行情。在这之前的走势，整体是该主力的建仓和整理阶段，此时虽然通过盘面能够发觉主力建仓的迹象，但是基本面和题材面分析也必须同步进行。通过资讯分析知道，该公司 2006 年底携手大股东及第三方合资成立艾万迪斯银河风力有限公司，打造风电新能源龙头，所以该股具备了当时正热门的风电题材，项目此后的进展情况将备受市场瞩目，这无疑是主力炒作该股的最重要砝码。

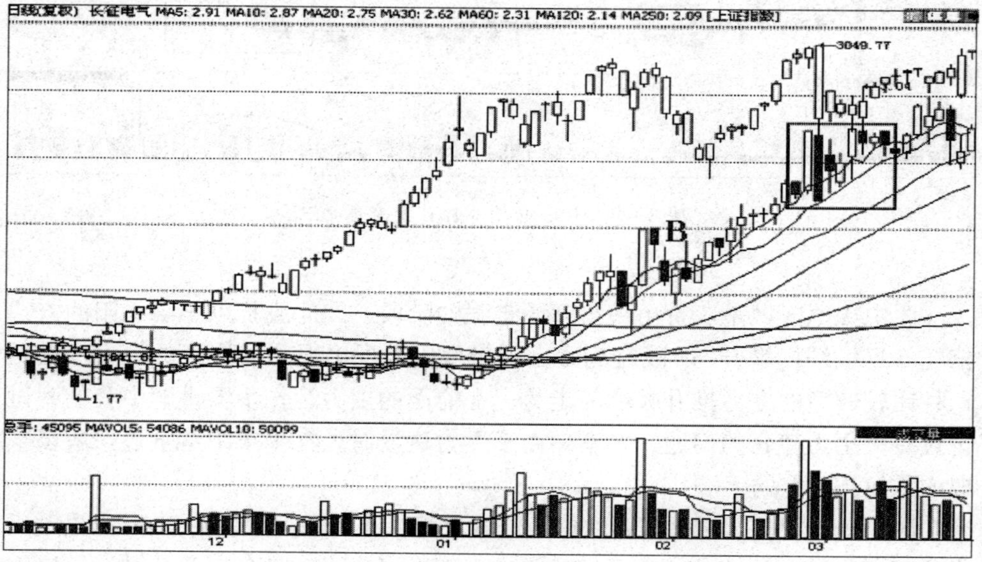

图 3-45　长征电气日 K 线走势图之四

图 3-46 为该股进入主升后的走势，图中几个圆框及下方的成交量值得注意，可以看到股价在连续快速上涨的过程中，只要稍做整理，量能便立刻萎缩到和刚开始走强时相近的水平，这是一种非常良性的量价状态，意味着大涨中虽然获利盘快速增加，但筹码非常稳定，较多的筹码都被主力锁定。此期间该股公布了一季报，股东信息显示股东人数明显减少，进一步佐证了之前有大资金建仓的事实。

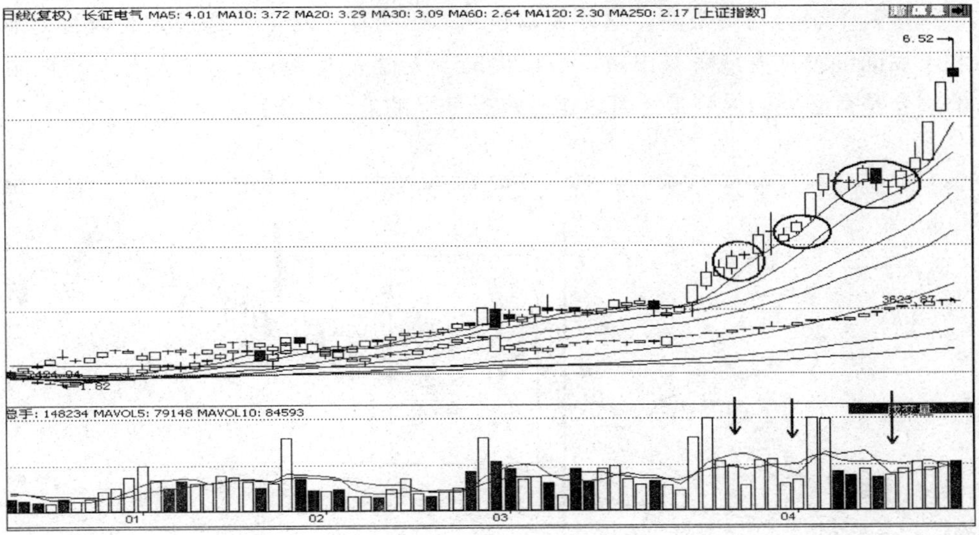

图 3-46　长征电气日 K 线走势图之五

图 3-47 中A 区域是该股走出大幅上涨行情阶段，可以看到期间大盘一直稳步向上运行，该股期间也未出现过明显回调，最多只横盘整理至 20 日均线。这时的该股，已经从启动前的一只滞涨股，到现在主力的介入下涨幅远远超越了大盘。在 A 区域最后的上冲阶段，消息面上，上市公司不断向市场透露出与其“风电”有关的进展情况，配合主力的炒作，此时利好消息的大量出台也暗示着阶段性上涨进入尾声，之后有进入大级别休整的可能，对于跟风大幅获利的投资者而言，从操作上来讲已经是可以分批获利了结的时候，除非此时又演绎出新的题材激发更高的市场热情，或者是大势和板块出人意料的强势，不过这些因素并非是可预见的。

图 3-47 中 B 区域中该股出现了非常极端的走势，先是连续跌停后又一字涨停复位，这与同期大盘的剧烈震荡有很大关联，当时受“5•30”上调印花税事件的利空打击导致大盘出现了系统性暴跌，该股在暴跌中跌的比大盘严重，一举击穿了整个短期均线系统，而后面又快速以一字涨停的走势回到跌前的位置。出现这样极端的强弱变化并非是市场自发的动力，而是主力在背后导演，属于凶悍的震仓动作。从主力运作的角度来考虑，该股自建仓到走主升行情后股价已经翻了几倍，中途一直没有像样的调整，这样一路坐轿上来的获利盘就会非常多，尤其是一些从底部就跟进的中线筹码，在股价连 30 日均线都不碰的情况

下很多是不会轻易出来的，这种大幅获利筹码的存在对主力是极大的威胁，不利于后面继续推升或者是出货，所以借助于大盘大跌带来的恐慌进行一次凶狠的震仓是有必要的，顺带还可以进行高抛低吸的差价运作。

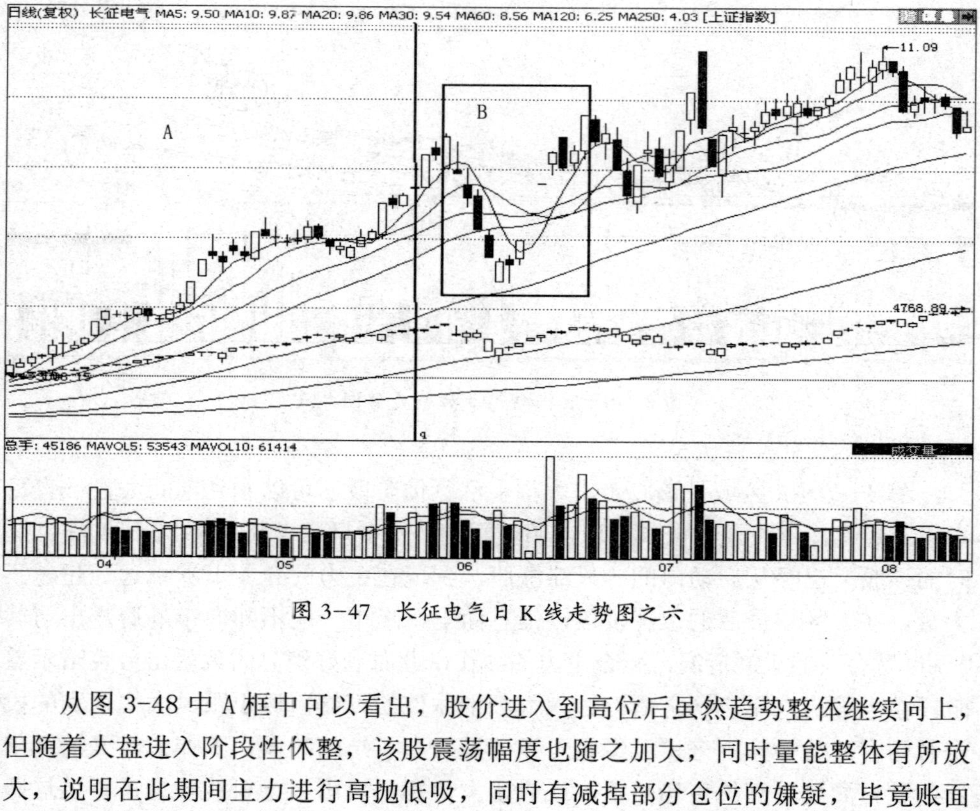

图 3-47 长征电气日 K 线走势图之六

从图 3-48 中 A 框中可以看出，股价进入到高位后虽然趋势整体继续向上，但随着大盘进入阶段性休整，该股震荡幅度也随之加大，同时量能整体有所放大，说明在此期间主力进行高抛低吸，同时有减掉部分仓位的嫌疑，毕竟账面利润已经非常丰厚了，而且此时政策风险在不断累积，国家连续出台了系列调控措施给股市降温，后面大势面临很大风险，对主力而言阶段性减仓是有必要的。之后 B 框中大盘在大蓝筹的带动下一路高歌猛进，而该股则震荡回落。

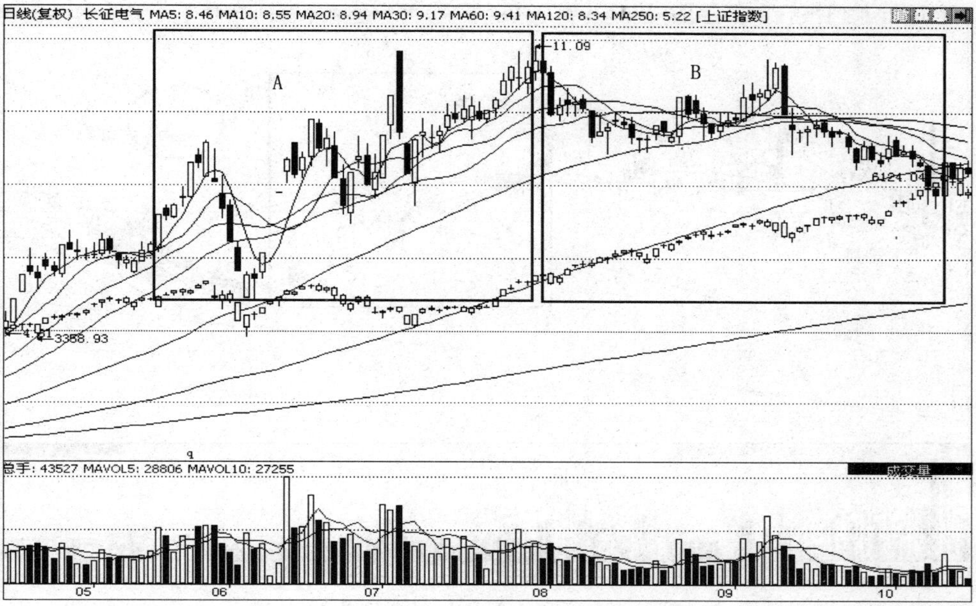

图 3-48 长征电气日 K 线走势图之七

对比大盘可以看到，股价在提前大盘见顶后，在主力的阶段性减仓下开始逆市缓步回落(图 3-49)。此后大盘上冲 6000 点也开始见顶回落，直到圆圈区域，该股再次出现明显的异动，在大盘第一波调整尚未结束的情况下该股提前见底，连续逆势收出阳线。结合该股之前的情况，现在出现的应该是主力高抛后的回补。从市场层面来看，上证指数从 6000 点上方一路跌破 5000 点未有明显反弹，所以阶段性反弹的预期是较强的，同时上市公司自身的风电项目不断取得新进展，题材尚未完结，加上股价已经调整两个月，跌去三成多，所以综合来看对主力而言具备做反弹的基础。主力在相对的低位再次回补部分仓位，伺机运作下一个波段。

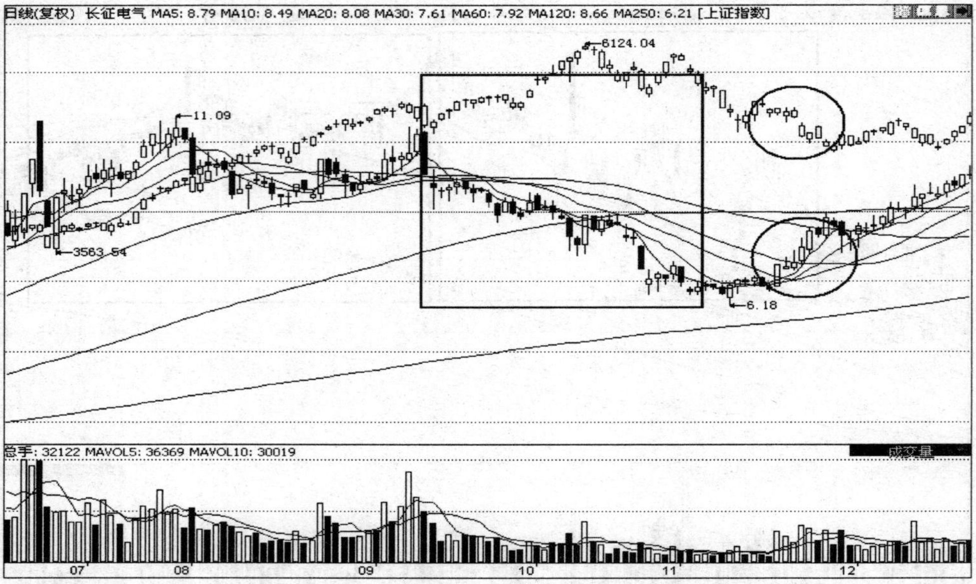

图 3-49　长征电气日 K 线走势图之八

从图 3-50 我们看到，该股逆市回升后继续以小阴小阳方式攀升，甚至如圆圈中所示再次出现了“小量逆市上行”的现象，说明了主力回补的力度不小，筹码锁定性依然较好，很可能题材面将要出现新的利多因素。此后该股在前期成交密集区略做整理后开始发力上攻，股价快速拉升的同时，上市公司连续发布了与新能源项目相关的重大利好，主力炒作得到了消息面的配合。不过此时历经一个月反弹的大盘再次破位向下，给主力的减仓造成了一定的困难，所以股价在高位形成大幅震荡的走势，主力减仓减的并不轻松。

图 3-50 长征电气日 K 线走势图之九

我们看到，这之后的走势侧面印证了主力第二波炒作出货出的并不顺利，期间大盘连续下跌显然超出了主力的预期，该股受到严重拖累而下跌，下跌途中振幅非常大，主力急不可耐的一次次制造快速反弹，反映了其出货不顺的状态(图 3-51)。

此后的 A 股进入了一轮超级大熊市，在短短的一年多时间内跌去 70%，该股也随之步入熊途。图 3-52 中用箭头标出了一根高开低走的放量阴线，在此前一天的晚上，某著名市场人士在博客上高调宣称自己买进了该股，吸引了很多人在次日早盘抢进并且沦为炮灰。

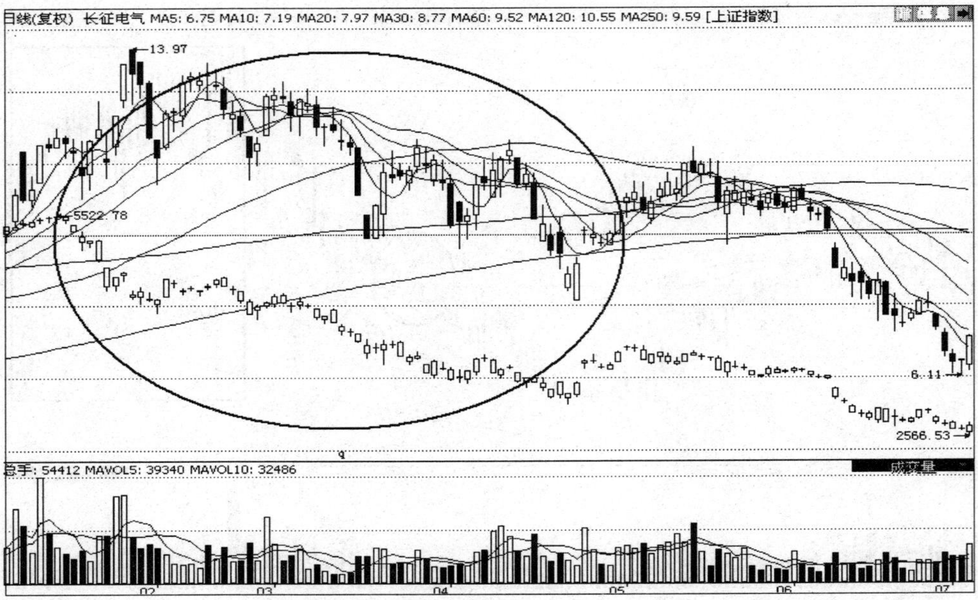

图 3-51　长征电气日 K 线走势图之十

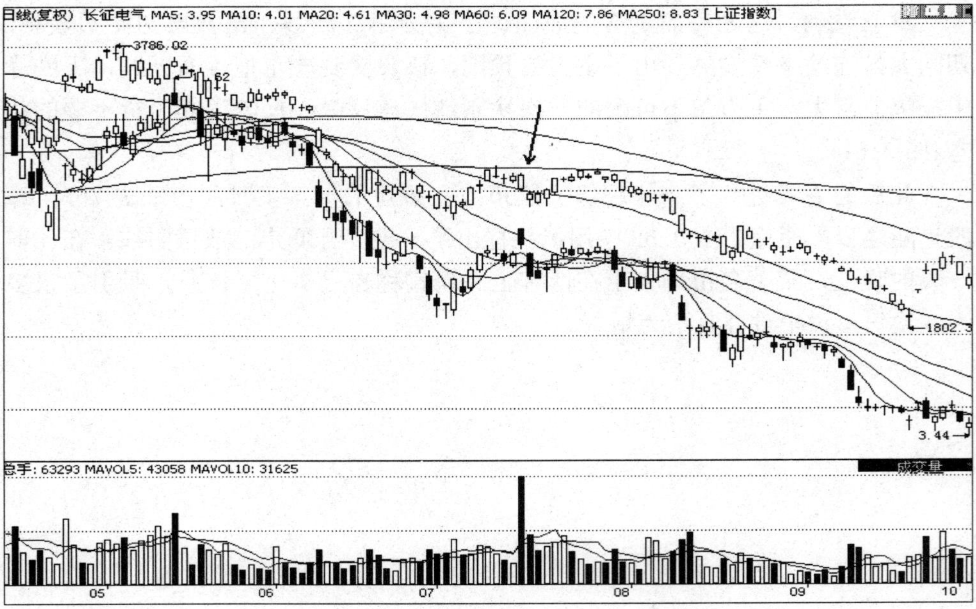

图 3-52　长征电气日 K 线走势图之十一

自2008年底开始A股展开一轮大反弹，该股身处当时热门的新能源板块自然也随之大幅反弹，该股当时的大涨更多的是受市场自身因素的推动(图3-53)。到了反弹的后期，大盘向3000点高歌猛进，该股则逆势回落，量能不减，这种量价表现说明背后有资金在大量减仓(图3-54)。

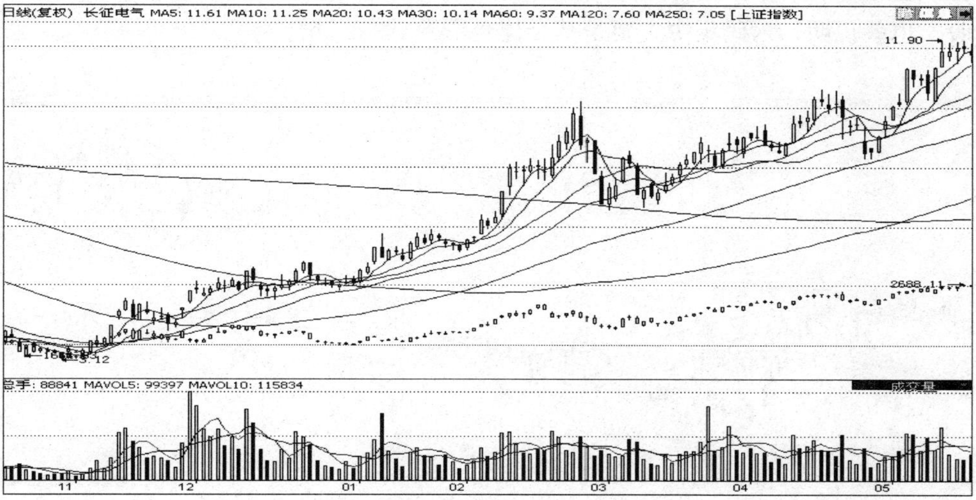

图3-53 长征电气日K线走势图之十二

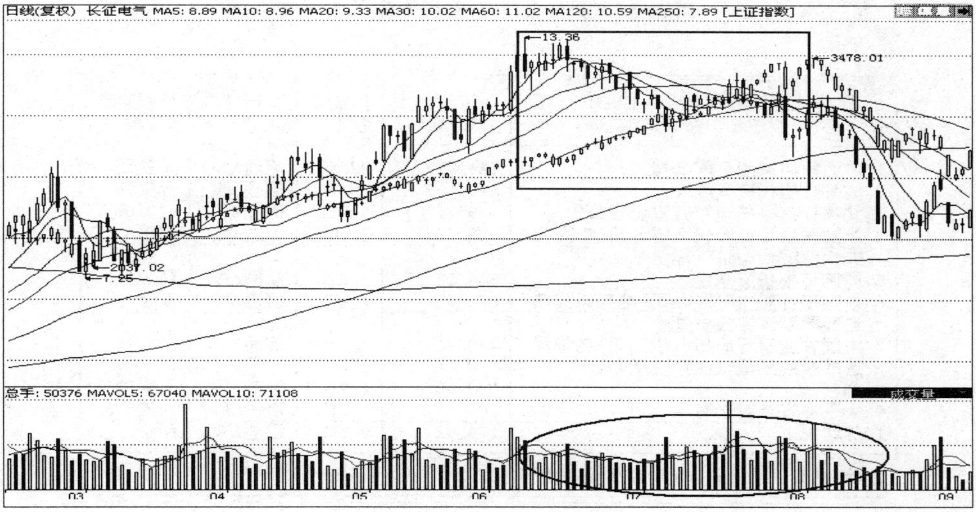

图3-54 长征电气日K线走势图之十三

此后半年大盘一直运行在大震荡格局中，该公司前几年令市场瞩目的风电项目逐渐进入收获期，不断传出获得相关的业务订单的消息，投资价值开始引起基金等机构的关注，在系列利好政策出台的背景下再次创出了新高(图3-55)。圆圈中K线的量价表现显示该股筹码再次趋向集中，但这次筹码集中的性质已经不同，盘面及公开信息都显示，2009年四季度有大量基金建仓了该股，也就说明，筹码集中主要是基金建仓所致(图3-56)。

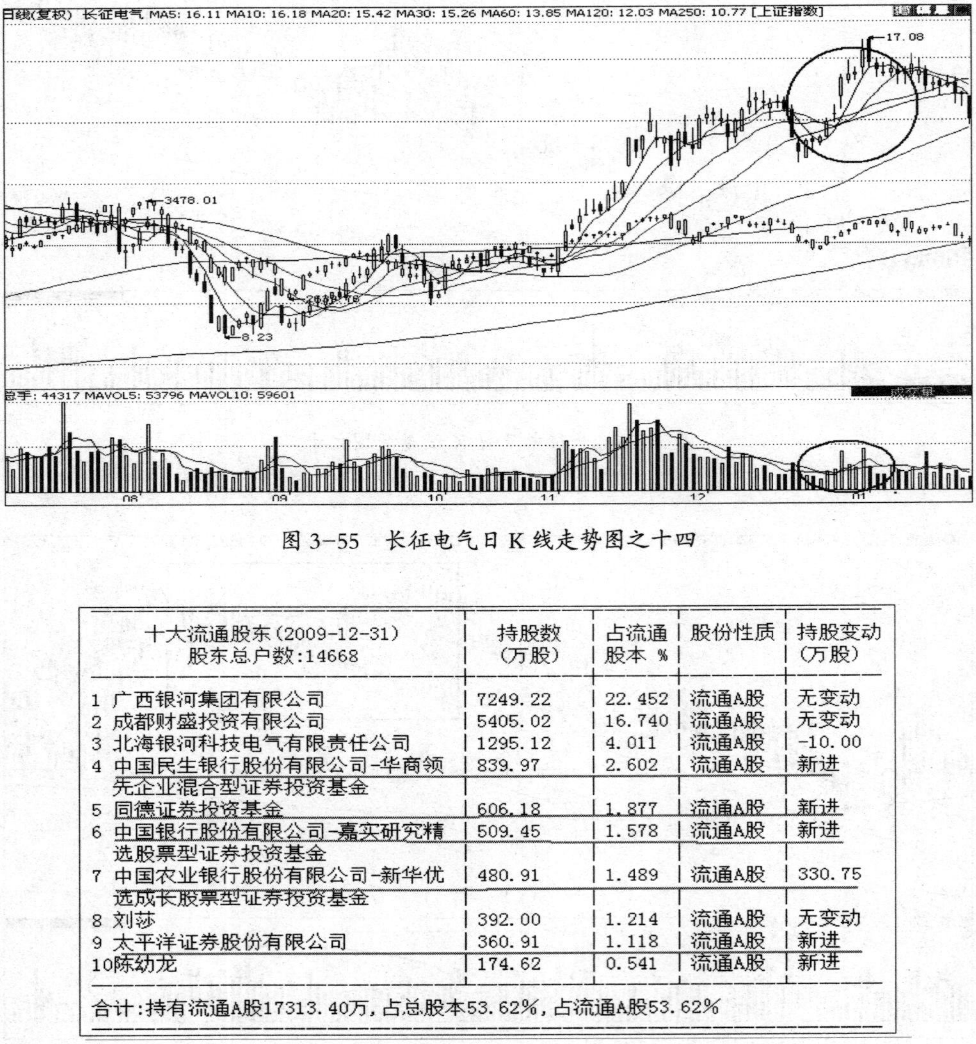

图3-55　长征电气日K线走势图之十四

十大流通股东(2009-12-31) 股东总户数:14668	持股数(万股)	占流通股本 %	股份性质	持股变动(万股)
1 广西银河集团有限公司	7249.22	22.452	流通A股	无变动
2 成都财盛投资有限公司	5405.02	16.740	流通A股	无变动
3 北海银河科技电气有限责任公司	1295.12	4.011	流通A股	-10.00
4 中国民生银行股份有限公司-华商领先企业混合型证券投资基金	839.97	2.602	流通A股	新进
5 同德证券投资基金	606.18	1.877	流通A股	新进
6 中国银行股份有限公司-嘉实研究精选股票型证券投资基金	509.45	1.578	流通A股	新进
7 中国农业银行股份有限公司-新华优选成长股票型证券投资基金	480.91	1.489	流通A股	330.75
8 刘莎	392.00	1.214	流通A股	无变动
9 太平洋证券股份有限公司	360.91	1.118	流通A股	新进
10陈幼龙	174.62	0.541	流通A股	新进
合计:持有流通A股17313.40万,占总股本53.62%,占流通A股53.62%				

图3-56　长征电气2009年12月31日十大流通股东明细

报告期	股东总数	人均持股	人均持股较上期变动	总股本(万股)	流通股(万股)
2010 年前 3 季	31,098.00	13,645.17	-14.06%	42,433.74	42,433.74
2010 年中期	26,727.00	15,876.73	9.53%	42,433.74	42,433.74
2010 年第 1 季	26,728.00	14,495.94	-34.15%	38,744.74	38,744.74
2009 年年度	14,668.00	22,012.05	119.87%	32,287.28	32,287.28
2009 年前 3 季	32,251.00	10,011.25	-36.19%	32,287.28	32,287.28
2009 年中期	20,580.00	15,688.67	32.01%	32,287.28	32,287.28
2009 年第 1 季	27,167.00	11,884.74	-12.86%	32,287.28	32,287.28
2008 年年度	23,673.00	13,638.86	-11.58%	32,287.28	32,287.28
2008 年前 3 季	20,931.00	15,425.58	-7.00%	32,287.28	32,287.28
2008 年中期	19,465.00	16,587.35	-15.18%	32,287.28	32,287.28
2008 年第 1 季	16,511.00	19,555.01	74.76%	32,287.28	32,287.28
2007 年年度	23,084.00	11,189.49	8.75%	25,829.82	25,829.82
2007 年前 3 季	25,103.00	10,289.54	-31.17%	25,829.82	25,829.82
2007 年中期	17,278.00	14,949.55	1.63%	25,829.82	25,829.82
2007 年第 1 季	13,508.00	14,709.13	20.68%	19,869.10	19,869.10
2006 年年度	16,302.00	12,188.13	2.31%	19,869.10	7,869.10
2006 年前 3 季	16,678.00	11,913.36	0.37%	19,869.10	7,869.10

图 3-57 长征电气历年股东持股变动情况

图 3-57 是该股这四年来的股东情况变化，结合这四年该股的运行轨迹，你能从中发现什么规律吗？

2. 亿安科技

亿安科技(000008)现名“ST 宝利来”，是中国证券历史上著名的庄股操作案例，股价从 1998 年下半年的几元起步，最终涨至 126 元的最高价，成为自沪深股票实施拆细后首只价格超过百元的股票，最终也因为庄家及上市公司遭到证监会的调查而导致神话的破灭。作为非常典型的长庄案例，这里对其当时的走势进行分析。

这是该股 1998 年下半年的股价走势图，也是庄家开始建仓的阶段。该操纵案在最终被查处并曝光后，调查方披露庄家于 1998 年 10 月 5 日开始建仓，即图 3-58 中向下的箭头所处的位置。不过通过叠加大盘可以看到，此前股价的量价表现显示这之前已经有资金在介入，是否是与主力相关联的资金先拿了一些筹码我们不得而知。在这个阶段主力开始建仓，而后股价再度上冲至 8 元上方进入横盘，大盘在此期间掉头向下大跌，该股则明显是逆势抵抗状态(A 框所示)，这些都是提示我们关注该股的重要信号。

股价在8元的平台处横盘震荡了较长时间，期间股价虽然整体横向波动，但盘中振幅一直非常大，且伴随一些突破的假动作，显然并非是自然波动，令参与者倍感困惑。消息面上，市场当时已经开始传言深锦兴(亿安科技前身)将重组的消息。之后便出现了图3-58B框中十分怪异的走势，先是某一天早盘冲高后跳水至收盘跌破前期整理的小箱体，而后传出亿安庄家资金链断裂的传言，股价随之连续放量跳水，此后在低位未作徘徊，又直接V形反转收复失地。股价如此极端的异常表现，结合同期大盘连续下跌的走势以及消息面的变化，应该是主力凶悍的震仓行为，这一点从此后的量价表现中得到进一步验证。

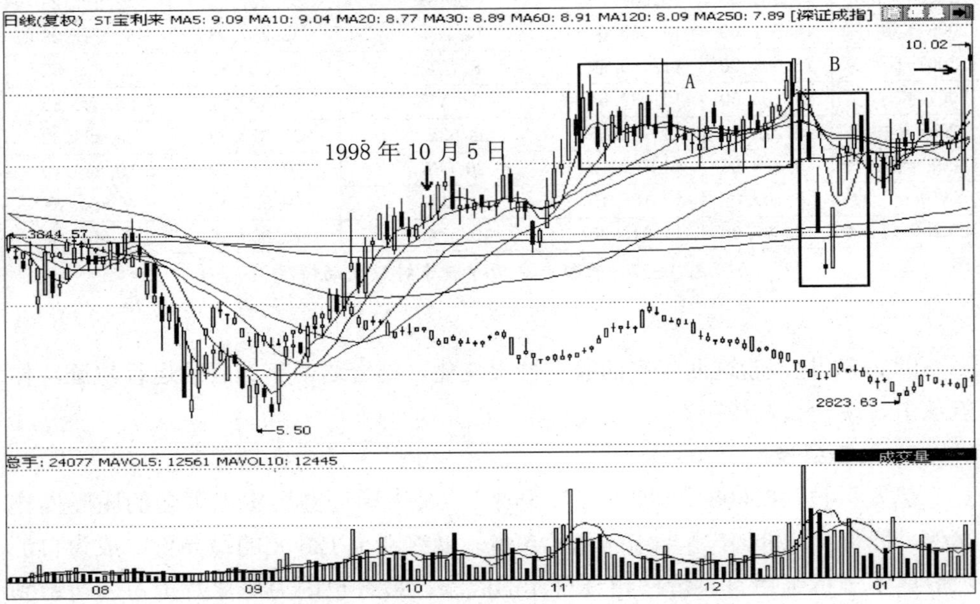

图3-58 亿安科技1998年下半年日K线走势图

股价在回到前期平台后横盘了半月，以一根涨停阳线向上突破，该阳线以及次日的十字星的异常之处在于成交量，可以看到这两个交易日是以急剧上涨的方式涨到了一年来的最高位，通过与此前的成交量对比发现，该处成交量明显小于正常情况下应达到的水平，结合此前震仓的走势，可以确认前期有资金大量建仓锁定筹码，以致自然抛压明显减少。所以该位置正是本案例最关键之处(图3-59)。

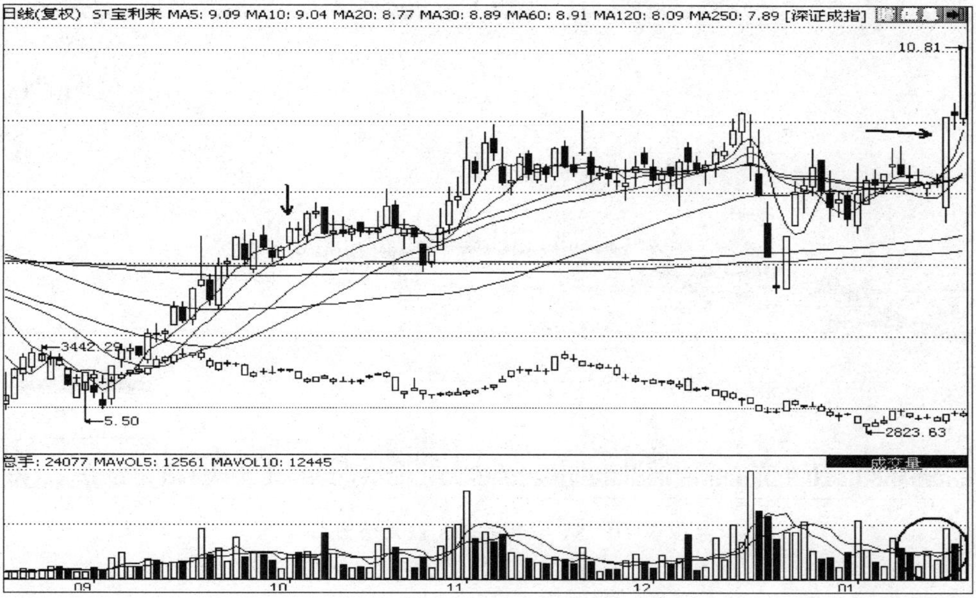

图 3-59 ST 宝利来日 K 线走势图之一

该股逆转突破后，一路上行。注意图 3-60 后面框中部分，这里的量价关系强烈的说明了什么，相信读者已经能自己回答了。

到了图中的最后部分，一根大阳竟然只放了这么小的量，无疑表明筹码已经高度集中，主力将大半流通筹码收入了怀中，导致高位几乎无人抛售。而之前整个区域大致就是主力机构的平均持仓成本，约在 10 元附近。由于相隔时间太久，已经无法还原当时的分时和盘口情况，但是由于主力参与程度极高，所以仅从 K 线上已经极端明确的将背后的资金行为表现出来。

图 3-60　ST 宝利来日 K 线走势图之二

主力如此不计较成本高低，大力拉高收集筹码，显然说明目标位较高。该股此后一路上涨翻了几倍，量能始终保持较低的水平，说明主力一直锁仓拉抬，未达其目标位。此后在 30 元上方出现了长时间的回落整理，一直调整到 120 日线，量能始终保持萎缩，整个洗盘是以时间换空间的方式(图 3-61)。

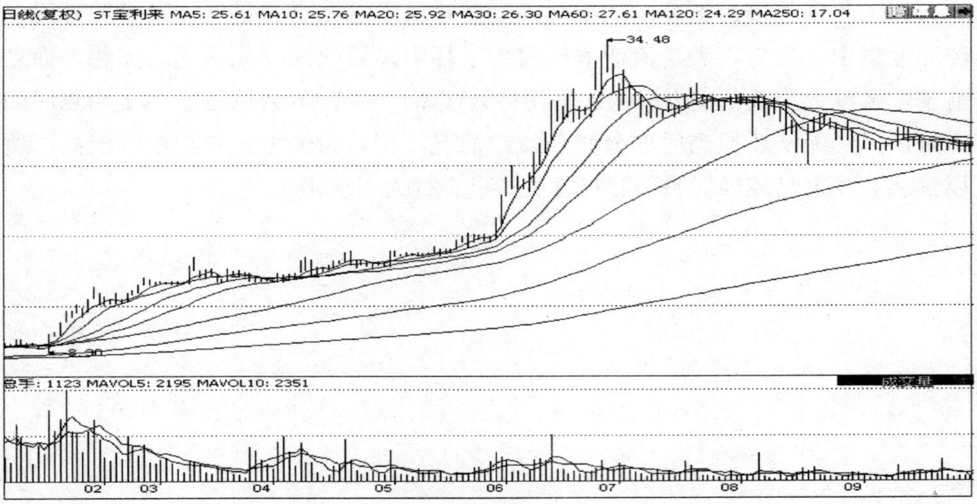

图 3-61　ST 宝利来日 K 线走势图之三

到了后期股价再度启动，进入疯狂冲刺阶段，庄家一路对倒拉升将股价拉高到126元，与启动时的位置相比价格翻了20多倍(图3-62)。此时市场到处都散布着亿安科技股价将上200元的消息，带动了整个科技板块为之疯狂。图3-62中箭头所标出时间是2000年1月12日，这是调查方事后公布的该股庄家持仓量最高的时间，共3001万股，占流通股的85%，这些还不包括老鼠仓的筹码。

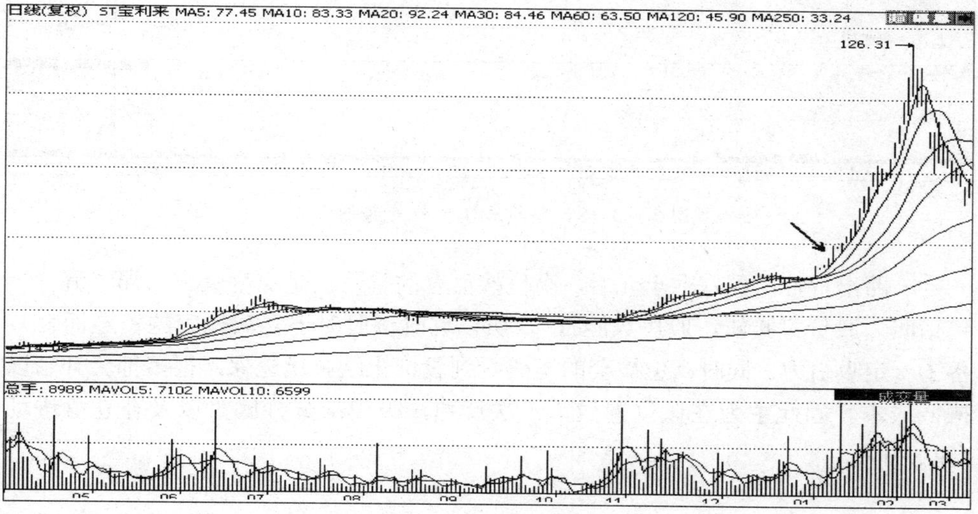

图 3-62 ST 宝利来日 K 线走势图之四

庄家到了最后的拉升阶段开始着手套现。暴涨之后是暴跌(图3-63)，庄家极高的控盘量在带来大涨的同时，也决定了最终出货的时间和空间都是巨大的。虽然在缩量上涨的高位不可能做到将所有筹码全在高位倒给市场，但是股价如此暴涨后主力账面浮盈也是数倍之多，只需出掉一部分筹码就能大幅获利了。

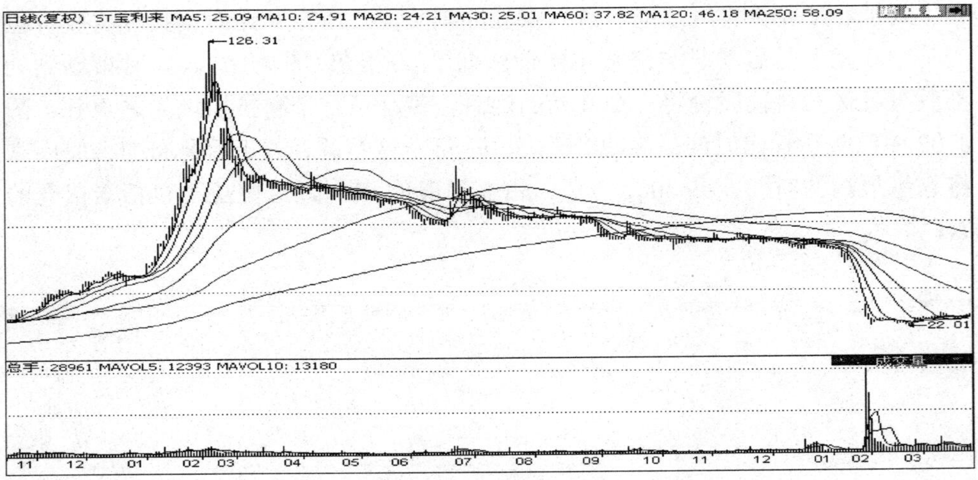

图 3-63　ST 宝利来日 K 线走势图之五

一路出货打压到六七十元后，高位接盘者的筹码已是深度套牢，那时流行一句话叫“股价拦腰斩，股民大胆抄”，所以这时该股对于喜欢抄底的资金而言具备了一定吸引力，同时高位被套的筹码看到股价止跌企稳迹象，很多都会补仓以摊低成本。因此主力在该位置做了一次反弹，吸引部分抄底盘以及补仓盘进场(图 3-64)。

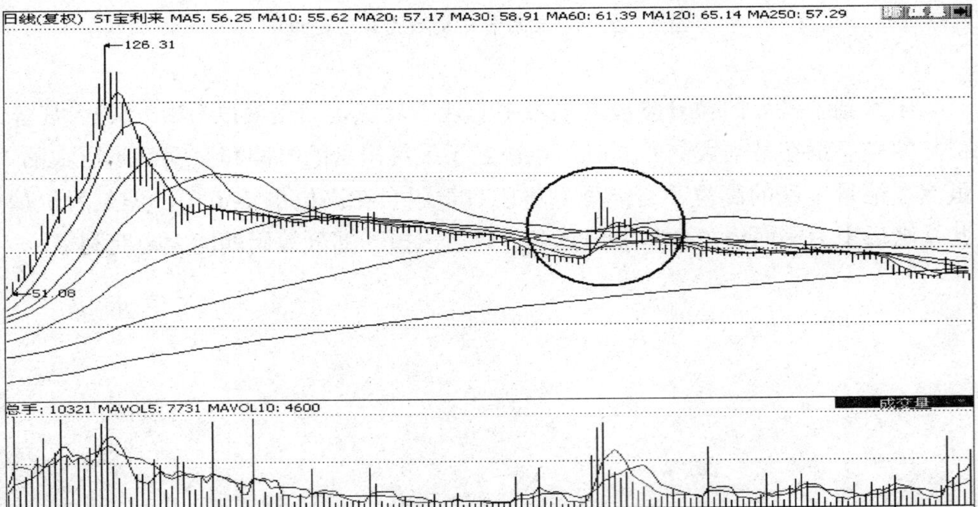

图 3-64　ST 宝利来日 K 线走势图之六

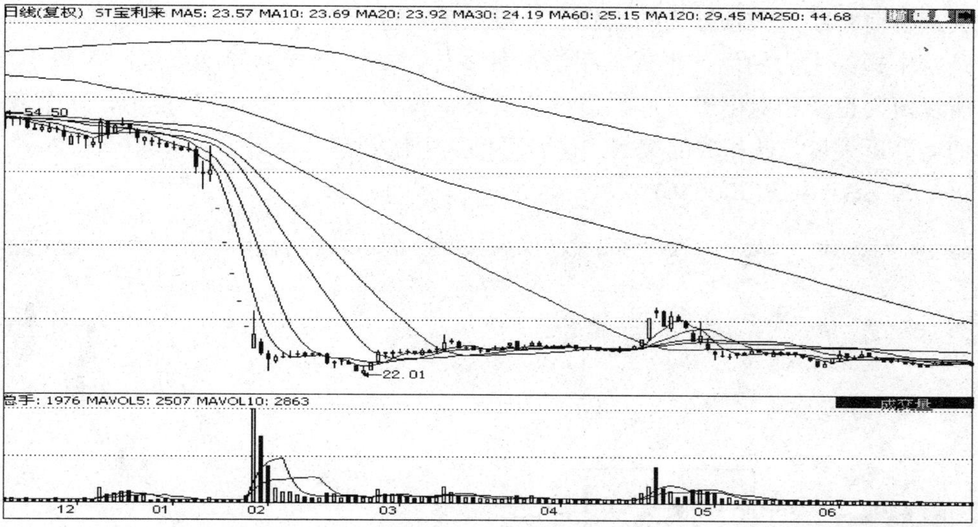

图 3-65 ST 宝利来日 K 线走势图之七

后来受到中科系事件的影响，2001 年 1 月 9 日证监会宣布调查操纵亿安科技股票案，并对已持仓该股的主要账户进行重点监控。消息传出股价应声 6 个跌停，之后跌停打开抄底资金介入，连续三天放出巨量(图 3-65)。

亿安科技是极端且典型的长庄案例，庄家大规模炒作靠的是上市公司背后的资产重组故事以及伴随的高科技神话。尽管庄股时代已经离我们远去，类似亿安这样的情况未来将很难再上演，但是我们依然可以从这些案例中学习到筹码运转与走势波动的一些内在规律。对庄股有兴趣的话，可以看看与亿安科技同期的中科创业(000048)现名“ST 康达尔”，当时走势，这起股价操纵案号称几乎酿成了中国的金融危机，庄家吕梁也因此成为中国股市历史上传奇人物。该股当时的 K 线走势也具有一些典型特征，可以看看其中有哪些值得分析的关键之处。

二、 中短线主力运作案例分析

主力资金按照运作时间的长短，分为短、中、长线主力。“庄家”属于高度控盘的中长线主力，以致庄股的走势图甚至可以天马行空、随心所欲，这是主力控盘现象的一种极端表现形式。而前面我们已经讲到，随着市场环境的演变，目前有股价干预行为的大资金一般只是中短线主力，与庄股模式所不同的是，中短线主力的运作形式与手法多种多样，加之造成的异动规模相对较小，所以研判也要相对困难一些，需要我们具备较好的技术特征分析能力，本节我们将分析大量与此相关的案例，读者可以从中做到举一反三。

1. SST 中纺(600610)

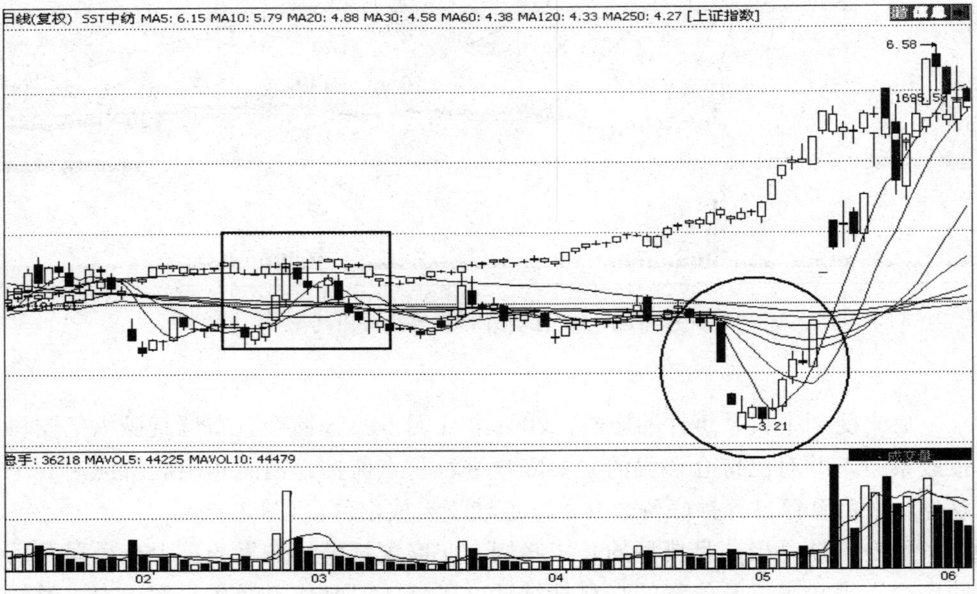

图 3-66　SST 中纺日 K 线走势图之一

不管是什么样的主力案例，研判的第一步首先就是对比大盘，从中找出非自然波动的痕迹。

图 3-66 是 SST 中纺(600610)始于 2006 年底的走势图，方框中曾有一次短暂的放量上涨，利用前面量价部分的知识不难判断放量超出了正常水平，而且股价放量后很快见到阶段性顶部，应该属于某些被套资金对倒诱多减仓，或是受某些消息面因素的短暂冲击。这个阶段股价基本上是在一个大级别底部弱势震荡的自然状态，直到圆框中股价暴跌破位，击穿平台区域，这时该股才真正开始值得留意。

虽然事后回过头看，图 3-66 圆框中是主力的打压震仓行为，但是暴跌刚刚发生时，单纯从 K 线当下判断，盘中发生了什么尚不得而知。由于当时的市场背景环境是刚刚经历了几年的大熊市，行情依然低迷，所以该股的破位暴跌根据经验来看，比较坏的可能是有较大的持仓者(主力或超大户)熬不住了，从而杀跌出逃导致暴跌。从K线成交量上看，两个跌停包括跌停后的企稳，相较前面而言都没有放出量来，那么至少有一点可以肯定，市场愿意抄底的接盘很少，也就是说假如是资金杀跌出逃，减掉的仓位肯定有限。继续观察发现，之后股价企稳，横盘几个交易日后迅速回升至前期平台，量能一直没有放大。这里就很能说明问题了，股价能企稳回升说明接抛盘取得了平衡，假如前面是大资金杀跌出逃的话，两个跌停都没减掉什么仓位，那么股价企稳有了承接一定会继续尽量抛售，可是下跌后也并没有放量，说明没有更多的抛盘出来，所以可以否定是大资金杀跌出逃。由此得出判断，这里应该是有主力资金刻意所为，结合后面迅速收复失地的走势，破位下跌应该是主力震仓洗盘以及试盘的动作。

我们再对主力的情况做进一步分析。如果是之前就潜伏其中的老主力，那么现在就是再次运作前的震仓，但将股价打出两个跌停来，这样的力度似乎没有必要。另一方面，两个跌停后都没有放量，显然证明了浮筹并不多，股价在低位几天的横盘是多余的，只会招致更多的低位跟风筹码，所以是前期就在里面的老主力可能性较小，更大的可能是刚开始运作的新主力。新主力与老主力的不同在于，首先新主力没有筹码，需要想办法多拿一些底部筹码；其次，新主力在运作前，盘中有可能潜伏着老主力，这是任何新主力在进驻目标个股时所忌惮的，所以新主力往往会通过一些举动对盘中信息进行测试，比如打压股价就是一个常见的手段。此时，新主力可以吸纳少量筹码后快速打压股价，然后等待盘中的反应。如果有老主力的话，股价突然被下砸一般是不会袖手旁观的，多数之后会有护盘动作，新主力正是通过这种途径来测试盘中情况。所以本案例黄框部分应该是新主力的试盘动作，目的一是测试老主力的情况；二是测试浮筹稳定性；三是打压股价买到部分成本更低的筹码。

图3-67A点下方的涨停大阳线切入前期整理平台的成交密集区域，图3-68是当日分时图，可以看到当日涨停是早盘冲高，直到下午才封上，有一个较长的震荡过程，并非早盘快速瞬间封停，所以当日成交量从自然成交的角度来讲应该是较大的，更何况当日股价上冲到了前期成交密集区的抛压较大位置。但实际K线走势显示当日涨停量能非常小，显著低于正常水平，这种异常的表现说明筹码锁定性较好，这一方面是由于历史底部区域浮筹数量不多，更重要的是主力之前一段时间的吸筹减少了抛盘数量，所以该处是研判本案例最关键的地方。

从学习的角度我们继续对后面的走势作一个简单分析。该股从 A 之后成交量开始连续暴增，虽然当时的盘口信息已经无法看到，但是单从分时图以及 K 线就能看出主力有明显的对倒动作。

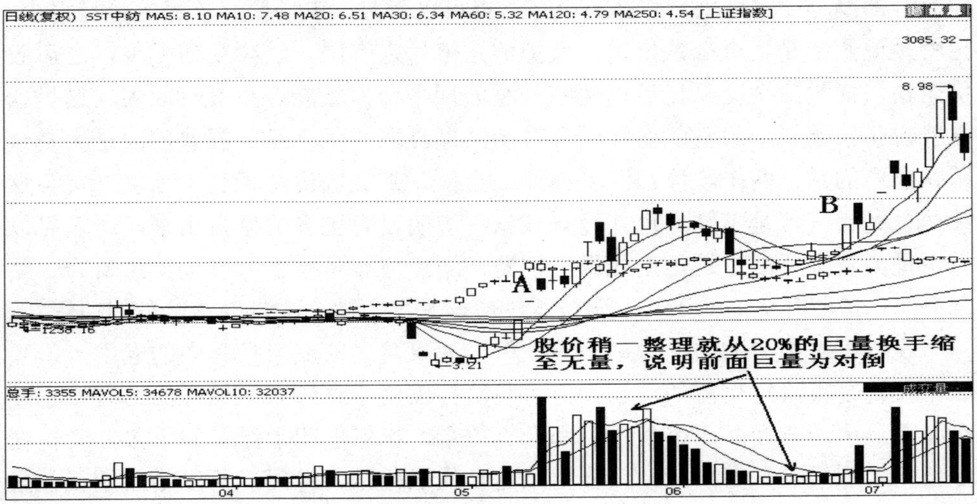

图 3-67　SST 中纺日 K 线走势图之二

图 3-68　SST 中纺分时图之一

图 3-69 是 A 处十字星当天的分时走势，利用前面量价关系的知识就能知道，这种早盘高开回落，之后回升至高开时位置的分时走势，在自然状态下，中间回升时的量能水平应该小于开盘大幅高开在相同价位波动时的量，所以中间的成交量明显有主力对倒成分。

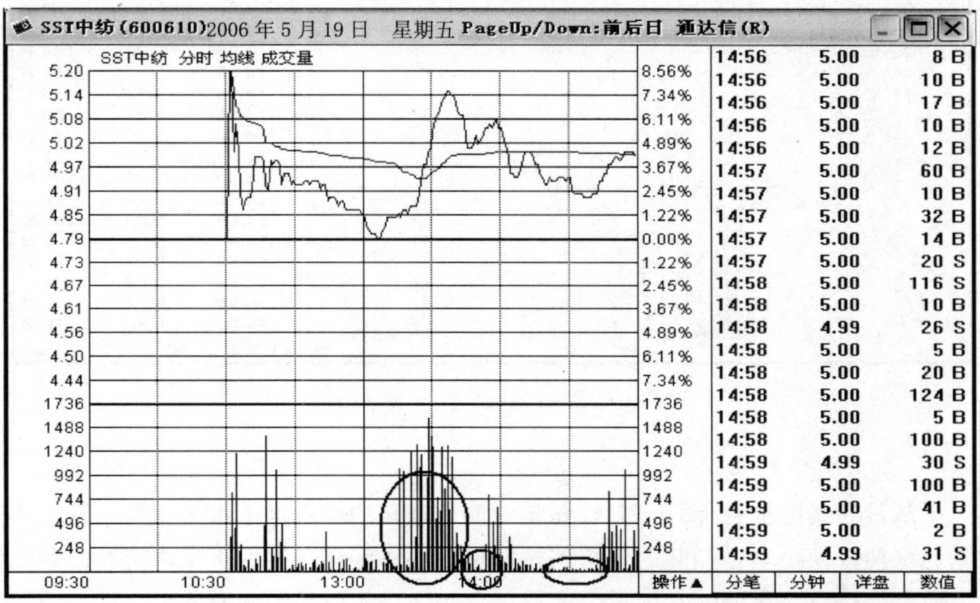

图 3-69　SST 中纺分时图之二

图 3-70 是之后收中阳的走势，可以看出持续半个小时的稳步上冲过程中的量能堆太过突兀，而冲高后震荡回落过程中抛盘极度萎缩，显示之前的上冲中成交量并不真实。

当时其他交易日的分时图，读者可以通过行情软件自行查看，这些都是有明显的对倒痕迹，而即使不看盘口和分时图，从日 K 线上看对倒也很明显。

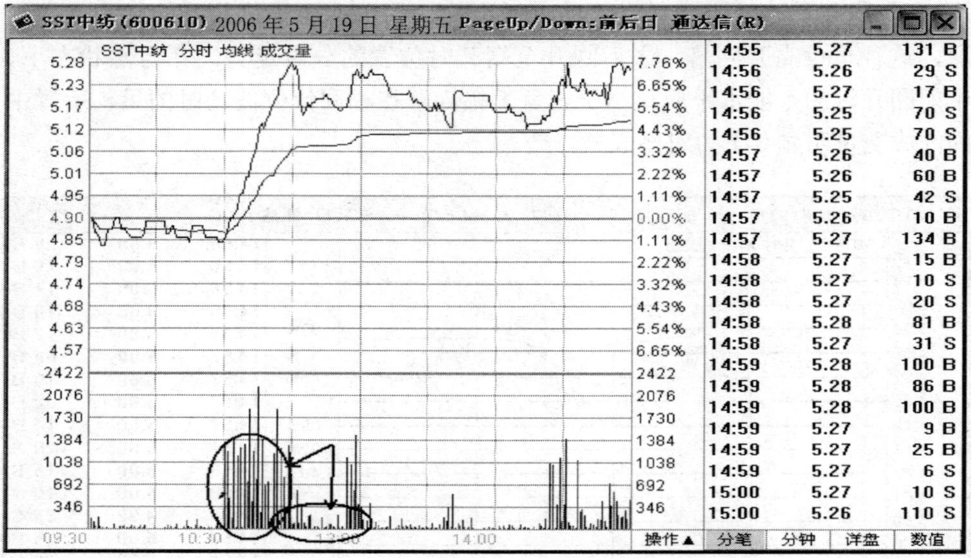

图 3-70　SST 中纺分时图之三

从日 K 线图上看(图 3-71)，量堆中高位震荡的单日换手水平太高了，动不动达到两成换手率，当时的走势和技术位置达不到这个换手水平，还有就是后面股价一整理，量就缩到地量，前后量能对比显示明显前面有水分。此外，量堆中的一些局部量价关系也并不真实。总之，该股的对倒动作非常明显。

主力从 A 点之后就开始大量对倒吸引跟风，由此可以判断主力只是中短线主力，并非是要大规模建仓来进行中长线运作。为什么？因为 A 点之后股价刚刚脱离底部，之前的走势显然吸筹量有限，股价刚起来主力就开始对倒吸引跟风，明显不是想大量建仓，所以这里就看出主力的意图只是中短线运作。附带说明，后面 2007 年连续涨停那是在股改之后的事情了。

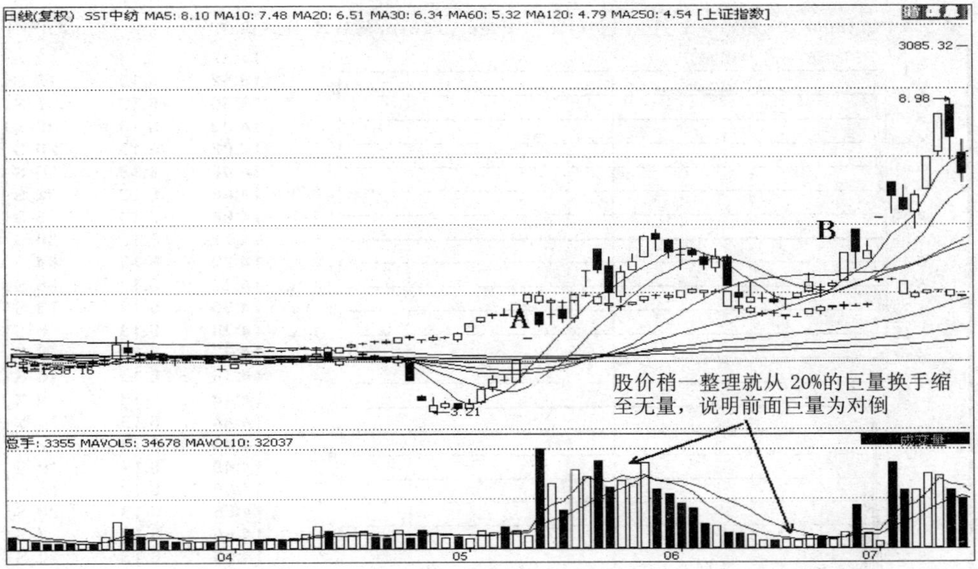

图 3-71　SST 中纺分时图之三

还有值得注意的就是 B 点处的小量大阳线，读者可能会误认为该处也代表筹码集中的含义，其实并非如此，原因与当日分时走势有关。当日是高开后快速封停的走势(图 3-72)，一般这种走势成交量本来就会较小，因为没有给抛盘足够的反应时间而直接封到涨停板，抛盘会明显惜售，只要后面涨停封的牢，量就不会明显放出。同样的原理，直接一字板涨停走势的成交量会更小，后面“涨停板专题”中对此还有论述。总之，分析日线成交量时一定要注意当日分时走势的形成过程，例如同样的一根中阳线，对于早盘就开始上涨和尾盘几分钟被突然拔高这两种情况，显然早盘开始上涨的成交量会大一些，因为持续时间更长的强势走势意味着对于众多买卖者有更多的反应时间，而尾盘的上涨则有很多多空力量还未来得及消化。

之后股价以大幅震荡的方式上行(图 3-73)，主力在拉升的同时高抛低吸赚取差价，这也说明主力控筹度并不高(控盘度低的主力，由于很难做到让股价持续平稳上涨，所以一般会靠高抛低吸获取部分差价)，直到进入股改前主力减仓撤退。

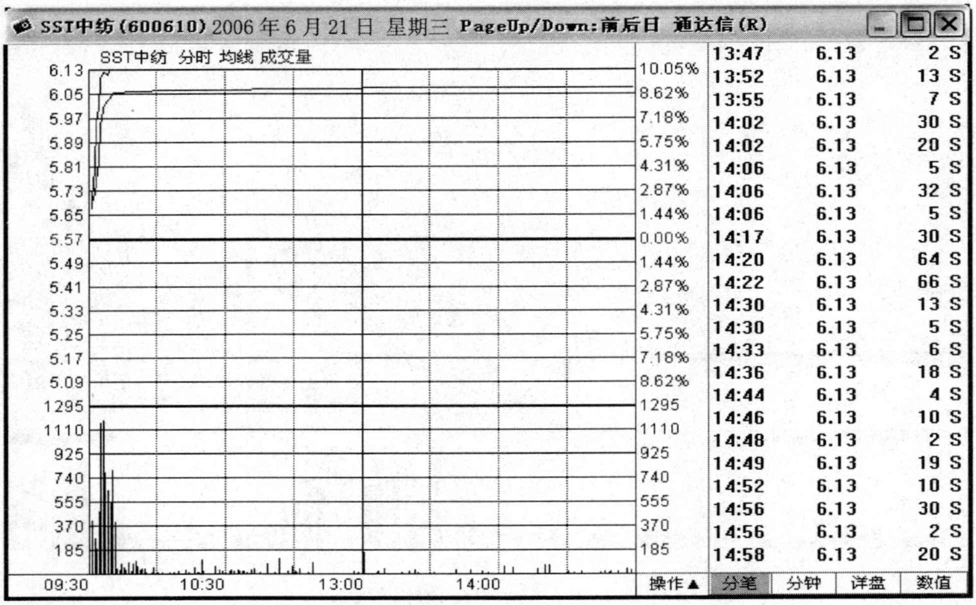

图 3-72 SST 中纺分时图之四

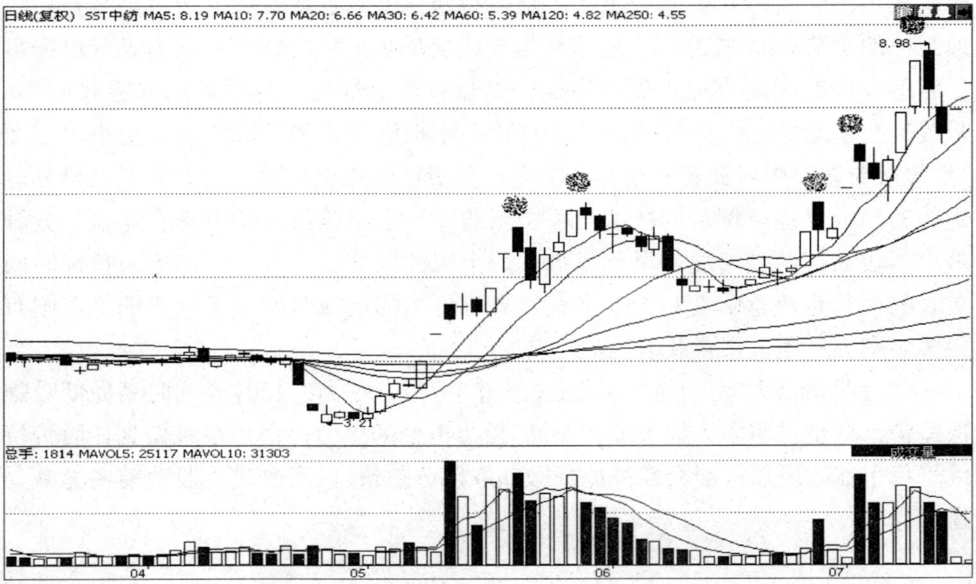

图 3-73 SST 中纺分时图之五

事实上运作该股的主力资金运气并不好，事后被证监会当做反面典型立案调查并处罚，一个很重要的原因就是盘中对倒的动作太大引起监管层反感。证监会向媒体披露，2006 年 4 月 18 日至 7 月 20 日共 51 个交易日中，主力动用其控制的 67 个证券账户，累计买入该股 42334562 股，卖出 41524665 股，期间主力频繁对倒交易，有 17 个交易日交易比例占市场交易量的 30%以上，11 个交易日占 50%以上，5 月 18 日是主力仓位达到最高的 4374936 股，占流通股比例 17%。

这是本节关于中短线主力的第一个案例，读者可以从中仔细体会分析过程，从实际案例中把握研判的技巧。由于中短线主力运作形式多样，所以不可能总结出一个固定的分析模式来往股价走势上套，需要我们借助前面的知识和盘面经验做到见招拆招，针对具体情况把握其关键之处。

根据目前的实际情况来看，最常见的中短线主力类型包括游资、成长股中的顺势中线主力、炒作特定机会的主力以及小主力等几类，其中最为活跃的身影是游资，多数短线暴涨股都是出自其手。游资的炒作与传统的主力运作有较大区别，所以我们在这里先重点补充一些关于游资主力的知识，然后再对其他几类主力做一些讨论。

1. 游资

游资属于短线主力，又被称做涨停板敢死队，例如最早的银河证券宁波解放南路、国信证券深圳泰然九路等营业部都是著名的游资席位。游资的操纵手法就是快进快出。游资选股偏重小盘题材股，最看重的就是题材、消息和热点，从近几年的市场情况来看，突发性暴涨的热门题材股有 80%是出自游资之手，那些利好之下连续涨停的个股，多数都是游资炒作的结果。

游资运作的特点是短平快，打一枪换一个地方，在目标股上驻留的时间比较短，往往短至几天，进场后立即快速拉升，经常是当日封涨停次日就出货。游资与一般主力的区别是控盘度较低，只建很少的底仓或者不建底仓，将多数资金都用于拉升股价，所以那些短线黑马股有时看似上涨迅猛，但其实游资手中筹码并不多，往往不到流通盘的一成，而且游资手里的筹码有一大半是拉抬过程中承接的抛盘，并非是低点买进的底仓。等到股价上涨跟风盘涌入，游资就会快速减仓。至于上涨的空间幅度则主要取决于题材热点力度和大势环境。

由于游资炒作的股票一般都会出现短线快速上涨，所以有的股民对游资存在一个错误，认为游资赚钱一定又多又快。事实上游资做的股票获利幅度是远小于股价涨幅的，比如股价短期上冲了 20%，但游资所投入资金的盈利幅度可能只有 5%。很多股民尚未理解游资的运作模式，这里以一个常见的封涨停出货的例子说明游资的操盘原理。

假设某股价格 10 元，流通盘 2 亿，近期处在自然波动状态，日均成交金额在 5000 万左右(即 2.5%左右的换手)，大盘背景整体是震荡市格局中。某大资金按如下方式运作：

①定好目标股后，先用两个交易日的时间积极吸纳部分底仓，金额约在 4000 万左右，这样股价往往会在建仓买单的支撑下上涨 3～4 个点(假设收在 10.4 元)，日成交量会放大到 1 亿左右，游资买入成本约在 10.2 元。

②第三日早盘直接开始拉升，高开后用约 1 小时封上涨停(如图 3-74 所示)，主力需投入的资金约在 1 亿，同时在拉高的过程中以及涨停板上利用市场的跟风盘，分批减掉自己前一日建的底仓，减仓均价在 11 元左右。当然，当天尽管减掉部分筹码，但当日总体上肯定是增仓的，在这种情景下增仓量即 1 亿 -4000 万 =6000 万。当日买进 1 亿元筹码的平均成本约在 11.1 元。按一般情况，当日该股成交金额大约放大到 3 亿(对应 15%左右的换手水平)。

③第四日早盘制造高开并快速冲高，以吸引跟风，由于前一日涨停会吸引大量短线资金的注意，所以涨停的后一个交易日会有不少跟风买盘进场，游资可以轻松地借市场之力冲高。主力拉高到 12 元，同时在拉高以及随后回落的过程中利用市场跟风盘不断减仓。股价当日走出冲高回落走势(图 3-74)，主力减掉前一日 1 亿筹码，卖出均价约在 11.6，当日早盘拉高及随后的过程中主力买进 3000 万左右，均价在 11.7。当天股价冲高回落后收在 11.6 元。

④第五日一般股价是略低开的，根据市场状况，择机将前一日买进的 3000 万以略亏出局，出货均价在 11.5 元附近，结束短炒。

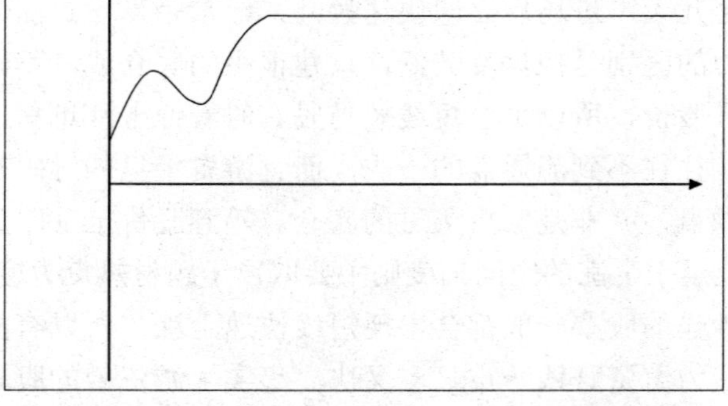

图 3-74　分时示意图之一

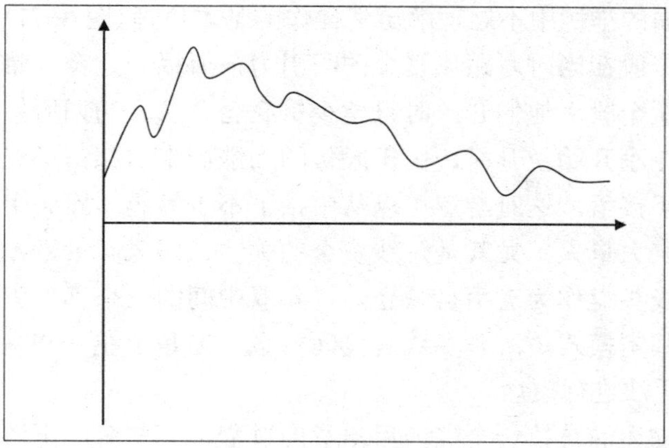

图 3-75 分时示意图之二

整个过程 K 线走势如图 3-76 所示。最终在该运作模式下，针对流通市值 20 亿的个股，游资投入一亿多元资金，通过短线运作获利近千万。这是比较有代表性的游资超短线炒作方式，现在还在被用到，对于该涨停走势下的一些细节问题，在后面的涨停板专题中还有进一步讨论，读者可以参看该部分内容。

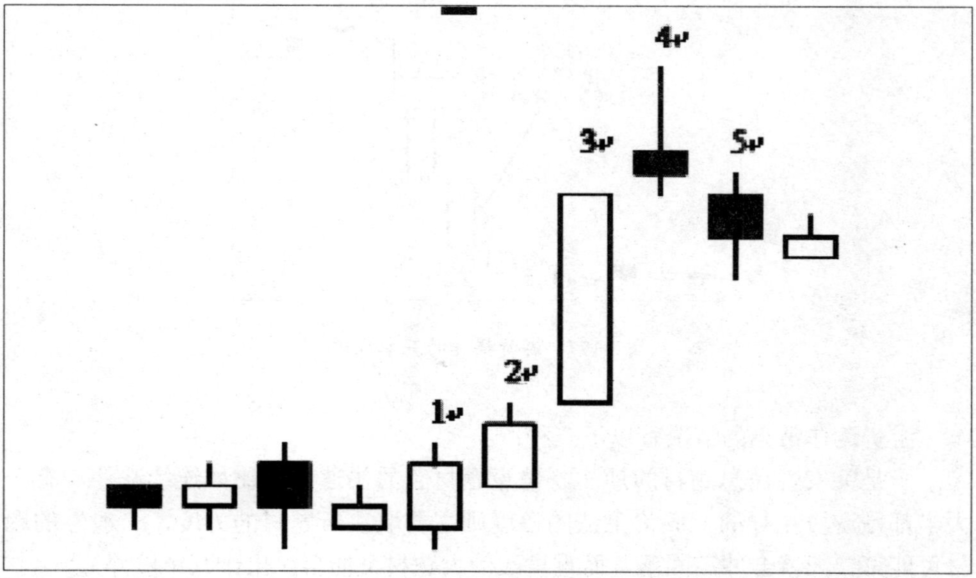

图 3-76 日 K 线走势示意图

读者从上面的举例中不难理解游资操作的基本原理(图 3-77)，游资炒作看重的就是目标个股在当时对跟风资金的吸引力，所以一定会尽量选择跟风基础较好的股性活跃个股。他们介入时只建少量底仓，拉升初期所接下的筹码就是其主要仓位。在刚开始拉升时，由于股价的上涨尚未引起市场充分注意，所以市场抛盘会多于接盘，这时游资可以从中接下不少筹码。而到上涨之后，由于股价大涨会引来大量人，尤其是短线资金的关注，跟风买盘开始大量进场，就可以将这些短线买盘作为对手盘减仓，以获取中间的一个不太大的差价。这就是游资操作的基本模式。游资多数是民间资金，但是现在一些基金类的机构有时也会用这种手法进行短炒。

前面我们描述的是拉一个涨停后出货的过程，某些情况下游资也会连续拉升，使得股价连续大涨甚至连续涨停。在这个大涨过程中，游资往往采取的是边拉边减、循环获利的方式，例如封第一个涨停后，次日在继续封停前以及封停的过程中，减掉前一日封停所增仓的筹码，这样在股价整个不断上涨的过程中，游资的资金也不断在“拉升——减仓”中循环获利，而游资的实际持仓量一直不高。所以，不要一看到连续暴涨的个股就觉得是里面的握有大量流通筹码的“强庄”所为。

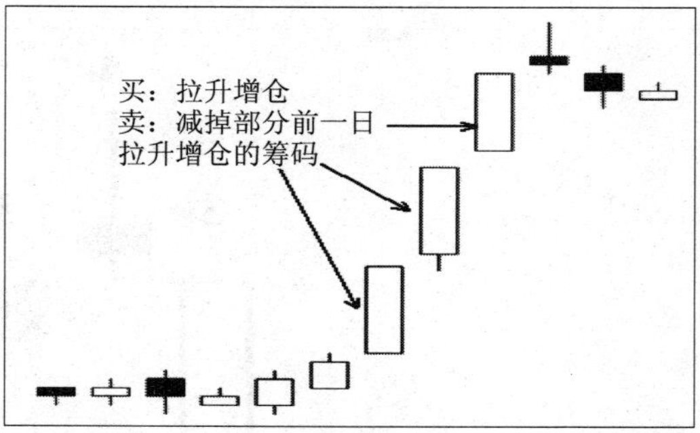

图 3-77　游资操作的基本原理

游资运作常见的情况有以下三种：

一是突发性消息题材的炒作。消息题材股的快速急涨比如连续涨停，有一大半都是游资主导的，股价上涨的幅度则主要取决于题材的力度，一般性的题材可能第二天就会冲高回落，而重量级的大题材可能会拉出十几个涨停。

二是长效题材股的反复炒作。对于一些具备长效题材的热门个股，由于市场认知度高，短线跟风基础好，所以经常会吸引游资短炒，只要时机合适，隔三差五就会有资金炒一把，给人以股价反复上涨或者反复活跃的感觉。所以当看到某些题材股反复活跃时，并不一定是其中有某一家主力在长期运作，多数是由不同游资的轮番炒作导致的。

三是没有题材或消息，直接启动。这种情况对于时机和目标股的选择比较重要，游资一般选择在市场强势，或者是超跌反弹，或者个股技术面面临突破状态等情况下进行运作。

由于游资的控筹度有限，跟风参与者也多为短线资金，所以游资整个炒作过程中成交量会放的非常大，换手率常达到20%以上，这一点与主力资金拉高建仓的量价表现明显不同。此外，游资在运作时往往没有特别明确的计划，而是随机应变，根据大势及热点等情况走一步看一步，一旦情况不对劲，随时会改变策略甚至快速撤退。

2. 成长股中的顺势中线主力

与游资一样，成长股中的顺势中线主力也是目前较为多见的主力类型。这种性质的主力资金选股看重成长性，当然题材也会兼带考虑，但只会考虑长效题材。介入之后运作时间较长，一般到了运作后期上市公司会有一些利好消息。总的来说，这类主力选择的目标股肯定是有一个价值底线的，这样才能保证在运作过程中有持续吸引跟风的基础和一定的安全边际，垃圾股不会考虑，而最终运作的时间也会较长，个股从中长线看比大盘明显走得强势，或者是振幅明显比指数大。

这类主力运作前会对目标个股进行比较深入的调研，包括公司基本面、股质、流通盘等各个方面，还包括与上市公司的沟通或勾结，确定目标个股能够具备中线运作的优势。在建立一定底仓后，后面的运作多数时候是顺势的，也就是说走势基调基本与大势一致，在这个前提下主力会通过适当干预股价以使得股价走的更强，或者通过加大K线波段涨跌幅来高抛低吸赚取差价。这类主力目前也比较多，很多中长线走强的优质成长股都是这种情况。

3. 炒作特定机会的主力

这一种与短线游资有些类似，可以被看作广义上的游资。一般这种炒作的前提是目标股近期将有某些大的利好消息，并且内幕被主力提前获知，于是主力可以先行介入底仓，而后借消息拉动一波上涨后获利出局。当我们看到个股之前没有明显的主力运作痕迹，利好出台之前一段时间开始明显有资金介入迹象，而在消息出台前后急涨的，多数就是这种情况。当然，所谓的特定机会也不仅仅是指利好消息，还包括很多情况，比如在熊市超跌环境中，由于面临整体回暖预期，所以很多主力会选择此时进场抓住系统性超跌反弹的机会，前面的例 1 正是这种情况。

4. 小主力

前面我们已经对小主力有过论述，小主力也是造成股价短线异动的一种常见因素，扮演小 主力角色的包括公募、私募、民间大户等等各种大资金类型。当前整个 A 股市场有相当一部分个股都是只有小主力在其中的状态，那种庄股观念一定要转变过来。很多时候当我们看到个股盘中的异动时会误认为是主力或游资在行动，其实只是小主力的小的干预，很快异动就会恢复平静，这种关注价值并不大。

三、 操作案例分析

1. 广晟有色(600259)

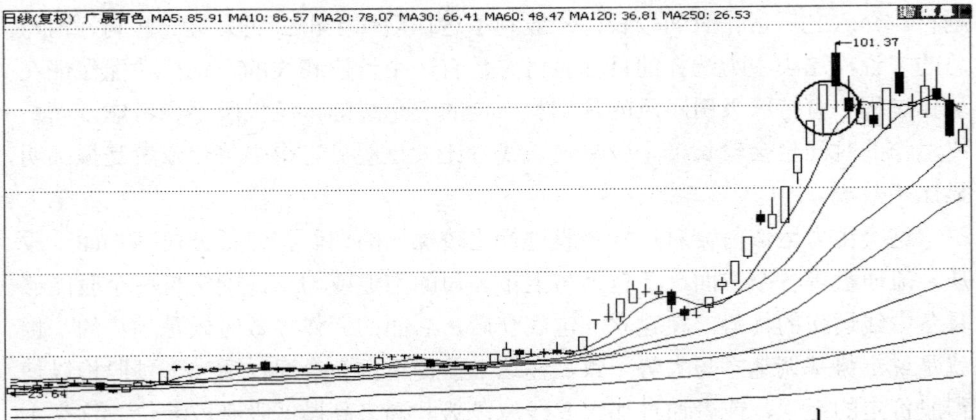

图 3-78 广晟有色日 K 线走势图

广晟有色是 2010 年涨幅惊人的妖股，全年受到几波炒作，股价一直被推高到百元以上，整个上行过程从一开始直到最后成交量都放的非常大，平均换手在 20%左右，这是游资操作的典型特征(图 3-78)。当时由于稀土题材以及整个资源类个股不断升温，短线资金纷纷将注意力投向该板块，该股由于题材突出，所以吸引了游资的大幅炒作。只有特别火爆的题材以及理想的市场环境配合下才有可能炒到如此涨幅，例如本案例中，如果没有后期资源股引领的火爆行情作铺垫，股价是到不了这个位置的。而其他大多数情况下，游资短线运作的涨幅都有限。

本案例还有一个技术上的要点，就是图中标注处。当天股价在此前已连续涨停之后，当日继续涨停，分时图(图 3-79)显示并非是快速封停，而是经过半个小时以上的震荡，也就是说多空力量经过了较充分地释放，但是从 K 线成交量上看，当日相对于近期的量能水平明显大幅萎缩，这种我们称之为非快速封停量价背离点。对于游资爆炒连续涨停的个股，如果连续数个涨停后出现了非快速封停量价背离点，则意味着股价很可能将见到阶段性顶部。原因在于，这种连续大涨的走势中间没有有效的调整清洗，很多资金是一路坐轿上来的，量价背离的出现意味着坐轿的已经越来越多，众多短线筹码都持股待涨暂时不出来了，导致量能背离式的减小，这就意味着人气的极点已现，股价面临阶段性顶部。这就是前面所讲的正反馈原理在极端走势下的体现，背离意味着正反馈已经达到极限，潜在做多能量无以为继，而抛盘则是一触即发。

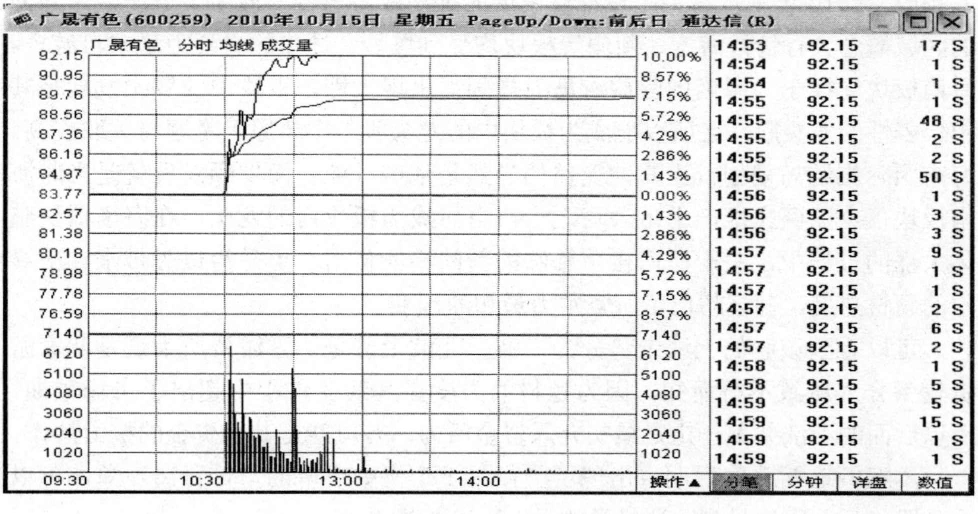

图 3-79 广晟有色 2010 年 10 月 15 日分时图

2. ST 罗顿(600209)

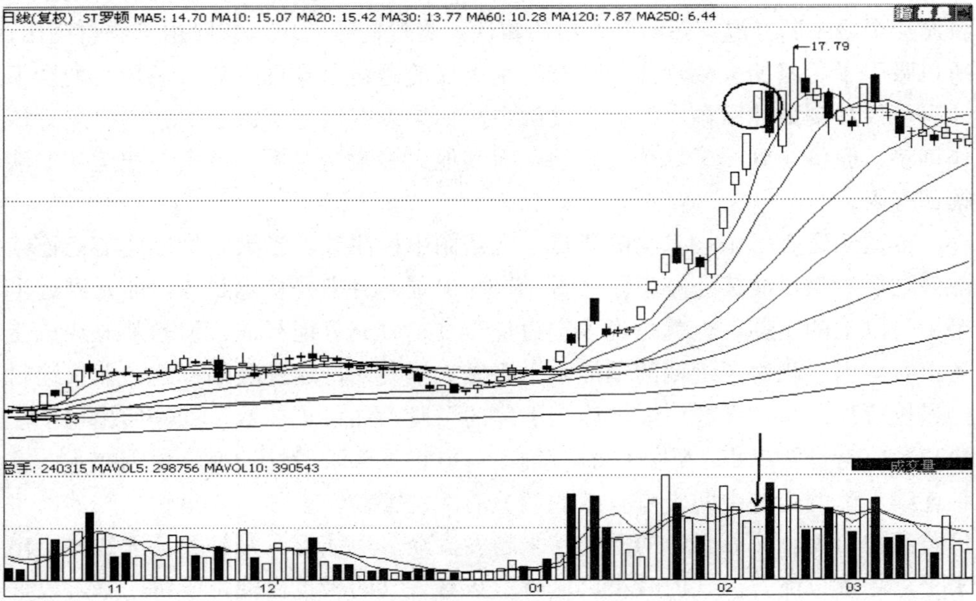

图 3-80 ST 罗顿日 K 线走势图

ST 罗顿的走势与广晟有色类似，都是大题材背景下被游资爆炒的热门板块龙头股。2010 年大量有关区域经济发展的推动政策出台，催生了一波轰轰烈烈的区域概念大行情，海南、新疆等板块均受到爆炒，炒作的主要力量来自游资。海南板块受益于"海南国际旅游岛"规划而出现大涨，板块中的罗顿发展是其中代表性的龙头股，之所以能成为板块内的龙头股，主要原因是题材关联度高。海南国际旅游岛规划首当其冲受益的当然是地产行业，而罗顿发展就是当时海南板块仅有的两家地产上市公司之一，自然成为板块内的龙头。在海南板块整体大涨的过程中，关于海南楼市暴涨的新闻不断传出，更是给该股带来异乎寻常的题材热度，甚至超出了游资主力最初的预期。

可以看到该股的上涨走势分为三波，几波上涨是一家游资所为还是几家游资轮番介入所致不得而知，因为题材的力度在其演变过程中超出了市场预期，所以后面的上涨并不一定是最初介入资金所为，有可能是其他资金的接力炒作。

本案例连续涨停后期也出现了类似第 1 个例中所讲的量价背离现象，可以看到股价后面很快见到阶段性顶部(图 3-80 和图 3-81)。

图 3-81 ST 罗顿 2010 年 2 月 4 日分时走势图

3. 浪潮信息(600410)

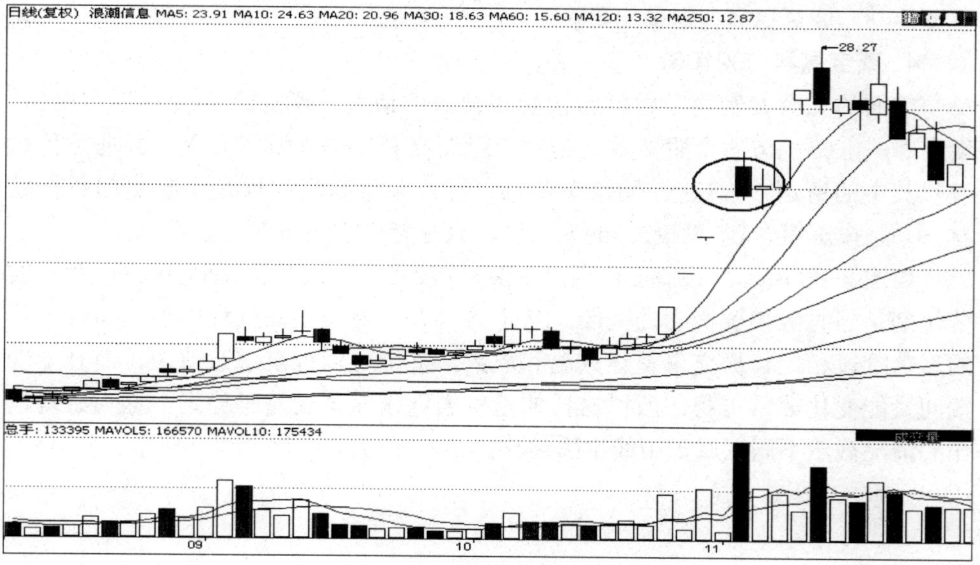

图 3-82 浪潮信息日 K 线走势图

图 3-82 是浪潮信息 2010 年底的一波大涨日 K 线走势图，当时的背景是工信部发布开展云计算试点的通知。云计算是当时非常热门的新兴题材，该股则是云计算概念板块的龙头之一，在消息带动下，引来游资的炒作。在利好消息出台的当日股价才开始封第一个涨停，属于游资主力临时介入拉高建仓。由于这之前热点集中在资源股为代表的大盘蓝筹板块上，概念性炒作已经冷却了较长时间，市场急需出现题材热点满足短线资金躁动的需求，于是该题材板块的活跃可谓正当其时，快速聚集了大量跟风资金。这里也体现出一个道理，一个题材的力度不仅与题材本身有关，而且与题材所处市场环境当时的需要有关，同样的题材出现在不同的市道下，市场反应是大不相同的，出现时机恰逢其时的话，所爆发出来的市场能量将大得多。

由于题材迅速得到市场追捧，该股以一字板的方式连续封停，之后出现放量阴线，可以看到该阴线重心明显高于前一日涨停收盘的价位，这是市场短线资金承接有力的表现。原因在于，涨停之后的这根 K 线波动重心越高，意味着此前交易日追进的短线资金均处于获利状态，抛压也就较大，买盘能够在分时图高位承接，更加显示出买盘的积极。对于游资炒作的情况，我们就可以通过涨停之后整理的重心高低来判断跟风盘的承接力度。对于那些承接有力的情况，只要题材不降温，出现再度拉升的可能性很大，这是持仓者选择卖出时机要注意的。本案例就出现了这种情况，游资主力在阴线当天高抛部分仓位并整理后，再度拉升一波至更高位震荡出货。

4. 莱宝高科(002106)

前面的几个案例均是题材股被游资短炒的情况，学完之后读者不难明白，现在那些涨幅凌厉的个股多数只是受消息题材刺激引来游资介入，并非是什么潜伏其中的所谓“强庄”。同浪潮信息一样，莱宝高科同样是当时热门科技题材——触摸屏概念(苹果概念)的龙头股，只是背后的主力并非游资。

如图 3-83 所示，该股 2010 年底出现连续拉升，股价涨幅达 100%，暴涨的催化剂是当时触摸屏概念的火爆。从走势上看，整个上涨过程中与前面近半年的震荡阶段相比，成交量整体只温和放大，甚至可以说没怎么放大，而且上涨期间量能变化非常平稳，所以这样的量价表现说明该股筹码稳定，这与游资运作的情况截然不同，属于中线主力运作。

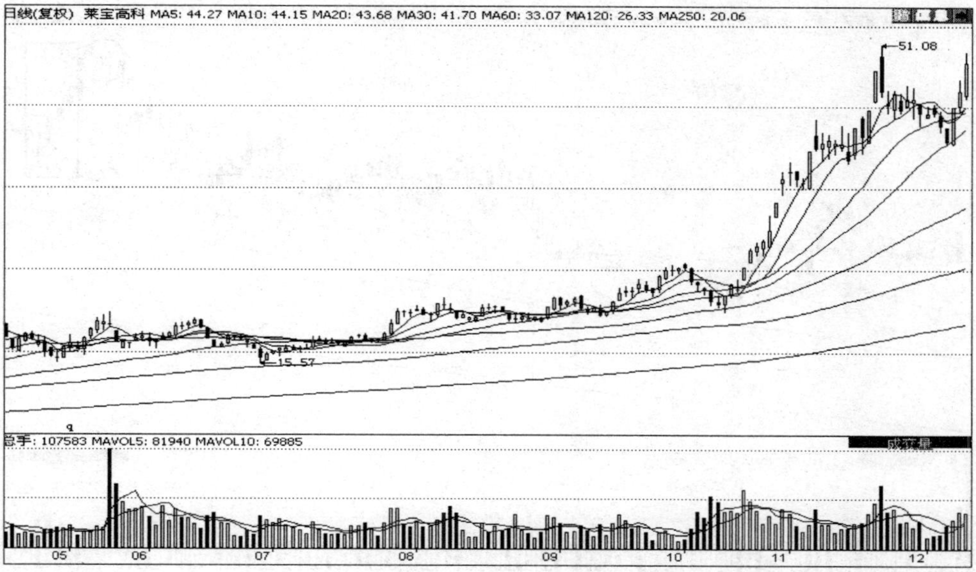

图 3-83　莱宝高科日 K 线走势图之一

从筹码结构上看，由于莱宝高科当时并非纯题材股，其股质和成长性都受到市场认可，并且从当时券商频繁发布的关于该股的研究报告也可以看出，机构投资者对其前景十分看好，所以该股持仓者中基金一定比较多。这一点我们可以通过股东信息来进一步验证，当时的流通股东榜中除去几家实际非流通的持有人，仅排名靠前的几家基金席位就持有实际流通盘的近两成，再算上排在后面未上榜的机构，实际流通筹码应有三成以上为机构持有。所以，从筹码结构上讲，该股是中线主力与基金共存的局面，筹码相对比较集中，之后上涨过程中量能的平稳正是因此所致。

从大的 K 线格局上看，从 2010 年 3 月下旬开始就有明显的主力运作痕迹，尤其是四月之后大盘暴跌，该股以震荡的姿态顶住，说明主力成本应该不低，建仓时间也离此不远，极有可能是年初大势低迷阶段开始吸纳的底仓，否则一般不会发力顶住大势的下滑。

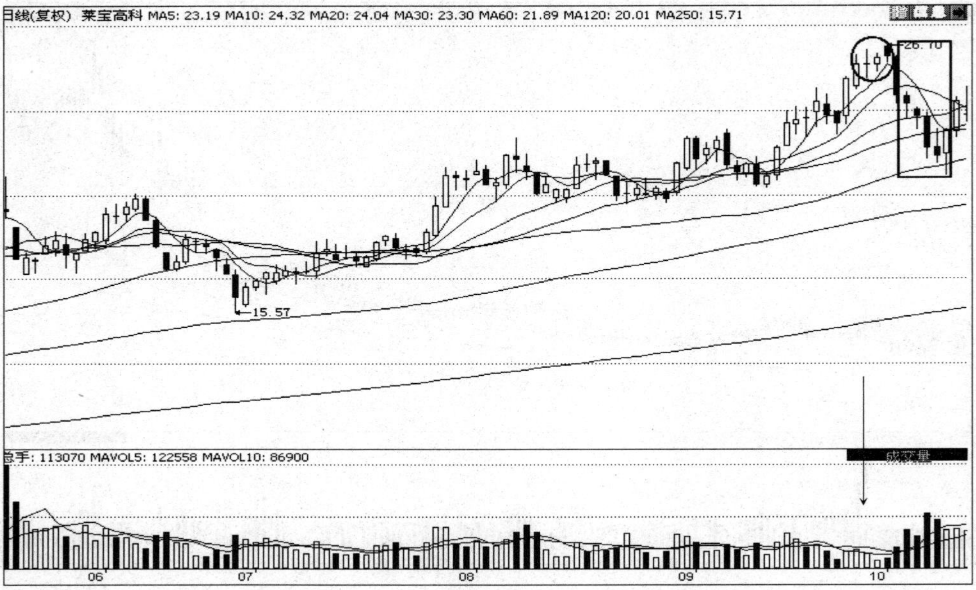

图 3-84　莱宝高科日 K 线走势图之二

随后股价震荡上行，图 3-84 中圆框处创新高量能却极小，又是我们之前提到过的典型征兆，这里说明了什么？说明筹码在股价上涨过程中不但没有发散，还有进一步集中趋向，同时也就说明了主力二季度顶住大势下跌后并没有减仓。注意方框处的一段连阴下跌，这期间中小盘股普遍逆大盘大跌，所以该股同步调整并非属于异动，放量是由于部分基金抛售所致。

学完这个案例，请读者分析海信电器(600060)在 2009 年下半年的走势，看看该案例与莱宝高科有何区别？

5. 华新水泥(600801)

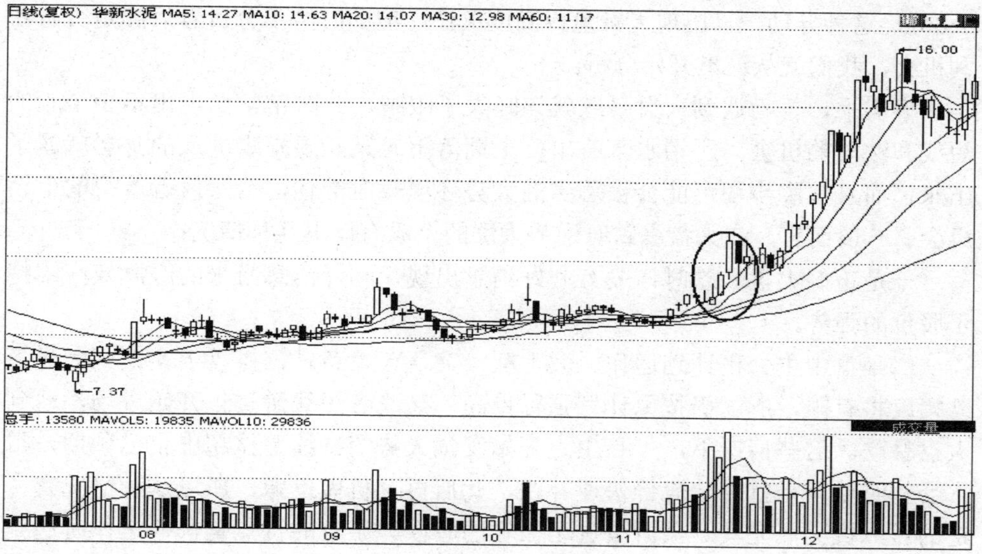

图 3-85 华新水泥日 K 线走势图

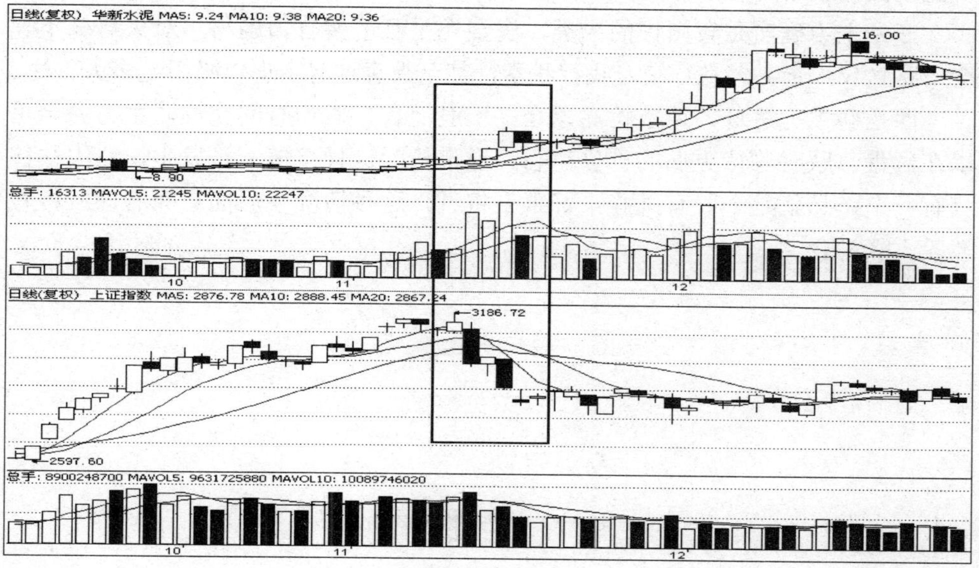

图 3-86 同期大盘对比

华新水泥于2010年底启动一波大涨(图3-85)。此前，股价基本处在随大势震荡的状态，至2010年11月大盘暴跌时，该股却逆势突破上涨(见图3-86)，这种异动一旦出现无疑值得高度关注，应即时给予分析看后续是否有获利机会，我们就从这里开始分析。

事实上，每当遇到大盘暴跌就该睁大了眼睛，此时常常凸现出不少个股的短线和波段的机会。所谓水落石出，大潮落下时某些要闹事的人的身影就露了出来，而且其脚步还可能会被恶劣的大势环境暂时绊住，给跟风者难得的上轿机会。一般而言，在大盘暴跌时逆势大涨的个股有以下几种情况:

一是正好大盘暴跌时该股有利好消息出现，利好消息带来的跟风效应维持了股价的强势。

二是盘中主力正计划运作一波上涨，突遇大盘急跌，操盘手又误判大盘下跌幅度将有限，所以仍按原计划强行推高；又或者短线游资正开始进场，遇到大盘暴跌。这些情况下，一旦主力开始发觉大势的持续恶化超出自己预期，常常会暂时放弃抵抗导致股价快速补跌，此后再寻机做反弹，所以这种情况有一定的短线机会，尤其是当游资进场被套的时候。游资的特点是快，运作时遇到意外情况要么是壮士断臂斩仓出局，要么就是快速反攻自救出局，所以游资遭遇暴跌的情况更值得留意，而那些非游资性的主力意在长远，出现意外情况有可能改变计划，暂时进入一段时间观望休整。

三是主力确实是较凶悍的一类，资金充足且手握有力题材，对大势毫不理会一路猛攻，走势天马行空、我行我素，甚至故意逆势表现以吸引更多人关注。

四是新主力进场，逆市拉高建仓。一般而言，假如时间允许，主力完全可以在大盘急跌时等待更低的价位建仓，逆市抢筹这种事情一旦发生，原因往往只有一个，那就是个股有某些“好事”将近，这种情况下后面意味着该股将有波段大涨机会。

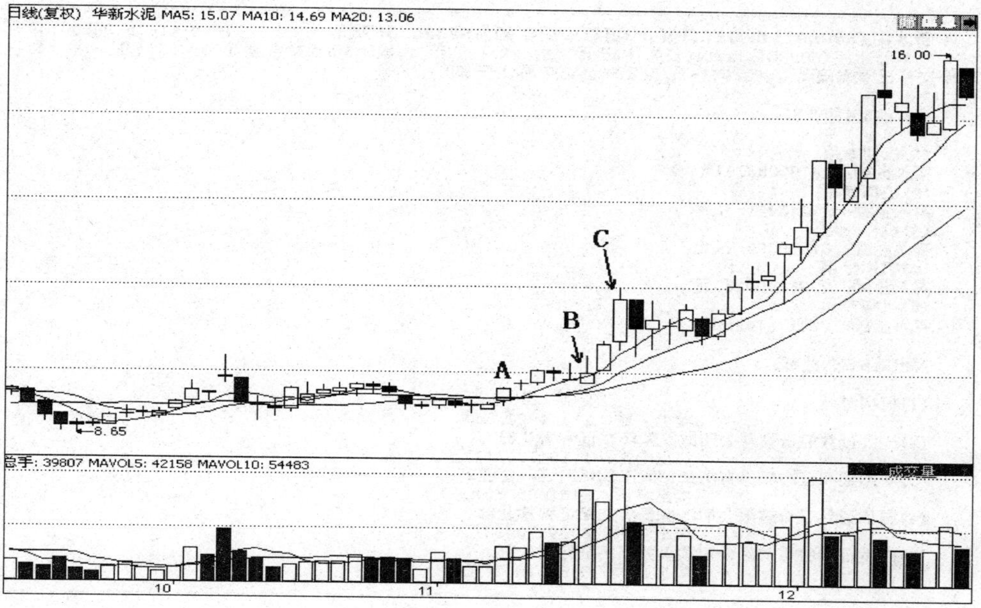

图 3-87 华新水泥 2010 年 10～12 月日 K 线走势

回到本案例，该股从逆势而动开始引起我们注意，这时应根据上面的思路做进一步全面分析，看是否能判断属于哪种情况。该股前期走势基本随大盘，一直运行在大箱体格局中。如图 3-87 所示，直到 11 月 5 日(A 点)后开始温和放量走强，11 月 12 日(B 点)大盘暴跌，该股消息面平静背景下逆市翻红，量能放大到下半年以来的最大，在没有利好的情况下放量顶住大盘暴跌，显示有资金大量承接抛盘。直到 11 月 16 日(C 点)大盘继续破位下行，该股仍然全天单边上行，这就可以排除主力资金误判大盘的可能，否则主力不会如此大胆积极。也并非是受消息公告的影响。16 日收盘后龙虎榜信息公布了该股三日累计的交易席位(图 3-88)，

华新水泥(600801)11月16日累计3日总成交金额为62325.35万元 2010-11-16 00:00:00
华新水泥(600801)11月16日累计3日成交量 296168(手);累计3日成交金额 62325.35(万);累计3个交易日涨幅偏离值 22.95(%);交易所公布交易公开信息。

买入前5名营业部:

(1)机构专用
买入金额:48792298.34元
(2)机构专用
买入金额:39443441.32元
(3)机构专用
买入金额:31550390.44元
(4)机构专用
买入金额:29982600.30元
(5)机构专用
买入金额:26417914.59元

卖出前5名营业部:

(1)机构专用
卖出金额:21474924.95元
(2)光大证券股份有限公司武汉紫阳路证券营业部
卖出金额:11104820.14元
(3)中国银河证券股份有限公司武汉武珞路证券营业部
卖出金额:9161505.80元
(4)国信证券股份有限公司深圳泰然九路证券营业部
卖出金额:6939470.38元
(5)广发证券股份有限公司武汉武珞路证券营业部
卖出金额:6786119.27元

图 3-88 华新水泥 2010 年 11 月 16 日交易信息

可以看到,近三日的强势中,买入席位清一色为机构席位,仅前 5 家金额累计就近 2 亿,超过这三日总成交额的 30%,算上后面可能存在却未上榜的机构席位,或许还要更多。这是一个相当高的占比,该股流通盘不过才 9000 万股,以当时价格计算,仅三天内就有机构以抢筹的姿态拿下了流通盘的 10%以上,机构在大盘暴跌背景下抢进如此多的筹码,一定是基本面或者消息面有“好事”的缘故。

从当时基本面和消息面上分析,该股是华中地区水泥行业龙头公司,2010 年上半年受湖北及周边省份产能集中释放导致过剩的影响而拖累前三季度业绩,导致该股动态 PE 暂时较高,但近几个月在区域供需明显改善下公司经营明显好转,四季度至 2011 年有强烈的业绩提升预期,最新的券商相关研究报告对于 2011 年 EPS 普遍预期在 1 元以上,加之当时整个水泥行业暖风频吹,水泥价格不断上涨,需求不断上涨,所以应该正是这些因素构成了机构大规模逆势进场的逻辑,以如此大量抢筹的姿态,将至少走出波段行情。让人感到幸运的是,在大盘暴跌的拖累下,该股后面几日出现了明显的回抽走势,最低探至新进场机构的成本区域,这就构成了难得的波段买入机会。

这里借这个案例讨论了大盘大跌下异动股的话题，这其中常常会出现高概率的短线机会，研判的重点在于区分属于上面所讲的哪类情况。

6. 长江投资(600119)

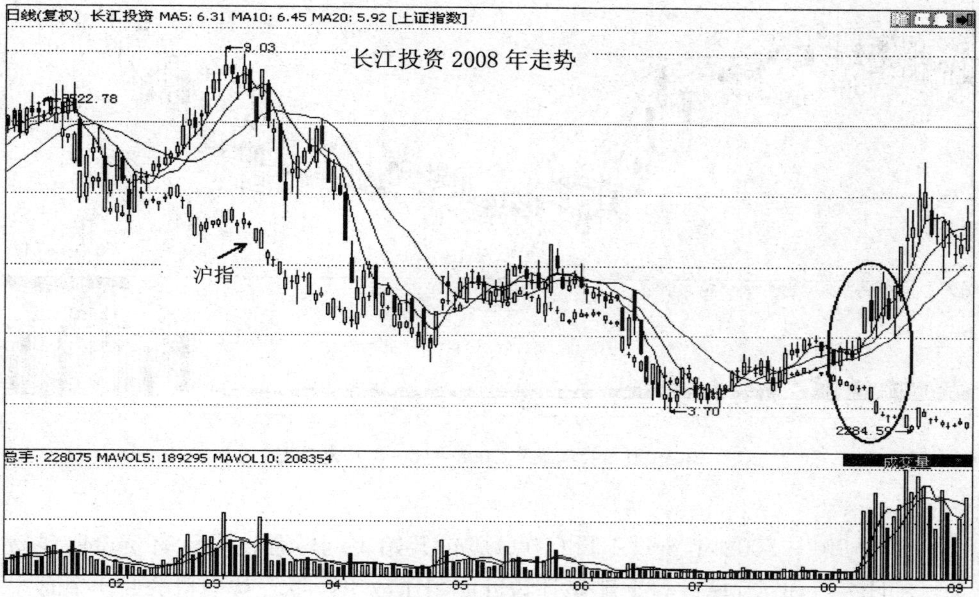

图 3-89 长江投资 2008 年日 K 线走势图

在华新水泥案例中我们讨论了大盘大跌时逆势大涨股的话题，对于这类个股要重点区分属于前面所讲的哪种情况，其中很有可能蕴含着短线机会，这里我们再看一个相关案例。

图 3-89 是长江投资 2008 年的走势。2008 年 A 股市场经历了熊市的暴跌，该股当时属于低价小盘股，此前一直随大盘下跌，直到图中圆框处出现明显异动。我们从异动开始分析。

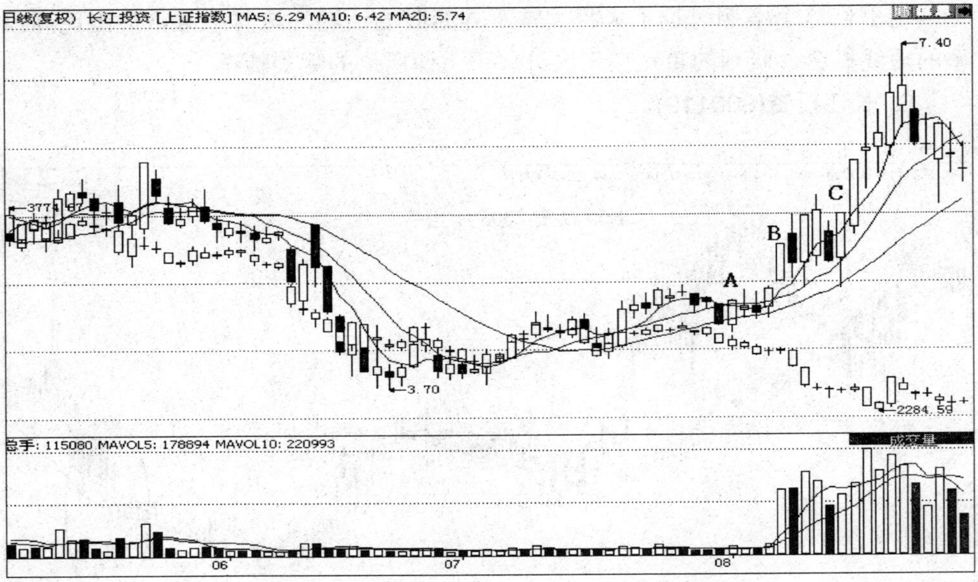

图 3-90　长江投资 2008 年 6～8 月走势图

图 3-90 中 2008 年 8 月 1 日(A 点)股价开始主动转强，显示有资金吸纳迹象，8 月 7 日(B 点)早盘封上涨停且与近期相比放出巨量，从当日分时上看成交量有一大半都是在涨停板位置而非上冲过程中。由于市场环境非常不好，且当日无利好消息，所以基本排除老主力对倒减仓，因为这时根本不会有减仓机会。结合当时的具体走势以及该股小盘低价的特性，应为游资进场做反弹，除了涨停当日接下的筹码外，加上前几日吸纳的筹码，手里底仓已经不少。8 日是北京奥运会召开，当日大盘暴跌几乎呈崩盘之势，这种情况下主力显然难以减仓，该股被迫大幅震荡收阴。果然其后游资主力迅速又反击拉出第二个涨停板，但是当日大盘继续暴跌，所以抛压很大，游资一直顶到尾盘，依然没有机会减仓。而此时由于大势已经呈崩盘之势，所以该股也有较强的释放压力的需求，之后几日走势显示游资暂时弃守，股价补跌。

至 8 月 14 日(C 点)盘中，大盘横盘企稳，游资依然暂时被套未出，且短线浮筹已经经过清洗，所以可以判断启动自救概率非常大，对于跟风者而言此时有进场博短价值。果然，当日尾盘即再度拉升封停，其后走出一波短线行情(图 3-91)。

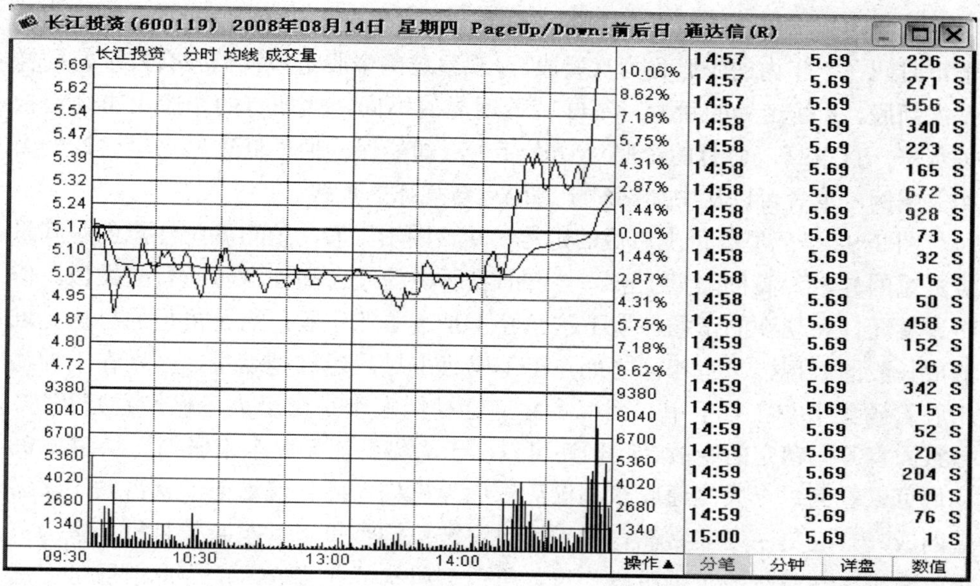

图 3-91 长江投资 2008 年 8 月 4 日分时图

7. 亚厦股份(002375)

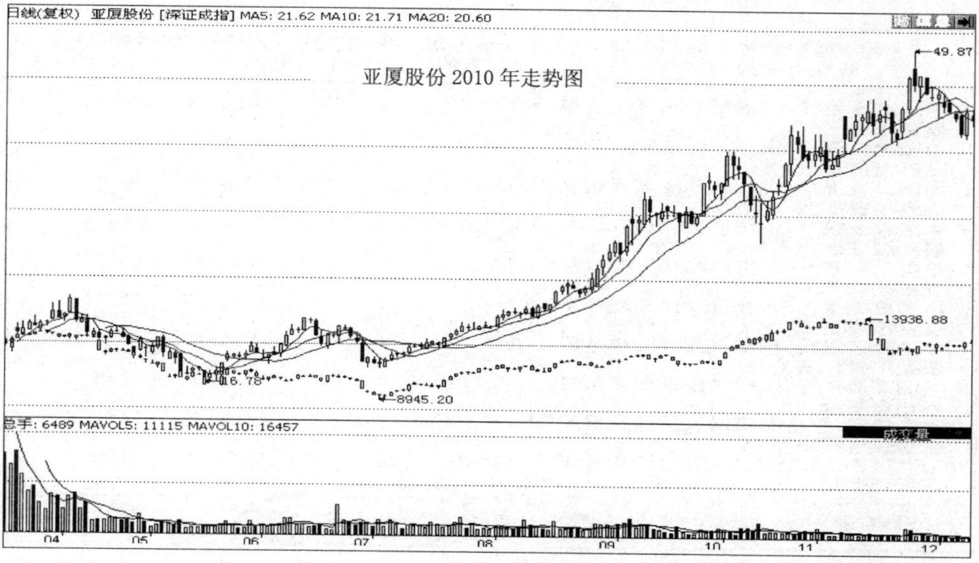

图 3-92 亚厦股份 2010 年日 K 线走势图

近几年由于中小盘股大量上市，导致市场中出现大量的次新股(一般我们将上市时间在一年内的个股称为次新股)，观察这些个股走势我们就会发现，同样是次新股，K线走势的量价特征却有着明显的不同，比如有的个股上市之后换手水平一直很高，而有的个股尽管连续上涨却能保持换手低迷？这里讨论一个相关案例，读者可以从中加深对于筹码运转规律的理解。

图3-92是亚厦股份上市后的走势，从该图形上看，值得各位注意的是其量价关系的异常，高位缩量上涨，与前面我所讲的过去高控盘庄股有些类似。但时过境迁，在现在的市场环境下这已经不是过去的庄股，而是典型的机构扎堆的成长股的表现，二者相同之处在于筹码集中导致越涨越缩量，区别在于控盘庄股筹码集中在庄家手中，而似本案例这种情形则是由于大量机构看好买进，导致大量筹码锁定的缘故。我们还可以从十大借助流通股东来研判，从图3-93我们可以看到，十大流通股东不仅清一色为机构，而且仅这前十就占到了流通盘四成，筹码集中度非常高，几乎可以说被机构类投资者垄断。且机构多为三季度新进，与股价的走强时段一致。价值型机构的扎堆介入成为此前股价上涨的主要推手，机构买入推动股价上涨的过程中，短线筹码会率先因为获点小利而出局，所以机构大量介入之后，个股中的短线筹码因此大幅减少，从而导致换手率的下降。

十大流通股东(2010-09-30) 股东总户数:5763	持股数(万股)	占流通股本 %	股份性质	持股变动(万股)
1 中国工商银行-广发聚丰股票型证券投资基金	457.71	8.636	流通A股	31.18
2 中国建设银行-银华富裕主题股票型证券投资基金	266.60	5.030	流通A股	-7.00
3 中国建设银行-交银施罗德蓝筹股票证券投资基金	226.66	4.277	流通A股	新进
4 中国农业银行-东吴价值成长双动力股票型证券投资基金	216.13	4.078	流通A股	105.13
5 中国工商银行-广发策略优选混合型证券投资基金	206.79	3.902	流通A股	无变动
6 中国建设银行-兴业社会责任股票型证券投资基金	170.98	3.226	流通A股	新进
7 中国建设银行-华宝兴业行业精选股票型证券投资基金	140.01	2.642	流通A股	新进
8 中国工商银行业-广发聚瑞股票型证券投资基金	138.08	2.605	流通A股	新进
9 兴业银行-兴业有机增长灵活配置混合型证券投资基金	137.35	2.591	流通A股	-18.96
10浙商证券-农行-浙商汇金1号集合资产管理计划	123.78	2.336	流通A股	新进
合计:持有流通A股2084.09万，占总股本9.88% 占流通A股39.32%				

图3-93 亚厦股份2010年9月30日十大流通股东

本案例属于一类典型个股，类似的情况还有许多。我们应该能够看懂这种图形。

8. 领先科技(000669)

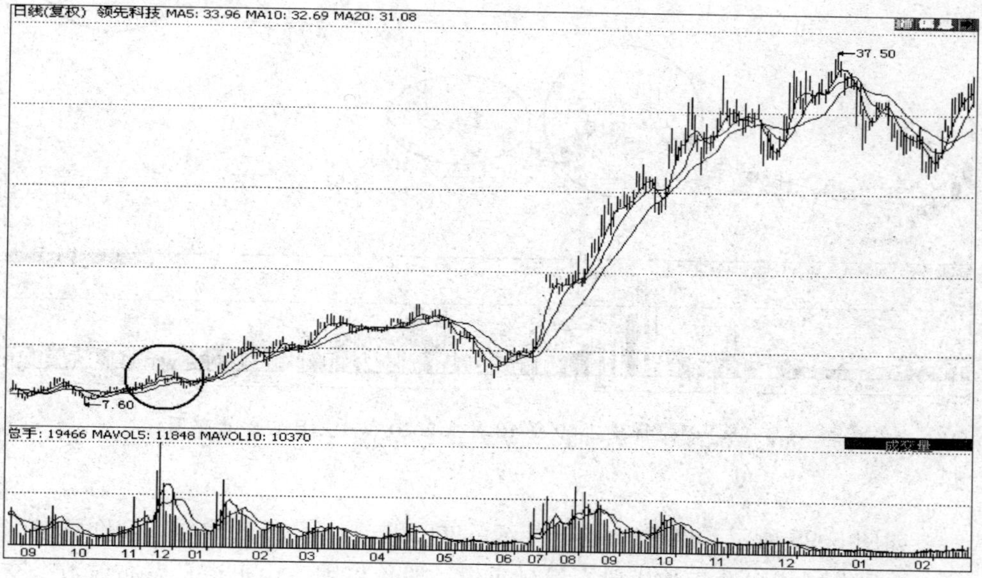

图 3-94　领先科技 2009～2011 年日 K 线走势图

图 3-94 是领先科技(000669)于 2009 年至 2011 年的走势，可以看到期间走出长牛行情，股价涨幅达数倍，远远强于大盘。我们将视角定位到起涨前的阶段(图中圆框)，看能否找到大涨之前的蛛丝马迹。

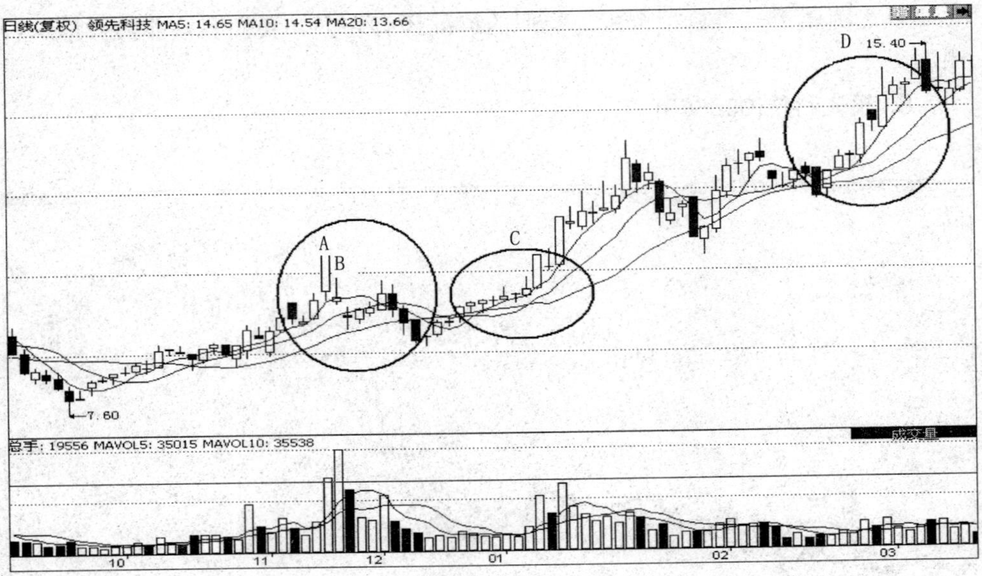

图 3-95 领先科技 2009 年 10 月至 2010 年 3 月日 K 线走势图

如图 3-95 所示，圆框处走势显示，2009 年 11 月 10 日(A 点)股价巨量涨停，随后公司出台公告称大股东筹划重组，股价停牌。由于消息发布前数个交易日股价已经开始走强，说明有资金提前知道消息而进场。一个月后重组方案因故搁浅，复牌后的股价应声大跌(B 点)，虽然巨量抛盘使得换手达到三成，但股价并未跌停。之后随大盘下探，由于该股基本面不佳且此时刚刚历经重组方案告吹，加之前期在 10 元上方暴量堆积了大量套牢筹码，所以正常情况下，股价只要没有外力干预，后市压力是显而易见的。令人意外的是，股价其后不但没有转弱，反而小阳缓缓攀升至前期密集区，随后逆市向上突破(C 框)。此时股价已经顶住巨大的技术压力切入之前堆积大量套牢盘的成交密集区，这显然不可能是自然波动，同时，对于一只刚刚重组失败而雪上加霜的绩差股而言，也不会是机构的配置型买单扎堆进场导致股价走强。所以，结合这一个多月走势来看，应该是消息出台前有主力进场，后重组意外搁浅，主力尚未全身而退而是继续在运作。

经验多一点儿的股民都知道，很多重组意愿很强的公司重组失败之后并不会甘心，后续不久便会有新的举动，甚至三个月期限(重组方案失败后三个月内不得筹划新方案)刚过便立即出台新方案。对于炒重组的主力资金而言，上市公司经营层面上的事情自然是掌握之中，现在敢于逆流而上说明肯定是有备而来，很可能上市公司将有后续动作，C 框的走势便透露了这一点，故这段走势为本案例最大的命门所在。

随后该股在消息面平静的情况下脱离大盘，依托 30 日均线一路上行，至高位后换手水平明显下降(D 框)，显示前期 2009 年 12 月至 2010 年 1 月的放量确实是有资金吸纳。一季报公布后从股东信息可以看到，股东人数下降了三四成，而十大流通股东全是个人，根据前面所讲的股东信息分析技巧可以判断，主力资金介入的痕迹十分明显。4 月份大盘暴跌，该股随之大幅下探，并于 5 月 21 日提前大盘见底。6 月 10 日再次出台重组公告之前股价即开始异动，足见主力对消息面的完全掌控。这里有一点值得注意的是股价刚刚启动时，6 月 8 日下午的走势，如图 3-96 和图 3-97 所示：

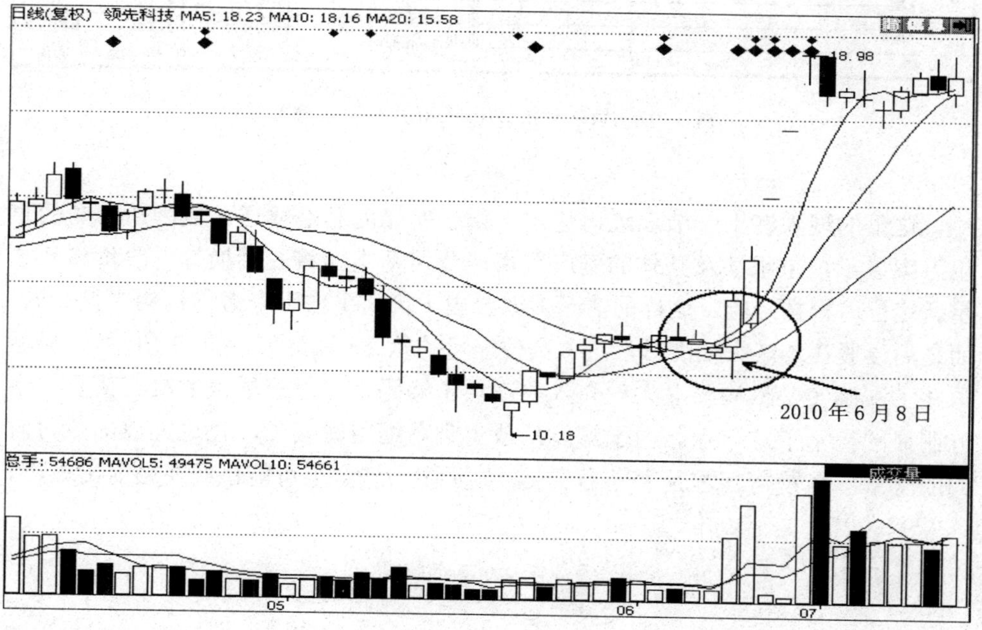

图 3-96 领先科技 2010 年 5~7 月日 K 线走势图

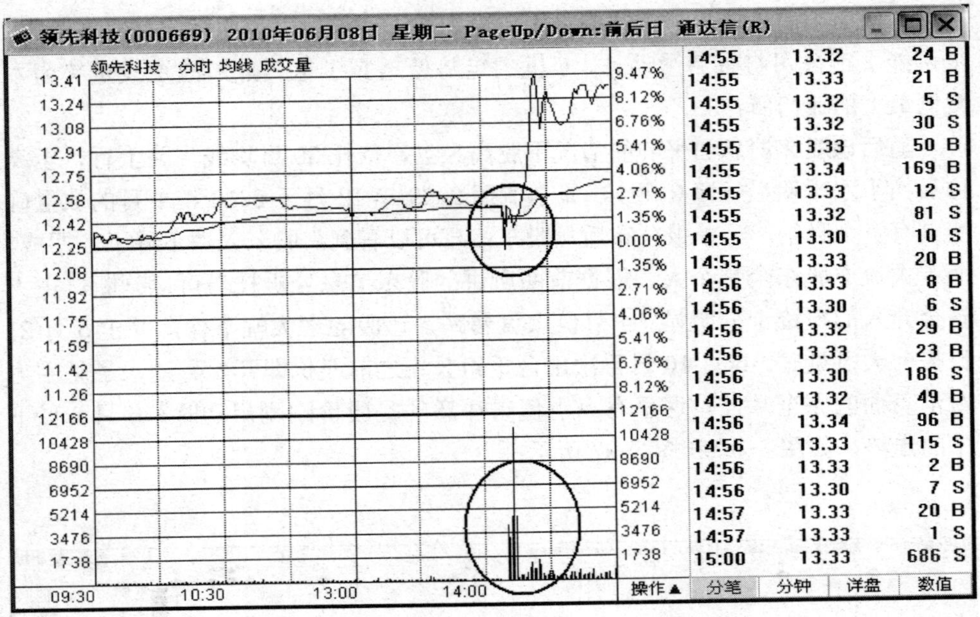

图 3-97 领先科技 2010 年 6 月 8 日分时图

这里的现象在上一节已经讨论过，属于明显的利益输送。复牌后公布的重组方案显示，重组涉及整体的资产置换，公司基本面将脱胎换骨，股价将随之重新定位。根据经验，这样的情况多数会由于价值重估引来大量机构买盘介入。而之后该股在连续大幅涨升后进入高位缩量的状态(图 3-98 方框中所示)，显示一路上涨确实是机构买盘大量介入并锁定了筹码，同时三季报的股东信息也十分明显的揭示了这一点。由于量能从放大到萎缩用时较长，在这之前的数月时间成交量一直较高，之后才萎缩下来，显示主力资金很可能已经在之前出逃。

图 3-98 领先科技日 K 线走势图

与此类似的案例还有不少，作为思考题，请读者在自己的行情软件中分析与该股同期的金德发展(000639)现名“西王食品”，2009 年下半年开始的走势。

小结：

以上我们讨论了一些主力运作的典型案例，基本涵盖了各类常见情况，读者从中不难体会到前面所讲的知识是如何在实际中运用的，这里再对主力分析的一般步骤进行简单总结。

针对一只个股进行主力分析时，首先要做的就是对比个股 K 线与大盘以及板块的走势，看是否有大资金进出的痕迹。如果个股 K 线上在较长的一段时间内既没有局部的明显异动，也没有整体强弱上的异常，那么基本可以说明没有大的主力在运作，或者是只有趴着没动的小主力，这种情况就不属于需要进一步作主力分析的范畴了。当然，主力分析也只是选股思路的一种，看好一只个股也可以是基本面或题材面上的原因，不一定非要有主力。如果 K 线上有典型的异动，就有了进一步研判的价值，接下来要做的就是综合利用前面的知识分析异动原因。

如果某股 K 线上发生的异动仅仅是一些局部的剧烈波动，比如涨停，那么要重点查看当时的该股所属板块变化、消息面变化以及分时走势过程，看是否是短线游资所为或者是单纯的利好带动所致，如果确认是这些因素的话，那么影响多数是一次性的，进一步研判意义不大。有时温和一些的异动更有价值，尤其是那些沉默有力的走势，比如前面提到的小量逆势上行。

如果此前股价已经出现中长线的连续走强，那么需要从 K 线及分时走势、公开信息、基本面等方面来区分走强是由于该股价值成长性好，吸引机构轮番介入，还是由于主力资金进行中长线运作所致。针对前一种情况，需要从基本面上考虑是否值得介入，而后一种情况则是从主力运作层面上考虑介入价值。需要注意的是，在当前的市场环境下，有时上述两种情况呈现一定的融合，即主力的因素和机构大单的因素共同作用于个股，这是今后发展的趋势，毕竟主力选择进行中长线运作的多为成长性个股，而这也是基金们偏好的对象，所以想独吞是困难的。

如果股价既不是中长线走强，也不是受一次性因素影响出现局部异动，而是呈现规律性、阶段性的走强，则其中一般有做波段差价的主力，可以从其运作节奏中寻找获利机会。

前面已经借助部分案例讨论了分析主力的思路方法，这里再补充一些操作案例。

9. 天茂集团(000627)

我们已经知道，分析主力都是从异动开始的。主力的动作会造成异动，我们则从异动中发现主力的痕迹，并且通过连续观察和综合分析，判断出部分隐藏在背后的真相，从而把握后续的机会。前面我们说到，对于主力介入程度较深的情况，往往会因为筹码趋向集中而导致盘面量价关系发生异常，这值得我们高度留意，小量逆势上行就是其中一种典型表现，这种沉默有力的走势对于波段和中线操作而言具备极高的关注价值。这里的逆势不仅仅指逆大盘，而是泛指一切正常情况下抛压本该较大的时刻逆流而上，例如股价向上面临成交密集区就是自然压力本该较重的位置。

图 3-99 是 2009 年 8 月至 2010 年 2 月天茂集团(000627)的走势：

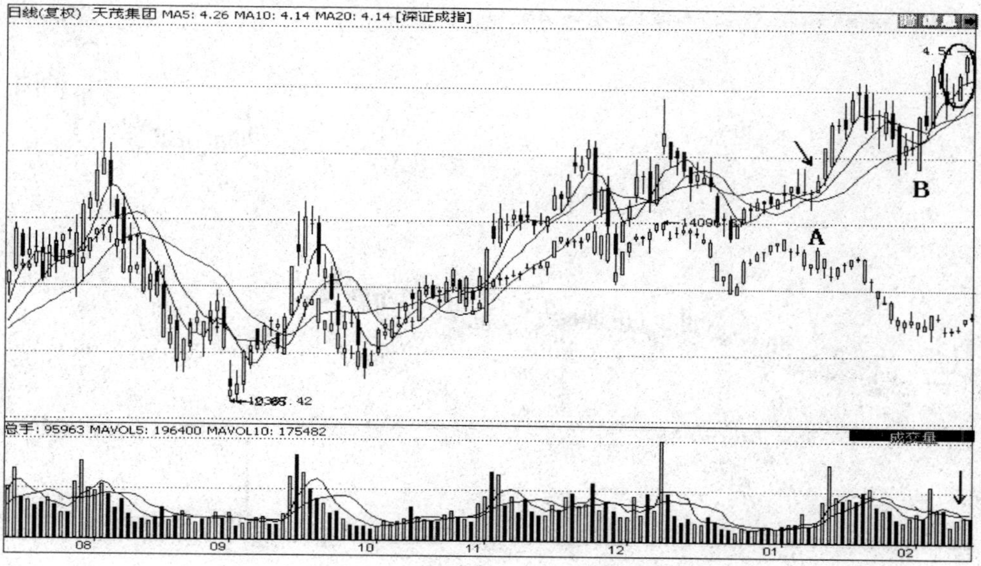

图 3-99 天茂集团 2009 年 8 月至 2010 年 2 月 K 线走势图

天茂集团从 2010 年初开始股价脱离大盘走强(箭头处)，A 点当日大盘高开低走收出中阴之后，市场整体便开始陷入疲态，该股却兀自上行至阶段性新高，而后大盘一路下跌直奔年线而去，该股则在回调至 30 日线后先行企稳并继续返身向上(B 点)，量能极为温和，与之前半年震荡期的量能水平相近。由于大势整体陷入低迷，故该股在消息面平静且非热点带动下默默走强，值得高度关注，应为主力资金连续吸纳，但此时还应注意大盘的情况，如果大盘连续调整则股价有补跌可能。至圆框处，大盘渐有低位企稳之态，该股则以很小的成交量收出中阳，此处逆势中阳创新高，成交量(箭头处)却低于前期低位的水平，这样的表现不仅明确了之前有资金吸纳导致筹码趋向集中，同时也说明主力在连续增仓后并无阶段性整理的打算。尽管我们此时并不清楚主力手里有什么利好，但是股价的表现已经透露出信息。此时在大势回暖的背景下，及时参与是最好的选择。

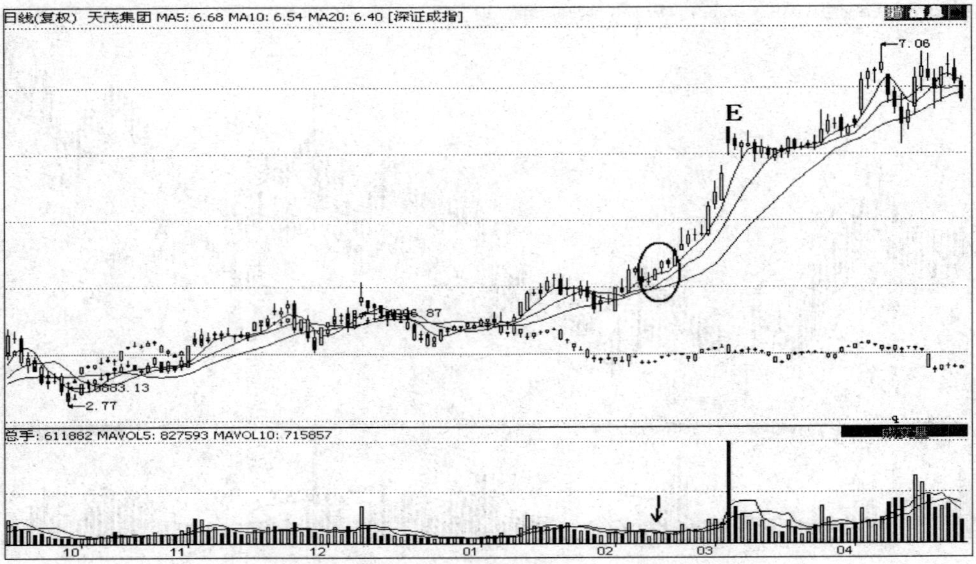

图 3-100 天茂集团 2010 年 1～4 月走势图

此后该股连续收阳走出大波段行情(图 3-100)，至 2010 年 3 月 4 日(E 点)公司对外公告，推出高送转预案。显然，此前主力因与上市公司相熟而提早获知消息，于是一路增仓推升，最终借利好获利出逃。

10. 科大讯飞(002230)

对于多数个人投资者而言，精力和能力往往决定了既难以对上市公司基本面做出有超前预见性的研判，也没有可靠的内幕消息来源，而各类大资金则具备了资金、人脉、研究力量等优势，所以有能力做到这些。我们在中线和波段选股时往往希望通过盘面上的观察来发现大资金参与的痕迹，然后通过细化分析捕捉到值得跟进的机会，通过这种途径得以分享大资金所具备的优势。

当大资金大量介入某只个股时，由于筹码被大量锁定，会导致量价关系上出现筹码集中的特点。这里的大资金主要包括主力和公募基金两类，显然主力的大量介入是我们最感兴趣的，只可惜随着主力资金在市场中日渐式微，这种好机会不一定在任何行情阶段都有。其实，基金的密集介入同样有高度关注价值，基金的优势主要在于对个股基本面的研究能力，当某只个股吸引了大量的基金关注，意味着其基本面将向好或者成长性突出，尤其是当大量基金突然密集介入一只个股时，更能说明其存在某种强烈的向好预期。只是对于那些基金已经扎堆于其中并且缩量横盘的个股要排除在外，这种一般是股价已经充分的反映了公司价值的白马股，获取超额收益的机会不大，我们真正感兴趣的是基金新介入的情况。

图 3-101 是科大讯飞(002230)于 2010 年上半年的走势图。该股 2009 年 7 月曾遭到游资的一轮暴炒(这波上涨读者可以在自己的行情软件中分析)，之后随大盘进入大级别的震荡格局，至 2010 年 3 月份开始脱离大盘大幅走强。值得关注的是始于 3 月份的连续上涨走势(框中)，其量价表现为典型的基金增仓走势。最明显的是图中圆圈所标位置，快速放量上冲突破大箱体后，成交量又快速萎缩至比箱体内运行时更低的换手水平，而正常情况下，这里的散单抛压应该比箱体内运行时大得多，所以这里的成交量明确表明此前的上冲并非刻意拉升，而是大资金一路向上单边买进，接下的筹码都被其锁定下来，否则抛盘绝不止这么多。最终的结论要么是主力拉高建仓，要么是数家基金密集建仓。再结合上涨期间券商对于该股的看多研报密集出台(可以从行情软件个股走势上方的信息地雷处看)以及本身的质优成长股的股质特点，基本可以肯定是基金集中增仓所致，因为只有基金的思维与券商研究报告非常一致，这是基金的一大特点。

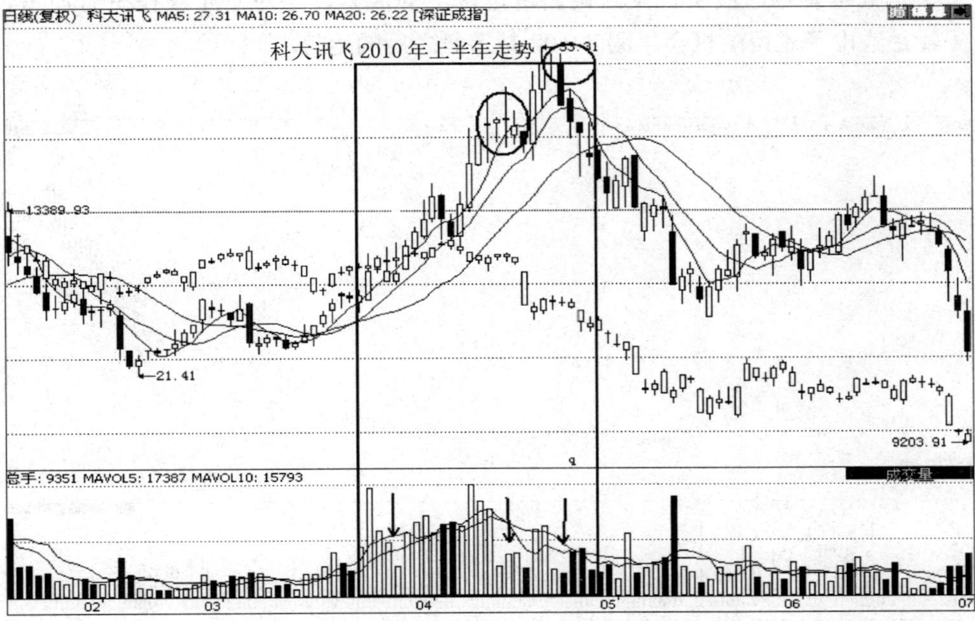

图 3-101　科大讯飞 2010 年上半年走势图

基金的密集介入正是我们所感兴趣的，但对于基金的介入也一定要分析其介入逻辑是什么？产品涨价、行业利好政策……这个逻辑是属于什么时效(长效，短效)？从期间出台的多份研报可以看出，科大讯飞作为智能语音领域的龙头，机构对于其突出的成长性高度认可。显然机构看好该股的原因是其作为科技股中的优质品种的高成长性，这是值得中长线关注的。但是基金介入与主力的明显不同在于，各家基金往往是一个个分散的个体，看好的话容易一拥而上，导致股价快速被抬高，而不像主力那样有组织的吸筹、拉升，所以当盘面显示出基金大量介入时，股价往往已经被抬得较高，这时我们需要对大势做进一步分析，如果大势中长线向好，可以积极介入，如果大势正处在高位，则需要等待回落给出更好的买点，毕竟等待一个好的买点是中线或者波段操作的基本原则。

具体到该股当时的大势背景，在历经了新兴产业股爆炒行情之后，进入4月份后大盘摇摇欲坠的征兆已经十分明显，此时的大盘环境并不适合中线参与，所以对于这样一只优质成长股还需要等待。此时，一季报陆续出台，该股股东信息显示一季度机构增持占流通盘近两成，平均持仓成本40元左右，股东人数同步大幅减少，这进一步验证了之前的判断。十分幸运地是，此时大盘累积的调整压力开始释放，出现持续一个多月的大幅下挫，该股也随之大幅回调，直至大盘低位企稳时股价已经跌破新进场基金的成本，这对于中线投资者而言，无疑是给出了难得的机会。图3-102是该股之后的走势。

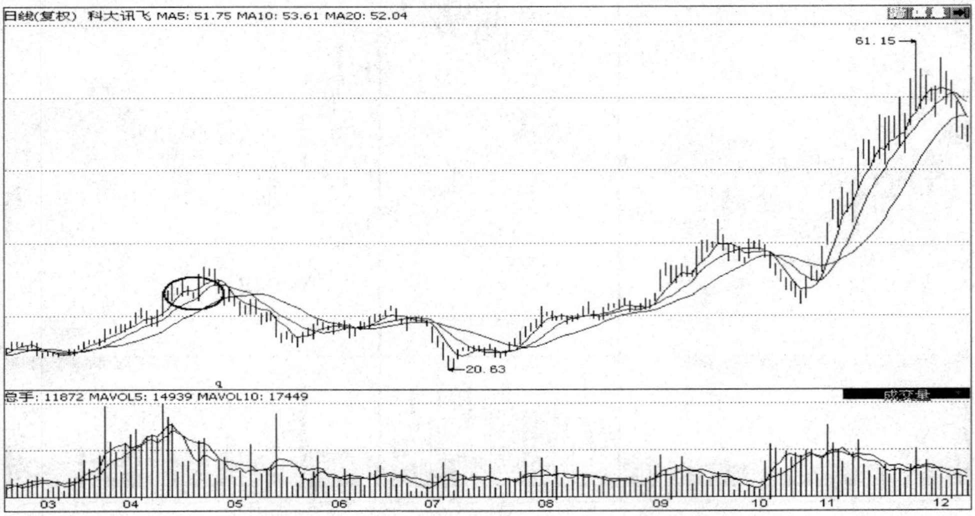

图3-102　科大讯飞2010年全年走势图

学完这个案例，作为作业请读者分析中环股份 2009～2011 年的大幅上涨走势。注意三个要点：一是图 3-103 两个方框中分别与同期大盘相比的大级别强弱格局的转换变化；二是圆框中上涨相比于之前成交量的变化；三是公开信息中期间股东人数的变化。

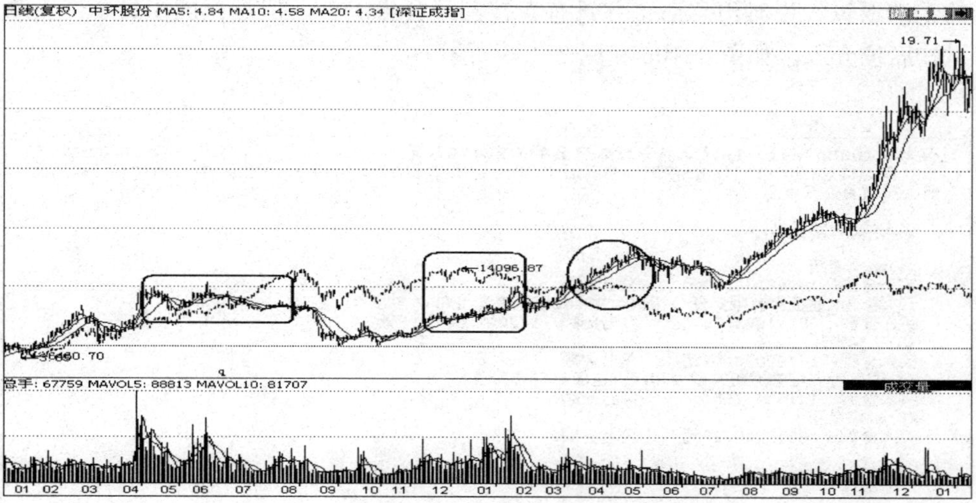

图 3-103 中环股份 2009～2011 年走势图

11. 英力特(000635)

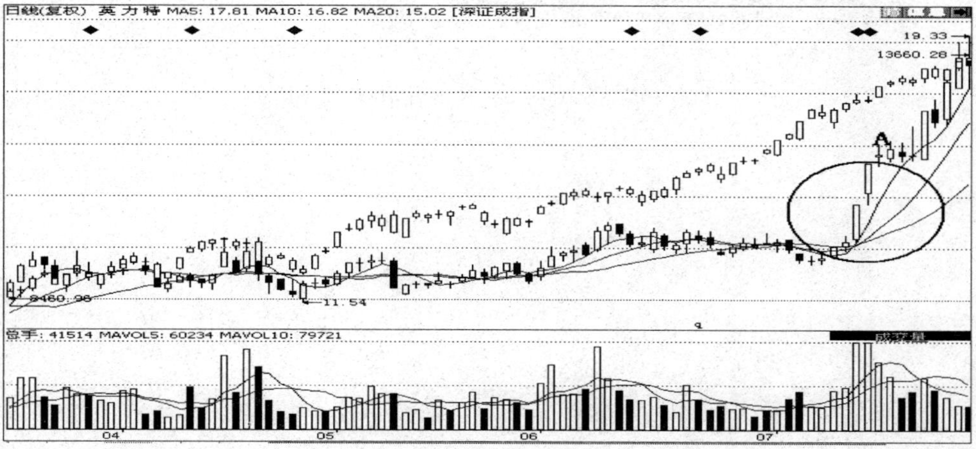

图 3-104 英力特 2009 年 4～7 月走势

图 3-104 为英力特 2009 年 4～7 月的走势。圆框中 7 月 10 日和 13 日该股股价连续两个交易日涨停(圆框处)，应引起我们的注意。涨停之前的近半年时间股价运行于大级别的震荡格局，与期间大盘的一路高歌猛进相比，显然属于走势偏弱的一类，原因是当时化工行业整体受宏观经济环境影响导致经营困难，所以并不被市场关注。现在股价突然启动形成突破之势，首先要分析的是股价的上涨逻辑。当时消息面上并没有直接利好公告出台，但是龙虎榜显示：大量机构席位介入，如图 3-105 和图 3-106 所示。

英力特(000635)7月10日交易中总成交金额为23476万元 2009-07-10 00:00:00

英力特(000635)7月10日涨跌幅偏离值 9.5(%)；成交量 155800(手)；成交金额 23476(万)；交易所公布交易公开信息。

买入前5名营业部：

(1)机构专用
买入金额：16948178.91元 卖出金额：-
(2)第一创业证券有限责任公司佛山季华四路证券营业部
买入金额：16221201.36元 卖出金额：142947.00元
(3)机构专用
买入金额：14802098.07元 卖出金额：-
(4)国泰君安证券股份有限公司深圳益田路证券营业部
买入金额：14163407.51元 卖出金额：-
(5)机构专用
买入金额：10317940.29元 卖出金额：-

卖出前5名营业部：

(1)长城证券有限责任公司北京中关村大街证券营业部
买入金额：- 卖出金额：8928474.00元
(2)南京证券有限责任公司石嘴山大武口证券营业部
买入金额：- 卖出金额：5712118.30元
(3)机构专用
买入金额：- 卖出金额：4526921.20元
(4)华泰证券股份有限公司银川解放东街证券营业部
买入金额：15081.00元 卖出金额：3855515.00元
(5)宏源证券股份有限公司乌鲁木齐人民路证券营业部
买入金额：- 卖出金额：3497915.90元

图 3-105 英力特 2009 年 7 月 10 日交易信息

英力特(000635)7月13日交易中总成交金额为25754万元 2009-07-13 00:00:00

英力特(000635)7月13日涨跌幅偏离值 9.57(%)；成交量 158100(手)；成交金额 25754(万)；交易所公布交易公开信息。

买入前5名营业部：

(1)光大证券交易单元(237500)
买入金额：24683669.16元 卖出金额：-
(2)机构专用
买入金额：16520972.42元 卖出金额：-
(3)机构专用
买入金额：15211596.05元 卖出金额：-
(4)机构专用
买入金额：13673977.94元 卖出金额：-
(5)机构专用
买入金额：8997884.07元 卖出金额：-

卖出前5名营业部：

(1)江南证券有限责任公司泉州田安路证券营业部
买入金额：- 卖出金额：22923001.12元
(2)第一创业证券有限责任公司佛山季华四路证券营业部
买入金额：- 卖出金额：7443085.72元
(3)平安证券有限责任公司上海零陵路证券营业部
买入金额：- 卖出金额：5063903.48元
(4)中信证券股份有限公司佛山湖景路证券营业部
买入金额：103817.00元 卖出金额：4926778.00元
(5)机构专用
买入金额：- 卖出金额：4774108.23元

图 3-106 英力特 2009 年 7 月 13 日交易信息

机构突然大举买入绝非无缘无故，通过对公司经营层面相关信息的分析得知，受到诸多因素的影响，公司主营产品 PVC 价格上涨趋势开始逐渐明确，与 PVC 相关的中泰化学、新疆天业等个股也在同步走强中，只是英力特与它们相比业绩与 PVC 关联度更高，故而走得更强劲一些。所以综合判断，此时股价的走强逻辑正是公司主营产品价格不断上涨，一般这类题材介于短期题材和中期题材之间，往往会带来波段行情，我们还需要对背后主力资金情况进行研判。

由于股价连续两个涨停，交易所均进行了交易信息披露，所以我们可以重点分析这两日的龙虎榜信息

借助前面龙虎榜研判章节中所讲到的知识，不难从上面龙虎榜信息中看出以下三点：第一，两个交易日前五累计买入量均超过当日成交额的 30%，主力买入量较大；第二，前一个涨停买进的前五，次日只有一家出现在卖出席位，也就是说前一日主力建仓的筹码次日基本没有减仓，并不是前面讲到的游资一般性的循环式“拉升——减仓”操作手法，说明两个交易日主力都是单边买进，且从席位金额上看，这两日主力买进资金超过 1 亿；第三，前一日买进席位为机构与营业部联手，次日都是机构，说明机构为主要推手。所以，从龙虎榜信

息综合来看，这两日是有资金拉高抢筹，结合基本面上的变化，很有可能是一个波段行情的起点，这时我们应高度关注，之后几个交易日只要不出现快速拉高减仓走势就有寻机跟进的价值。

此时的该股已经进入我们密切关注的范围，图 3-104 中在 7 月 14 日(A 点)股价大幅震荡报收十字星，股价整理重心明显高于前一日涨停收盘价，量能却相较涨停两日缩小，成交金额只有两亿元。如果我们经常留意那些涨停走势的话就不难看出，这个连续涨停后大幅震荡成交量小于之前涨停的量是与一般情况不同的，正常情况下应该放的很大，所以该处量能小于正常情况，甚至与之前震荡阶段的成交量相比也大的不多，这样的量价表现充分告诉我们：主力在两日的单边买进后基本没有减仓，这就说明，短期该股将有更高的目标位，主力将进一步拉升。而后几日走势使得结论更加明确：股价继续以较高的重心震荡，量能则逐步缩减，至 16 日量能甚至缩至前期震荡时的平均水平，这明显是更加强烈的信号。所以，经过这一系列的研判，其后的短线机会已经不难把握。

至此我们已经探讨了许多典型案例。尽管随着市场的逐步规范，主力在市场中的参与程度相比早期的疯狂状态而言已经低了很多，但依然四处掀起风浪，跟随主力仍然是我们获取超额收益的主要途径，尤其对于职业投资者而言。所以主力分析是学习股票操作的重点，同时也是难点。学习这部分内容，一方面需要对基本知识有充分理解，另一方面更需要对分析图形走势形成良好的感觉。但这种感觉并非是凭空而降的第六感，而是经过大量的观察积累培养出的理性直觉。例如我们在研判时常常提到某个位置成交量较一般情况偏大或偏小，而这个“大”或者“小”却很难用数量化的概念去界定，只能借助于大量观察所得到的经验，就如同菜谱书上经常出现的“少许”、“适量”这样的词汇，具体是多少需要在实践中亲身体会。所以读者在学习这部分知识的同时，一定要多看个股历史走势，通过大量的复盘来达到训练的目的，同时每周都应该安排时间至少翻阅一次所有个股的走势，对异动个股进行跟踪分析，感受走势的发展演化，这样经过一段时间之后，对于图形分析就能培养出良好的感觉。

第五节　涨停板专题

涨停板是很多投资者最为关注的，也是某些媒体、黑嘴们投市场中部分散户所好而讨论的焦点，他们在这方面的很多言论都与真实情况十分不符，对许多投资者造成了很大误导，形成了观念和常识上的集体谬误。鉴于涨停板是市场所感兴趣的话题，其中又遍布着各类陷阱和机会，所以这里补充一个专题讲解。

涨停板的问题之所以难以讲清，是因为对应的情况和可能性实在太多。一个涨停的出现背后有无数种可能，同样，之后的走势也有无数种可能，所以我们无法对其给出某种简单的结论。由于我们关注到涨停的股票，一般是从它第一个涨停的出现开始的，所以本专题着重讨论这种情况出现时当下的分析和应对。

一、关于涨停及次日走势

涨停板的原因千千万万，拉涨停的资金也是形形色色，这些先抛开不谈，其实股票本身也是一种生意，对于主动运作股价的大资金而言尤其如此，既然是做生意那么就可以先从投入的成本和所得的收益这两方面来考量。从主力投入上看，制造涨停的付出很简单，就是拿很多的钱来买这只股票，一直买到涨停的位置，说白了就是增仓，只是还要涉及到增仓量的问题。从所得上看，涨停板带来的效益是对跟风资金的聚集效应，涨停是最能吸引市场资金尤其是短线资金的眼球的，涨停之后个股的短期市场关注度会大大提升，于是对于制造涨停的主力而言，就涉及到之后怎么借助这些跟风盘牟利的问题。

我们再具体的来讨论上面有关投入和所得这两方面问题。

制造涨停需要大资金投入增仓，到底需要增仓多少呢？根据一些相关的实际操作经验，一般对于拉升型涨停而言，如果股价之前走势较平静而现在刚刚启动，且当日并非有重大利好的情况，净增仓一般占当日总成交20%～50%，这个数据包含的范围显然太宽，之所以上下限区间相差这么大，除去其他因素，关键还在于涨停当日分时走势的不同，不同的走势过程所放出的成交量是不同的。分时走势影响净增仓量的要点有三个：

第一是封停时间。封停时间早的增仓占比会更高，比如上午封停主力增仓占当日该股总成交量比重一般多于尾盘封停，往往达到30%以上。原因是刚刚开盘时许多当日打算卖出的筹码还未经市场买盘消化，主力便发动攻势，需要自己承接的抛盘比重会多一些，而且这之后还要在涨停板的位置应对大半个交易日的不确定性抛压。

第二是从开始上冲直至涨停所用的时间。涨的越快来自市场的买盘就越难以跟上，主力自己接下的抛盘所占比例就会更多。

第三是在涨停价位上封住的过程，这是决定净增仓多寡的重要关键。如果涨停被大单封上后不再打开，且主力封单期间一直未撤，那么之后的抛盘将全部收入主力口袋。但多数情况下主力想要的只是涨停的“效益”，并不想过多增仓，甚至拉涨停的本来目的就是为了后面的减仓，所以会尽可能的少增仓。在涨停价位主力可以采取两个动作，一是循环撤单，即封停一段时间后撤下自己的封单，使得挂在涨停价位的市场接单排到前面，然后再将自己的封单重新挂上，这样做的效果就是在涨停价位上将抛盘尽可能让渡给市场接单，同时保证涨停价位上挂有大买单以迷惑市场。如果当日是伴随利好大涨，跟风足够活跃的话，甚至可以通过这种方式在涨停价位上出掉一些筹码。另一种动作是封涨停一段时间后又打开，给市场买单和卖单进行成交的机会，从而借市场之力消化抛盘。这两种动作是主力调节涨停板上净增仓量主要方式。

明白了上面几点，对于不同的涨停走势背后主力的投入程度就能有一个大致的估量。例如开盘后快速拉升，用不到一小时时间封上涨停，之后涨停板未被打开(图 3-107)，这种情况主力增仓会比较多，一般在当日成交三成以上。而且封停早且不打开说明封停坚决，主力是有备而来，毕竟刚开盘时当天的大盘及个股情况都不明朗，封停后需要在涨停板上面对大半个交易日的不确定性抛压，甚至可能要正好遭遇某些大卖家，比如机构的卖出。再比如盘中突然启动旱地拔葱式的拉到涨停(图 3-108)，这种走势对于拉升的主力而言，当日增仓筹码的成本价位会比较高，因为主力没有一个缓推的过程，说明在当日分时低位吸纳的筹码不多便直接将股价拉了上去，所承接的筹码都是在高位接下的。像这样不计较当日增仓价位的多数意味着是老主力的行动，如果是新资金介入会倾向于在低位多接一些筹码以降低建仓成本。再比如尾盘急冲涨停(图 3-109)，这种情况可以避开大半个交易日的抛压，主力用更少的增仓获得了涨停的效果，主力这样避重就轻，那么后市往往就没有封停早的乐观。

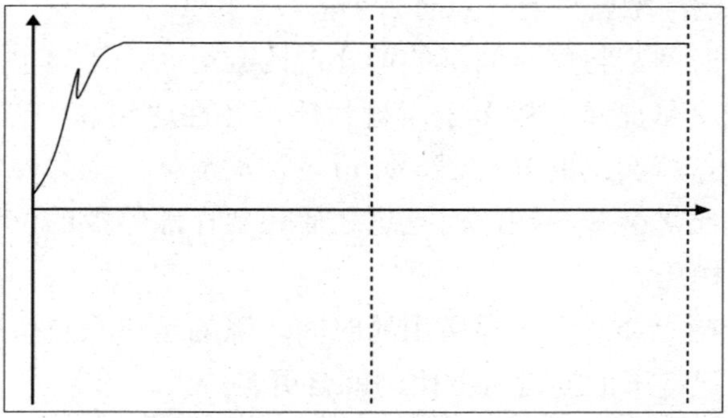

图 3-107　涨停板示意图一

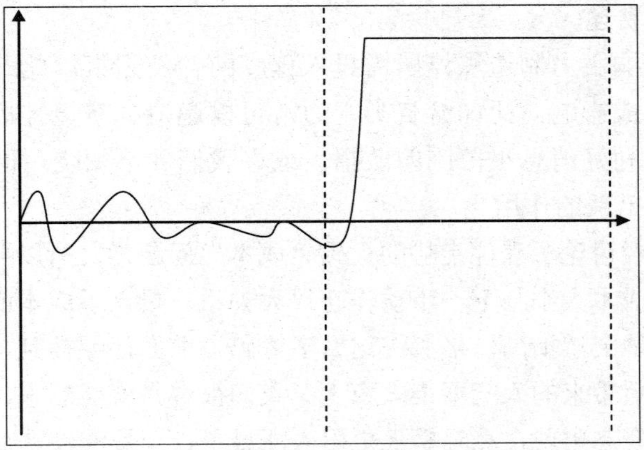

图 3-108 涨停板示意图二

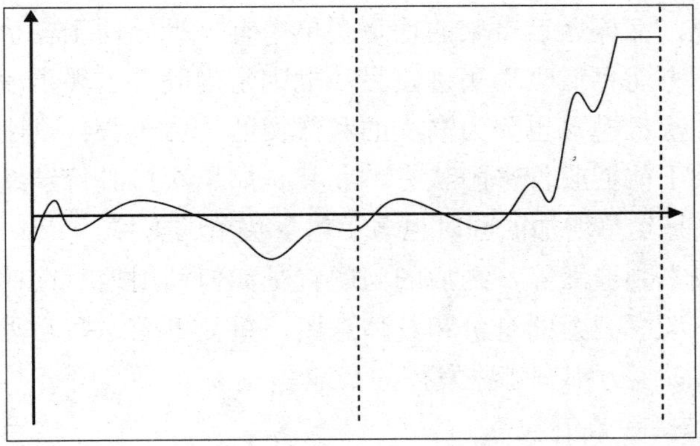

图 3-109 涨停板示意图三

注意，上面讲的是针对股价 K 线上刚启动且当日无利好伴随的情况，这是最为常见的情况，但如果涨停出现时伴随着大的利好，或者涨停前股价已经在大涨，例如连续涨停，那么受这些因素影响，主力投入情况显然是不同的。这些因素从根本上讲就是增加了跟风盘的热度，这样拉升封停的主力可以实现少增仓甚至不净增仓，也就是拉升更加省力。还有另外一种情况就是板块联动，板块联动的出现是最容易吸引全市场注意力的，会为板块个股带来明显的跟风效应，正是由于这个原理，一些炒板块的大主力会非常注重板块效应的利用，使得投入起到事半功倍的效果。此外，大势环境的影响自然也是重要的决定因素，这一点不用赘述。

上面讲了影响主力制造涨停所需投入程度的各类因素，此外还有一些特殊情况也会对此造成影响，比如游资类主力常可以邀请到基金等机构“帮忙”抬轿，再比如一些利好消息小范围的散播，或许我们并不知晓，但同样变相起到了消息利好推动上涨的作用。

至此我们已经讨论了涨停走势的大致“成本”问题，之所以关注“成本”是因为主力投入的成本大小与下一步动作有很大关系。投入了成本就要有回报，主力不会平白无故地突然抬高价格买进这么多筹码，前面已经提到，这个回报正是体现在涨停板之后带来的人气聚集效应上。我们很容易就能想象，没有什么比股价以涨停的强硬姿态出现在涨幅榜上更引人注目了，个股涨停之后就会有更多的短线爱好者将其纳入次日的备选股，还会有大量的媒体、股评来讨论它，为其做免费的或者是带特殊目的的宣传，于是买方队伍也就迅速得到了扩充。

从行为特征上讲，涨停为次日所带来的跟风盘大致分为两种，追涨的和低吸的。也就是说，涨停之后带来的增量买单中有一批倾向于在价格回落到前一日涨停收盘价下方而“低吸”买进，另一批则是当股价出现再度上涨时追涨买进。相对应的，次日抛盘也分为高卖的和低卖的。由于股价刚刚涨停，次日抛盘总量自然会大于前期股价平静状态，尤其是如果次日股价继续大幅上冲，卖单更不会少，只是卖单增加的同时也多了增量买单的支撑。

主力投入成本制造涨停，之后的问题就是如何利用这后续的跟风效应。这里我们暂且先不考虑主力的身份和具体意图，单就下面这些常见的涨停次日走势类型上分别看看主力都有哪些发挥的余地。

(1)次日走势——高开拉高。

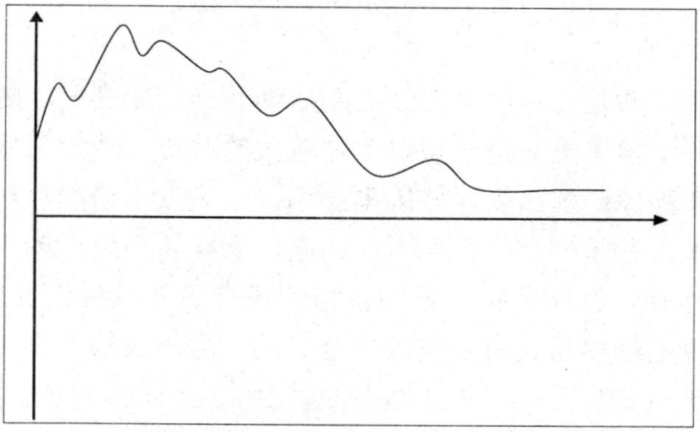

图 3-110　高开拉高分时示意图

图 3-110 这种走势是涨停次日非常常见的，尤其是在游资短炒中经常出现。前一天涨停后所吸引的短线关注者一般会在次日开盘后紧盯股价伺机买进，而主力则可以制造高开和拉升来诱多，引导这批资金进场，当然此时抛单也会很多，与进场的短线资金相抵消导致急剧放量，主力则可在混乱中借助市场之力得以拉高减仓，顺利的话可以减掉占当日总成交 1/5 左右的筹码。

(2)次日走势——高开直落。

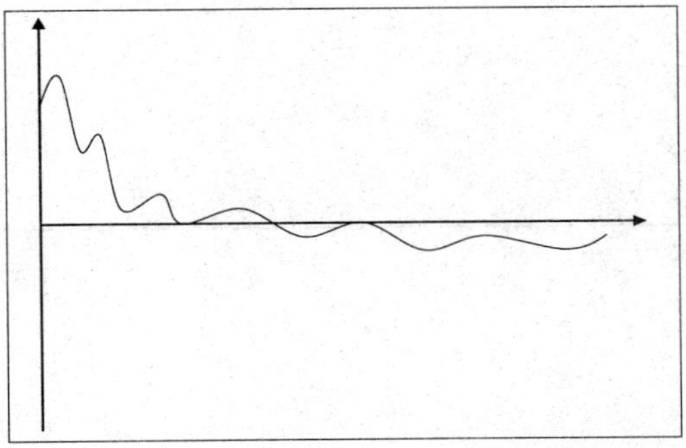

图 3-111　高开直落分时示意图

图 3-111 这种涨停次日走势与前面一种情况有些类似，区别在于高开后没有大幅拉高的过程直接回落。如果回落较急的话往往说明当日早盘跟风并不是十分理想或者主力高开的位置不太合理，有时也是主力卖出比较坚决所致。这种走势下主力可借跟风买盘减掉部分仓位。

(3)次日走势——盘中大幅上冲后横盘震荡。

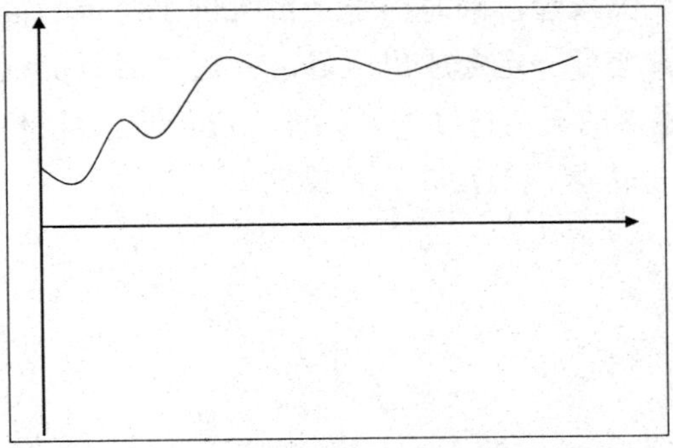

图 3-112　盘中大幅上冲后横盘震荡分时示意图

图 3-112 这种走势在涨停次日也比较常见，股价盘中大幅上冲然后横盘震荡，由于前一日涨停已经吸引到了市场目光，所以主力当日可以借助前一日跟风盘的力量轻松拉高而不再需要大量增仓，但是这种走势下当天一般也没有大量减仓。

(4)次日走势——大幅高开冲涨停位震荡。

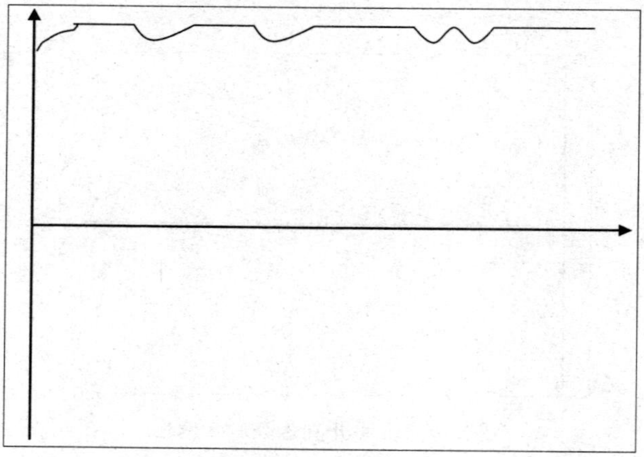

图 3-113　大幅高开冲涨停位震荡分时示意图

图 3-113 中股价大幅高开后上冲至涨停附近的位置震荡，股价不断的冲击涨停又不断打开，当日成交量也达到近期天量水平。这种情况一般出现在热门题材股的爆炒过程中，前面走势多半都是连续暴涨，之后如果出现图中这种走势意味着之前的暴涨和强有力的题材带动出了汹涌的追涨盘，主力得以在接近涨停这样的分时图高位减仓，同时由于当日股价震荡重心很高所以市场获利抛单也会很多，于是成交量一定会放出巨量，在这之后股价则存在较大的调整要求，如果题材只是短期的无法持续的话，那么股价阶段性见顶的可能性很大。

(5)次日走势——大幅高开后在高位震荡。

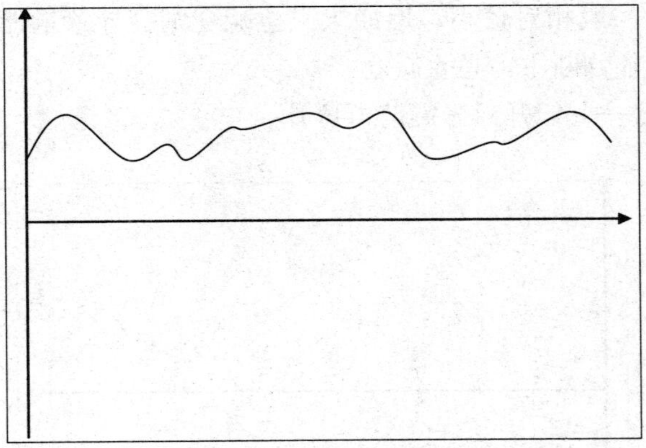

图 3-114 大幅高开后在高位震荡分时示意图

图 3-114 与情况(4)有些类似，同样是高位震荡，只是股价震荡的重心低一些，一般在五个点以下，这种走势说明跟风热度还不错，后面几个交易日股价继续上冲的动能基础还存在。

(6)次日走势——低开在前日收盘价下方震荡。

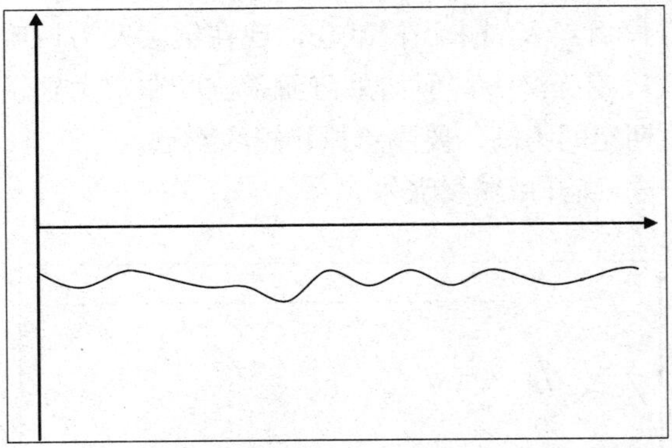

图 3-115 低开在前日收盘价下方震荡分时示意图

图 3-115 中股价全天位于前日涨停收盘价下方震荡，股价重心在跌幅两个百分点附近，无题材启动的个股次日出现这种走势很常见。一般而言，涨停次日如果股价一直运行在前一日收盘价下方，当天市场抛压会比前面那几种股价出现大幅上冲的情况小的多，一般只有前面所列出几种走势的一半不到，所以

这时自然成交量一般相对较小，但如果主力减仓则会导致量能增加，所以有时可以通过当日量能判断主力是否减仓。

(7)次日走势——低开后先震荡再拉升。

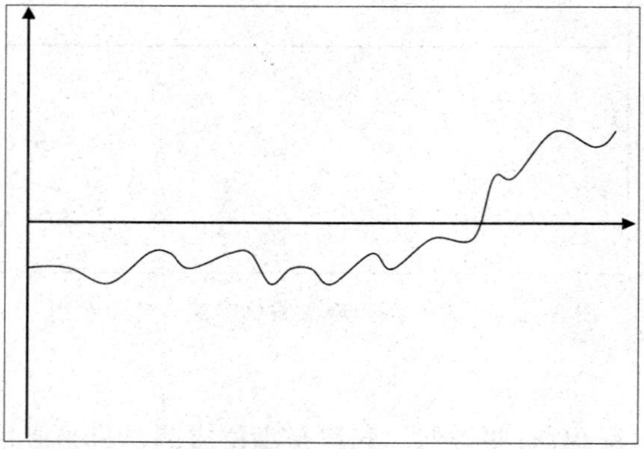

图 3-116 低开后先震荡再拉升分时示意图

这种走势的前半段和情况(6)一致，只是后半段主力进行了再次推升。这种走势首先要关注之前的低位震荡阶段的成交量是否过大，如果量能相对不大那么主力前一天拉涨停后当天尚未积极减仓，现在继续发力说明可能不是一日游行情，后面仍有波段走强潜力，但如果前面量已经非常大则说明主力先减掉了一些仓位，后面短期空间不高，要注意抓住短线卖点。

(8)次日走势——高开后继续涨停。

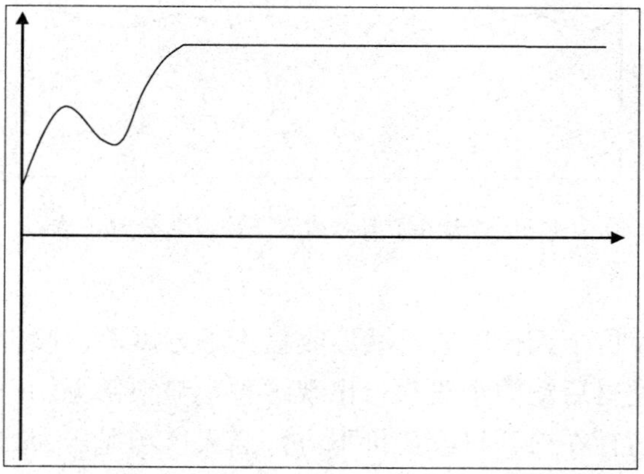

图 3-117 高开后继续涨停分时示意图

图 3-117 中股价继续涨停，由于已经有了前一日涨停的刺激，所以上冲过程跟风盘会比较踊跃，主力可以借助市场的力量封停而不用再大量增仓，当然，是否继续拉升取决于主力的运作意图，如果发现主力继续在单边买进则意味着存在较大机会，例如前面讨论的英力特的案例。

(9) 次日走势——低开低走。

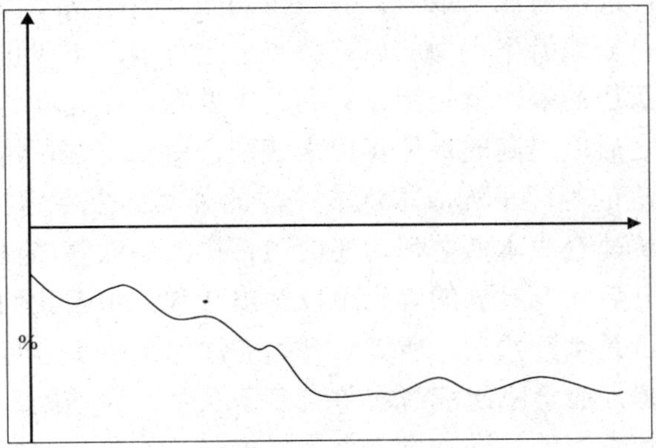

图 3-118　低开低走分时示意图

图 3-118 中股价低开低走，大幅下跌五个点以上，当日成交量接近甚至超过前一日涨停成交量，这是一种主力大量减仓的走势。由于股价前一日涨停吸引了大量潜在买家，次日跌幅巨大(超过 4%)会出现大量抄底盘，同时市场卖单则因猝不及防的强弱变化而短暂惜售，导致主力可以在当日低位大量杀跌出逃。虽然减仓价位比较低，但除了减掉前一日拉升增仓的筹码，还能减掉之前手里就有的筹码，最后算总账往往也比直接砸盘减仓效果好。

以上针对各图形情况的讨论中有一点需要注意的是，如果主力运作中对倒成分太重的话那么对于成交量要区别对待。

二、 常见的拉涨停资金类型

上面我们对涨停走势和其次日走势分别进行了讨论，读者应该已经注意到，前面这些讨论都主要是针对不同走势本身分别对应的利害关系，并没有涉及到“主力”的具体情况，就是说主力的身份、意图这些都还没有考虑，而在了解这些利害关系之后，再来分析这些就变得容易了。

根据已经学到的主力知识，不难总结出制造涨停的常见主力类型以及分别对应的涨停走势特征：

首先是短线游资。游资又被称做涨停板敢死队，主要靠的就是利用涨停板的人气聚集效应进行运作，它们是沪深股市制造涨停板的第一生力军。在涨停板专题中我们的讨论主要是针对股价刚刚启动涨停的情况，那么这意味着短线游资此前手里很可能没有底仓或者只有很少的底仓，事实上我们已经知道，不建大量底仓也本是短线游资主力的风格特点。这种情况下股价刚启动时游资主力推升过程中所买进的筹码就是用以获利的主要仓位，也就是说主力就是靠当日增仓的筹码在之后以更高的价位卖出来获利，所以在这种情况下主力必然会尽可能让当日买进的筹码平均成本低一些，此外，如果主力拉升目标位较高，那么这时除了希望建仓成本低之外，还应该希望能在涨停当日买到尽量多的筹码，这样大幅拉升后才有足够的筹码用以抛出获利。由于我们设定的背景是当日没有利好且股价是刚开始动，所以一开始关注的买单不会特别多，这样一旦主力开始向上拉抬，股价刚起涨时卖单会多于买单，这些抛盘就被主力收入囊中。主力在这种状态下的买进，肯定会适当控制买入节奏，例如先一路缓缓向上建仓再封停，这样在当日低位吸纳的筹码会多一些，当日增仓筹码的平均成本也就低一些。

有时我们从走势特征中就可以排除某些可能，例如盘中分时走势原本平静，相对大盘没有明显走强，某一时刻突然发力在十几分钟内直线上冲涨停的走势，这种情况一般不是新进场的游资所为，因为很明显在低位没拿什么筹码就直接拉升，最终的结果是其当日增仓筹码成本非常高，基本都是在当日高位接进来的，新进场的资金不会倾向于这样做，除非是盘中时段爆出突发性利好，或者当时该股所属板块正突然大幅启动，所以，这种不考虑当日买进成本的一般是之前就有筹码的老主力。

股价封涨停后在涨停板上的表现十分重要，涨停板是当日最贵的价格，愿不愿意以这个价格继续买进是考验主力坚决程度的试金石，如果涨停封住就不再打开说明游资信心很足，如果涨停数次打开则要警惕。另外，当日收盘后如果有该股的龙虎榜公告，前面的龙虎榜研判知识就能派上大用场了，可以辅助判断游资介入金额、席位等情况。

游资当日买进封涨停之后，便靠着其后以更高的价位卖出获利。游资当然希望卖出价位尽量高，且尽量速战速战，所以最常见的次日出货走势便是上一节列举的情况(1)和(2)。如果有利好伴随或者市场环境很好，或者板块有持续上攻潜力，那么游资的目标位可能不止一个涨停，这时就会出现上一节后面那几种继续拉升的走势。

其次是小主力拉涨停。我们已经知道，小主力多数时候并不会运作股价，只在某些特殊时刻因特定原因才出手。在出手之前，小主力与游资最大的区别是小主力已经有底仓，这一点直接导致小主力在这涨停走势之中的“利害关系”与游资不同。涨停对于游资而言所获得的只是当日的增仓及后面的跟风，而小主力因为有底仓在里面，所以涨停更多的是为其底仓利益服务，由此也就派生出更多的可能性，一般而言小主力拉涨停有三种情况：

第一种情况是护盘或自救。例如股价受大盘或其他因素拖累连续下跌，导致小主力被套或是走势形态变得难看，部分小主力会通过拉涨停板来进行一定的护盘自救或修复股价形态，但小主力终归不是主力，并不会大量增加仓位，所以推升后往往很快会减掉新增仓位，这样股价的涨升空间其实也就十分有限。这种涨停为小主力带来的效益是“保护”底仓，而不是游资那样的一拉一砸赚差价，所以小主力并不一定在乎涨停当日的建仓价位和数量，只是会密切注意大盘情况，尤其是会尽量抓住大势短暂回暖或阶段性转暖的时间点。而之后几个交易日的减仓也会温和一些，不一定急于马上减完新增仓位，而会考虑尽量照顾股价，最好是涨完之后还能“站稳”，毕竟小主力是长期在里面的，不像游资那样拉完就走人。由于这类个股很多并不属于热门股，本身股性不一定好，所以涨停次日经常出现上一节情况(6)和(7)的走势。

图 3-119 迪康药业日 K 线走势

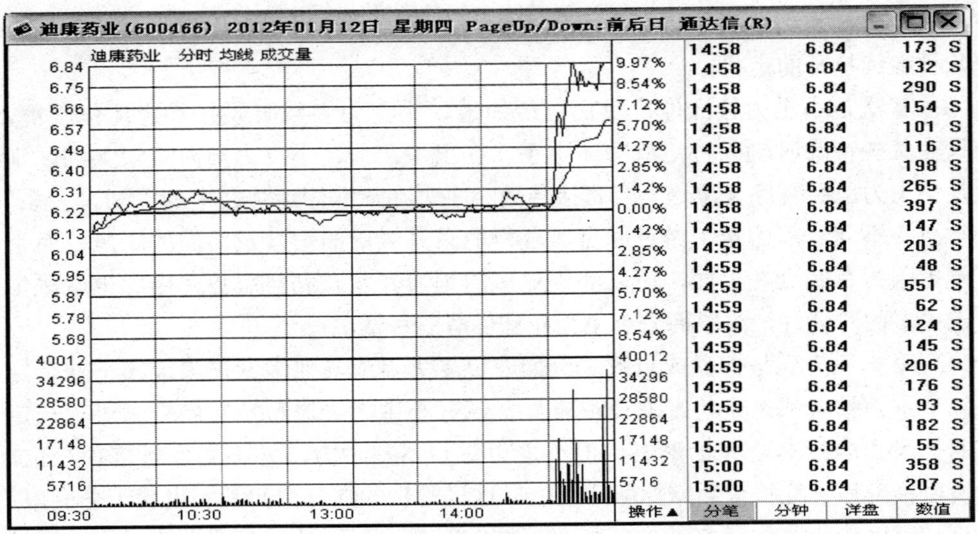

图 3-120　迪康药业分时图走势

第二种情况是小主力要出货。利用涨停板先拉后砸出货是过去一些小主力或持仓大户常用的一种做法，尤其在低迷弱市环境中。上节的(9)描绘就是这种走势，这样出货的卖出价位虽然不高，甚至前一日增仓的筹码还是以亏损的状态出局的，但相比于不拉高而直接将待出货筹码向下砸盘而言，先拉再减底仓的出货价位提高了，最终算总账还是更划算的。尤其当市场特别低迷的时候，个股成交量太小，大单如果想直接杀跌出逃有时是很困难的，股价很容易就会被大单打到跌停，所以有些持仓大户就会临时充当小主力，采用拉涨停后砸盘的方式出货。当小主力要通过拉涨停砸盘出货的话，其拉升时会尽可能少的增仓，所以常会用上尾市突袭或者封停后不断打开等手段(图 3-119 和图 3-120)。

第三种可能是小主力要运作一个波段行情。由于小主力并非真正的主力，只有当大势持续向好或者持有的个股题材将要升温等原因导致有发挥余地时，小主力才有可能考虑连续运作。这种背景下如果出现了涨停板，我们就要重点从 K 线图上看看涨停之前有没有资金增仓迹象，如果小主力事先就定了一个较高的运作目标，在启动涨停之前几日多数会进行一些增仓来加大建立低成本的短期仓位，这种情况后面空间会更大一些，值得继续留意。后面配套的案例中就有与此相关的例子。

前面我们分别讲了游资和小主力这两类拉涨停的主要群体，第三类拉涨停的是以基金为主的机构。虽然涨停板敢死队是利用涨停进行短炒的鼻祖，但如今这种手法已经被越来越多的包括基金在内的大资金使用。基金以如此手法运作的原理实际上与游资一样，但这两种情况还是存在一些明显的差别。机构资金制造涨停一般有两种可能：

一种是对单家个股的参与。当某些个股出现或即将出现利好，或者所属题材有升温为热点的迹象时，有的基金会以类似游资的方式进场。但基金介入是存在价值底线的，很少像游资一样运作纯垃圾股，它们的目标个股多少有货真价实的成分，故其中有的会存在波段和中线的机会，这一点值得我们关注和发掘。同时，由于机构账户所受监管较严，相当于被缚手缚脚，运作起来比较不利，所以会倾向于选择一些涨幅较大的机会。所以当机构成为个股涨停“主力”时，关注价值较高，不像很多游资的短炒，等跟风者看到一个涨停后实际上就没什么机会了。

另一种则是超级主力出于战略目的对一些有影响力板块的运作。这里附带讲一下超级主力的知识，超级主力是有能力干预整个市场大势波动节奏和运行方向的集团性资金，我们常常将其称做“无形之手”，这样的无形之手处在整个股票市场食物链的最上层。有能力担当超级主力角色的资金有这几类：一是部分实力较强、在某些时期战略意图阶段性一致的公募基金在这个时期下的“联手”；二是一些国资背景的超大规模资金，俗称“国家队”；三是过去民间一些大资金的联手，只是近几年市场容量今非昔比，这些民间资金在大势上已经不再具备发言权。

超级主力在强力推动大势运行阶段，往往会集中火力攻击一些有影响力的板块，以便于控制热点变化和调动市场情绪。超级主力的资金量巨大，其资金配置在全市场多个板块的个股中，实际上一个超级主力就相当于持仓数十家甚至上百家个股的“小主力”。超级主力通过干预某些重点板块来干预大势，实则声东击西，所取得的效益最终反映在其整体持仓中。比如市场经常说的拉权重股诱多，就是超级主力的一种典型行为，这样只需用少量资金拉大盘上行，从而掩护其余板块上的减仓，例如图 3-121 和图 3-122 为 2010 年 11 月 11 日上证指数的走势：

当超级主力大力攻击某些重点板块时，会非常注重板块效应的利用，即同步推动板块内的多只个股上涨，这时热点聚集效应能使得拉升省力很多，有时这种板块效应的利用也同样体现在游资对题材板块的炒作中。打个比方，某板块有 10 只个股，有效流通市值平均为 40 亿，如果单独将某只个股拉涨停可能需要 2 亿资金，但如果将板块内多只个股同步拉涨停，平均每只所需资金可能不到 1 亿，这就是板块联动带来的跟风效应。

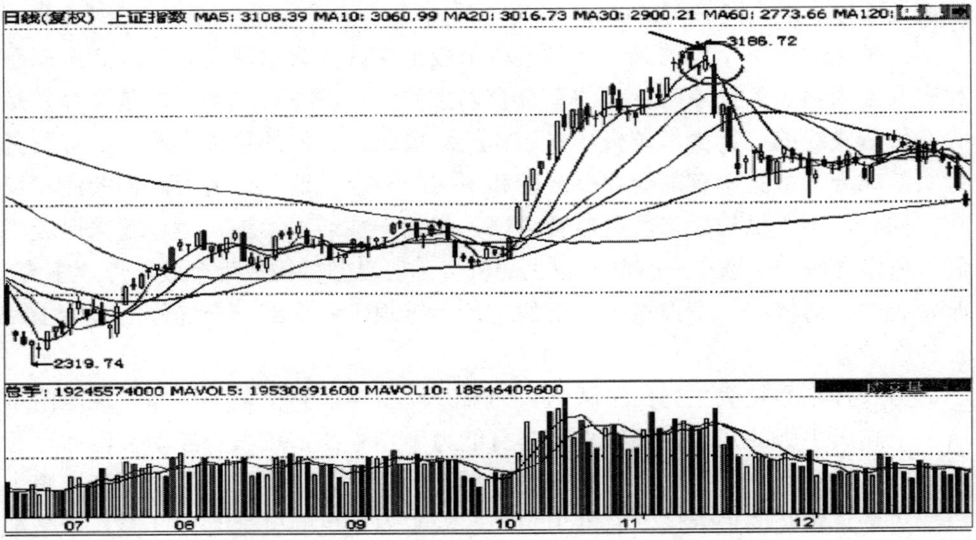

图 3-121 上证指数 2010 年 11 月 11 日走势图

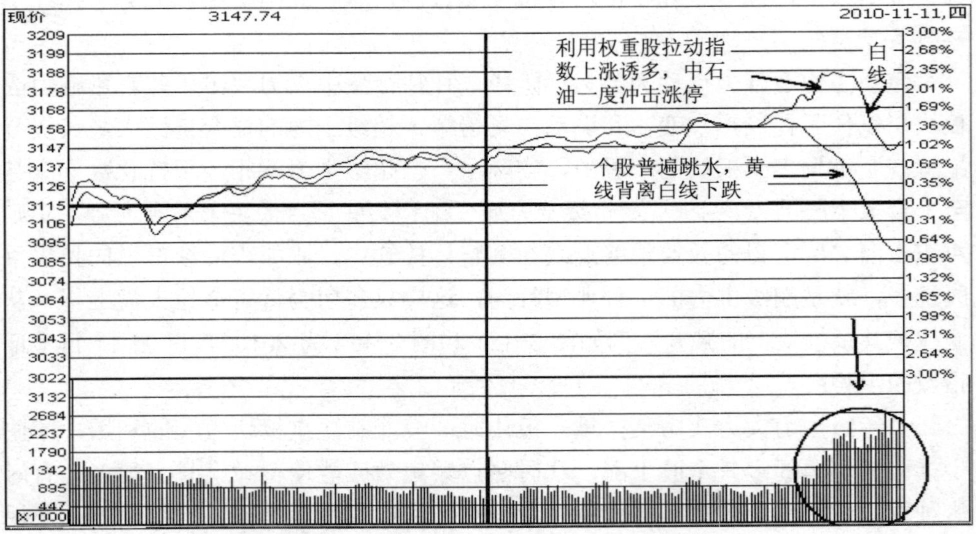

图 3-122 上证指数 2010 年 11 月 11 日分时图

对于超级主力而言，干预大势所依赖的无非主要就是那几个权重蓝筹板块：银行、保险、券商、地产、有色、煤炭、石油、钢铁、电力等，只要超级主力攻击决心较大，一般都会在某些当时受认可的权重板块中制造出涨停股，也只有出现涨停股，板块才容易得到市场高度认可，激发市场整体热情。超级主力出手时，有时仅仅是出于短暂干预指数的目的，而非真正全力进场，如果是这样的话，它们就会尽量少投入，这样其操作中会显示出避重就轻的样子，比如将该板块内市值较小的个股作为主攻来带动市场跟进，而避开盘子大的。而如果确实是出于大机会而坚决介入的话，就不会是避重就轻，而是盘子越大越抢进，这是区分后市行情级别的重要方法。

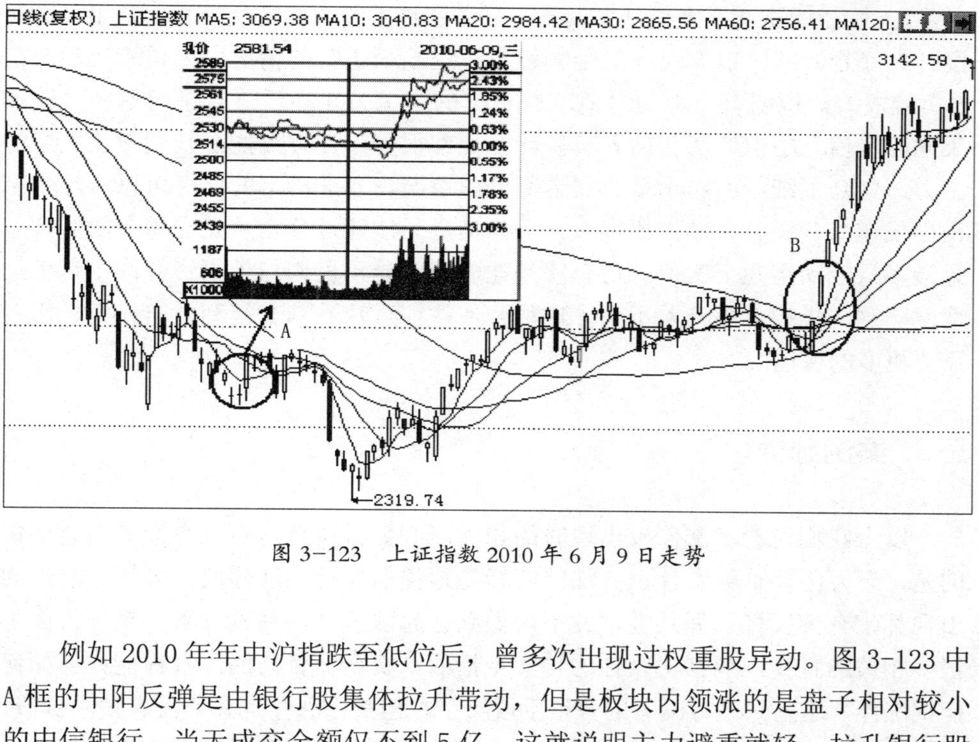

图 3-123 上证指数 2010 年 6 月 9 日走势

例如 2010 年年中沪指跌至低位后，曾多次出现过权重股异动。图 3-123 中 A 框的中阳反弹是由银行股集体拉升带动，但是板块内领涨的是盘子相对较小的中信银行，当天成交金额仅不到 5 亿，这就说明主力避重就轻，拉升银行股只是为了诱多而推升指数。如果主力真的是大举介入银行板块，那么领涨的应该是招行等大龙头。之后 B 框处的上涨也是由有色、煤炭等权重股上涨发动行情是刚启动时这些板块几乎是被大资金抢筹的态势，越是板块内的大市值品种越是强势涨停，这就从一开始就预示了行情的级别一定不小。

第四种制造涨停的资金类型是中长线主力。对于中长线主力而言运作是长时间、大规模的，所以需要从各个方面进行综合分析，一个涨停板并没有多少孤立分析的价值。读者尤其要知道的是，并非涨停才是牛股，很多真正的中长线超级牛股在上涨的前半段几乎不会出现涨停，当看到某只个股在主力的运作下涨了一倍，却还没有出现涨停过，往往说明主力的目标不是涨一倍，而是涨3倍、5倍，所以才根本就不屑于一开始就用涨停来吸引短线资金抬轿。

总结了常见拉涨停的资金类型及对应走势特征之后，我们再对之前所讲的龙虎榜知识进行一些补充说明，重点是不同的拉涨停资金身份类型对应的龙虎榜信息特征，我们可以据此辅助判断主力身份。对于新进游资拉出第一个涨停板的情况，龙虎榜上最常见的状态是前五买金额较大，如果累计达到日成交20%以上则说明这几个席位基本就是当日游资使用的主要席位。其次，由于游资没什么底仓，这时前5卖一般金额较小，这是最正常的情况。如果刚启动时前5卖就很大，说明有可能是之前就有仓位的老主力在当日进行了对倒拉升。如果龙虎榜信息中前5买和前5卖累计金额都很少，很有可能是长期潜伏其中的主力，分仓很细。而对于基金制造涨停的情况，龙虎榜上的情况可以肯定是机构出现在前5买且金额占比很大，因为基金无法通过分仓从龙虎榜上隐匿，基金最多只能动用几个席位。还有就是龙虎榜上显示机构与外围资金联手运作的情况，这与机构单独介入不同，这种合作往往意味着基金是利益出让方，所以需要更多的警惕。

三、 案例分析

以上我们讨论了涨停板出现时的相关研判分析技巧，有一点读者需要明白的是，千万不要认为有什么方法能够轻易地提前捕捉到涨停股，大部分涨停的出现都带有突发性和偶然性，并不能做到在起涨前一刻精确介入。至于市面上很多相关的宣传，包括卖软件的、卖绝招的、卖会员资格的，宣称能如何如何捕捉涨停，这些只是行骗者的营销手段罢了。但是，涨停也并非没有关注价值，只要做到合理分析，依然能从中发掘到不少短线机会，下面以本专题写作前一个月出现的一些涨停相关的超短线案例作为实例进行分析。注意，对于这些案例我们所应做的是当时当下的分析，而非事后圈点、编排。

图 3-124 鼎立股份 2010 年 12 月走势图

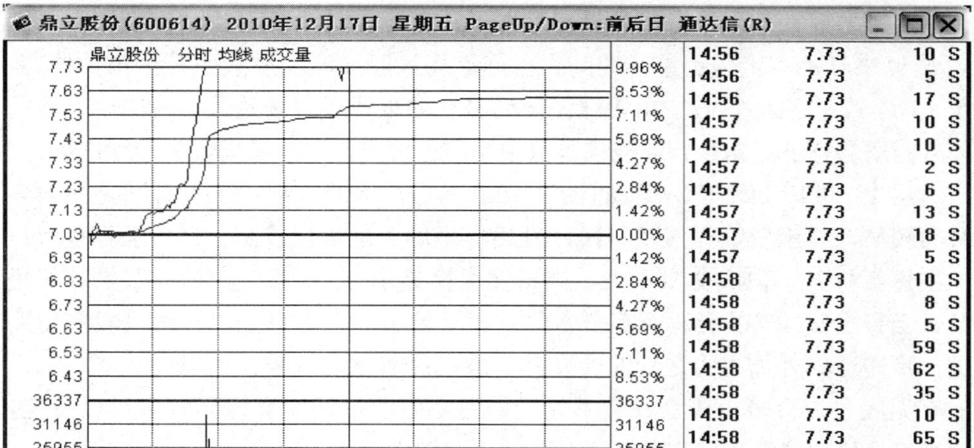

图 3-125 鼎立股份 2010 年 12 月 17 日分时图

鼎立股份(600614)12月17日交易中总成交金额为35317.42万元 2010-12-17 00:00:00
鼎立股份(600614)12月17日涨跌幅偏离值 10.11(%)；成交量 464811(手)；成交金额 35317.42(万)；交易所公布交易公开信息。

买入前5名营业部：

(1)国泰君安证券股份有限公司上海打浦路证券营业部
买入金额：54128552.00元
(2)申银万国证券股份有限公司上海龙漕路营业部
买入金额：38659276.00元
(3)中国国际金融有限公司深圳福华一路证券营业部
买入金额：38659276.00元
(4)国泰君安证券股份有限公司杭州庆春路证券营业部
买入金额：25864167.63元
(5)中国民族证券有限责任公司宁波中山西路证券营业部
买入金额：16452606.00元

卖出前5名营业部：

(1)浙商证券有限责任公司东阳新南路证券营业部
卖出金额：20244480.83元
(2)中信建投证券有限责任公司上海市永嘉路证券营业部
卖出金额：8740907.00元
(3)中信金通证券有限责任公司临安钱王街证券营业部
卖出金额：8719440.00元
(4)中信证券股份有限公司上海浦东大道证券营业部
卖出金额：5728953.00元
(5)中银国际证券有限责任公司上海欧阳路证券营业部
卖出金额：4571444.64元

图 3-126 鼎立股份 2010 年 12 月 17 日交易信息

1. 鼎立股份(600614)

鼎立股份 2010 年 12 月 17 日涨停。

该股之前在 7 元下方横盘整理近半年，走势较弱，12 月 14 日(图 3-124 中 A 处)以来开始有走强迹象，期间大盘回落而该股却温和放量回升至箱体顶部，至 12 月 17 日涨停突破。由于涨停前明显有增量资金进场迹象，再结合之前的长时间弱势特征，初步判断应该是盘中小主力发力，或者是新资金近期进场。

从 12 月 17 日涨停分时图(图 3-125)上看，上冲过程几乎没有回调且封停时间较早，显示资金介入较坚决，且当日平均买进价位较高。之后涨停板有过一次短暂打开，但成交量不大。当日龙虎榜显示(图 3-126)，前 5 买累计买进量占当日金额 40%以上，而卖出席位则相对较小，主力资金当日增仓较多得到进一步印证，外加主力之前几个交易日就已经有增仓迹象，所以，尽管主力之前有无底仓、有多少底仓我们不知道，但手中的短期增仓筹码较多可以肯定，故当日涨停后值得我们高度关注，后面仍有较大潜力。

涨停次日(12 月 20 日)，如图 3-127 所示，该股略高开后便出现一波回调，前半个小时成交量仅占前一日 1/5，显示主力并未拉高诱多，也没有明显的减仓，前面已经说到过，在主力短期大量增仓后如果逢高没有减仓，说明短线上涨将继续，所以该时刻判断主力后面必然有进一步推升的动作，此时可短线高度留意。

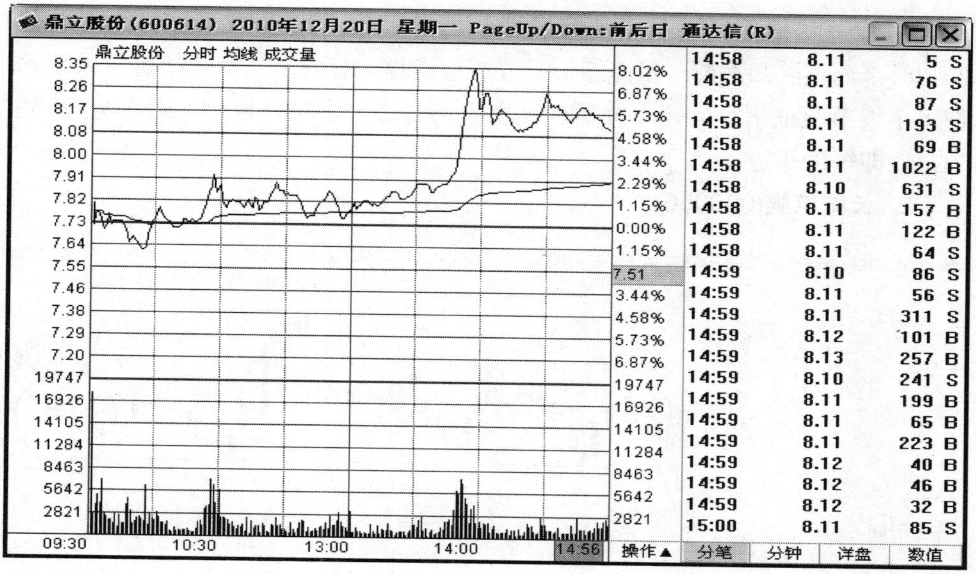

图 3-127　鼎立股份 2010 年 12 月 20 日分时图

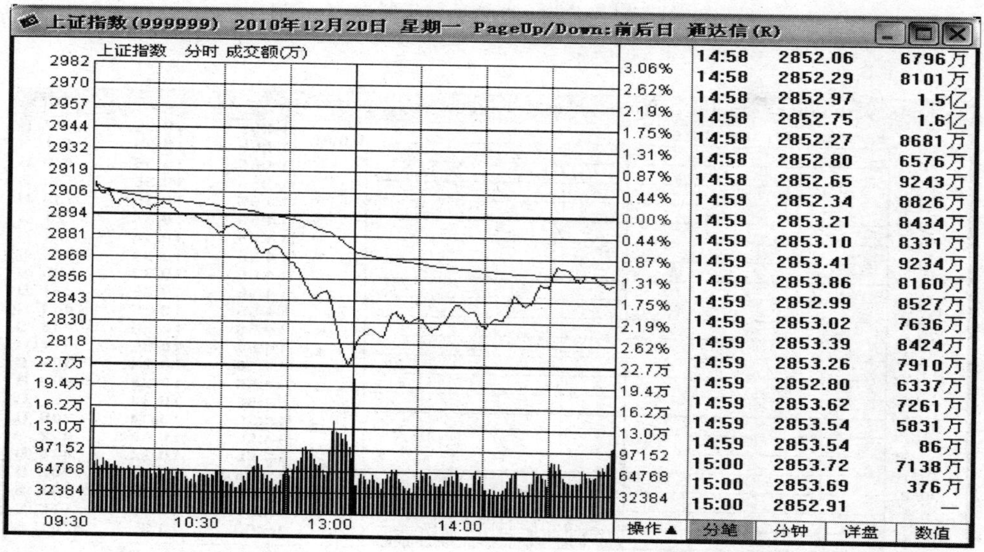

图 3-128　上证指数 2010 年 12 月 20 日分时图

随着时间推移做进一步观察发现，当日上午大盘出现了急剧的跳水(图3-128)，而该股却在前一日涨停价上方逆市横盘，有资金主动承接抛压。至此，在多个细节验证下，结论十分明确，主力仍有进一步拉升意图，短期将继续发力，立即短线买进。

2. 长城电脑(000066)

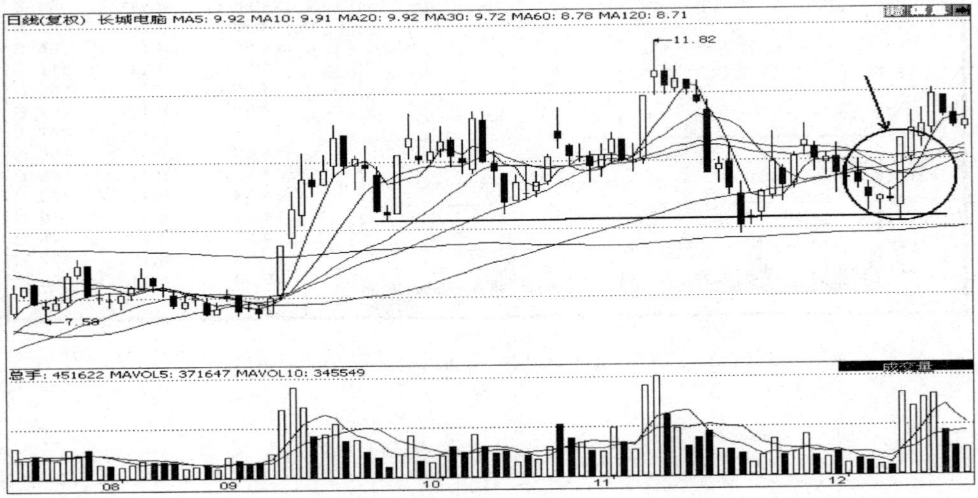

图 3-129 长城电脑走势图

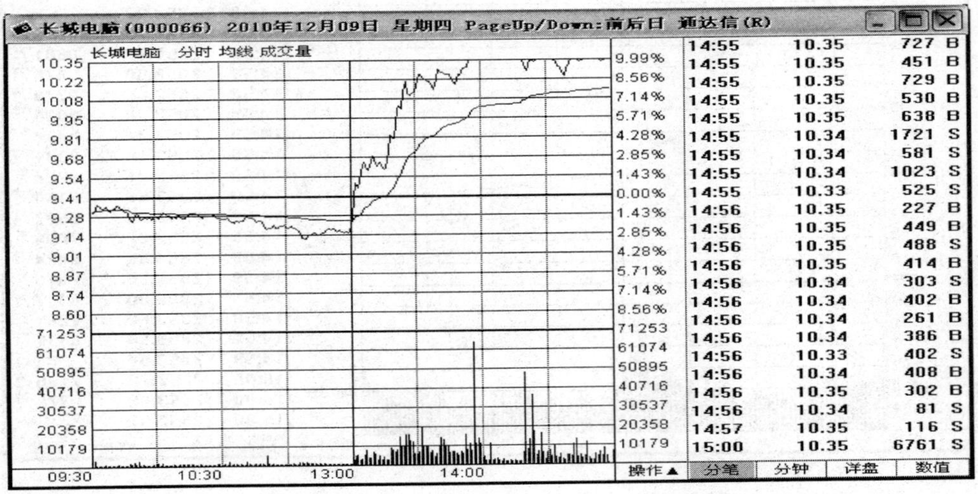

图 3-130 长城电脑 2010 年 12 月 9 日分时图

长城电脑2010年12月9日涨停(图3-129)。

当日大盘弱势，该股消息面平静，涨停引起职业投资者关注。从当日分时走势看(图3-130)，上午股价随大盘下跌明显，下午有资金突然发力，股价从下跌近3个点的位置被直接推升到高位，略作震荡后封上涨停，之后反复打开直至尾盘。由于发力突然，缺少建仓过程，故新资金介入可能性较小，应为盘中资金所为，也有可能是中午时段有利好事项被某些资金提前获知。结合之前的K线走势来看，该股近3个月股价在9～11元形成箱体运行格局，12月9日上午股价随大盘跌至箱体下轨，继续随大势下滑则有形态破位之忧，故根据前面所讲的知识综合判断，很可能是老主力护盘性质的推升，一般这种情况只要消息面没有新的变化上冲空间将有限，但如果时机合适也可能有短线机会，毕竟老主力会希望尽量将股价做高一些。

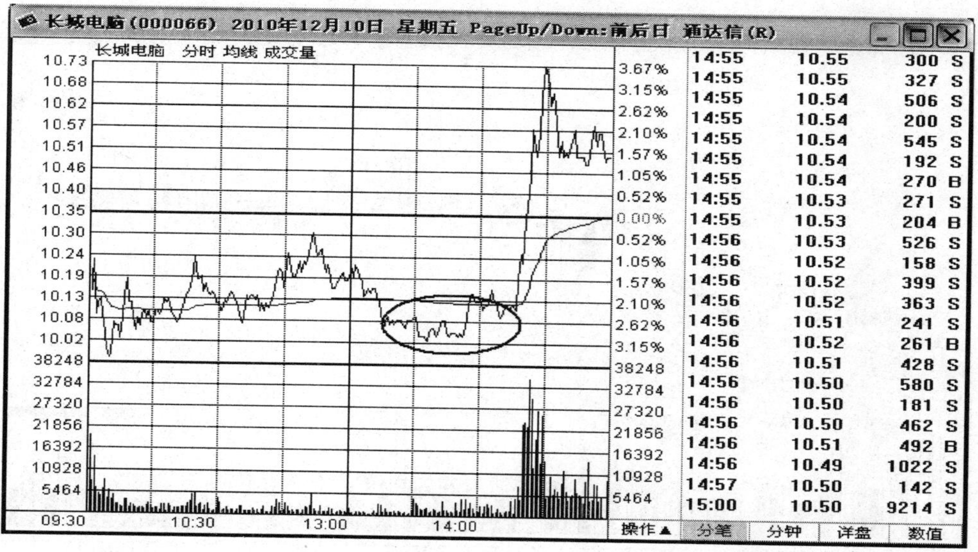

图3-131　长城电脑2010年12月10日分时图

继续跟踪观察。次日消息面上发布一则收购公告，从公告内容来看构成一定的利好，此时可以知道前一日应是老主力提前获知利好而借机发挥，有可能是为了出货，也有可能只是进行一定的护盘推升。开盘后走势显示(图3-131)，该股低开3个点左右后低位震荡至下午，上午收盘后半日成交量为2500万股，仅为前一日的1/4，这是一个较小的成交量，意味着低位震荡中主要是正常的散单抛盘，显示主力资金尚未明显减仓，故此时已可明确排除主力拉高砸盘出货的可能。由于股价涨停后跟风最热的交易时段为上午，而主力之前逆市推升显然属于较为积极的护盘，那么上午未急于借机减仓，而是使股价震荡整理，应有进一步所图，只要大势不坏，进一步推升的可能性很大。这时我们应密切留意大盘走势，当日大盘低开震荡企稳后于下午两点前向上发力，此时在大盘走势明朗的背景下，该股一个超短线买入机会出现，因为此时在主力关照以及利好的氛围下将至少有强于大盘的短期表现，只是要注意超短线的获利目标一般不高。

附带说明一下，之后的12月13～14日的对倒迹象很明显，进一步印证了这一波推升为老主力所为。

3. 隆平高科(000998)

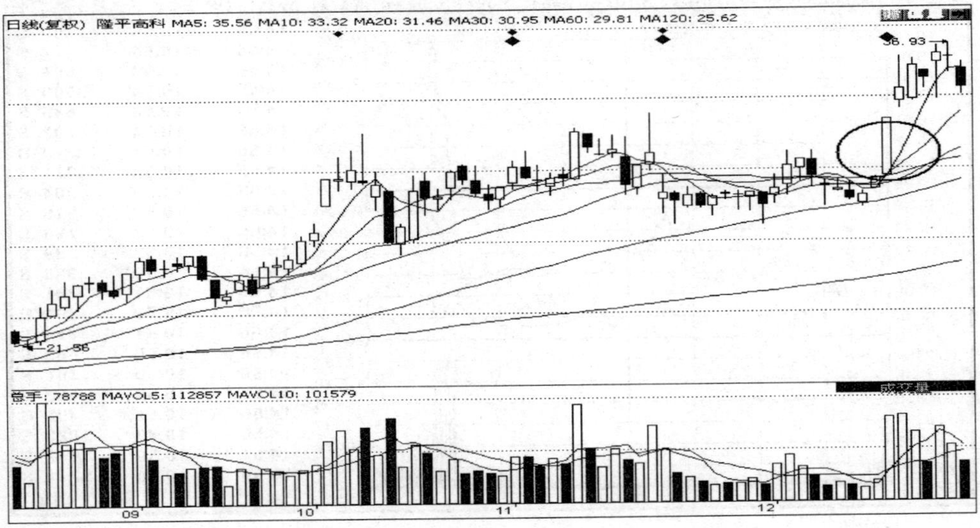

图3-132 隆平高科走势图

隆平高科(000998)12月14日交易中总成交金额为56458万元　　2010-12-14 00:00:00

隆平高科(000998)12月14日涨跌幅偏离值 9.07(%)；成交量 175500(手)；成交金额 56458(万)；2
交易所公布交易公开信息。

买入前5名营业部：

(1)机构专用
买入金额：163942428.73元　　卖出金额：-
(2)机构专用
买入金额：31572014.37元　　卖出金额：-
(3)机构专用
买入金额：27668459.87元　　卖出金额：-
(4)机构专用
买入金额：18906735.85元　　卖出金额：-
(5)机构专用
买入金额：13659267.79元　　卖出金额：-

卖出前5名营业部：

(1)机构专用
买入金额：-　　卖出金额：12857004.21元
(2)机构专用
买入金额：-　　卖出金额：8203470.90元
(3)机构专用
买入金额：-　　卖出金额：6602000.00元
(4)中银国际证券有限责任公司天津解放南路证券营业部
买入金额：43444.00元　　卖出金额：5857441.31元
(5)金元证券股份有限公司北京新外大街证券营业部
买入金额：13204.00元　　卖出金额：5309310.35元

图 3-133　隆平高科 2010 年 12 月 14 日交易信息

隆平高科 2010 年 12 月 14 日涨停(图 3-132)。

当日龙虎榜上(图 3-133)买进席位清一色为机构，第一席位单家金额达 1.6 亿，占当日成交近三成，涨停显然为该席位所属的这家激进型机构独家导演，卖出席位金额则较小，显示抛盘主要是市场自然抛盘。结合期间整体市场环境分析，中央经济工作会议的召开促使农业板块再度升温，而同期其他题材板块明显欲振乏力，农业板块有聚焦市场眼球成为阶段性热点的潜力。隆平高科作为农业板块中反复活跃的龙头品种之一，基本面并无过人之处，此时出现机构主力介入，综合分析应为借题材短炒行为。由于形态上已经走出箱体突破之势、题材面配合良好且龙虎榜买家均为机构，所以后续跟风热度必然较高。机构运作的个股一般持续性会好于游资，但在前面龙虎榜信息研判中我们已经说到过，机构席位大量出现的个股次日早盘跟风热度会较高，如果次日开盘大幅高开上冲，也不排除主力机构拉高立即减仓赚一个不大的差价，所以过度追涨的安全性是难以保证的，必须进一步观察次日开盘情况。

次日开盘该股仅高开两个多点，这对于该股当时的技术、题材、主力三个层面所带来的潜在跟风能量而言幅度明显偏低，也就是说主力并未直接大幅高开诱多，此后更一度回到涨幅一个多点的位置(图 3-134 箭头处)。主力并没有利用极高的跟风热度直接诱多减仓，很明显是有比现价更高的目标位。

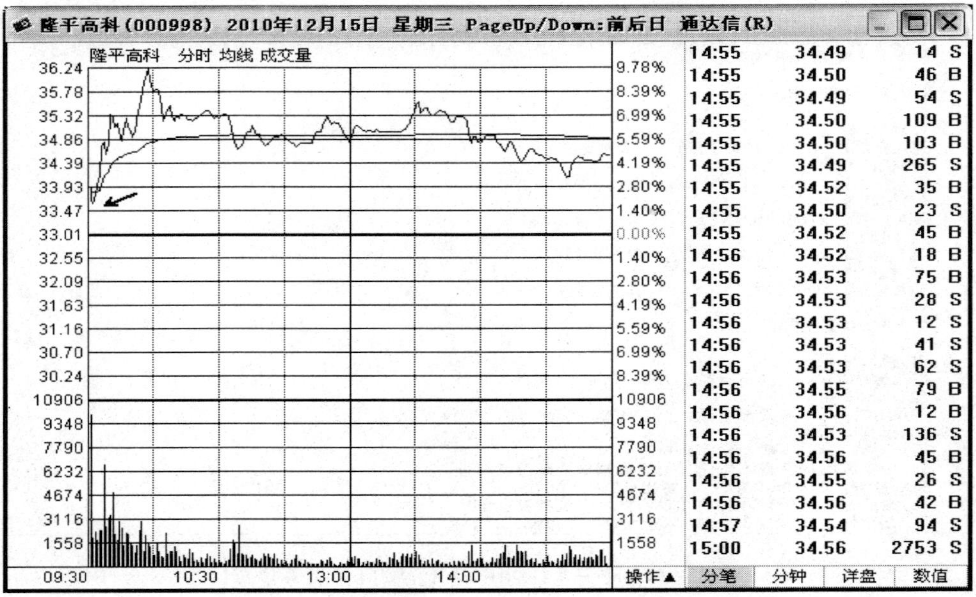

图 3-134 隆平高科 2010 年 12 月 15 日分时图

市场买盘不会再袖手旁观，此刻这个价位上留给我们超短线买进的时间不会太多。

随后股价很快再次大幅上冲至涨停附近，尾盘受大盘快速跳水影响有所回落，日 K 线留下长上影线，只是相比早盘低位依然有较大涨幅。当日收市后的状态显示，尽管当日主力有可能减掉一些仓位，但由于上冲后回落是受大盘拖累且幅度不大，所以手中留下的筹码应该仍有大半，现在尾盘股价明显受到了拖累，后续很快应有进一步的推升动作，对于早盘进场的短线买家而言可以继续等待主力发力。后面几日走势显示，在大盘连续回调的背景下，该股涨停之后继续上冲超过 10%，对于超短线而言这个幅度已经达到预期。

4. 永新股份(002014)

永新股份 2010 年 12 月 29 日涨停，如图 3-135 所示。

当日消息面平静，大盘此前则刚刚破位下行，该股股价弱市中却一举创出 3 年来的新高，引人注目。

回顾此前的走势，自 12 月 17 日开始该股运行节奏异于大盘，12 月 20 日(A 点)大盘大跌时该股放量收中阳，之后股价缩量整理回归平静；12 月 27 日(B

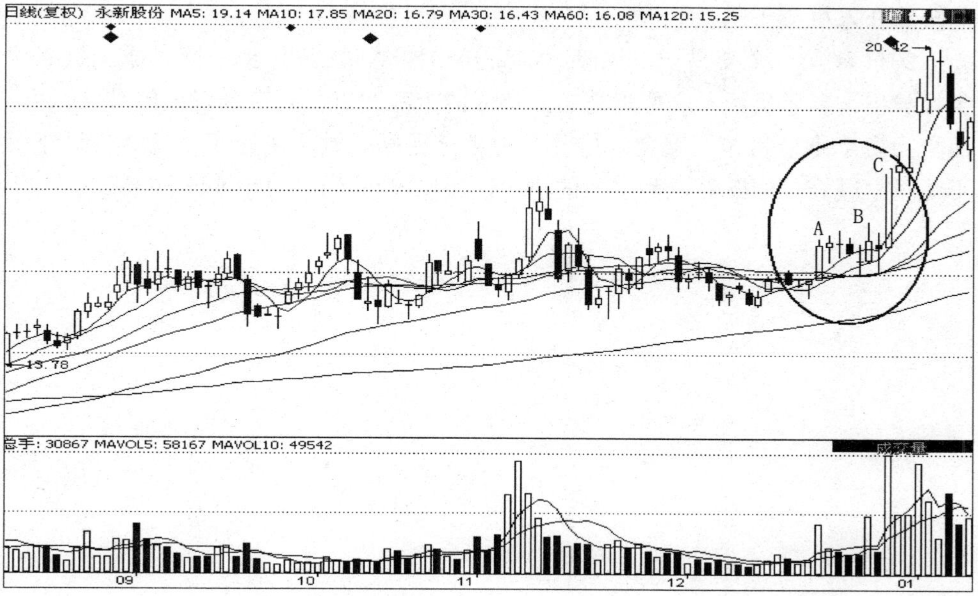

图 3-135　永新股份走势图

点)再次放量上冲，次日大盘破位下行，该股则探底回升；至 12 月 29 日(C 点)早盘直接发力上攻。由于涨停前这数个交易日股价连续异动，故该涨停明显有关注价值。

消息面上当时保持平静，从个股背景分析，公司业绩不错且当年销售收入增长势头良好，下半年以来二级市场筹码趋向集中。早在 10 月份公司就曾对全年业绩预告增长，机构此前对于 2010 年 EPS 普遍预期在 0.8～0.9 元，所以年报应该令市场存有想象空间，并且当时公开信息显示该股年报将在 1 月底公布，这个公布时间在整个市场算非常早的。既然属于年报公布较早的小盘绩优股，所以在年初受到大资金关注属情理之中。

由于并非一次性题材，所以资金此时敢于逆市增仓并向上突破，上涨幅度应该不会止于一个涨停板，唯一令人犹疑的是涨停当日封停并不坚决，当日成交量也放的过大，以该股的筹码结构来看实际换手水平确实很高，这与龙虎榜信息中当日两家机构的抛售不无关系，所以股价由于放量过急存在一定的整理要求。继续观察，涨停次日围绕前一日收盘价整理，量能也迅速萎缩至前一日一半左右，相对于该股整理重心的位置而言缩量程度非常理想，至此比较放心的短线介入机会出现。

2011 年第一个交易日，该股大幅高开并数次冲击涨停板，同时成交量继续大幅放出，显示历经一个假期之后，该股的上涨逻辑得到市场资金的高度认可，而主力资金则借机拉高减仓。尽管主力当日更好的做法或许应该是继续封停而不是早早减仓，但既然这是主力的决定，所以投机者也只能尊重并跟随。

第四章

基本面与消息面分析

与我们已经不断提及到的技术面、资金面等因素一样，基本面与消息面同样是影响股市价格波动的重要因素，其实不管这面那面，最终都是反映到市场心理和行为层面并由此直接影响市场走势，唯有心理行为面才是影响价格走势最核心的层面。基本面与消息面对市场参与者心理影响显然是巨大的，要看懂市场交易行为，掌握与此相关的知识必不可少。

基本面和消息面，其实从根本上讲并非是两个独立的方面，而应看作是同一因素的两个层面。消息面之所以影响市场，是因为消息影响了人们对于基本面的预期，例如某种热门概念的炒作，是因为这个概念使人们相信或意淫幻想着它会使相关上市公司的基本面变得更好；而基本面对市场施加的任何影响，都是要经由消息面输入市场的，比如宏观基本面的变化最初由宏观经济数据发布或者相关的新闻而为市场所知，个股基本面被看好最初也是来自财报及公司新闻这些消息面上的动向。所以基本面和消息面是关乎“价值”的同一要素的两个不可分割的方面，不能孤立地去看待，只是我们在谈到基本面的时候，强调的是投资性价值，而说到消息面，则更多的是关注其对市场的心理预期冲击所带来的投机性价值。

基本面和消息面因素按其影响范围，分为宏观经济、行业、上市公司这几个层面，下面我们分别进行讨论。

第一节　宏观信息

宏观经济分析就是社会经济大环境分析，是以整个国民经济活动作为考察对象，研究各个有关的总量及其变动，特别是研究国民生产总值和国民收入的变动及其与社会就业、经济周期波动、通货膨胀、经济增长等之间的关系。股市作为社会经济的晴雨表，必然受制于宏观经济发展状况。虽然早期A股市场由于体制缺陷等原因，股市表现常常与宏观经济背离，但随着市场的逐步成熟，股市整体表现开始逐步与宏观经济高度关联已是大势所趋，研判宏观经济对于股票投资也由此具备了明显的现实意义，所以，关注宏观层面信息变化应该是每个合格投资者都要做的基本工作，只是从实际投资的角度而言，实战派关注宏观面因素只是从市场心理博弈的角度出发，将其作为影响股市的一个重要变量，重点把握其对于市场短中长期运行格局的影响，而不是搞经济学术研究。

一、 宏观数据

宏观经济注重总量分析，尤其注重对宏观经济指标的研究，宏观经济指标涉及到很多种，最为市场看重的包括以下几种：

1. 国内生产总值(GDP)

国内生产总值，简称GDP，是指在一定时期内(一个季度或一年)，一个国家或地区的经济中所生产出的全部最终产品和劳务的价值，是衡量一个国家经济状况的最直观的指标。GDP不但可反映一个国家的经济表现，更可以反映一国的国力与财富，是社会各界使用频率最高，影响最大的经济指标，世界金融市场发展历史也表明，股市的长期走势与GDP变动趋势基本相符。

一般来说，GDP由四个部分组成：消费、投资、政府支出和净出口。GDP有三种常见表现形态，即价值形态、收入形态和产品形态。从价值形态看，它是所有常驻单位在一定时期内生产的全部货物和服务价值与同期投入的全部非固定资产货物和服务价值的差额，即所有常驻单位的增加值之和；从收入形态看，它是所有常驻单位在一定时期内直接创造的收入之和；从产品形态看，它是货物和服务最终使用减去货物和服务进口。GDP反映的是国民经济各部门的增加值的总额，与此相对应的，统计和计算GDP也存在多种方式，包括收入法、支出法等。

一个国家或地区的经济发展状况如何，从 GDP的变化便可以观察到。一般公布的GDP数据包括总额和增长率两个方面。GDP增速越高，说明经济增长速度越快；而当GDP增速明显下降，甚至出现负增长时，则说明经济呈现衰退局面。对于发达国家来说，其经济发展总水平已经达到了相当高的水平，GDP

的提高就显得比较困难，比如以美国为代表的发达经济体近年来GDP增长率平均只有3%左右；而对经济尚处于较低水平的发展中国家而言，其经济发展速度有可能达到高速甚至超高速增长，比如近年来我们国家GDP一直是处在9%左右高速增长的态势(图4-1)。

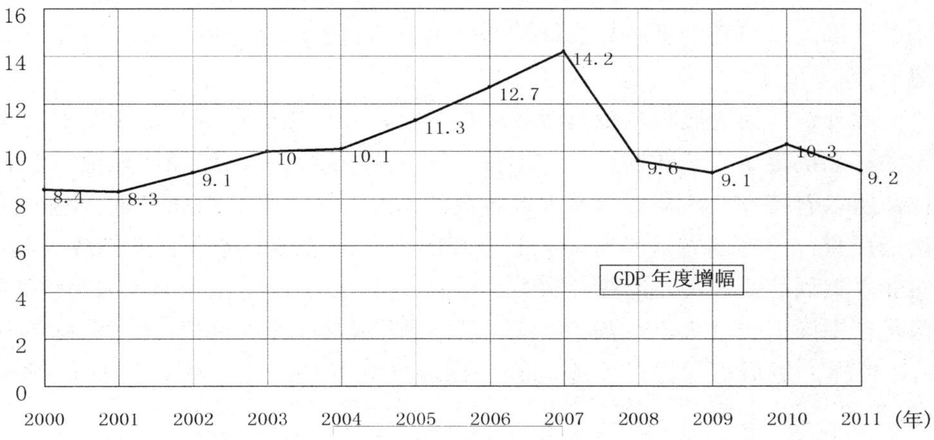

图4-1 中国GDP年度增幅走势图

一国的GDP快速增长，尽管反映出该国经济高速发展的现状，但是GDP并非越高越好，在GDP高速增长的背景下，反而需要警惕宏观经济的过热状态。当经济呈现过热局面，该国将采取相应的货币和财政政策给经济降温，这些政策将对股市产生不利影响。反之，当一国的GDP增速下降，经济面临衰退时，该国将通过各种措施刺激经济增长，这对股市来说会产生正面影响。

需要注意的是，在看待GDP数据的时候，需要我们综合系统地看。GDP包括消费、投资、政府支出和净出口，当这四个方面不能保持一种合理的均衡，国民经济的发展就会出现问题，国家就会进行局部的调控。比如，当投资的份额加大的时候，大量的货币资金就可能变成固定资产或商品，如果消费能力跟不上，则大量的在建工程和商品就是浪费的对象，已变成固定资产和商品的货币就会贬值，这些投资多数属于低效投资，它们消耗了货币但没能换成适应需求的有效产值，也就没能形成经济的正循环；再比如，如果净出口额过多，不仅会招致对口贸易国家的反对与制裁，同时也会将国内大量的资源以低价格的方式消耗掉，而很多资源是不可再生的，这对一个国家来说是一种极大的浪费。

在我国，政府支出尚未计入到GDP之中，投资一直处于过热局面，个人消费则由于国人消费习惯、收入水平、贫富差距等原因，始终制约经济发展，出口也因为欧美经济体逐渐步入衰退而无法再对其过度依赖，因此，国家近年来一直希望控制社会投资，拉动内需消费，以实现经济转型。

总体来说，GDP良性增长，意味着经济势头良好，这对股市而言是长线走牛的基础。在总体经济运行良好的基础上，股市从长期来看将处在稳定的上升通道。

此外，作为A股市场投资者要明白的是，在中国的经济政治制度下，体制上的弊端决定了GDP数据存在一定特殊性，某些地方并不像经济理论所说的那样，所以看待GDP数据要有着理性客观的态度。正如华尔街著名基金经理人查诺斯所说："在西方世界带动GDP增长的是自由市场的盈余。人们各安其位，实业家策划商业方案，消费者购买、存储、投资。GDP是随之而来的最终结果，但是在中国情况就大不相同了。GDP是一个用来制订计划的工具，先设定一个GDP目标，然后再想办法实现。在中国，一切都围绕着数字，这就是问题所在。"

2. 消费者价格指数(CPI)

消费者价格指数(简称CPI)，在经历了近年来的"蒜你狠"、"豆你玩"、"姜你军"之后，CPI已经成为当前社会民众最为关注、最为敏感的经济变量，连菜市场的大爷大妈们都多半知道这个指标的含义。近年来国内经济一直面临较大的通胀压力，政策上面临着保增长与抑通胀的两难，CPI走向也由此格外受到关注，成为对影响股市最大的宏观经济变量之一。

CPI即居民消费价格指数，是对一个固定的消费品篮子价格的衡量，主要反映消费者支付商品和劳务的价格变化情况，也是一种度量通货膨胀水平的工具，以百分比变化为表达形式。构成该指标的主要商品共分八大类，其中包括：食品酒和饮品、住宅、衣着、教育和通讯、交通、医药健康、娱乐、其他商品及服务。

在我国，构成CPI的各类商品权重大致如下：

(1) 食品：34%。

(2) 娱乐教育文化用品及服务：14%。

(3) 居住：13%。

(4) 交通通讯：10%。

(5) 医疗保健个人用品：10%。

（6）衣着：9%。

（7）家庭设备及维修服务：6%。

（8）烟酒及用品：4%。

需要注意的是，上述权重并非一成不变，而是根据社会消费实际情况的变化而逐年修正的，比如近年来随着居民消费升级，食品在老百姓消费开支中所占的比例逐渐降低，所以相应CPI指标中食品类权重也会进行一定的下调。

从上面所列的CPI权重分布不难看出，食品价格变动对CPI影响最大，事实上这也是近年来影响国内通胀形势的最重要变量。另一点要注意的是，CPI数据所统计的居住类消费并不是指住房购买消费，而是指租房的消费，所以该项取决于租金水平的变化。针对国内CPI权重体系，目前普遍观点是食品类权重太大，而居住类太小，此外还存在指标体系透明度不够、没有与时俱进、对居民消费与服务的样本选择数量和过程不合理等问题，这些使得我国的居民消费者价格指数的真实性和科学性都要打上一定的折扣，因而对通货膨胀的观察和宏观经济决策都会产生一定的误导，这也是为什么民众纷纷质疑CPI的变化和自身感受相差甚远。

尽管国内的CPI指标有一定程度的失真，但这并不妨碍它的基本功能的发挥，CPI指标依然是反映老百姓的生活成本最权威的指标，同时对于管理层的宏观决策具有重要参考价值。CPI稳定、就业充分及GDP增长，被视作是一国最重要的社会经济目标。事实上，随着国民经济的增长，CPI的温和上涨是必然的，也是有利于经济增长的，它表明了消费者的购买能力在增强，也反映了国民经济的扩张状况(图4-2)。

CPI是衡量通货膨胀的主要指标之一。一般从经济理论上讲，当CPI出现小于10%的增幅时，被称为温和的通货膨胀；当CPI的增幅达到两位数时，被称为严重的通货膨胀；当CPI的增幅达到三位数时，则被称为恶性的通货膨胀。而在现实中，一般CPI超过5%就属于较高的通胀水平，会对社会经济造成明显的负面影响并招致管理层的紧缩政策。

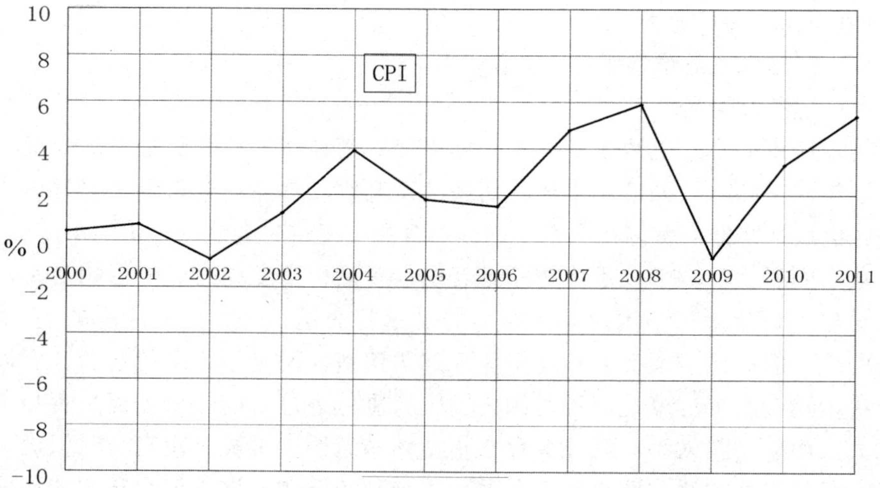

图 4-2　中国 CPI 年度数据

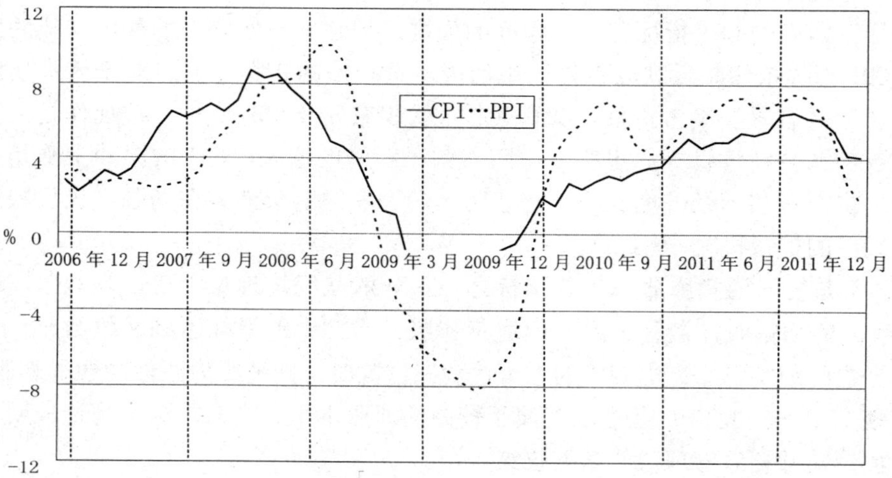

图 4-3　近 5 年月度 CPI/PPI 增幅走势图

CPI 指标是政府宏观决策的重要依据，如果 CPI 升幅过大，出现较大的通胀压力，政府就会有紧缩货币政策和财政政策的反应，从而造成经济前景的不明朗和股市各方面的利空影响。所以，每个月国家统计局公布 CPI 数据时，都会成为当时市场关注的焦点。在国家没有采取紧缩银根的政策之前，通常 CPI 的上涨都会导致股价上扬，因为多数上市公司的库存商品价值和出售价格都会提升，导致名义利润大幅增长(也有部分公司会因为消化不了快速提高的原料成本而导致亏损)，进而导致股票价格提升；此外，CPI 增长也会导致居民银行储蓄收益出现负增长，为了保值和增值的需要，很多资金将涌入资本市场，从而为市场提供更多的资金支持。

综上所述，CPI 的温和增长对经济运行和股市都是有利的，但是，如果 CPI 增长过快或累计增长过多，则会对整个经济运行带来诸多不利的影响，同时股市也会受到紧缩政策的利空影响。物价上涨往往是物质产出与资金供应失衡的表现，这通常有两个因素：一个原因是基本生产和生活资料的产出降低了，这需要刺激该领域的投资或新增产出渠道；另一个原因是流通领域的资金太多了，相对于既定的物质供应就会形成贬值。大多数情况下，第二个因素占据了上风，例如近年来国内流动性过剩趋势愈演愈烈，对于房价、物价构成明显压力。于是，国家出于经济调控的需要，就会通过紧缩货币政策来回笼流通市场里的资金，同时限制资金的再供应，进而对股市造成利空影响。

3. 工业品出厂价格指数(PPI)

工业品出厂价格指数(又名生产者物价指数)，简称 PPI，是指工业企业向商业(物资)部门或商业企业、其他生产单位和个人出售或调拨的产品的价格，主要反映某一时期生产领域价格的变动情况。从其覆盖的范围来看，生产资料占 3/4 左右，消费品只占大约 1/4，因此，我国的 PPI 所指的主要是生产资料的价格水平。目前，全国 PPI 所调查的产品有 4000 多种(含规格品 9500 多种)，覆盖全部 39 个工业行业大类，涉及 186 个调查种类。与 CPI 指数一样，PPI 同样是衡量通胀水平的重要指标，只是 CPI 主要针对消费领域，而 PPI 针对生产领域。当 PPI 较高时，表明有通货膨胀的风险。

根据价格传导规律，PPI 对 CPI 有一定的影响。PPI 反映生产环节价格水平，CPI 反映消费环节的价格水平。整体价格水平的波动一般首先出现在生产领域，然后通过产业链向下游产业扩散，最后波及消费品。产业链可以分为两条：一是以工业品为原材料的生产，存在原材料→生产资料→生活资料的传导，另一条是以农产品为原料的生产，存在农业生产资料→农产品→食品的传导。在中国，就以上两个传导路径来看，目前第二条，即农产品向食品的传导较为充分，2006 年以来农产品价格上涨是拉动 CPI 上涨的主要因素。但第一条，即工业品向 CPI 的传导效应则相对较弱。

由于CPI不仅包括消费品价格，还包括服务价格，CPI与PPI在统计口径上并非严格的对应关系，因此CPI与PPI的变化出现不一致的情况是可能的。CPI与PPI持续处于背离状态，这不符合价格传导规律。价格传导出现断裂的主要原因在于工业品市场处于买方市场以及政府对公共产品价格的人为控制。

CPI和PPI是观察通胀水平最重要的两个指数，由国家统计局每月发布(图4-4)。

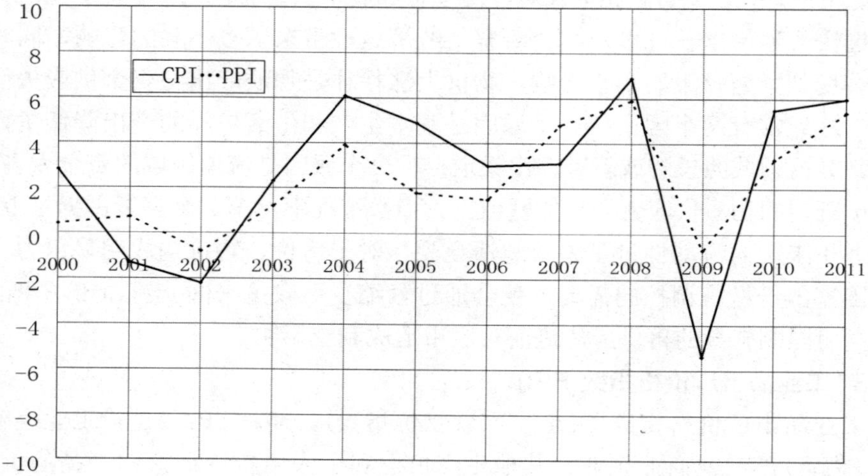

图4-4　中国CPI/PPI年度走势

4. 采购经理指数(PMI)

采购经理指数，英文全称Purchase Management Index。简称PMI，PMI是一套月度发布的、综合性的经济监测指标体系，分为制造业PMI、服务业PMI，也有一些国家建立了建筑业PMI。PMI是通过对采购经理的月度调查汇总出来的指数，反映了经济的变化趋势。

我国采购经理指数由国家统计局和中国物流与采购联合会共同合作完成，是快速及时反映市场动态的先行指标，它包括制造业和非制造业采购经理指数，与GDP一同构成我国宏观经济的指标体系。目前，采购经理指数调查已列入国家统计局的正式调查制度，每月1日由物流与采购联合会发布。我国PMI指数体系共包括11个指数：新订单、生产、就业、供应商配送、存货、新出口订单、采购、产成品库存、购进价格、进口、积压订单。由统计局发布的PMI指数被称作官方PMI，与之对应的还有汇丰银行编制的汇丰中国PMI指数，也很受市场重视。汇丰 PMI 统计的口径和统计局稍有不同，其统计的样本公司更加侧重中小企业。

PMI 具有五大特点。第一，及时性与先导性。由于采取快速、简便的调查方法，在时间上大大早于其他官方数据。第二，综合性与指导性。PMI 是一个综合的指数体系，涵盖了经济活动的多个方面，其综合指数反映了经济总体情况和总的变化趋势，而各项指标又反映了企业供应与采购活动的各个侧面。第三，真实性与可靠性。PMI 问卷调查直接针对采购与供应经理，取得的原始数据不做任何修改，经过汇总并采用科学方法统计、计算，保证了数据来源的真实性。　第四，科学性与合理性。根据各行业对 GDP 的贡献率确定每个行业的样本比重，并考虑地域分布和企业不同的类型来确定抽样样本。第五，简单和易行。PMI 计算出来之后，可以与上月进行比较。如果 PMI 大于 50%，表示经济上升，反之则趋向下降。一般来说，汇总后的制造业综合指数高于 50%，表示整个制造业经济在增长，低于 50%表示制造业经济下滑。

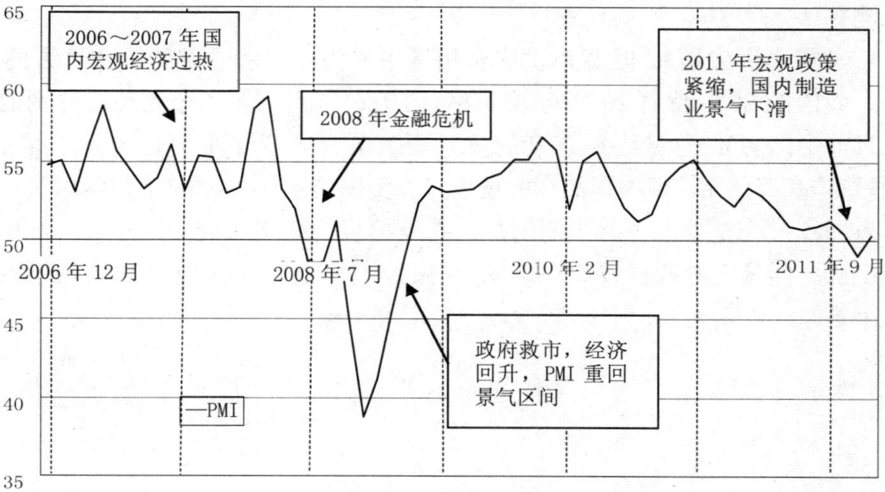

图 4-5　制造业采购经理人指数(PMI)

PMI 指数体系无论对于政府部门、金融公司，还是企业来说，在经济预测和商业分析方面都有重要的意义(图 4-5)。作为宏观经济先行指标，PMI 同样被股市投资者所看重，尤其当经济前景不明朗时，更加是市场关注的焦点数据。

5. 货币供应量

货币供应量，是指一国在某一时期内为社会经济运转服务的货币存量，它由包括中央银行在内的金融机构供应的存款货币和现金货币两部分构成。

我国从 1994 年三季度起由中国人民银行按季向社会公布货币供应量统计监测指标。参照国际通用原则，根据我国实际情况，中国人民银行将我国货币供应量指标按流动性标准分为以下四个层次：

(1)M0：流通中的现金

(2)M1：M0+ 企业活期存款 + 机关团体部队存款 + 农村存款 + 个人持有的信用卡类存款

(3)M2：M1+ 城乡居民储蓄存款 + 企业存款中具有定期性质的存款 + 外币存款 + 信托类存款

(4)M3：M2+ 金融债券 + 商业票据 + 大额可转让存单等

其中，M1 是通常所说的狭义货币量，流动性较强；M2 是广义货币量，M2 与 M1 的差额是准货币，流动性较弱；M3 是考虑到金融创新的现状而设立的，暂未测算。

广义货币供应量 M2 是货币供应量指标中最为各界所看重的。在过去的 10 年里，我国的 M2 保持着 20%的年增长率(图 4-6)，形成了如今流动性过剩的局面。目前中国的 M2 总量达到 70 万亿元，而美国的 M2 为 8.6 万亿美元，折合人民币只有 58 万亿元，但中国的 GDP 规模只有美国的 1/3。中国 M2 超常增长原因主要有四点：一是外汇占款不断增加；二是信贷规模增加较快；三是资产价格大幅上涨；四是金融杠杆较低。在今后中国经济的继续增长中，M2 的规模控制将是个难题。

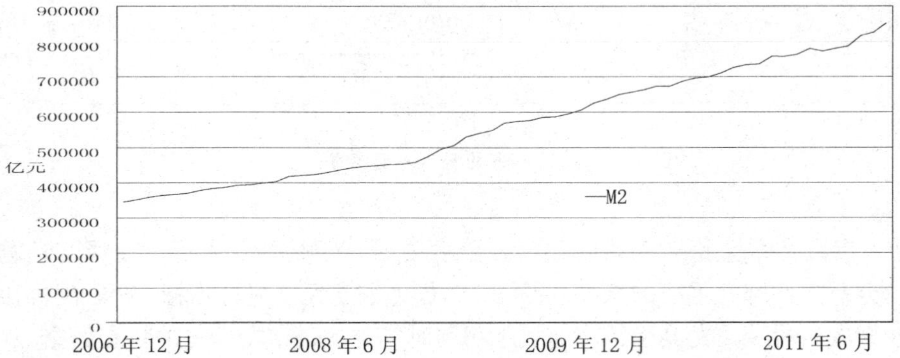

图 4-6　中国走势图

由于货币供应量代表全社会流动性水平，直接影响股市资金面情况，所以货币供应量与股市走势有密切关系。经验表明，M1 同比增速与上证指数走势有较高正的相关性，甚至有人通过研究 A 股历史走势，得出了根据 M1 进行投资决策的方法，即当 M1 在 10%附近时买入，达到 20%左右时卖出。图 4-7 为 M1 叠加上证指数图，可以看到，上述结论确实有一定道理。

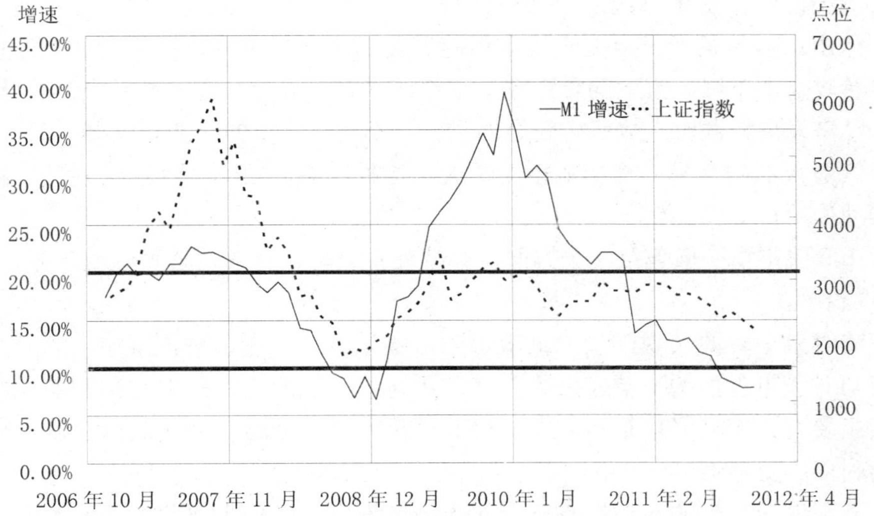

图 4-7　M1 增速叠加上证指数图

此外，从历史走势上看，M1、M2 增速差与上证指数有明显的正相关关系。一般情况下，当 M1 增速上穿 M2 增速之时，即两者出现“金叉”，股市将延续趋势性的上涨行情，在两者增速之差达到最高点时，上证指数也达到阶段性的高点。反之，当 M1 增速下穿 M2 增速之时，出现“死叉”，行情往往会继续下跌趋势，直到在两者增速之差达到最低点前后，上证指数也开始触底反弹。

二、货币政策及财政政策

1. 货币政策

货币政策是指中央银行为实现其特定的经济目标而采用的各种控制和调节货币供应量或信用量的方针和措施的总称，包括信贷政策、利率政策和外汇政策。货币政策是政府调控宏观经济基本手段，由于社会总供给和总需求的平衡与货币供给总量与货币需求总量的平衡相辅相成，因而宏观经济调控之重点必然立足于货币供给量。货币政策主要针对货币供给量的调节和控制展开，进而实现诸如稳定货币、增加就业、平衡国际收支、发展经济等宏观经济目标。

货币政策对股票市场与股票价格的影响非常大。股市的上涨从根本上讲靠的是资金推动，宽松的货币政策在扩大社会上货币供给总量，对经济发展产生积极影响的同时，货币供应的增加也使得股市中资金更加充裕，从而对行情形成推动作用。但是货币供应太多又会引起通货膨胀，使企业发展受到影响，使实际投资收益率下降。紧缩的货币政策则相反，它会减少社会上货币供给总量，不利于经济发展，同时造成股市资金面紧张，不利于股市的活跃和发展。另外，货币政策对人们的交易心理影响也非常大，这种影响对股市的涨跌又将产生极大的推动作用。

货币政策举措一般包括三个方面：存款准备金率、利率、公开市场业务。

(1)利率。

影响股票市场的宏观因素中最敏感的是金融因素。在金融因素中，利率水平的变动对股市行情的影响又最为直接和迅速。一般而言，影响我国利率调整的因素主要有：宏观经济运行状况、CPI 的变化、资金的供求状况以及国际金融市场利率的变化。

关于利率涉及到的问题很复杂，作为股市投资者我们主要关心利率对市场所造成的影响。按理论上的一般观点，利率对股市的影响主要是从以下几个方面：

①利率水平决定上市公司的贷款成本以及获得资金的难易程度，所以会影响到公司的生产规模和利润，最终影响股票价格；

②利率水平决定计算股票理论价值的折现率；

③利率水平影响市场资金面状况，当利率上升时，会抽离一部分股市资金流向储蓄和债券，利率下降时则会降低人们存款意愿，促使资金从银行流向股市。

这些是经济理论中利率变化对股市造成的影响。从历史实践来看，利率调整虽然会影响市场的心理预期，但并不一定能在短期内扭转市场的资金面状况，其效应多数都有一个累积过程。例如牛市里的加息政策，往往在短期内不能改变牛市的运行格局，而股市转熊后的加息政策则有较大影响，这如同雪上加霜；再如熊市里的减息政策，同样不能在短期内令市场反转向上(见表 4-1)。

表 4-1　历次利润调整对股市的影响

利率调整时间	存款基准利率		贷款基准利率		消息公布次日股市表现	
	调整后	调整幅度	调整后	调整幅度	上海	深圳
2011 年 7 月 7 日	3.50%	0.25%	6.56%	0.25%	-0.58%	-0.26%
2011 年 4 月 6 日	3.25%	0.25%	6.31%	0.25%	0.22%	1.18%
2011 年 2 月 9 日	3.00%	0.25%	6.06%	0.25%	-0.89%	-1.53%
2010 年 12 月 26 日	2.75%	0.25%	5.81%	0.25%	-1.90%	-2.02%
2010 年 10 月 20 日	2.50%	0.25%	5.56%	0.25%	0.07%	1.23%
2008 年 12 月 23 日	2.25%	-0.27%	5.31%	-0.27%	-4.55%	-4.69%
2008 年 11 月 27 日	2.52%	-1.08%	5.58%	-1.08%	1.05%	2.29%
2008 年 10 月 30 日	3.60%	-0.27%	6.66%	-0.27%	2.55%	1.91%
2008 年 10 月 9 日	3.87%	-0.27%	6.93%	-0.27%	-0.84%	-2.40%
2008 年 9 月 16 日	4.14%	0.00%	7.20%	-0.27%	-4.47%	-0.89%
2007 年 12 月 21 日	4.14%	0.27%	7.47%	0.18%	1.15%	1.10%
2007 年 9 月 15 日	3.87%	0.27%	7.29%	0.27%	2.06%	1.54%
2007 年 8 月 22 日	3.60%	0.27%	7.02%	0.18%	0.50%	2.80%
2007 年 7 月 21 日	3.33%	0.27%	6.84%	0.27%	3.81%	5.38%
2007 年 5 月 19 日	3.06%	0.27%	6.57%	0.18%	1.04%	2.54%
2007 年 3 月 18 日	2.79%	0.27%	6.39%	0.27%	2.87%	1.59%
2006 年 8 月 19 日	2.52%	0.27%	6.12%	0.27%	0.20%	0.20%
2006 年 4 月 28 日	2.25%	0.00%	5.85%	0.27%	1.66%	0.21%
2004 年 10 月 29 日	2.25%	0.27%	5.58%	0.27%	-1.58%	-2.31%
2002 年 2 月 21 日	1.98%	-0.27%	5.31%	-0.54%	1.57%	1.40%

一般而言，当利率上调时，会被投资者视作利空，反之则被视作利好。但是利率调整对市场的实际影响并不能简单的等同于利好或利空，而是取决于当时的具体市场环境，在某些情况下，反而会有“利空出尽是利好”或“利好出尽变利空”。根本原因在于，股市是一个博弈游戏，既然是博弈就不存在一成不变的法则。所以在看待利率调整时，要根据股市当时所处的实际阶段来具体情况具体分析，着重从心理预期的角度研判对市场造成的短中期影响，其次要从宏观上把握其中所体现出的政策意图给市场带来的大方向上的影响。此外，当利率调整时，不同行业受到影响的性质和程度是不一样的，所以还应结合之前

《板块分析》中所讲的知识，从结构性影响的角度分析去分析。

(2)存款准备金率。

存款准备金是指金融机构为保证客户提取存款和资金清算需要而准备的在中央银行的存款，中央银行要求的存款准备金占其存款总额的比例就是存款准备金率。在存款准备金制度下，金融机构不能将其吸收的存款全部用于发放贷款，必须保留一定的资金即存款准备金，以备客户提款的需要，因此存款准备金制度有利于保证金融机构对客户的正常支付。

随着金融制度的发展，存款准备金逐步演变为重要的货币政策工具。中央银行通过调整存款准备金率，可以影响金融机构的信贷扩张能力，从而间接调控货币供应量，最终影响到股市的资金面状况。一般当存款准备金率提高时，利率水平也会随之提高，这是实行紧缩的货币政策的表现。存准率的调整反映了宏观经济调控的取向，提高或降低存准率对股市的资金面和心理预期会造成显著影响(见表 4-2)。

表 4-2　近年存款准备金率的调整对股市影响

消息公布时间	大型金融机构存准率		消息公布次日指数涨跌	
	调整后	调整幅度	上证	深成
2011 年 11 月 30 日	21.00%	-0.50%	2.29%	2.32%
2011 年 6 月 14 日	21.50%	0.50%	-0.90%	-0.99%
2011 年 5 月 12 日	21.00%	0.50%	0.95%	0.70%
2011 年 4 月 17 日	20.50%	0.50%	0.22%	0.27%
2011 年 3 月 18 日	20.00%	0.50%	0.08%	-0.62%
2011 年 2 月 18 日	19.50%	0.50%	1.12%	2.06%
2011 年 1 月 14 日	19.00%	0.50%	-3.03%	-4.55%
2010 年 12 月 10 日	18.50%	0.50%	2.88%	3.57%
2010 年 11 月 19 日	18.00%	0.50%	-0.15%	0.06%
2010 年 11 月 9 日	17.50%	0.50%	1.04%	-0.15%
2010 年 5 月 2 日	17.00%	0.50%	-1.23%	-1.81%
2010 年 2 月 12 日	16.50%	0.50%	-0.49%	-0.74%
2010 年 1 月 12 日	16.00%	0.50%	-3.09%	-2.73%
2008 年 12 月 22 日	15.50%	-0.50%	-4.55%	-4.69%
2008 年 11 月 26 日	16.00%	-1.00%	1.05%	4.04%
2008 年 10 月 8 日	17.00%	-0.50%	-0.84%	-2.40%
2008 年 9 月 15 日	17.50%	0.00%	-4.47%	-0.89%
2008 年 6 月 7 日	17.50%	1.00%	-7.73%	-8.25%
2008 年 5 月 12 日	16.50%	0.50%	-1.84%	-0.70%

续表

2008年4月16日	16.00%	0.50%	-2.09%	-3.37%
2008年3月18日	15.50%	0.50%	2.53%	4.45%
2008年1月16日	15.00%	0.50%	-2.63%	-2.41%
2007年12月8日	14.50%	1.00%	1.38%	2.07%
2007年11月10日	13.50%	0.50%	-2.40%	-0.55%
2007年10月13日	13.00%	0.50%	2.15%	-0.24%
2007年9月6日	12.50%	0.50%	-2.16%	-2.21%
2007年7月30日	12.00%	0.50%	0.68%	0.92%
2007年5月18日	11.50%	0.50%	1.04%	1.40%
2007年4月29日	11.00%	0.50%	2.16%	1.66%
2007年4月5日	10.50%	0.50%	0.13%	1.17%
2007年2月16日	10.00%	0.50%	1.41%	0.19%
2007年1月5日	9.50%	0.50%	2.49%	2.45%

(3)公开市场业务。

公开市场业务是指中央银行通过买进或卖出有价证券，吞吐基础货币，调节货币供应量的活动。与一般金融机构所从事的证券买卖不同，中央银行买卖证券的目的不是为了盈利，而是为了调节货币供应量。根据经济形势的发展，当中央银行认为需要收缩银根时，便卖出证券，相应地收回一部分基础货币，减少金融机构可用资金的数量；相反，当中央银行认为需要放松银根时，便买进证券，扩大基础货币供应，直接增加金融机构可用资金的数量。

公开市场业务是央行调控流动性的主要工具之一，公开市场业务操作有两大类型：一是“主动性操作”，指央行为抵御经济周期性的不稳定性和寻求经济增长，即根据经济政策需要，主动地在公开市场上进行单向地净买入或净卖出债券，改变银行体系在较长时期内的准备金数量及准备金地位；二是“防御性操作”，指央行为了抵消在短期内通货流通、央行储备浮额、外汇或黄金交易等因素造成的变化对准备金变动的影响，在公开市场上买入或卖出一定数量的债券，以保持银行体系内的准备金数量及准备金地位。

央行的公开市场业务会对市场流动性造成影响，从而影响到股市的运行。当政府倾向于实施较为宽松的货币政策时，中央银行就会大量的购进有价证券，导致市场上货币供给量增加，这会推动资金利率下调，市场流动性增加，从而利好股市；反之，当政府倾向于实施较为紧缩的货币政策时，中央银行就会大量的卖出有价证券，回笼资金，从而促使市场上货币供给量减少，推动利率上调，流动性减少，从而利空股市。

公开市场操作具有主动性、灵活性等众多优点，因而已经成为目前央行货币政策微调的主要手段。由于它往往能体现出政策面倾向，所以每周央行的公开操作动向也会受到股市市场的高度关注，包括净投放量、净回笼量以及不同周期的央票利率等细节都是市场所关心的，尤其是当市场预期货币政策近期将出现变化时，公开市场操作动向会格外受到关注。

(4)汇率。

汇率也属于国家货币政策的调控范畴，由于我国实行的是有管理的浮动汇率制度，故而人民币兑美元等外币的兑换比例一直都在控制之中，没有引起股市剧烈变动。但是从 2005 年开始实施新的汇率制度以来，随着人民币的不断升值，其后也催生了一轮大牛市行情，诸如 20 世纪 80 年代日元被迫升值之后，日本股市的暴涨暴跌就是典型的例子。因而，对汇率变动的研究也是宏观经济基本面分析的重要内容。

汇率变动是一个很复杂的金融问题，会从多个方面对宏观经济造成影响，从而影响到股市的波动。汇率的影响主要包括对本国的进出口贸易的影响，以及对国际资金流动的影响。一般来说，本币贬值有利于增加出口，抑制进口；反之，本币升值利于进口，而不利于出口，由此对不同行业造成不同影响。例如近年来人民币面临长期升值的压力，这对于外贸出口行业会造成不利影响，而航空、造纸等行业则因进口原料成本下降从中受益。另外，汇率的波动还会影响到国际资本流动，例如当本币面临升值预期时，会吸引国际资本的流入，进入股市和楼市，对股市而言是一大利好。

2. 财政政策

财政政策是指国家根据一定时期政治、经济、社会发展的任务而规定的财政工作的指导原则。财政政策是政府实施宏观调控的重要工具之一，财政政策主要通过税收、补贴、赤字、国债、收入分配和转移支付等手段对经济运行进行调节，是政府进行反经济周期调节、熨平经济波动的重要工具，也是财政有效履行配置资源、公平分配和稳定经济等职能的主要手段。

根据财政政策在调节国民经济总量方面的不同功能，财政政策可区分为扩张性财政政策、紧缩性财政政策和中性财政政策。扩张性财政政策是指通过财政分配活动来增加和刺激社会总需求。扩张性财政政策主要通过减税、增支进而扩大赤字的方式实现。紧缩性财政政策是指通过财政分配活动来减少和抑制总需求。紧缩性财政政策主要通过增税、减支进而压缩赤字或增加盈余的方式实现。

(1)税收。

税收是国家凭借政治权力参与社会产品分配的重要形式，它既是筹集财政收入的主要工具，又是调节宏观经济的重要手段。

国家财政通过税收总量和结构的变化，可以调节证券投资和实际投资规模，抑制社会投资总需求膨胀或补偿有效投资需求的不足；而对证券交易者的投资所得规定不同的税种和税率，则直接影响着交易者的税后实际收入水平，从而起到鼓励或抑制交易的作用。比如，对于股息所得征收所得税，对于证券交易征收印花税。在股市低迷或高涨的时候，通过调整或减少这些税收的科目和比例，就能增加或减少市场交易的成本，刺激股市上扬或导致股市下跌，使交易者看清政府的调控意图。我国历年来多次提高或减少印花税，就是专门针对股市的一种财政政策。

此外，对于企业而言，需要缴纳的税赋越多，企业的税后利润就会越少，用于发放股利的盈余资金就更少。当所有的股票股息均低于同期的银行存款利息时，股票就失去了长期投资的价值，证券市场就会丧失投资的本源。可见，高税率会对股市发展产生消极影响，而低税率或适当的减免税，则可以扩大企业生产能力，增加个人的投资和消费水平，从而刺激生产发展和经济增长。

还有，国家降低或减免部分税赋，等于就是替企业节余利润和现金，这将直接导致流通市场和资本市场里的货币增加，刺激股市上扬，当然也可能会提升通货膨胀率；反之，则将导致流通市场和资本市场里的货币减少，限制股市上涨，抑制已有的通货膨胀率。

(2)国债。

国债又称公债，是政府举债的债务。具体是指政府在国内外发行债券或向外国政府和银行借款所形成的国家债务，是整个社会债务的重要组成部分。与其他类型债券相比较，国债的发行主体是国家，具有极高的信用度，被誉为“金边债券”。国债是一个特殊的财政范畴，是一种财政收入，国家发行债券或借款实际上是在筹集资金，具有弥补财政赤字、筹集建设资金、调节经济的三大功能。国债的发行遵循有借有还的信用原则，债券或借款到期时不仅要还本，还要支付一定的利息。国债具有认购上的自愿性，除极少数强制国债外，人们是否认购、认购多少国债，完全由自己决定。

国债对股票市场具有不可忽视的影响。首先，国债本身是构成证券市场金融资产总量的一个重要组成部分，由于国债的信用程度高、风险水平低，如果国债的发行量较大，会使股票市场风险和收益的一般水平降低；其次，国债利率的升降变动，严重影响着股票的发行和价格，当国债利率水平提高时，交易者就会把资金投入到既安全又高收益的国债上。因此，国债和股票是竞争性金融资产，当证券市场资金增长有限时，过多的国债势必会影响到股票的发行和交易量，导致股票价格的下跌。

因此，当国家需要抑制股市投机过热的现象时，或需要减少流通市场中的货币供应量时，就可以利用发行巨额国债的形式，促使大众和机构争先购买，从而回笼社会资金或银行资金，同时直接减少股市里的资金供应量；反之，则会减少国债的发放，保持市场供应资金的均衡性。

(3)财政支出。

财政支出分为两个方面，即财政投资与财政补贴。财政投资的主要方向是各种新兴工业部门、基础工业部门与基础设施等，以促进产业结构的升级转型或消除经济发展的瓶颈制约；财政补贴是国家为了实现特定的政治经济目标，由财政安排专项基金向国有企业或劳动者个人提供的一种资助。我国现行的财政补贴主要包括价格补贴、企业亏损补贴、财政贴息等，补贴的对象是国有企业和居民等，补贴的范围涉及到工业、农业、商业、交通运输业、建筑业、外贸等国民经济各部门和生产、流通、消费各环节及居民生活各方面。

如果财政投资和财政补贴对某些行业在支出安排上有所侧重，那么将促进这些行业的发展，从而有利于这些行业在股市上的整体表现。同样，如果国家对某些行业、某些企业实施税收优惠政策，诸如减税、提高出口退税率等措施，那么这些行业及其企业就会处于有利的经营环境，其税后利润也会增加，该行业上市公司的股票价格也会随之上扬。

三、 事件性因素

社会发展过程中伴随着许多无法预料的重大事件发生，这些事件会或多或少的对经济前景和股市基本面预期造成影响。重大事件主要包括战争、政权更替、国际政治形势变化等政治因素，还有某些自然灾害、疫情、恐怖袭击等天灾人祸，这些事件一旦发生经常会造成股市的大起大落。比如“9•11”、“里根遇刺”等恐怖袭击案件；“港澳回归”、邓小平逝世等政治事件；2003 年的 SARS 疫情，2008 年汶川大地震、2010 年日本大地震等自然灾害发生时，均对相应市场造成了巨大冲击。虽然这类事件无法预测，但一旦发生，需要我们及时评估其给市场带来的影响。

四、调控

我国股市是国情制度下的产物，自然也脱离不了中国特色。尽管A股市场已经发展了20余年，但相比秩序完善的国外成熟市场而言依然是幼儿时期，加之我们的政府本身就是A股市场的最大庄家，利益博弈决定了政府通过政策调控股市的行为经常发生，故而中国股市一直带有浓厚的“政策市”色彩。

A股历史上受政策调控影响而出现大波动的事情屡见不鲜，几乎每一个大级别的拐点都或多或少是受到政策影响。股市太低时政府就托市，太高了就打压，最终加剧了股市的大涨大跌。正是因为这个原因，我们的股市向来流传着“炒股要听党的话”之类言论，所以管理层政策调控无疑是投资者要重点关心的问题。

按政策是否直接针对股市，可以将调控政策分为直接政策和间接政策，前面所讲的货币政策、财政政策都属于影响股市的间接政策，而当管理层认为股市状况已经过度不合理时，便会出台一些与股市直接相关的调控措施来进行纠偏，以下便是直接调控所常用的手段。

1. 印花税

股票交易印花税是从普通印花税发展而来的，是专门针对股票交易发生额征收的一种税。对于政府而言，股票交易印花税为其贡献了税收收入。而对于投资者而言，其交易的手续费成本主要由券商佣金和印花税构成，印花税的高低会极大地影响其交易成本，进而直接影响到市场的交易活跃度和投机心理，对股市行情造成显著影响，所以，印花税自然成为了政府强力调控股市的有力手段。印花税对于股市而言是一剂名副其实的猛药，历史上曾经发生过多次调整：

1990年，为稳定初创的股市及适度调节炒股收益，深圳首先开征证券交易印花税，由卖出股票者按成交金额的6‰交纳，拉开了中国股市18年印花税调整大戏的序幕。同年11月，深圳市对股票买方也开征6‰的印花税，内地双边征收印花税的历史开始了。

1991年10月，为了刺激低迷的股市，深圳市将印花税率调整到3‰，上海也开始对股票买卖实行双向征收，税率为3‰。股市旋即迎来一轮大牛市，半年后上证指数从180点飙升至1992年5月的1429点，升幅高达694%；1992年6月，国家税务总局和国家体改委联合发文，明确规定股票交易双方按3‰缴纳印花税，牛市终结，指数在盘整一个月后即掉头向下，一路从1100多点跌到300多点，跌幅超过70%。

1997年5月，证券交易印花税率从3‰提高到5‰，大牛市当天从顶峰跌落，此后股指下跌500点，跌幅达到30%多。

1998年6月，证券交易印花税率从5‰下调至4‰。

1999年6月1日为了活跃B股市场，国家税务总局再次将B股交易税率降低为3‰，上证B指一个月内从38点拉升至62.5点，涨幅高达50%多。B股至此步入牛市行情中。

2001年11月，财政部决定将A、B股交易印花税率统一降至2‰，股市产生一波100多点的波段行情，11月16日这天正是这轮波段行情的启动点。

2005年1月，财政部又将证券交易印花税税率由2‰下调为1‰，一波探底行情后，迎来年中股改行情的启动。

2007年5月30日，财政部将印花税率由1‰上调至3‰，引发牛市中的大雪崩，当日两市天量暴跌，近千只股跌停。在连续下跌后展开强劲反弹恢复上行趋势(图4-8中A处)。

2008年4月24日，千呼万唤声中，管理层终于下手，印花税率应声回落至1‰。当日市场出现千股涨停的壮观场面，可惜上涨行情仅维持几个交易日后，市场便依然回归熊市探底之路，不久便再创新低(图4-8中B处)。

2008年9月19日,财政部调整股票交易印花税征收方式，将现行的对买卖、继承、赠予所书立的A股、B股股权转让书据按 1‰的税率对双方当事人征收证券交易印花税，调整为单边征税，即对买卖、继承、赠予所书立的A股、B股股权转让书据的出让按1‰的税率征收证券交易印花税，对受让方不再征税，这也是自1991年以来中国股市首次单边征收证券交易印花税。市场在经历短期亢奋后，由于熊市思维惯性仍然占据主导，之后仍然下跌创出新低，只是此时的市场已经由于极度超跌而处于底部区域，所以这次调控的出手对于熊市趋势的扭转起到了真正作用，在技术底、估值底、政策底共振下A股终于反转向上(图4-8中C处)。

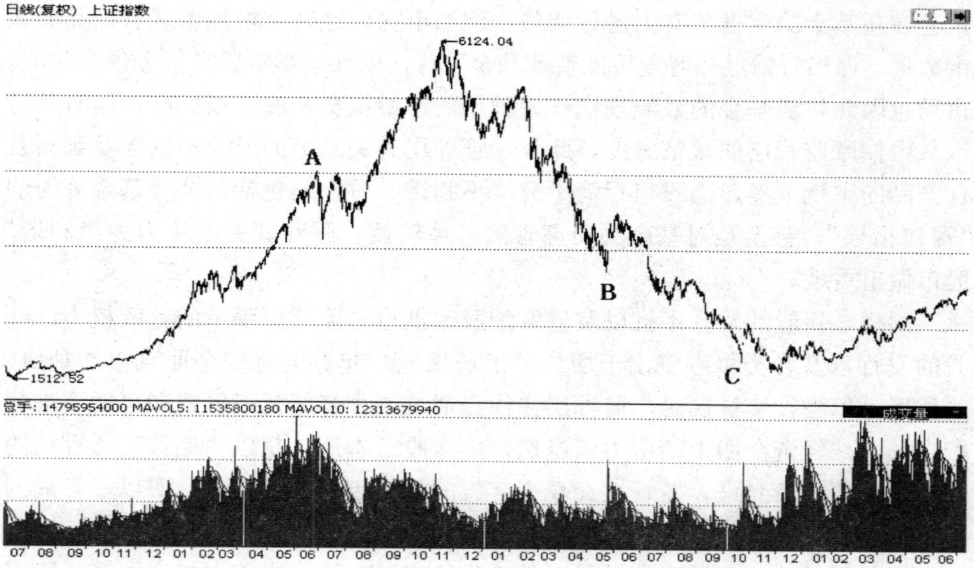

图 4-8 上证指数走势图

不难看出，印花税作为一种针对股市的直接调控手段，无疑威力十足，尤其对于市场短期心理会造成巨大冲击，所以除非是市场处在较为严重的失控状态，一般监管层不会轻易动用。也正是由于印花税的政策威慑力，市场中常常会出现与之相关的传闻，并对市场心理造成显著影响。从印花税的历次调整情况也不难看出，印花税的调整虽然代表了政府调控意图，但也并不能单方面改变股市的大趋势，真正的大级别拐点一定是多因素共振所产生的，所以一定要注意综合考虑当时的市场状况。

2. 供求关系调控

供求关系决定价格。对管理层而言，借助手中的行政权力来调节股市供求关系无疑是一种有效且灵活可控的调控手段。从“供”的方面讲，股市的供应即是筹码，对股市而言新的供应主要来自新股发行、配股增发、限售股解禁；而从“求”的方面讲，需求来自各类投资者，投资者既可以直接开设账户参与股市投资，也可以通过购买基金达到间接入市的目的，所以除了直接入市资金外，基金是股市增量资金的一个重要来源。对管理层而言，通过对影响到“供”和“求”的这些直接因素施加影响，可以达到调控市场运行的目的。

基金发行审批是监管层的一项常规工作。当行情过热或过冷时，监管层常常会在新基金的审批节奏上进行调整，例如市况低迷时会增加新基金产品的入市数量，而当行情过热时则可能暂停基金发行，以此来影响股市资金供应状况。市场也因此将新基金的数额规模作为预期后市增量资金的一项标准，同时还可以从中揣摩监管层的政策态度。此外，管理层有关基金的调控不仅涉及到新发行产品的审批节奏，当股市行情十分“不和谐”时，还包括对公募基金公司的“窗口指导”，甚至是对基金公司高管的集体约谈，呼吁其齐心协力为“和谐”股市做出贡献。

同样，新股的发行审批以及增发配股审批也是监管层手中的行政权力。新股的发行以及各类再融资由于增加了市场供应，起到的是资金面直接“抽血”的作用，每当行情低迷时，监管层往往会通过减少甚至暂停融资和再融资来呵护市场，减轻资金面上的压力。当然，中国股市本质上是以“圈钱”为存在的目的，只要行情允许，监管层会毫不客气的加大市场融资力度。所以，每周的新股发行节奏应该是我们要关注的常规内容之一。

解禁股对二级市场而言是另一种新供给来源，这是当前大扩容背景下股市中客观存在的压力。由于近几年每当市场持续调整时，舆论对于限售股解禁多有指责，有时迫于舆论压力监管层不得不出台一些举措来限制解禁抛售，以适当保护中小投资者利益。例如 2008 年大熊市期间就曾多次采取措施限制大小非抛售，再如 2010 年下半年创业板面临信任危机时，针对大股东及高管的股份频繁“出逃”的实际情况，对股东减持规定也进行了修改。

对供求关系的调控除了这些较为公开的环节外，还有一些特殊层面的调控也要引起重视。例如当行情过热时，监管层对于市场投机操纵行为会加大打击力度。普通投资者对这一点可能不会有什么感觉，但具有主动性风格的各路主力资金对此则深有体会:在监管趋严的环境下，一旦盘中动作过激，很容易就受到证监会、交易所警告，甚至所在的营业部也会受到牵连。在这种监管高压态势下很多大资金都不得不暂时收敛下来,以免受到处罚。而强势行情中又需要这些攻击性大资金来调动市场情绪，监管高压无疑将使得行情活跃度受到影响，最终达到给行情降温的目的。反之，当行情低迷时，监管层对于大资金的一些行为则会采取默许的态度，以此来发挥主力资金活跃市场的作用，调动市场积极性。同时，政府还有一些更为市场化的调节手段可以采用，比如一些国资背景的超级主力资金在关键时刻会按政策意图入市进行干预，还包括汇金公司、社保基金的买入、卖出。

相比于调整印花税这种力度极大的“硬调控”而言，对供求关系的调节方式相对温和、灵活，是一种“软调控”，所以使用的更加频繁。总而言之，管理层作为市场博弈秩序的维护者，每当市场处于严重失衡状态，都会综合采取各种调控措施进行干预，以维持股市生态系统的稳定，而在中国，没有什么是能逆政策意图而行的。

五、 宏观信息的市场影响研判

1. 宏观数据来源

对宏观基本面信息的研判首先涉及到信息的获取，这里为读者总结一下宏观数据的一般来源。

宏观经济数据和金融数据的主要发布者为国家统计局和中国人民银行，绝大多数宏观数据都来自这两家机构。例如 CPI、GDP、PPI、房价、工业增加值等由统计局发布，而存贷款、货币供应量、外汇、黄金储备数据则来自央行。

由于统计局(www.stats.gov.cn)每月公布的经济数据对市场会产生较大的短期影响，所以对此有必要进行及时跟踪关注。每年年初统计局都会将当年的全年信息发布安排放到网站上，投资者可以由此预先知道数据公布时间。自 2011 年 7 月起，为了提高统计数据发布的及时性，统计局将数据发布方式做出调整，时间进一步提前，一般在每月 9 号左右的上午，所以每月的这个时刻对股市而言具有特殊重要性。

金融类数据由中国人民银行(www.pbc.gov.cn)发布，一般在每月中旬。此外，货币政策的变动，如利率调整、存准率调整也均由央行即时发布通知。PMI 数据由中国物流与采购联合会网站(www.chinawuliu.com.cn)发布，时间为每月 1 号。进出口数据由海关总署网站(www.customs.gov.cn)发布，时间大约为每月 10 号。

2. 宏观信息的市场影响研判

前面讨论了几种最为市场看重的宏观数据。宏观经济研究是一个专业性很强的问题，绝大多数人并不具备这个精力和能力，因为这不是依靠简单“常识”所能做到的。好在我们不是经济学者而是投机者，我们关心的并非数据本身，而是数据对市场博弈各方的影响，市场看到这些信息后的反应才是我们真正需要研判的。正如一位前辈大鳄所说过的：“千万别相信什么基本面的忽悠，所谓基本面，只是一个由头，给自己壮胆和忽悠别人用的。对基本面，只要知道别人心目中的基本面以及相应的影响就可以了，自己千万别信。”

“股价指数包容一切”，这是技术分析三大假设中的一条。在价格有效市场中，不管之前已经存在的宏观基本面或其他某些因素是好是坏，作为一个已经存在、并且被大众所了解的事实，其影响无疑已经在价格指数中体现出来。然而，尽管存在的事实已经在价格中得到了反应，市场也不会因此走成一条直线，市场的波动不曾停止是因为当下永远存在着对未来新变化的预期，走势正是基于各种不同预期的作用下最终形成的市场合力方向。

一种新因素的出现对市场的影响，正是在于对市场预期的改变。对于被严重关注的宏观信息来说，在其公布之前，无疑市场已经给予了某种预期，并且走势中已经体现了这种预期，所以重要宏观数据出台对市场短期造成的真正影响，正是在于实际数据与市场预期间的差距。例如某件事情之前被市场普遍预计的很糟糕，但实际情况出来后发现大大好于预期，尽管情况本身可能依然是负面的，但是只要比预想的好，对市场而言就是正面消息。对于任何消息面的研判，道理都是如此。

研判宏观数据对股市的影响，其实看的就是数据和预期间的差距。如何获取数据，这一点上面已经讲到。那么如何获知市场的预期？如前面所讲，绝大多数人并没有独立研判数据的能力，其对于宏观基本面的观点主要从相关研究机构及经济学者那里获取，所以市场对经济数据整体预期的形成也主要依赖于这些机构，只需要收集和统计这些观点，就能对市场预期值有充分的把握。至于收集和统计的方法，一是在平时的财经新闻中留意，更简单的方法是在数据公布前通过财经网站，集中了解各家机构及学者对重要数据的平均预测结果。多数财经网站如和讯网、东方财富网等在每月宏观数据公布前都会作相关的宏观数据专题报道，里面就包含了对各家观点的统计，我们对这些观点取平均值得到的就是市场大致心理预期值。最后当实际数据发布的时候，通过与市场预期相对比就能得知该消息的短期多空影响。不仅是宏观数据，对于其他宏观基本面上变化的影响，研判思路都是如此。我们关心的焦点永远是消息与市场心理预期的差距及相应的影响，而非消息本身。

第二节　行业分析

在《板块分析》中曾经从股市层面对行业板块进行过探讨，本节补充一些行业分析的知识。

一、 行业定义及划分方法

参见第二章。

二、 行业生命周期

对于一个行业而言，一般会经历一个由成长到衰退的发展演变过程，这个过程称为行业(产业)的生命周期。行业的生命发展周期主要包括四个阶段：初创期、成长期、成熟期、衰退期。

1. 初创期

在初创期里，由于新行业刚刚诞生或初创不久，人们对这个新兴的行业还不太熟悉，因此，投资的人并不是很多。加之初创期的投资、产品研究、开发等费用较高，而市场需求却受人们对这类产品陌生程度的影响，需求量较小，于是较高的成本和较低的需求量使该行业可能非但不能盈利，反而会出现亏损，因而这类创业公司的经营风险是较高的。随着初创期的发展，到了中后期，行业技术不断提高，生产成本也日益降低，市场需求有所扩大，吸引多家公司加入此类新行业，新行业也就逐步由高风险低收益的开创期转向高风险高收益的扩张期。

2. 成长期

在行业成长期的初期，行业产品逐渐得到大众认可，市场需求开始上升，新行业也随之繁荣起来。与市场需求变化相适应，供给方面相应地出现了一系列的变化。由于市场前景良好，投资于新产业的厂商大量增加，产品也逐步从单一、低质、高价向多样、优质和低价方向发展，因而新行业出现了生产厂商和产品相互竞争的局面。这个时期行业增长迅猛，优势企业脱颖而出，投资该行业的投资者往往能获得极高投资回报。这种状况的继续将导致生产厂商随着市场竞争的不断发展和产品产量的不断增加，市场的需求日趋饱和。生产厂商不能单纯地依靠扩大生产量，提高市场的份额来增加收入，而必须依靠追加生产，提高生产技术，降低成本，以及研制和开发新产品的方法来争取竞争优势，战胜竞争对手和维持企业的生存。这一时期的特点是市场增长率很高，需求高速增长，技术渐趋定型，产业特点、产业竞争状况及用户特点已比较明朗，企业进入壁垒提高，产品品种及竞争者数量增多。

3. 成熟期

行业的成熟阶段是一个相对较长的时期，各个行业成熟期的时间长短有较大区别。在这个时期，竞争中生存下来的少数大厂商垄断了整个行业的市场，每个厂商都占有一定比例的市场份额。由于彼此势均力敌，市场份额比例发生变化的程度较小。厂商与产品之间的竞争手段逐渐从价格手段转向各种非价格手段，如提高质量、改善性能和加强售后维修服务等。行业的利润由于一定程度的垄断达到了很高的水平，而风险却因市场比例比较稳定，新企业难以打入成熟期市场而较低。在行业成熟期，行业增长速度降到一个适度水平。在某些情况下，整个行业的增长可能会完全停止，其产出甚至下降。

4. 衰退期

行业衰退期出现在较长的稳定阶段后。由于新产品和大量替代品的出现，原行业产品的市场需求开始逐渐减少，产品的销售量也开始下降，某些厂商开始向其他更有利可图的产业转移资金。因而原产业出现了厂商数目减少，利润下降的萧条景象。至此，整个产业便进入了生命周期的最后阶段。在衰退阶段里，厂商的数目逐步减少，市场逐渐萎缩，利润率停滞或不断下降。至此，整个行业便进入衰退期。

可以看出，行业在生命周期的不同阶段会表现出不同的特点。当然，在实际中，行业生命周期因为受政府干预、行业性质结构、国外竞争等众多因素的影响，所以要比想象中复杂得多，生命周期中的不同阶段的特点，可能会因上述因素的作用而改变。上述关于行业生命周期的讨论只是对行业发展共性的一种描述，并不能适用所有行业的情况。

图 4-9 是目前一些典型行业所处的生命周期阶段。

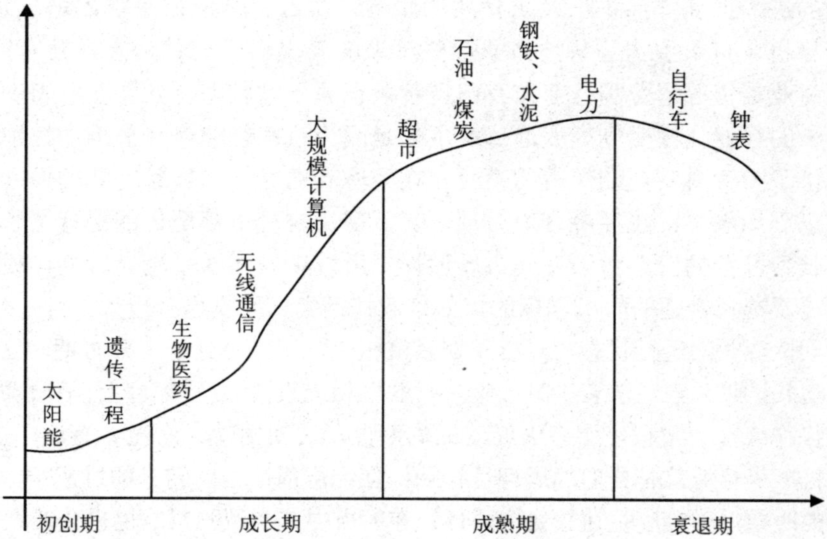

图 4-9　行业的生命周期

图中可以看出：太阳能、遗传工程等行业处于行业生命周期的初创期；生物医药、通信、计算机、物联网、软件、电动汽车等行业处于行业生命周期的成长期；其中，生物医药、电动汽车、物联网处于成长初期，无线通信、软件处于成长阶段中期，计算机则处于成长阶段后期；钢铁水泥、炼油、电力、超市等行业已经进入成熟期阶段；而自行车、钟表等行业则已进入衰退期。

对于股市投资而言，处在不同生命周期阶段的行业有着不同的投资价值和投资风险，对此我们应该了解和重视，从而在选股方向上有所侧重。一般而言，有获取长线超额利润机会的行业都处于成长期或初创期，这也是我们关注的重点。

三、 行业周期性

根据行业与经济周期之间的变化关系密切程度，可以将行业分为增长型行业、周期型行业、防御型行业。

增长型行业的运行状态与经济周期波动及其振幅并不紧密相关，这些行业收入增长的速率并不会随着经济周期的变动而出现同步变动，因为它们主要依靠技术的进步、新产品推出及更优质的服务，从而使其经常呈现出增长形态。比如计算机、IT、生物等科技产业近些年来就表现出了这种形态，还有医疗、旅游、商业零售等消费类行业在我国现阶段也属于增长型行业。在股市中，持续高增长的行业往往受到高度追捧，主要是因为这些行业对经济周期性波动来说，提供了一种财富套期保值的手段。在经济高涨时，高增长行业的发展速度通常高于平均水平；在经济衰退时期，其所受影响较小甚至仍能保持增长。但是，增长型行业的股票由于受到市场追捧，所以市盈率水平也会较高，投资这类股票需要选择合适的时机和标的，如果选择不当，风险也会较大。

周期性行业的运行状态与经济周期紧密相关。当经济处于上升时期，这些行业会紧随其扩张，当经济衰退时，这些行业也相应衰落，且该类型行业收益的变化幅度往往会在一定程度上夸大经济的周期性。比如钢铁、水泥、有色、煤炭、化工、机械等行业就是典型的周期性行业。在经济周期由降转升的过程中，周期性行业的股票反弹幅度往往较快，同样，在熊市中该类型股票跌幅也会较大。

防守型行业的经营状况在经济周期的上升和下降阶段都很稳定。这种运动形态的存在是因为该类型行业的产品需求相对稳定，需求弹性小，经济周期处于衰退阶段对这种行业的影响也比较小，甚至有些防守型行业在经济衰退时期还会有一定的实际增长。该类型行业的产品往往是生活必需品或是必要的公共服务，典型的如食品日用品业，或者燃气供水等公用事业。由于防守型行业能够抵御经济周期下行的风险，所以一般在熊市中容易受到青睐。

有时我们也可以简单地将行业划分为周期性行业和非周期性行业两大类，总之，提供生活必需品的行业就是非周期性行业，提供生活非必需品的行业就是周期性行业。当然，这些划分并没有绝对的标准，严格地说绝大多数行业都会或多或少受经济周期波动的影响，只是程度的不同而已。所以在谈到某个行业的周期性时，还需要对其周期性强弱有一个区分认识。例如在经济周期转为上升的过程中，我们当然倾向于选择业绩弹性更大的那些强周期板块。至于所谓的防御性板块，则更多的只是存在于理论中，就A股市场的历史实际情况来看，那些防御性行业在熊市中的走势并没有体现出所谓的防御性特征。

从数量上来讲，周期性股票无疑是最多的。我国典型的周期性行业包括钢铁、有色金属、化工等基础大宗原材料行业，水泥等建筑材料行业，工程机械、机床、重卡、装备制造等资本集约性领域。当经济高速增长时，市场对这些行业的产品需求也高涨，这些行业所在公司的业绩改善就会非常明显，其股票就会受到投资者的追捧；而当景气低迷时，固定资产投资下降，对其产品的需求减弱，业绩和股价就会迅速回落。此外，还有一些非必需的消费品行业也具有明显的周期性特征，如轿车、高档消费品、奢侈品、航空、酒店等，因为一旦人们收入增长放缓及对预期收入的不确定性增强，都会直接减少对这类非必需商品的消费需求。金融服务业(保险除外)由于与工商业和居民消费密切相关，也有显著的周期性特征。周期性行业构成了股票市场的主体，其业绩和股价因经济周期的变化而起落，因此也就不难理解为什么经济周期成为主导牛市和熊市的主要原因。所以，投资周期性行业股票的最佳时机就是当经济周期即将触底时。

了解了行业周期性后，对于市盈率指标也就有了更深刻的认识。有些新入市的股民往往会感到疑惑，市盈率多少算高多少算低？为什么钢铁行业市盈率动辄跌倒 10 倍以下，而某些科技板块市盈率到 30 倍了股价还继续涨？原因就是在于行业的周期性特征。对于增长型行业而言，由于业绩存在复合增长的预期，所以尽管静态市盈率较高，但从长远来看动态市盈率并不高；对于强周期性行业而言，市盈率往往也有误导作用，因为其利润波动对于经济周期十分敏感，故通过静态利润值计算出来的市盈率实际意义也不大。对于周期性行业，国外成熟股市一般采用市净率(股价 / 每股净资产)进行估值，市净率由于对利润波动不敏感，倒可以更好地反映业绩波动明显的周期性股票的投资价值。

四、 影响行业基本面变化的因素

一般行业理论认为，行业基本面变化受技术进步、产业政策、产业组织创新、社会习惯改变、经济全球化这些因素影响。

这其中，技术进步是一个值得股市投资者关注的题材面因素。例如光伏、生物科技、电动汽车、物联网等近年来热门的新兴产业题材，这些行业的实际应用在不同程度上暂时受到技术水平的制约，但是一旦技术上有了进步和突破，很容易带来行业的裂变式发展。例如光伏产业近些年由于技术进步，发电成本降至每度电一元左右，与国家发改委制定的光伏发电上网电价接近，未来一旦技术有了更大进步，利润空间将迅速扩大，产业竞争力也将快速提升；再如电动汽车产业，一旦电池和电机技术进步导致汽车性能够接近传统汽车，其产品优势将急剧扩大。所以，技术进步因素对行业发展会产生很大影响，尤其对于股市而言更是构成重大炒作题材。

产业政策也需要我们密切关注。对于股市而言，有关产业政策方面的消息时有出台，是最常见的行业消息类型。产业政策的内容较广，一般分为产业结构政策、产业组织政策、产业技术政策等方面。近年来各类行业发展规划、行业准入条件、行业振兴规划等产业政策频繁出台，对相关行业的发展和行业板块股价走势都形成了明显的推动，对此我们都有切身体会。在执行产业政策过程中，会有不少具体的配套政策出台，包括税收政策、信贷及融资政策、财政补贴、直接投资等手段，这些动向应作为消息面因素积极关注。

国家通过产业政策来协调国民经济各行业发展，不同的产业政策对于相关行业影响是巨大的，尤其在中国特色的市场经济下，政策导向有决定性的作用，因此产业政策在股市中极为受到重视，尤其是当前中国经济正处在转变发展方式的关键时期，为了顺利实现经济转型，政府正不断出台大量的产业政策以促进经济结构调整。事实上，沿着产业政策脉络所进行的主题投资正是近年来机构的主要行业投资逻辑，很多行业板块的上涨都是相关产业政策催生的机会。同样，对于政策压制的行业，则应当给予警惕。例如，近年来新兴产业类个股受到热捧的原因，正是在于国家政策面上的大力扶持，而地产行业近年来则受到政府大力调控，在一系列限制政策下行业利空不断。再如高铁行业，近两年受政策影响的表现更为典型，开始由于政策大力扶持，国家积极投资，高铁行业前景受到广泛看好，板块走出大涨行情；之后受到铁道部长落马，温州723动车事故等重大事件影响，政策态度开始转变，投资收紧，板块随之大跌，甚至跌回起点。图 4-10 为高铁概念股中国南车期间的走势。

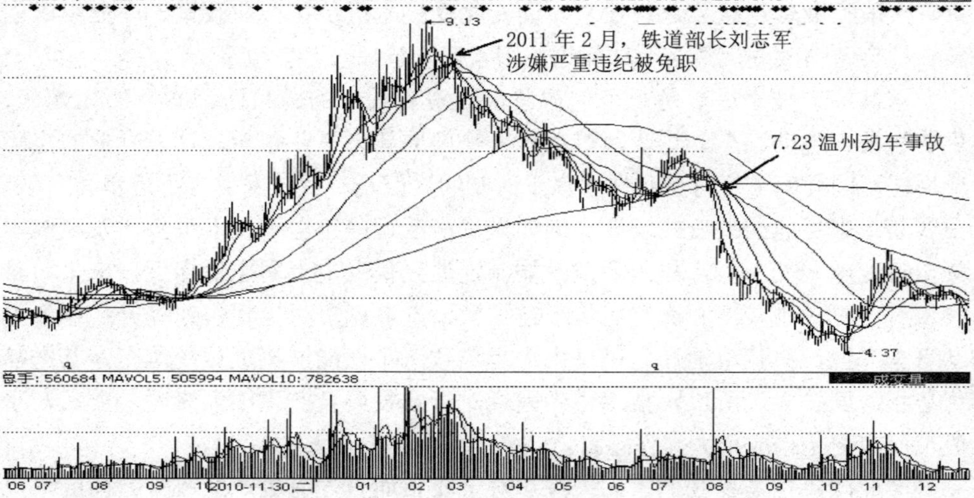

图 4-10 中国南车走势图

总而言之，对于政策扶植的行业，不仅意味着行业面临长期发展机遇，从股市投机的角度而言，也会伴随出现众多炒作消息和题材，所以这类行业应当是我们重点关注的。相应的，需要我们对政策面上的变化多加留意。

除了技术进步和产业政策外，产业组织创新、社会生活习惯改变以及全球化也是影响行业兴衰的重要因素，但是这些因素对行业的影响都是渐进式的，一般不构成大的消息面冲击，只是作为中长期因素来考虑。

五、 经济周期与行业轮动

经济周期是主导股市牛熊循环的主要因素，虽然股市随经济周期出现整体波动，但在经济周期变化中，各行业的变化节奏是不同的，不同行业往往呈现出规律性的轮动状态，了解这种规律对于股市大运行周期中不同阶段的行业投资策略，具有很强的指导意义。

要理解经济周期，首先要理解经济复苏的逻辑。经济复苏一般存在以下线索，第一条线索：利率和成本降低，刺激可选消费复苏，并沿产业链传导；第二条线索：政府支出增加，导致基建和新技术兴起，并沿产业链传导；第三条线索：出口回升。经济周期中的行业轮动也正是沿着这些线索。

由于利率和成本的变动，可选消费品行业往往引领经济周期的变化，可选消费品包括住宅、汽车等耐用消费品。而由于利率的降低，货币供应宽松，会刺激大宗商品和资源属性产品价格上升。可选消费复苏后，又会拉动设备投资，随后是建筑等行业的快速发展。而普通消费品则由于需求刚性较强，所以波动较小。

经济复苏的第二条逻辑是政策因素。在经济复苏过程中，政府会实施积极的财政政策和货币政策，这里的财政政策一般包括两个方面；第一，增加财政支出用于基建，目的是快速见效，这会推动建筑建材、钢铁有色需求；第二，鼓励新技术的发展和应用，目的是鼓励经济长期持续发展。例如 2008 年金融危机时，政府出台了 4 万亿振兴计划，主要投向铁路等各项基建，以此拉动投资，同时大力推动新能源等新兴产业的发展，对相关产业起到了有效的提振作用。

第三条复苏线索是出口的回升。我国经济对于出口依赖程度较高，因此世界经济好转也会推动中国经济复苏，其中纺织服装外贸等出口型行业受益最为明显。

综合来看，经济周期中实体经济的行业轮动，首先是可选消费(以房地产和汽车为代表)的销量开始回升，基本同时能够观察到资源类大宗商品价格回升；然后才能观察到钢铁、化工等中游行业，最后是电力等行业的兴起。而医药、食品、公用事业等行业的变化则相对较小。

股市中的行业板块轮动与实体经济的行业轮动基本一致。在经济复苏早期，经济增长和通胀都在下滑，此时降息已经开始，扩张型财政政策开始实施，所以对利率敏感的行业开始复苏，直接受益于财政政策的行业最先受益，对货币供应敏感的行业价格也开始反弹。相应地，地产、交运设备、家电、有色、电子元器件等板块率先受益。经济复苏开始后，经济增长开始上升，而通胀还在下降，此时需求已经在恢复，而成本达到底部，所以对利率和成本敏感的行业成长最快，包括房地产、交运设备、采掘、餐饮、有色。后一个阶段，经济增长和通胀都处于上升过程，由于通胀还没有造成很大威胁，因此利率比较平稳，财政政策也是适中的。在这个阶段，由于需求平稳上升且通胀平稳上升，所有行业表现都不错，中游行业开始有所表现。到了最后阶段，虽然经济增长依然处在高位，但是通胀压力开始显现，货币政策也进入加息通道，在这个阶段相对而言，食品饮料、有色煤炭等资源类更加受关注。

第三节　公司基本面与消息面分析

一、财务分析陷阱

公司经营分析及财务分析是公司基本面分析的主要内容，多数投资者由于精力和条件有限，很难对上市公司基本面做到有效深入的研究，所以在这方面主要借助于券商研究力量，尤其应学会参考券商的研究报告，后面还会谈到一些与此相关技巧。

单从价值角度来看，财务分析是公司基本面分析的主要内容。从道理上讲，我们可以通过财务分析对上市公司内部经营状况进行细化的分析，但是在中国的具体国情下，由于上市公司造假成风，导致很多时候财务分析失去了其本来意义，也正是因为这个原因，中国股市根本缺少价值投资的土壤。所以，财务分析更多只能作为一个辅助参考。

会计是一门艺术，在中国会计则不仅是艺术，更被玩的像巫术，为了达到上市、配股、增发、配合二级市场主力炒作，或者是扭亏、保壳等目的，上市公司会采取各种手段粉饰报表，欺瞒投资者。我们对于上市公司的财务报表只能参考不可尽信，毕竟任何一份报表中到底有多少水分都是十分值得怀疑的，尽管我们可以参考券商机构的研究成果，但是很多时候券商本身担当的就是配合上市公司或二级市场主力一起忽悠的角色，所以具备一定的鉴识能力是有必要的，以下是一些常见的财务造假陷阱，供读者参考：

1. 虚构收入

这是最严重的财务造假行为，有以下三种做法：一是白条出库，做销售入账；二是对开发票，确认收入；三是虚开发票，确认收入。这些手法非常明显是违法的，但有些手法从形式上看是合法，但实质是非法的，这种情况非常普遍，如上市公司利用子公司按市场价销售给第三方，确认该子公司销售收入，再由另一公司从第三方手中购回，这种做法避免了集团内部交易必须抵消的约束，确保了在合并报表中确认收入和利润，达到了操纵收入的目的。例如近两年因“人参概念”出尽风头的大牛股紫鑫药业曾一度被视做价值投资典范，但是于2011年下半年遭人举报称，公司涉嫌通过关联交易虚构巨额人参业务收入，所谓的业绩高增长乃是造假所得。

2. 提前确认收入

有如下这几种情况：一是在存有重大不确定性时确定收入；二是完工百分比法的不适当运用；三是在仍需提供未来服务时确认收入；四是提前开具销售发票，以美化业绩。在房地产和高新技术行业，提前确认收入的现象非常普遍，如房地产企业，往往将预收账款做销售收入，滥用完工百分比法等。以工程收入为例，按规定工程收入应按进度确认收入，多确认工程进度将导致多确认利润。

3. 推迟确认收入

延后确认收入，也称递延收入，是将应由本期确认的收入递延到未来期间确认。与提前确认收入一样，延后确认收入也是企业盈利管理的一种手法。这种手法一般在企业当前收益较为充裕，而未来收益预计可能减少的情况下时有发生。

4. 转移费用

上市公司为了虚增利润，有些费用根本就不入账，或由母公司承担。一些企业往往通过计提折旧、存货计价、待处理挂账等跨期摊配项目来调节利润。少提或不提固定资产折旧、将应列入成本或费用的项目挂列递延资产或待摊费用。应该反映在当期报表上的费用，挂在“待摊费用”和“递延资产”或“预提费用”借方这几个跨期摊销账户中，以调节利润。目前通常的做法是，当上市公司经营不理想时，或者调低上市公司应交纳的费用标准，或者承担上市公司的相关费用，甚至将以前年度已交纳的费用退回，从而达到转移费用、增加利润的目的。

5. 费用资本化、递延费用及推迟确认费用

费用资本化主要是借款费用及研发费用，而递延费用则非常之多，如广告费、职工卖断身份款费等。例如将研究发展支出列为递延资产；或将一般性广告费、修缮维护费用或试车失败损失等递延。在新建工厂实际已投入运营时仍按未完工投入使用状态进行会计核算，根据现行会计政策，在完工投入使用前的新建工厂工人工资等各项费用、贷款利息均计入固定资产价值而非当期损益。通过此方法可调增利润。还有如费用不及时报帐列支而虚挂往来，按正常程序，发生的加工费、差旅费等费用应由职工先借出，在支付并取得发票后再报账冲往来计费用。在年末若职工借款较大应关注是否存在该等情况。

6. 多提或少提资产减值准备以调控利润

《企业会计制度》要求上市公司要计提八项资产减值准备。在企业法人治理结构和内部控制不健全的状况下，计提资产减值准备有较大的利润调节空间。由于资产减值会计内涵复杂性，决定了同样一项资产有不确定性的价值，因为资产减值实际上是掺杂企业管理当局主观估计的一种市场模拟价格，资产减值的不确定性给企业管理当局利润操纵提供了极大的空间。此次新增的四项减值准备涉及到不动产及无形资产的估价，与旧四项准备相比，资产减值计量难度更大，甚至大大超过上市公司财务部门及审计师的职业判断能力，除非寻求专业的不动产及无形资产评估师帮助外，否则根本无法得出恰当的资产减值标准，从而影响减值准备计提的正确性。这就更为上市公司利用资产减值准备操纵利润提供了空间。目前，上市公司利用资产减值玩会计数字游戏，主要游戏规则是利用资产减值准备推迟或提前损失，典型表现为某个年度出现巨额亏损。

7. 制造非经常性损益事项

非经常性损益是指公司正常经营损益之外的、一次性或偶发性损益，例如资产处置损益、临时性获得的补贴收入、新股申购冻结资金利息、合并价差摊入等。非经常性损益虽然也是公司利润总额的一个组成部分，但由于它不具备长期性和稳定性，因而对利润的影响是暂时的。非经常性损益项目的特殊性质，为公司管理盈利提供了机会，特别应关注的是，有些非经常性损益本身就是虚列的。

8. 虚增资产和漏列负债

操作手法有：①多计存货价值。对存货成本或评价故意计算错误以增加存货价值，从而降低销售成本，增加营业利益；或虚列存货，以隐瞒存货减少的事实。②多计应收账款。由于虚列销售收入，导致应收账款虚列；或应收账款少提备抵坏账，导致应收账款净变现价值虚增。③多计固定资产。例如少提折旧、收益性支出列为资本性支出、利息资本化不当、固定资产虚增等。④漏列负债。例如漏列对外欠款或短估应付费用。

9. 潜亏挂账

当前上市公司账面资产很多为不良资产，为了挤出水分《企业会计制度》要求上市公司计提八项减值准备，但很多上市公司减值准备根本未提足，这里面原因很复杂，当初改组上市时，基于包装的需要，虚增了一块资产，可能挂在应收款项上，也可能虚增存货、固定资产、无形资产等，一些投资项目根本就是虚的或为不良资产，但也挂在账上。上市以后，因原主业不行，固定资产和无形资产就急剧减值，但上市公司也不计提减值准备，另外，上市后继续包装，造成多项资产尤其是应收款项虚增。这些账面不良资产带来的潜亏金额往往很大。

10. 资产重组创造利润

国内上市公司的资产重组常常与做假账密切相关，许多上市公司扭亏为盈的秘诀便在于资产重组。通过不等价的资产置换，为上市公司输送利润，目前仍然是利润操纵的主要手法之一，虽然因“非公允的关联交易差价不能计入利润”新规定而受限制，但上市公司仍可以通过非关联交易的资产重组方式为上市公司输送利润。

针对这些财务造假的手段，辨别造假主要从重大交易、一次性收入、反常收入，尤其是关联交易、现金流状况、应收账款情况、重要财务指标的连续性等方面来考虑。

一般在考量一个上市公司业绩好坏及投资价值时，最直观的指标是市盈率，市盈率的计算以净利润为基础，而有些一次性损益往往会对当期利润造成明显影响，进而使得使得市盈率严重“失真”，尤其是较大的一次性收益往往会大幅降低上市公司市盈率，进而给人造成一种绩优的假象。由于普通投资者经常被这种现象所误导，所以这里单独提出以引起读者注意。

一次性收益的来源较多，比如政府补贴、股权出售或者土地转让等。而一次性收益并非可持续的，这次有了下次不一定还有，所以包含了一次性收益的净利润并非是公司经营成果的真实反映，有时一次性收益甚至成为上市公司美化报表的一种手段，对于一次性收益占比过高的公司值得我们警惕。根据近几年的情况，一次性收益最常见的来源是投资收益。例如2007大牛市时许多公司由于持有证券类资产导致投资收益大幅飙升，反过来更加放大了虚假繁荣的假象，催生出更大的牛市泡沫；再如这两年中小板、创业板新股大量上市，以致国内创投十分火爆，许多主业不景气又手握巨额资金的公司就是靠PE投资获取了大量的一次性收益。

所以，我们在分析上市公司业绩时一定要注意公司业绩来源，不能机械化地看待市盈率指标和每股收益数值，我们更应该关注指标——“调整后每股收益”，指的是扣除与主营业务无关的一次性损益后的净利润除以总股本得出的每股收益。如果发现公司的基本每股收益大大高于调整后每股收益，就要细致分析收益的构成，警惕下一年度账面利润大幅下滑的危险，以此躲避财报里的暗礁。千万不要一看见某只个股市盈率十来倍就认为股价低估了，估值高低绝不是某一个指标能说了算的。

二、 年季报披露

上市公司年季报披露是市场永恒的热点话题。

根据证监会的信息披露规定，国内上市公司每年公布四次定期报告，时间限定在：

一季报：每年4月1～30日，且不可先于年报；

半年报：每年7月1日至8月30日；

三季报：每年10月1～31日；

年报：每年1月1日至4月30日；

每到年季报披露时段，所谓的“年报行情”、“季报行情”便成了市场中的热门话题。

一家上市公司在正式披露年季报之前要与交易所预约披露时间，并刊登在上海证券交易所首页的“年报预约查询”栏目、深圳证券交易所网站首页的“上市公司定期报告预约披露时间表”栏目，通过这两处我们可以提前获知某家上市公司的年报披露时间。有少数公司会变动预约时间，如果出现变动，交易所网站会即时更新。同样，上市公司发布的报告内容也是通过交易所网站披露。需要注意的是，年季报的实际披露时间一般是预约披露时间的前一天收市后，所以前一天晚上其实就可以看到。

阅读年季报是获取上市公司基本面信息的基本途径。上市公司定期报告的格式按照有关规定是固定的，主要包括以下 11 个部分：

①重要提示；②公司基本情况简介；③主要财务数据和指标；④股本变动及股东情况；⑤董事、监事和高级管理人员；⑥公司治理结构；⑦股东大会情况简介；⑧董事会报告；⑨监事会报告；⑩重要事项；⑪财务会计报告。

一般而言，站在实际投资的角度我们最关注的是其中的③、④、⑪部分，在第③部分中可以看到每股收益、每股净资产、净资产收益率等指标，这些体现着公司的基本经营状况；第④部分“股本变动及股东情况”中披露十大股东，股东人数等信息；第⑪部分则包括财务报表：利润表、资产负债表、现金流量表。

由于年季报极为重要，所以市场各方投资者总是会尽可能提早获知一些关于年季报的信息，尤其是经营业绩方面的信息。从公开层面上讲，上市公司除了公布定期报告外，按照规定，在某些情况下需要在定期报告之前，发布业绩预告和业绩快报。所谓的业绩预告和业绩快报指的是交易所为了提高信息披露的及时性和公平性规定的,上市公司在会计期间结束后、定期报告公告前初步披露的未经注册会计师审计的相关经营数据。与正式的报告一样，业绩快报和业绩预告也是上市公司信息披露工作的常规内容之一，只是这两者并不是所有情况下都必须的，根据沪、深交易所的规定，上市公司预计年度经营业绩出现下列情形之一的，应当在会计年度结束后 1 个月内进行业绩预告；预计中期和第三季度业绩将出现下列情形之一的，可以进行业绩预告：

(1)净利润为负。

(2)净利润与上年同期相比上升或下降 50%以上。

(3)扭亏为盈。

也就是说在这些情况下，上市公司需要在正式报告前进行业绩预告。而业绩快报与业绩预告则不是一回事，业绩快报制度规定，年报预约披露时间在次年 3 月和 4 月的公司应当在次年 2 月底之前披露年度业绩快报，主要内容包括当年及上年同期主营业务收入、主营业务利润、利润总额、净利润、总资产、净资产、每股收益和净资产收益率等数据和指标，同时披露比上年同期增减变动的百分比，对变动幅度超过 30%以上的项目，公司还应当说明原因。

一般而言，业绩预告的可靠性最差，有可能和最终的实际情况有较大出入，但时效性最好；而业绩快报则相对准确一些。由于二者均提前于正式的报告，所以重要性是不言而喻的，显然最值得我们关注的是有关业绩大幅预增的消息。而对于主力资金或其他大资金而言，这些公告或数据很多时候是能提前知晓的，所以主力的炒作节奏和这些信息披露时点会有关联。

每到年季报披露时段，“年报行情”、“季报行情”就必然成为当时市场中的热门话题。所谓的年季报行情就是指的每到年季报公布时段，业绩大增和高送转类的股票被市场集中炒作，并且在这批股票带动下市场整体走强的行情，此外一些有重组摘帽预期的ST股此时也会有所表现。但要注意的是，年季报只是行情的催化剂，并不能单方面决定市场整体行情涨跌，一般在经济向上阶段，上市公司整体盈利增长势头良好，整体性的年季报行情才能发动，如果是经济增长乏力阶段，整体下滑的业绩和对未来的不良预期不但无法兴奋市场，反而还增添市场的悲观情绪，加大行情调整压力。

在年季报公布时期，除了关于上市公司业绩及经营情况外，对于公布的十大股东及股东人数变化情况也应给以高度关注。许多媒体在年季报公布期间，会对股东人数大幅减少的个股进行统计，我们已经知道，股东人数大幅减少意味着筹码趋于集中，对于那些股东人数减少幅度在30%以上的个股有进一步关注的价值。一般而言这意味着两种可能：一是基金的大量加仓；二是主力资金的吸纳。前一种情况一般多于后者，当然有时也是融合了这两种因素。这时可以通过十大股东榜的变动情况，看是否为基金加仓所致，若是基金加仓导致股东人数大幅减少，那么十大股东榜上一定会出现明显的变化迹象，因为基金无法分仓。经过股东榜与股东人数的对比验证后，一旦确认是基金大幅加仓，就要进一步综合研判个股的上涨逻辑，可能有中线关注价值。如果股东榜显示并非机构扎堆买进，却出现筹码集中，则要重点分析K线走势，因为这种情况下主力资金建仓的可能性较大。分析时还应当注意，年季报中的股东数据所对应的统计时点，都是在每个报告期的最后一日，例如三季报就是截止9月30日的数据，所以三季报与中报对比显示出的股东变化，对应的K线走势是7～9月这3个月的走势。根据报告披露的时效性，最有参考价值的是一季报和三季报的股东信息，因为这两次报告的时效性最强，报告发布时间距离报告期数据截止日仅不到一个月，而对于发布较晚的年报则因为距离上一年末太久，可能不够及时。

最后附带对关于市盈率的知识进行一些补充。在谈到市盈率时我们常常会提到静态市盈率和动态市盈率，所谓静态市盈率是按上一年度每股收益计算的，即“股价／上一年度的全年每股收益”，一般不作特别说明的情况下市盈率就是指的静态市盈率。而动态市盈率的概念则不统一，标准的定义是按当年已经出来的最新年季报所给出的每股收益来推测全年每股收益，进而计算出动态市盈率。例如某股前一年每股收益 0.8 元，当年中报公布每股收益 0.5 元，股价 10 元，那么根据当年中报推测全年每股收益为 0.5×2=1 元，所以动态市盈率 10÷1=10 倍，而静态市盈率根据前一年年报数据计算，为 10÷0.8=12.5 倍。一季报和三季报的计算与之类似，比如前三季度每股收益为 1.5 元，则推算全年每股收益 2 元，然后用股价除以这个数值得出动态市盈率。在不同的行情软件中，有的显示市盈率为静态市盈率，有的为动态市盈率，所以在参考行情软件上显示的市盈率时一定要注意区分。一般而言，当年的上半年我们一般重视静态市盈率，因为一季报只包含了一个季度的收益情况，用其乘以四推测全年显然误差较大；而到了下半年中报出来后，一般我们更看重动态市盈率。

此外，在我们讨论个股中长期成长性时，动态市盈率往往还有另外一种含义，就是以未来几年每股收益预测值所计算的市盈率，例如现在是 2012 年，对于某公司，预测其 2013 年每股收益 2 元，2014 年 3 元，如果股价现在是 30 元，那么根据预测值计算的 2013 年动态 PE 为 30÷2=15 倍，2014 年动态 PE 为 30÷3=10 倍，一般券商研报中进行盈利预测时提到的动态市盈率就是指的这个意思。

三、 资产重组

如果要评选 A 股市场“最给力”题材，毫无疑问是资产重组。

资产重组是一个宽泛的概念，经济理论上定义为“企业资产的拥有者、控制者与企业外部的经济主体进行的，对企业资产的分布状态进行重新组合、调整、配置的过程，或对设在企业资产上的权利进行重新配置的过程。”目前在国内所使用的“资产重组”的概念，已被约定俗成为一个边界模糊、表述一切与上市公司重大非经营性或非正常性变化的总称。在上市公司资产重组实践中，“资产”的含义一般泛指一切可以利用并为企业带来收益的资源，其中不仅包括企业的经济资源，也包括人力资源和组织资源。资产概念的泛化，也就导致了资产重组概念的泛化。虽然国内已经出台了不少有关资产重组的法律法规和行政规章制度，但均未涉及资产重组的概念，到目前为止还没有一条关于资产重组的明确定义。我国的资产重组概念所包含的内容比国外的企业重组的概念要广，而且我国的资产重组概念是从股市习惯用语上升到专业术语的，因此给资产重组下一个内涵和外延明确的定义非常困难。一般我们将上市公司的兼并收购以及企业重组等行为统称为资产重组。上市公司资产重组一般分为以下几类：

1. 收购兼并

收购兼并主要是指上市公司收购其他企业股权或资产、兼并其他企业，或采取定向扩股合并其他企业，上市公司的大宗股权转让概念不同。“股权转让”是在上市公司的股东层面上完成的，而收购兼并则是在上市公司的企业层面上进行的。兼并收购是我国上市公司资产重组当中使用最广泛的一种重组方式。

2. 股权转让

股权转让是上市公司资产重组的另一个重要方式。在我国股权转让主要是指上市公司的大宗股权转让，包括股权有偿转让、二级市场收购、行政无偿划拨和通过收购控股股东等形式。上市公司大宗股权转让后一般出现公司股东、甚至董事会和经理层的变动，从而引入新的管理方式，调整原有公司业务，实现公司经营管理以及业务的升级。

3. 资产剥离和所拥有股权的出售

资产剥离或所拥有股权的出售是上市公司资产重组的一个重要方式。主要是指上市公司将其本身的一部分出售给目标公司而由此获得收益的行为。根据出售标的的差异，可划分为实物资产剥离和股权出售。资产剥离或所拥有股权的出售作为减少上市公司经营负担、改变上市公司经营方向的有力措施，经常被加以使用。在我国上市公司当中，相当一部分企业上市初期改制不彻底，带有大量的非经营性资产，为后面的资产剥离活动埋下了伏笔。

4. 资产置换

资产置换是上市公司资产重组的重要方式之一。在我国资产置换主要是指上市公司控股股东以优质资产或现金置换上市公司的存量呆滞资产，或以主营业务资产置换非主营业务资产等行为。资产置换被认为是各类资产重组方式当中效果最快、最明显的一种方式，经常被加以使用。上市公司资产置换行为非常普遍，资产置换从根本上讲就是上市公司以放弃资产为代价去购买另一项资产。

以上几种是资产重组的常见类型，还有一些其他情况比较少见，对股票投资意义不大，这里不做探讨。有关资产重组的众多相关著作多数理论性较强，与国内实际情况脱节，目前写的较好的是证监会上市公司部杨华先生所著的《上市公司并购重组和价值创造》，愿意深入了解的读者可以阅读该书。

资产重组之所以能对个股造成巨大影响，是因为通过重组能迅速改变公司的基本面情况，甚至是带来脱胎换骨的改变。由于中国股市的特殊情况，资产重组不仅仅是一种企业经营行为，而是涉及各方千丝万缕的利益关系，所以动机也是错综复杂，有的是为了大股东的利益输送，有的是为了保“壳”，有的是为了配合主力资金二级市场炒作，有的则是政府利益牵涉其中，其中的内幕隐情超出局外人想象。但不论背后的故事如何，最后对市场产生影响的是重组方案，所以对重组方案的分析是重点。

重组的概念很宽泛，对于重组首先要区分是报表性重组还是实质性重组。从公司角度而言资产重组的作用不外乎两个方面，一是对公司短期业绩指标的影响，二是对公司资产质量的影响，针对重组对这两方面的不同影响也就有了报表性重组和实质性重组两个概念。所谓报表性重组是指公司出于短期利益而进行的重组，以获得一次性巨额会计利润，粉饰财务数据，这种情况重组公司业绩指标得以改善的同时，资产质量并没有得到实质性地提高，像一些濒临退市的ST股或者一些将被戴帽的亏损股便常常玩这种游戏。而实质性重组是指公司出于长期投资策略而进行的资产重组，以期优化资产质量获取长期的竞争优势与投资收益。在实质性重组中，资产质量与综合实力得到明显改善，企业的长期竞争能力显著提升。真正能对上市公司价值产生重大影响的都是实质性重组。

如果我们关注的某家个股涉及到资产重组，那么当方案公布后，首先要研判重组的力度，例如是涉及整体的资产置换还是仅仅购进某块资产，重组力度当然是越大越好。其次是置入资产对短期业绩的提升程度以及长期价值的影响，这些可以借助相关的研究报告进行判断。另一方面，更为重要的是该重组涉及的题材性影响，如果重组所涉及的是热门题材，例如矿产的注入，或者是涉及一些热门新兴产业，无疑受市场追捧的程度会高得多，对股价的刺激作用也就大得多。

四、 限售股

限售股解禁由于涉及到大量新增筹码的供应，影响二级市场股价运行，所以是市场非常关心的问题。我们提到的限售股是一个统称，一般而言，限售股包括以下三类：

第一类是股改限售股，就是所谓的大小非。股改限售股是始于2005年的股权分置改革所产生的，这类限售流通股占总股本5%以上的称为大非，占总股本5%以下称为小非。对于大非，在股改结束12个月后解禁流通量为5%，24个月流通量不超过10%，之后成为全部可上市流通股；小非在股改完成后12个月即可上市流通。当然，除了这两条政策规定外，有些上市公司在股改过程中为了均衡流通股东与非流通股东的利益，还曾做出过一些减持方面的承诺。由股权分置改革产生的限售股总计达四千多亿股，2008年熊市期间大小非减持的问题一度成为市场集中诟病讨伐的对象。

第二类是新老划断后新的IPO公司产生的限售股，一般被市场称为首发限售股。首发限售股有三种：①首次公开发行前公司持有的股份，自上市之日起36个月内不得流通；②战略投资者配售的股份，上市12个月后可流通；③机构投资者网下配售股份，3个月后可流通。

第三类是上市公司非公开发行产生的限售股，也被称作定向增发限售股。根据规定，针对定向增发限售股，发行对象属于下列情形之一的，认购的股份自发行结束之日起36个月内不得转让：①上市公司的控股股东、实际控制人或其控制的关联人；②通过本次发行的股份取得上市公司实际控制权的投资者；③董事会拟引入的战略投资者。发行对象属于以上规定以外的投资者认购的股份自发行结束之日起12个月内不得转让。

目前的限售股类型就是以上三类。2008年熊市期间为了维护市场稳定，减少限售股解禁减持对二级市场的冲击，证监会还曾出台规定：对大小非限售股和首发限售股，解禁股股东预计未来1个月内公开出售解禁股份数超过总股本1%的，应当通过大宗交易系统转让，且控股股东不得在年报和半年报公告前30日减持股份。而后还曾出台规定，从2010年1月1日起对个人转让上市公司限售股取得的所得征收个人所得税，目前税率是20%。

限售股解禁虽然会增加市场供应，影响供求关系，在一定程度上制约着市场中长期上涨，但从整体来看，其短期影响多数是中性的。对于某一家具体个股而言，解禁是公司在资本市场运作中一个时间表早已确定的事件，并不是新闻，股价走势本身会提前给予一定的消化，所以短期利空影响多数并不明显，甚至有些主力选择在该利空出台作为开始发力拉升的时点。

在看待限售股解禁的影响时，首先要分清是限售股的身份。一般而言，对于大非和首发大股东，解禁后立即减持的可能性较小，绝大多数情况对股价短期没有什么影响，如果是国资背景的大股东则减持可能性更小。而对于小非小限们所持的限售股，解禁后出现一定的套现压力是有可能的，毕竟这部分筹码成本远低于市价。上面所说的这两类都要受“1个月内减持股份超1%需通过大宗交易平台”的规定限制。

另外，对于首发限售股中的机构配售股，限售期为3个月，由于机构配售股的申购对象为基金、保资、券商等专门的二级市场投资机构，其中很多都是打新赚差价的，所以解禁之后这股抛压是比较明确的，一般这批筹码中有相当一部分会在解禁当日出逃，所以持有次新股的话要注意上市后满3个月的这个时点。

对于定向增发解禁股，则要看解禁个股以及增发股东的具体情况了，有一些大资金专门通过各种渠道参与这种低风险高收益的投资，如果解禁后股票现价远高于一年前的增发申购价，那么这类为赚差价而来、非中长期持有的资金套现是肯定的，而基金、保险、券商等机构持有的定增股份解禁后，还会考虑个股的后续成长性，如果个股依然具备持有价值则仍可能选择中长期持有。前面主力分析中提到的美都控股案例，正是增发上市后主力在二级市场吸纳这批增发股的抛盘作为底仓。如果某一个增发股东持股占比非常高，有的会在解禁后，自己组织资金在二级市场担任主力角色来运作，以获取更大收益。

五、 定向增发

增发属于再融资行为，分为公开增发和定向增发。定向增发即非公开发行，根据证监会的规定，定性增发发行对象不得超过10人，价格不低于定价基准日前20个交易日公司股票均价的90%，发行股份12个月内(大股东认购的为36个月)不得转让，除了募资用途需符合国家产业政策、上市公司及其高管不得有违规行为等外，没有其他条件，也无盈利要求，亏损企业也可申请发行。一般而言上市公司的定向增发大多以项目融资、收购资产以及整体上市为目的。近些年A股上市公司的融资潮中，定向增发行为已经越来越普遍。

定向增发对上市公司而言属于资本运作，而对于我们的二级市场投资而言更看重定向增发带来的题材性市场效应。定向增发概念股曾经是市场热衷追逐的对象，其股价多数有良好表现，定向增发价格也一度被看做是二级市场的“价格底线”。当股价跌到定向增发价格下方时，为了保证增发顺利进行，有的上市公司甚至会组织外围资金进行护盘拉升。而当增发相关的项目为热门题材，例如当前的锂电、矿产、生物技术之类，更是容易被二级市场当作题材炒作，这种情况已经屡见不鲜。

定向增发有三个要素：发行对象、发行价格和数量、募资用途，对于一家公司的定向增发方案，重点就是要分析这几个方面。增发价格体现了参与的大资金对个股价值的评估，价格越高代表股票价值越被认可，所以增发价格当然是越高越好。而募资用途决定了增发对公司题材面以及基本面的影响，对于未来业绩影响的预测可以参照券商出具的研究报告。

六、 高送转

高送转过去一直是A股市场炙手可热的热门题材，不过似乎正逐渐降温。

高送转指的是指上市公司大比例送红股或大比例转增股本，过去我们将10送或转5以上的算做高送转，后来这个标准有所提高。送股与转增股本的区别在于：红股来自公司的年度税后利润，只有在公司有盈余的情况下，才能向股东送红股(送红股只是股利发放的方式之一，分派方案中除了股票股利外还有现金股利，就是所谓的派现)；而转增股本则来自于资本公积，所以严格地说转增股本并不算对股东的回报。

从纯价值的角度，高送转并不增加投资者所持有股份的价值，高送转的实质只是股东权益内部结构调整，对公司的盈利能力并没有任何实质性影响。高送转后公司股本总数虽然扩大了，但股东权益并不会因此而增加，在净利润不变的情况下，由于股本扩大，资本公积金转增股本与送红股将摊薄每股收益，最终持有股票的总价值不会发生变化(附：股票除权后行情软件中往往显示成交量变大了，这也是股票拆分导致股票数量增加所致，并不代表成交金额和换手水平上升，所以在对除权股进行量价分析时注意区分，不要被视觉误差干扰)。

在成熟市场，上市公司高送转仅仅是为了拆分股价，避免股价过高影响流通性，投资者也并不将高送转视作对股东的回报，而是更看重持续的现金分红。而在国内股市，高送转则成为迎合市场概念的一种炒作，原因在于：一方面高送转在一定程度上的确体现了个股的业绩和成长性；另一方面高送转实施后股票除权产生巨大的除权缺口，价格大幅下降，显得股价较低进而吸引部分人买进，这些原因导致高送转确实可以带来一些增量跟风资金，有人跟风就有主力对此利用炒作，而有主力炒就更加有人愿意跟风，如此反馈循环，最终形成了大资金和小资金在高送转博傻游戏中乐此不疲，使得高送转成为了A股市场中的短线热门题材。

正是因为高送转成为了公认的炒作题材，所以过去每当年报、中报公布期将近，市场中便有一些资金专门寻找有送转潜力的个股进行潜伏，并且在年中报披露期形成高送转股的集体炒作高潮，出现所谓的高送转行情。高送转股的行情大致可分为几个阶段，首先是该利好消息公布前，存在高送转可能的公司会有不少资金事先涌入等待坐轿，并导致这类个股走势提前走强；到了消息披露时段，抛出高送转方案的公司，跟风盘便会积极涌入，以期跟上游资或主力的炒作，主力于是也乘机大幅拉升；等到了最终个股除权前后，还会有部分资金炒作所谓的抢权和填权行情。

很多投资者都希望能先人一步介入高送转股，那么一般什么样的个股存在高送转可能？仅仅从理论上讲，如果每股未分配利润大于 1 元，该公司就具备了 10 股送 10 股红股的能力，如果每股资本公积金大于 1 元，就具备了 10 股转增 10 股的能力。实际中当然有更高的要求，一般符合以下标准的高送转可能性较大：每股未分配利润 + 每股公积金＞4 元、股价较高(20 以上)、业绩较好，也就是所谓的三高(高积累、高股价、高业绩)，满足这些标准的个股会存在较强的高送转预期，不过最终送不送还取决于上市公司自己。

根据最新的情况看，高送转题材效力已经明显在逐渐减弱，公布高送转分配预案时个股股价表现多数大不如前，很多当日便高开低走，甚至直接开盘就大跌。究其原因，现在高送转的个股太多了，笔者写作本章时正处在 2011 年初的年报披露期间，单就当时已公布 2010 年度业绩报告的 300 多家公司中，有 120 家公司公布了送转预案，其中 10 股送 5 股或者转增 5 股以上的有 72 家公司；10 股送 10 股或转增 10 股以上的达到了 42 家，也就是说平均每几家就有一家高送转，可谓相当普遍。为什么现在会有这么多公司高送转？原因是近年市场大扩容背景下，大量的中小公司实现上市，而对于这许多中小盘次新股，其股本扩张欲望强烈，且因为超募等原因导致账面上拥有大量的资本公积金和未分配利润，同时股价较高缺乏流动性，所以高送转是水到渠成的事情。对于创业板次新股当时甚至有人提出：10 送 5 以下算是利空。在这样的背景下，高送转已经没有了往日的相对稀缺性，作为题材也就失去了原来的生命力。另一方面，高送转作为一种大众已经熟知的投资逻辑，大量资金会事先潜伏在可能高送转的白马股中，一旦分配方案推出便借机集体出逃，这样高送转引来的跟风资金有时还抵不上这些潜伏其中，准备消息出台后出逃的资金，所以许多个股送转方案出台后高开低走，甚至开盘就跌都不足为奇了。最终，许多高送转的标的对于主力而言，可利用的价值也变得有限。

按目前的趋势，未来高送转的个股还将越来越多，同时投资者也会越来越理性，所以高送转题材将日益降温。毕竟大家都会发现：一个馒头掰两半吃并不会吃的更饱。

七、 行业及个股辅助研判技巧

1. 消息面来源

研判消息面首先涉及到消息的获取，这里讨论个股消息面的来源。作为影响个股短期波动的主要因素之一，有大量的股价异动都是受消息面影响所致，所以消息面的及时、全面获取是非常重要的。普通投资者获取消息面信息主要通过行情软件和网络。

对于历史消息，需要在时间上匹配历史走势以方便对照分析，所以一般依靠行情软件的信息地雷功能。行情软件的信息是向资讯供应商购买的，资讯供应商有很多家，有的行情软件购买了不止一家的信息。资讯供应商提供的个股消息主要包含上市公司的公告，上证报、中证报等几家主要证券媒体相关报道，以及一些券商对该公司出具的研究报告。不同行情软件的信息涵盖范围有不小的差距，尤其是有些券商定制版行情软件在这方面做的非常不足，所以尽量要选择信息全面一些的软件。

对于最新消息的获取，仅依靠行情软件的及时性和全面性都达不到要求，需要我们通过互联网获取。这里推荐使用百度搜索引擎的新闻搜索功能对目标个股进行搜索(即在百度首页先点“新闻”，再进行搜索)，这样可以全面查询各媒体对目标个股的最新报道，包括公司新闻、市场评论、小道传闻等，这样获取最新消息的全面性和及时性相比于其他方式具有明显优势。

2. 消息面辅助研判

通过基本知识的学习，要做到对基本面和消息面的市场影响进行定性研判并不难，但对于一些量化和细化分析，由于需要大量的数据、信息以及相关专业知识，依靠投资者个人的精力和能力多数时候难以做到，这时我们可以借助于机构研报进行辅助研判。

说到这里，附带讲解一下目前主要机构投资者的研究力量。目前 A 股市场的机构投资者已经占到将近半壁江山，机构投资者主要包括公募基金、券商自营、社保基金、保险资金、QFII、私募基金等。这其中，资金量最大的毫无疑问是公募基金，总规模目前已接近 3 万亿，相当于其他几类机构的总和。尽管公募基金也一贯倡导价值投资，但研究力量最强的并不是他们，而是券商，这是一些历史原因以及各自不同的经营性质决定的。数年前，证券公司自营是 A 股市场一支凶悍的投资力量，但是经历五年大熊市的沉重打击和行业洗牌后风光不再，如今自营状况早已大不如前，但其研究实力依然保持领先。公募基金尽管都有自己的研究团队，但是对于券商研究力量的依赖度仍然很高。不论是宏观经济、行业研究还是公司研究，公募基金的投资决策都要受券商观点很大程度的影响，而且公募基金本身也是券商的高端大客户，所以出于对客户资源的争夺，券商会尽可能地加强自身研究实力，以便于对大客户提供尽可能好的研究服务。至于私募基金(主要指阳光私募)，尽管媒体十分热衷报道其观点言论，但客观地讲，目前国内私募基金规模和财力仍然十分有限，根本难以组建起有实力的研究团队，在研究方面多数都只是给客户做做样子而已，其很多关于宏观基本面和行业研究的言论基本可以不看，包括一些投资咨询公司(股评公司)，情况也差不多。在其他几类机构中，社保基金由于事关民生，国家政策会给予照顾，导致社保经常能在政策面临转向的关头先知先觉的抄底逃顶，所以社保基金往往被看做大势风向标，其动向是我们研判大势时的重要参考。保险资金则既没有研究优势也没有政策优势，注定只能成为公募基金后面的跟风派。QFII 虽然秉持海外市场先进投资理念，但在国内尚有些水土不服，其业绩目前也没有什么过人之处。

以上就是目前国内几类主要机构投资者研究实力现状，我们借助机构研究力量辅助研判行业及个股，主要是借助于券商。作为投资咨询服务的主要提供者，券商会发布大量公开的研究报告，很多资讯提供商都会向各券商购买其研报，万得软件在这方面是国内做的最好的，但是需要收费，资金量不大的投资者使用普通行情软件中收录的研报即可，此外众多金融网站都辟有专门的研究报告栏目，而且收集的很全。

在参考券商研究报告时，首先要明白我们需要的是什么。一般我们主要关注三个方面的研究报告：一是行业研究报告，行业研报中分析的是各行业的最新动态和价值前景，这对于板块策略有重要参考意义；二是个股投资价值的报告，主要是关于成长股或绩优股的价值分析及业绩前景预测；三是对影响一家公司发展的重大事项的量化财务分析，例如关于某家公司重组、增发等的研究报告。显然在这三个方面，参考机构的分析观点和机构实际调研所获取的信息，有助于我们进行综合研判，进而得出更有效的市场结论。阅读和参考他人研究报告时有以下方面要注意：

首先是数据和事实重于观点，也就是说我们关注的是研究报告里给出的数据和事实，而非撰写报告者自己下的结论和判断，尤其是其有关二级市场价格前景以及投资决策的结论，因为写报告的研究员们往往并不具备这个能力。

“分析师(研究员)的作用是给出数据和事实，而非结论”，这正是索罗斯曾说过的一句话。此外应当知道的是，研究员行业本身也有各种潜规则。常看研报的人就会知道，机构的行业研究报告很少有对某个行业鲜明看空的，原因很简单，行业研究报告都是对应的行业研究员写的，行业研究员谁会说自己所研究的行业前景黯淡？如果一个行业没有价值，等于是在说研究这个领域的研究员的工作没有价值。就像近几年的A股市场，由于银行股中间有一两年时间都没有什么行情，很多银行业研究员都在抱怨自己在单位越来越不被重视，早上研究所晨会各行业研究员轮流发言时，银行业研究员都不知道该说什么。所以，研究员们为了证明自己的价值，对自己研究的领域有一定的“说好话”倾向是很正常的，还有一些其他原因将在下面说到。尽管如此，这却并不妨碍我们参考其研究成果，因为我们关心的是事实和数据，最终的观点和结论要靠自己综合分析得出。

参考研究报告时第二点要注意的是，对于同一个分析对象，要尽量综合参考不同机构给出的研报进行对比分析。例如在对成长股价值分析的研报中都会提及对未来两年预期EPS的预测，以及合理的动态PE范围和目标价位，而成长性突出的个股往往关注的机构会很多，所以对应的研报也就不止一份，这时尽量参考多份报告的观点可以使结论更加可靠，毕竟当机构对上市公司未来业绩作出预测时，需要先做出很多假设，而这些都是主观成分，与最终的实际会有不少偏差，通过对比参考有助于减少偏差。

此外要注意规避研报中的一些陷阱，尤其是对某只个股过分积极看多的研报。如果某家个股一定时期内有多份机构研报且结论偏差不大，那么结论基本是可靠的，但如果只有一两份且大力唱多的话，就要保持适当的警惕，尤其是在股价高位发布的研报，毕竟通过研报忽悠市场早已不是什么新闻，很多时候一些报告唱多的目的本来就是掩护出货。但有一种情况要区别对待，就是当报告出现在个股低位时，报告数量少可能是因为个股价值暂时尚未被市场充分发掘，或是股价受大势低迷拖累，这种情况反而应该密切关注，可能有机会占得先机。

还有一点要注意就是对于每份研究报告最后所给出的评级，需要做“降级”处理。在缺少完备做空机制的A股市场，国内的机构观点一般都带有看多倾向，前面已经讲了研究员对行业不会轻易看空，而有关个股的研究报告更加不会轻易看空。那些看空的言论，个股主力听了不高兴，上市公司不高兴(曾有研究所发表看空某上市公司的报告，后来再去调研时竟不被接待了)，股民听了也不高兴，看空其实是一件很不讨好的事情，所以研究报告有看多倾向是正常的，相应的，报告中给出的有关个股或行业的评级也就会上浮。一般机构评级分为买入、增持、持有、减持这几个等级，也有的分为强烈推荐、谨慎推荐、中性等，不管采用哪一套标注，最终对于其给出的评级，在实际中都应下降一级，也就是说中性评级其实意思就是看空，谨慎推荐就说明只是中性。

第四节　每日盘前消息面分析

投资者每天上午开市前要做的第一个工作就是分析当日早盘消息面，本书附录中的《每日行情分析》表格中也设置了这一栏。一般财经网站每天盘前都会将当日重大财经新闻收录整理，这样投资者阅读的效率较高，比如新浪财经的“操盘必读”栏目就可以满足我们的要求。从研判大势的角度出发，每日早盘需要关注的新闻有以下几类：

1. 外围股市

由于全球经济及资本市场的联动性日益加强，外围股市对于 A 股而言，是每天都会发生的常规影响因素，所以是每天早盘必分析的项目。外围股市中，一般而言最重要的是美股走势，因为美股是全球资本市场的风向标，此外，当欧洲股市、港股及亚太股市发生大的变动时也需要重点关注。

(1)美股。

美股开盘时间在中国大陆时区的半夜。美国从每年 4～11 月初采用夏令时，这段时间其每天交易时段为北京时间晚 21：30 到次日凌晨 4：00；而在 11 月初到 4 月初，采用冬令时，交易时间为北京时间晚 22：30 到次日凌晨 5：00，我们每天早上首先要关注的就是美股前一日的收盘情况。美股有三大指数：道琼斯指数、纳斯达克指数、标普 500 指数。由于道琼斯指数历史悠久且影响巨大，道指在某种程度上就是美股的象征，所以道指是最重要的美股指数。但由于道指成分股范围偏小，且计算方法存在一些弊端，所以很多人倾向于采用设计更为合理的标普 500 指数来更加准确的体现美股整体走势。此外，纳斯达克由于是全球最重要的新兴产业股市场，所以也是美股的重要组成部分。总之，美股的变动从道、标、纳这三大指数中体现。

很多人不知道从哪里看外围市场的走势，国内的投资者一般需要用期货软件来看外围盘，这里推荐使用博易大师软件，例如可以在长江期货网站下载长江期货版的博易大师，里面可以看到全球各大主要市场走势。此外通过财经网站的“全球市场”栏目也可以看到全球市场的走势，而且数据比较全面。

A 股与美股的联动性历来为市场所重视，美股的波动会对 A 股产生较大的影响，这种影响主要分为单日的和阶段性的。当美股单日涨跌幅度超过 1%时，对 A 股当日开盘时段的交易就会产生比较明显的影响，例如当美股上涨超过 1%，A 股多半都会因此高开。除了单日波动的影响之外，阶段性影响也不容忽视，这种影响发生在美股出现连续的上涨或下跌时，此时美股走势会对 A 股产生一种牵引力，这种牵引力不同于单日波动带来的短期冲击，是一种阶段性的持续影响。

(2)港股。

港股与 A 股的联动性历来非常强。原因在于：第一，国内股市与香港股市资金关系密切，很多资金和机构都是同时在这两个市场操作，导致两个市场的波动有一定趋同性；第二，国内很多蓝筹股在内地和香港两个市场同时上市，同一上市公司的 A 股和 H 股由于内在价值基本相同，因而股价也具有较高的联动性，从而产生 AH 股联动效应。再加之港股是比 A 股更加成熟的资本市场，所以在过去，港股对 A 股的影响并不亚于美股，只是现在随着中国经济地位的提升和资本市场的快速发展，二者的联动性已经更多的体现为 A 股对港股施加影响。但是作为所有外围市场中与 A 股联系最紧密的市场，港股的重要性依然不容忽视，尤其是当前很多国际资本都是借道香港进军内地，这其中还会产生千丝万缕的关联。

港股最有代表性的指数是恒生指数，过去港股早上开盘时间比大陆晚，但是从 2011 年 3 月 8 日起改为与 A 股同步开市，目前港股每天的交易时段是上午 9：30～12：00；下午 1：30～4：00。

(3)欧洲股市、亚太股市。

除了美股与港股，当欧洲股市与亚太股市发生较大波动时也会对 A 股产生明显影响。例如 2011 年下半年的欧洲债务危机下欧洲股市暴跌就造成了全球市场的集体下跌。

欧洲主要市场的交易时段大致为北京时间下午 3：00 到晚上 11：00 点，而作为除中国外的亚洲最大经济体日本，其股市开盘时间为北京时间上午 8：00 到下午 4：30。

2. 大宗商品期货市场及外汇市场

大宗商品期货市场和外汇市场的波动是每天影响股市的第二个常规消息面

因素。这二者与外围股市一起，合称为外围盘因素。

大宗商品包含原油、黄金、有色金属、农产品、化工品等品种。大宗商品市场之所以会对股市产生明显的影响，一方面是因为大宗商品价格波动反映了经济景气状况；另一方面，大宗商品价格直接影响着资源类上市公司的股价波动，而这些上市公司所占权重较大，所以其波动对股市整体也会造成明显的影响。但是，大宗商品市场的波动与股市波动之间的关联性并不像外围股市那样简单，而是要放到具体环境下分析。一般而言，石油、煤炭、新能源等板块个股波动受原油价格影响，如果原油价格上涨，这些板块将从中受益；同样的道理，有色、黄金期货价格上涨直接利好有色黄金类上市公司。但对于经济整体而言，原材料价格上涨并不一定是好事情，所以对股市影响也要视具体情况而定。例如当股市处在资源股引领上涨的状态，那么大宗商品价格上涨无疑将使得该主题更加受认可，从而对股市行情产生利好效应。而当股市正处在通胀压力较大的背景下，大宗商品价格上涨会加大通胀压力，导致市场对通胀形势的担忧加剧，从而造成不利影响。

看大宗商品期货市场变动情况也主要是通过博易大师。比如，原油走势主要看纽约能源交易所的“美原油连”走势，所谓的“连”就是指将不同时期的主力合约走势连起来的意思(某品种的主力合约就是该品种各合约中交易量和持仓量最大的合约，随着时间推移，主力合约也是不断后移的)；黄金走势主要看纽约金属交易所的“美黄金连”；各有色金属品种走势主要看伦敦期货交易所的铝、铜、铅等走势。可以将这些重要品种的合约加入自选股中方便早盘集中分析。

除了大宗商品的走势，外汇市场的走势也要给以一定关注。尤其是美元汇率的波动会对股市及大宗商品期货市场的多个方面产生影响。

3. 宏观经济新闻与行业新闻

宏观经济新闻主要包括统计数据的预测、发布，货币政策、财政政策的相关信息，以及各方对宏观经济的观点、表态等。宏观经济方面的重要新闻虽然不像外围盘的变动那样每天都有，但一旦出现就是当日的股市新闻头条，所以密切关注和分析其影响是消息面分析的重中之重。

行业新闻对股市的整体影响主要体现在大市值行业的新闻上，如金融、地产，石油等，当这些板块的走势受到消息影响时，会连带对大盘造成明显影响。所以早盘消息面分析对大市值行业新闻也不能忽略，而一般性行业板块的新闻分析则主要是为选择个股服务的，可以放在盘后分析。

第五章

大势分析

证券市场具有同涨同跌性，百年之前的查尔斯·道在观察到这样的现象后，首创了现今世界上历史最悠久的股价指数——道琼斯股票价格平均指数，从而为衡量证券市场的整体波动提供了依据。正是由于股市同涨同跌性的存在，所以大势环境对于个股的波动有着极大的影响，多数个股的走势都会随大势起伏。

大盘指数作为大势的一种直接反映，对指数走势的研判就是大势分析的主要内容，此外大势分析还应包括对大盘内部结构性的分析，也就是板块情况的分析。正是指数走势以及内部结构性这两方面的特点决定了我们在不同行情阶段，需要采取不同的投资策略。所以在本书最后一章中我们将要对这些问题展开讨论，首先讲到的是关于大势分析的基本知识，这部分内容主要来自于投资大众对市场历史波动的总结，虽然其中有些内容只能算是人云亦云的说法，但是这类经验性总结从博弈的角度来看，依然有一定参考价值。之后将介绍一种新的大势分析思路——多空动能分析，该方法与被人们所神秘化的“盘感”有密切联系，只是过去从未有人对“盘感”给予过科学的阐述，在笔者看来，盘感是对市场多空心理轨迹的一种微观感性的把握，盘感的形成对于我们研判大势波动非常有帮助，甚至可以说在大盘分析方面，盘感的重要性胜过理性分析。该小节将着重通过对指数分时图量价关系的剖析来帮助读者形成这样的感觉。

第一节　大势研判的基本知识

一、 A股市场主要指数特点

研判大势的着眼点首先在于大盘指数，目前沪深股市的股价指数种类已有很多，这里先就指数本身的知识作一些讲解。在A股市场，最重要的指数无疑是上证综指，多数时候上证综指就是大盘的代名词，其次是深圳成指。此外，随着市场容量和股票数量的不断增加，一些更加细化的分类指数也越来越受到重视，例如沪深300指数、创业板指、中小板指等。

1. 上证综指

上证综指由上证交易所编制，是以上交所挂牌的全部股票为计算范围，以总市值为权数的加权综合股价指数。该指数以1990年12月19日为基准日，基日指数为100点。

上证综指的计算采用派许加权综合价格指数公式计算，具体的计算、修正过程比较复杂，各位只需要注意其中以下几个特点即可：

首先是上证综指的计算以个股总市值作为权数，这是该指数被认为最不合理的地方。由于个股总市值中包含了很多实际上未在二级市场流通的成分，以总市值计算出来的指数也就不能真实反映二级市场变动情况。尤其是一些超级大盘股，由于总股本巨大，在上证综指的计算中占到了很大的权重，例如中石油刚上市时一度占到当时沪市1/4的权重，也就意味着中石油每涨跌2%，上证指数就要跟随波动0.5%。于是，上证综指的走向就与这些超级大盘股可谓是高度关联。另一方面，这些大盘股虽总盘子巨大，但实际流通盘有限，所以权重股往往被大主力当做了操纵大盘走势的便利工具，只需要投入不多的资金干预权重股的波动，便能对大盘走势产生明显影响。例如，2010年股指期货刚出台时，盘中便有一些神秘大资金经常用大单对中石油等大盘股进行小规模瞬间冲击，以影响大盘分时图盘中走势形态，而股指期货的日内走势对于指数图的上的细节变动非常敏感，指数分时图上的一个小拐头都可能造成股指期货合约的大幅波动，加上股指期货有超过5倍的资金杠杆，经过5倍放大后，中间的波动价差十分可观。所以，一些大资金正好借助超大盘股间接操纵期指上的波动，通过两个市场联合操纵进行牟利。总而言之，用总市值作为权重导致出现失真，是上证综指公认设计最不合理的地方，这实际上也是股权分置问题的延续。

上证指数另一个特点的是对新股的处理方法，早前是新股上市当日就被列入计算范围，这一点非常不合理，因为当时新股上市当日几乎都是大幅高开，以此来计算指数会产生明显的失真和扭曲，使得指数“虚高”。前两年改变了计算方法，即新股上市后的第11个交易日才开始被列入指数计算范围。

由于市场对上证综指计算方法的诟病，2005年的时候上证交易所曾发布了“新上证综指”，以2005年12月30日为基日，1000点为基点，简称新综指，可惜并未得到市场重视。目前市场最看重的还是老的上证综指。

还有就是在看沪指分时图时会看到上面有黄白两条线，白线即上证综指，而黄线称做上证领先指数，最初由钱龙软件首创，是采取算术平均的非加权算法计算的上证指数，代表所有个股按相同权重计算出的整体平均波幅，其重要性前面已经有所提及。

2. 深成指

深圳证券交易所最开始编制的是深圳综合指数，也存在着上证综指的弊端，于是后期又编制了深圳成分指数，简称“深成指”。目前深成指是代表深交所股票大势运行的主要指数，重要程度仅次于上证综指，而深综指则早已日落西山。

对于深成指我们要知道的是，顾名思义，它是成分指数而不是综合指数。深成指是从深交所上市的所有股票中，抽取具有市场代表性的 40 家上市公司的股票作为计算对象，并以流通股为权数计算得出的加权股价指数。深成指以 1994 年 7 月 20 日为基日，基数 1000 点，每年 1、5、9 月，深交所还会对成分股的代表性进行考察，讨论是否需要更换。2006 年时深成指变更为仅包含 40 只 A 股样本的价格指数，不再包含 B 股。

3. 创业板指、中小板指

随着近几年中小板、创业板的相继开设，中小企业大量上市，代表这些股票总体走势的“中小板指数”、“创业板指数”的重要性日益突出。由于这类股票具有盘子小，成长性高，所属行业相对新兴等特点，走势常常与主板股票存在一定的背离，再加上其数目日益增多，逐渐形成一个大类，所以创业板指数和中小板指数的走势也很有观察研究的必要。现在讨论大势时除了上证综指和深成指，还需要将这两个指数结合到一起分析。这两个指数对于 A 股而言，相当于美股的纳斯达克指数。

4. 沪深 300 指数

沪深 300 指数是第一个反映沪、深两市整体走势的跨市场指数，选取的样本是两市规模大、流动性好的 300 只股票，覆盖两市约一半的市值，具有很好的市场代表性。此外，该指数以流通市值作为计算权重，比上证综指更为合理。正是由于这些突出优势，该指数往往被视作基金业绩评价的参照标的，并且成为了国内第一个股指期货标的指数，目前国内已上市的股指期货合约正是沪深 300 股指期货。

此外，成分指数中还有上证 180 指数、上证 50 指数、深 100 指数等，后面的数字代表了其成分股的数量。关于成分指数有一点读者需要知道的是，成分股的样本是不断调整的，某只股票被新纳入一个指数的成分股或者被剔除出成分股范围，会对其走势产生一定影响，原因是目前已经有很多针对成分指数设立的指数基金，这类指数基金的资产配置完全取决于其所追踪的指数包含的个股样本，所以一只股票被纳入或剔出某个指数范围，指数基金就会对其进行相应的被动买入或卖出，这会对所涉及到的个股股价产生一定影响。

二、 A股大势历史经验

1. 不同市道的基本特征

从大的周期波动来看，股市市道分为牛市、熊市、震荡市(平衡市)。

牛熊市的说法首先来自道氏理论，这也正是技术派们观察牛熊市的普遍依据。道氏认为股票市场的变化表现为三种趋势：主要趋势、中期趋势及短期趋势，显然，牛市就是代表市场长期基本走向的主要趋势向上运行的过程，熊市相反。当然，定义并不重要，对于投资而言，只要行情长期持续上涨就是牛市，长时间连续下跌就是熊市，在一个区间内持续横向波动就是震荡市，这些都是很直观的东西，唯一要注意的是级别的区分，真正的大牛熊市运行的时间都至少在一年以上。

狭义上的牛熊市只针对大级别走势而言。这里我们对A股市场依次从长期底部——牛市——长期顶部——熊市这样一个大周期循环中，不同市道下的基本特征进行一个观察总结。

(1)长期底部特征。

长期底部形成前的市场一般表现为：一是指数已大幅下跌且持续较长时间，无论是下跌的幅度还是持续时间，都呈现出明显的跌透特征；个股股价已大幅缩水，一些之前涨幅较多的个股和板块从高点下来已经腰折，甚至只剩了零头。

二是新股、次新股不断地逼近或跌破发行价，有的新股甚至在上市当天就破发,破净股(股价跌破每股净资产)的数量也不断增多；一些强势股，或是之前主力护盘使得股价高位横盘的个股开始大面积补跌，大面积破发、破净和强势股补跌的出现一般是市场跌透的信号。

三是投资者集体处于深套之中，账面亏损严重，市场人气极度低迷，成交量很小。长期底部形成前的市场如同黎明前的黑暗，投资者大多看不到希望，基本上没人愿意提起股票，敢于主动买进者寥寥无几，对于政策面上吹来的暖风反应十分麻木，反过来对于利空信息也已变得麻木，因为该杀跌的筹码已经杀的差不多了。

而当大势刚开始脱离长期底部时，此时人气依然低迷，市场普遍认为：上涨只是熊市中途的反弹而已，后面还会有更低点。记住，一个人人敢抄的底部绝对不是真的底部，长期底部一定是在绝望情绪中产生的。另一方面，此时行情表现为涨不易跌也难，无论是大盘还是个股，某一时间似乎都处于麻木状态，虽然涨起来很费劲，但跌起来同样不容易，即使因外力出现上涨或下跌，幅度也非常有限，而且持续时间很短，不少个股很快又收复失地或跌回原地。这是底部阶段市场环境下的股性所致，如同进入冬眠，其内在原因在于此时关注市场的多空交易者已经很少，在买卖盘都不积极的情况下市场走势缺乏弹性张力。

大级别底部的构筑时间往往较长，所以股市历来有“顶部三日，底部三月”之说。

(2)牛市阶段特征。

长期底部构筑完成后市场将逐渐步入牛市阶段。当市场人气激活后，开始步入牛市上升期。此时人气方面，新闻不断报道每个月股市的开户数量节节攀升，由于居民存款外流涌向股市导致银行储蓄也开始下滑，股民们谈论股票都变得眉飞色舞，尤其是那些刚入市的新股民们，新闻舆论也是一片看好。显然，市场交投此时明显活跃，成交量显著放大。从心理层面上讲，牛市阶段正是一个多重正反馈效应不断加强的过程。牛市阶段在技术面走势上，均线系统多头排列，且K线大的形态基本依托中期均线如60日均线上行，热点和概念层出不穷，不同板块联动和轮动特征明显。在牛市中，整个上涨周期至少持续数月，几乎所有的概念都会被充分发掘，各板块在一、二、三线大轮动格局下最终都会有所表现。

从整体走势节奏上看，牛市阶段会呈现出慢涨快跌的节奏，也就是说中途的调整往往迅猛而短暂，而上涨则缓和且持续，牛市中的这种节奏与熊市恰好相反，熊市中的节奏是慢跌快涨。

(3)长期顶部特征。

一轮大牛市的后期往往意味着长期顶部的形成。华尔街有一句名言：“行情在绝望中新生，在犹疑中上涨，在疯狂中结束。”在正反馈效应带动下，牛市中多头气氛虽然会越来越盛，但这个反馈循环过程不会无限，当正反馈效应达到极限状态，就意味着长期顶部的到来，而这个极限状态对应的就是“几乎所有人都看多”的时候，这也是所有大级别顶部时市场心理层面上的典型共性状态。

可能有人会不理解：为什么当所有人都看多的时候是行情的终点？所有人看多不是意味着多头气势达到最盛吗？那么后面行情应该快速上涨才对？关于多空之辩笔者曾经说过：“看多的往往是真空头，看空的往往是真多头；今日多头就是明日空头，今日空头就是明日多头”。为什么看多的是空头？因为最热衷看多的往往是拿着筹码的人，否则的话根本都没买那能叫看多吗？越是拿的筹码多的人越是说明他看多，而这些手握筹码的人恰恰正是抛压的来源，真正的空头是他们。相反，那些因为看空而手握现金者才是真正的多头力量，行情要上涨靠的是现金，而绝不是靠那些已经满仓的看多者。今日买进的多头就会成为后来的空头，今日套现的空头就构成未来的多头，多空转化、循环生生不息，故而多空的天秤才不会无限倾斜，市场的走势才会在涨跌间交错。

在牛市末期，当所有人都看多，意味着真正的买进力量其实已经消耗殆尽。此时，几乎所有所谓多头都变成了实际上的潜在卖家，这意味着潜在卖盘已经得到充分积累，在这种状态下，形成大级别顶部也就是情理之中了。反之，在熊市中，当所有人都看空时，意味着真正的抛压已经释放完毕了，行情将从绝望中新生。正是因为这个道理，证券市场才会有著名的“相反理论”，并且有人依据该理论，通过对分析师观点和投资者预期的调查统计得出一些“多空情绪指标”，然后用反向思维辅助市场研判。

所以，长期顶部从人气表现上看，是看多的人最多、最疯狂的阶段，就如有人所总结的：当散户大厅人山人海，进出极不方便的时候；当你周围的人都争相谈论已经挣了大钱的时候；当散户大厅全都是新面孔的时候；当证券交易所门口自行车极多，没有地方停的时候；当买证券类报纸、杂志买不着的时候；当一个股市新手都敢给你推荐股票，并说这是庄股，目标位要拉到多高多高的时候；当卖冰棍的老太太都来买股票的时候；当大型股评报告会人满为患的时候；当证券交易所工作人员服务态度极端不好的时候；当发廊妹都觉得炒股比干活强的时候……那就是大顶到来的时候。

而从其他方面看，每一轮大级别顶部也都具有十分相似的特征。从市场内部结构性上看，所有板块此时已基本被炒了个遍，最后连垃圾股、ST股板块也被主力充分发掘，真正还能再涨的板块几乎已经没有，从而引发系统性调整；政策面上，间接调控和直接调控已经出台多次，只是被市场置若罔闻，甚至越出利空越涨，利空被市场解读为“利空出尽是利好”；市场的融资功能变得空前强大，融资规模不断加大。随着顶部的构造，指数进入放量滞涨的状态，技术上出现所谓的头肩顶、M头等形态，供技术派们事后总结所用。

(4)熊市阶段特征。

熊市初期的市场还处在大级别的顶部构造阶段，当进入真正的熊市阶段时，市场相对牛市高点已经有了较大的回落。虽然套牢者不断增加，但人们依然抱有坚定的信念，痴等“大反弹”，甚至多数人都是把下跌当做“中期调整”，就如2008年时指数已经从6000点跌到3000点，还有各类股神集体叫嚣着牛市第二阶段将至。可惜天不如人愿，疯狂的牛市早已透支了市场的潜在买盘，并且积累了巨量的获利盘，向上正反馈循环一旦打破就进入了反向的正反馈效应的积累。在熊市阶段，必需经历持续的大幅的下跌才可能形成真正的反转，正所谓“熊市不言底”。技术面上，此时均线系统完全处于空头排列，并且均线对反弹形成明显压制，熊市中一般的弱反弹止步于10日线，强反弹也只到30日线。熊市中的个股行情多数是脉冲式的，持续时间较短，因为对于主力而言熊市中的跟风资源都是短线资金，不能够形成持续上涨的群众基础，所以很多个股放量上冲后很快就会短期见顶，K线上形成一些脉冲上涨走势。而绩差股和一些高控盘股的熊市价值回归之路是最惨烈的，跌到面目全非的比比皆是，所以这类个股是大势从高位回落过程中最需要规避的。在熊市中，直到市场彻底绝望，高成本筹码纷纷割肉，筹码充分沉淀到底部，才具备反转的基础。

其实我们只需要经历一轮牛熊循环，并且记住各个阶段里的众生相，便会深刻的体会到股市里大众的愚昧，由此明白做股票第一步就是要远离大众思维。

2. 市盈率规律

从A股市场的历史走势来看，关于牛熊市的顶部和底部，可以总结出一条市盈率规律：沪深股市整体市盈率在20～60倍的区间波动。这就是说，不管指数如何涨跌，整体市盈率总是呈现区间波动的态势，指数会呈现波浪式上升不断创新高的趋势，市盈率不会。每当市盈率回到20倍的时候，股市往往见底，一轮牛市即将展开；而市盈率到了60倍附近，股市就会见顶。这种现象在过去的多个大级别顶部和底部都曾出现，对于股票投资大的方向策略有一定指导意义。

1992年，上证指数在1400点的时候，市盈率曾经到过破天荒的100倍，但是当时沪市只有10来只股票，这种特殊时期的市盈率，不具备普遍性。之后股市就大幅调整，1995年上证指数跌至500点一线的时候，市盈率也回到低点—20倍，在这个市盈率下股市见底。1996年新一轮牛市开始，至1998年回升到1500点一线，此时市盈率又到了60倍附近，市场进入调整，市盈率也回到40倍。然后，1999年爆发“5•19”行情，这轮牛市创出新高，上证指数突破2000点，市盈率达到70倍左右，这个市盈率成为高点。2001年7月开始的调整是持续4年的大熊市，上证指数一路跌到1000点，此时，整体市盈率回到了20倍，然后2006年开始了一轮波澜壮阔的大牛市。到了2007年9月份的时候，股市的平均市盈率突破了60倍，后便迎来了2008年的大熊市。之后在内外因素重创之下股指跌至1664，对应沪市综合市盈率15倍左右，大盘又一次见到大底。

所以，从历史情况来看，市盈率规律对于大级别拐点的把握确实有一定参考价值。此外，根据单个指标参数研判市场拐点，还有第四章中曾提到的M1规律，也有一定的参考意义。

3. 年周期规律

江恩是我们都知道的股市传奇人物，在他的理论中，时间因素被认为是决定市场趋势的一切因素之中最重要的因素。江恩还认为，时间可以超越价位平衡，当时间到达，成交量将增加而推动价位升跌。对于这些说法是否合理这里不作探讨，但毫无疑问的是，时间作为市场运行的一种重要变量，确实蕴含着一些规律，并且主要表现在周期性上，其根本原因在于周期性是世间万物中的普遍现象。时间规律在股市中的表现形式是多种多样的，吸引了大量技术爱好者探究于其中。从历史情况来看，A股市场的年度走势中就存在着一些规律，称之为年周期规律。

从A股一整年的运行情况来看，多数情况下，大盘在上半年的表现要好于下半年，同时，大盘的下跌容易产生在下半年，尤其是12月份。这种现象主要与市场资金面规律以及季节气候造成的心理情绪影响有关。一般而言，秋冬气候转凉，大自然一派萧瑟景象，使人产生倦怠和冷淡的情绪，人们的投机冲动也会受到一定的抑制；而春夏则一派生机勃勃之象，容易激发投机的活力和热情，这是自然界对各类生物的影响，人类的交易行为同样会受到这种影响。所以，季节周期变化会对大盘周期运行格局演变产生影响，使得上半年春夏时节市场情绪热度容易高于下半年的秋冬时节。另一方面，从资金面情况来看，股市中有许多资金都是通过各种途径借贷而来的，出于结算要求往往有年底回笼的必要，此外很多公司资金或者委托理财的资金到年底也会因各种缘故需要暂时兑现回收，所以年底股市由于部分资金外流导致资金面往往偏紧，从而拖累市场走弱。而上半年的情况则相反，具体来讲，很多大资金会在前一年底或者春节前开始集结资金，并且制定当年投资策略，年初则开始按计划进行建仓布局，在这些资金集体推动下，大盘容易出现整体走强。而且一季度是全年信贷投放高峰期，流动性在全年最为充沛。同时由于年初是年报披露期以及各类政策利好密集发布期，市场中有利于聚集人气的炒作因素较多，所以年初很容易产生一定的行情，甚至形成高潮。其后的几个月则根据运行节奏往往要回调休整，到中报披露期后(8月、9月)，容易再度走强，而这也是部分主力资金借机拉高、减仓的阶段，到了11月份则容易出现再度反弹，12月份则是部分主力出货的阶段了，大盘在资金面偏紧影响下容易出现走弱。这就是A股过去年度走势中所体现出的节奏性特点，虽然这种规律不是绝对的，但是有一定参考价值。

关于年度走势，还有一点要注意的是，随着公募基金的迅速发展，出于排名竞争的需要，每到年季度财务截止日前的几个交易日，很多基金会倾向于推升自己的重仓股，以达到做市值、争排名的目的。如果这时大盘氛围正好适合做多，那么基金的表现会格外积极，从而使行情走的更加有力，但如果大盘处在明显的空头市道，则有少数基金会反过来出手,偷袭打砸竞争对手的重仓股，拉低对方排名。

根据对沪市大盘过去的20余年的月K线数据统计计算，得到以下结果：1月份收阳K线的几率45%；2月份收阳K线的几率为75%；3月份收阳K线的几率为67%；4月份收阳K线的几率为62%；这些也说明一季度行情确实多数较强。5月份收阳K线的几率为55%；6月份收阳K线的几率为55%；7月份收阳K线的几率为45%；8月份收阳K线的几率为55%；9月份收阳K线的几率为45%；10月份收阳K线的几率为40%；11月份收阳K线的几率为68%；12月份收阳K线的几率为42%；这些则说明进入下半年走势多数要弱于上半年，但11月出现反弹的几率较大。

此外，A股每年的走势中还出现了一些有趣的规律。比如统计发现，春节前一周国内股市上涨的几率高达86%。近10年来，春节前最后一周，上证指数全部是以上涨收尾。股市中还流传着“1月效应”的说法，即大盘1月涨，则全年涨；1月跌，则全年跌。根据统计，1991～2011年间，1月实现上涨的11个年度中，有9次全年指数也为上涨；而1月下跌的10个年度中，有8次全年指数也下跌。20年间，仅2004年、1999年、1998年及1996年共计4年两者走势相反，即1月行情与全年行情的同向概率超过80%。自2005～2011年这7年来，“1月效应”则全部应验，1月行情堪称“预言帝”。

第二节　多空动能分析

一、 大势分析的基本观念

本节将具体阐述一些大势分析的思路和技巧，在讲这些之前，读者首先要思考的是大势分析的目的和意义。

说到大势分析研判，必须要明白一点：研判不等同于预测。这是做股票首先应树立的正确观念。市场上永远充斥着各种预测言论，股评、媒体、各路“高手”对于预测市场都乐此不疲，这种现象的根源在于散户喜欢看预测、听预测、做预测，所以有关股票的预测言论十分有市场需求，这些在给投资大众带来误导的同时，给股评们、媒体们则能够带来诸多切实的利益。对于股评、名博、媒体这些人而言，大众关注度是其经济价值的根源，所以其言论必然是尽量投观众所好，也就难怪很多哗众取宠之辈喜欢动不动就抛出一些惊人言论，来博得市场的眼球。如果有嘉宾在财经节目上讲“市场无法预测”、“走势是当下的”这类实在话，相信电视台没多久就要换人，换一个讲“万点论”的过来，这样广告商和观众才会大大地满意。只可怜观众们就这样被愚弄。

股票操作的依据来自研判，进行大势研判，根本目的是指导个股的操作。大势运行对个股波动有着较大的制约或推动作用，研判大势正是为了在个股操作中把握好这种作用。个股操作首先是前面所讲的选股，也就是选出能够有机会强于大势或独立走强的个股，这是选股的根本意义。而对于大势而言，我们唯一的要求就是能给这类个股适合表现的土壤而已。显然，多数情况下，只要大势维持相对平稳偏强，这个土壤条件就是具备的，也就是说该表现的个股此时能够表现，而不会被大势严重拖累和影响运行节奏。

所以，单从这个意义上讲，大势研判的任务主要是判断大势是否能相对平稳或者偏强，以及短期内会不会有大幅下跌风险。一旦大势大跌则意味着泥沙俱下，个股操作环境丧失，而只要大势处在平稳或者偏强的氛围下，好股票就能遵循自己的轨迹运行，这时注意力的重心就可以放在个股上。所以，判断大势能否给个股一个安全适宜的发挥环境，这是大势分析的最重要、最实际的意义。另一方面，尽管大势与个股不完全同步，但大势波动中的各级别拐点会对个股运行节奏产生明显影响，如果能对一些拐点进行当下的把握，那么无疑对高抛低吸的差价操作具有重要的指导意义，这是大势研判的第二层意义。再者，对阶段性高低点的相对把握，对于中线或波段仓位的进出场时机选择十分有利，毕竟通过主力分析选出牛股的机会并不是总有的，多数时候我们主要仓位的进出场需要根据大盘波段走势来决策，这是大势研判的第三层意义。这三层意义构成了大势分析的根本目的。

从时间上划分，市场的走势分为长期走势、中期走势、波段走势、短期走势，大势研判也有与此相对应的级别，这里分别进行探讨。

首先是长期走势，长期走势是指两年以上乃至数年的走势。在经历了全流通和机构投资者迅速发展之后，A 股市场已经脱离早期的幼稚阶段，逐渐走向成熟，过去的非理性暴涨暴跌现象将很难再上演，未来 A 股市场的波动特征将向成熟市场接轨。参照成熟市场的一般情况，经济周期决定市场中长期走势拐点，估值水平决定市场的大致定位，大盘的长期走势将贴合 GDP 的增长情况。按目前的一般观点，虽然未来中国经济增速相比过去数年的超高速增长阶段将有所下降，但在未来数年的经济转型以及城镇化的继续推进中，经济依然能保持较高的增长速度。从长期宏观基本面来看，股市的长期向上格局是明确的。

但是，这里笔者想说的是，实际上长期走势的研判是没有什么操作意义的，除非是做超长线。走势是一步步发展演化、逐级生长出来的，任何一段走势，与之最为密切相关的只是其之前的一段走势，时间上离的越远的，关系越小。比如说，2013 年下半年的股市走势最大程度上取决于 2013 年上半年的走势，2018 年的走势则要取决于 2017 年的走势。现在有些人喜欢动不动就抛出所谓的万点论，或者是要跌破 1000 点等等惊人言论，其实就算股指涨至 10000 点，那么这之间也必然要经历 4000、5000、6000……的漫长过程，完全可以且应该等到了某个位置之后，再去考虑该位置后面的事情。例如要判断 5000 点后能否涨到 6000 点，这取决于 3000～5000 点这一路上的走势状况，所以等真的到了 5000 点再判断一点儿都不晚，而且等那个时候、那个位置再判断，一定比现在看得准，所以这根本不是现在考虑的问题。真正的操作者从来不会装成预言家，有些人明明连 3000～3100 点这一点波动都操作不好，还非要去猜那几千点以外的事情，十分荒唐。在股市里，有些东西注定只能作为谈资，走势是用来当下把握的，而不是用来臆测的。尽管高手有时也会发表一些预测观点，但那更多只是出于营销的目的。所以，根本上讲，长期走势研判对个人投资者的实际操作意义不大，只是在长期投资规划上应当适当考虑一下而已。

中期走势一般指几个月至一两年的走势。自从 2009 年之后，股指至今一直运行在大的箱体格局中，A股整体PE在一个较为合理的区间中上下波动，所以很多人都认为这两年的市场波动，已经逐步显现出成熟市场的特征。今后对于中期波动的测算，机构将普遍采用的是估值方法，即在某个合理的平均市盈率波动区间内，结合宏观形势和对上市公司总体业绩的预期，来判断市场的中期波动范围。这种方法有一定的合理性，但是实际上，除非是在较大的顶部或底部，否则中期走势的研判对非中长线操作而言意义也并不是很大，中期走势主要还是大型资金制定策略时要考虑的，对于追求连续稳定获利的职业投资者来说，最有价值的其实是波段走势的研判。

所谓波段，对于大盘而言，一般指持续几周至几个月的一波比较明显的上涨或下跌行情。之所以说波段走势研判最重要，首先在于波段这种级别的节奏适合绝大多数资金。一般只有数亿乃至数十亿以上的超大规模资金，出于流动性等原因导致进出不便，且风险控制要求极严格，才需要重点考虑中长期走势来从策略上把握主要仓位的布局、进出，而中小资金则进出灵活，对大盘波段节奏的利用显然更为适合指导个股的操作，根据这种节奏操作也便于实现收益的相对稳定，使得资金市值能够摆脱指数的波动而稳定增长。另一方面，波段的可研判度相对较高。当市场感觉积累到一定程度时就会发现，波段其实蕴含着大盘在各种周期的波动中最鲜明、最突出的节奏，由此带来的效应是波段的高低拐点区域相对更容易研判，于是给个股操作带来十分现实的指导意义。

比波段更小级别的就是几个交易日，乃至分时图的短期波动了，由于短期走势受到众多突发因素的冲击，在很多情况下，是无法对短期走势的细节做到准确判断的，只能根据经验和技巧进行相对的把握。当然，借助于一些有效的分析方法，我们还是可以把握住很多短线的关键变化点，并由此获得提高买卖精度的效果，这将在下面进一步讨论。

以上讲了这么多，是因为我们首先要对大势分析形成一个正确观念。大势分析涉及到的是全局的把握和策略的制定，千万不要简单的认为大势分析就是去猜测大盘的高低点位，或者明天的涨跌。大盘可以预期，但不可能精确预测，预测和操作完全是两码事，这一点是必须明白的。

二、 多空动能

“多空动能”这个词被市场提及的频率不低，但是什么是多空动能，并没有一个明确的定义。笔者所讨论的多空动能分析，是以行为金融学为理论基础，以盘面量价关系分析为主要手段，对多空心理、行为以及潜在能量的观察解析。多空动能分析是以决定价格的根本要素——交易者心理及行为作为分析的着眼点，需要我们对市场心理状态有一定的理解和感知能力。

大势分析的出发点是每日的看盘，多空动能状况首先也是体现在盘中分时走势。道氏理论将分时走势视做“日间杂波”，认为几乎是无规律的随机运动。的确，每天的大盘分时走势上上下下，杂乱无章，似乎毫无规律可言，但只要看过几天盘的人都知道，大盘分时图看似走势凌乱，却又总是能保持着“一波一波”状态，也就是说像波浪一样上下起伏，并且几乎每天大盘的分时图都是由十几次上下起伏的小波浪构成的，每一轮起伏对应的时间大致都是十几分钟。再看指数走势下方的分时成交量的分布状态(建议用通达信软件，因为很多软件存在分时量计算不准的问题。可以将该软件中分时量调成红绿分色显示看起来更方便。)，指数分时图中量能的变化就像是一个一个的小山峦，连绵起伏不显突兀，给人一种圆润流畅的感觉。更重要的是，这些山峦的高点几乎都对应着上方分时图小波浪的高点或低点，山谷也对应着小波浪的高点或低点。如果要说分时图没有表现出规律，那这些难道不算规律？规律就一定得简单直观到如 1+1=2？谁规定指数走势天生就该是一波一波的，成交量就该是连绵起伏，并且二者高低点相对？在智慧人眼中，这世上没有什么是天经地义的，一切皆有因果。

对于分时波动，先看图 5-1：

图 5-1　上涨与下跌过程中量能变化示意图之一

上面两幅图都是分时波动中十分普通的小片段。左图中分时图两波上涨，下面对应的分时量在上冲过程中逐渐放大，下跌中缩小；右图中指数两波下跌，下面对应的分时量是下跌量能中放大，上涨中缩小。

对于隐含在上面两种情况中的市场行为及心理本质，相信读者借助前面的知识，已经能大致回答。左图中的上涨过程量能逐渐放大，表明上涨过程中买进的人是不断增加的，这说明上涨走势受到多方的认可，由此才会出现随着指数上涨，愿意进场买进的人同步增多，导致量能放大的现象。这其实就是金融心理学中的正反馈现象在最小级别走势下的体现。等到上冲一定幅度后，比如到达 A 点，在这个小级别中的潜在买家群体自然会出现一定的畏高情绪，所以买进的人开始减少，并出现价格的回落。回落的同步缩量则说明并不是卖方的主动发力，而只是买方的暂时不济，如果是卖方主动性涌出，那么量能应该随回落同步增加才对。待缩量回落后，潜在买家又开始逐步进场推动价格回升，而更多的此刻正关注的买家由于认可此时的上涨，看到价格继续跌不下去并且又开始返身向上了，于是顺应走势继续跟进，导致价格回升并且量能再次同步放大。这就是左图这个普通的分时波动片段中蕴含的市场心理变化。右图的情况与此相反，读者可以自己分析。

显然，左图对应的是一个该时刻上涨受到市场认可、买方力量强盛的状态，右图对应的是一个该时刻下跌受到市场认可，卖方力量强盛的状态。就是这样一个微型走势，都蕴含着很深的心理学意义，理解这一点，从中就可以明白多空动能状态是如何反映在量价表现中。

由于这两个片段描述的是走势的两次起伏对应成交量两次起伏的情况，那么从数学排列组合上，就应该有 2×2=4 种情况，也就是除了图 5-1 中两种情况，理论上这时还应有其余两种情况，如图 5-2 所示：

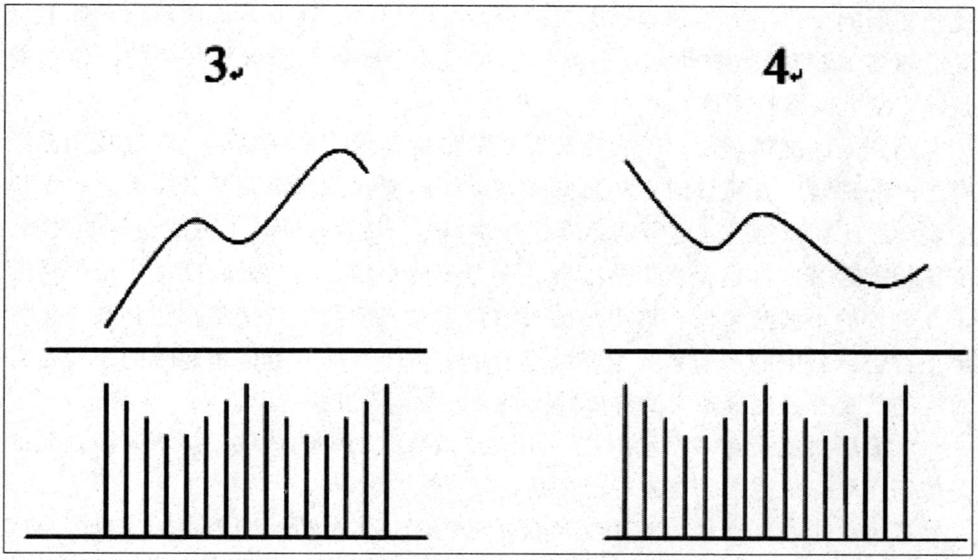

图 5-2　上涨与下跌过程中量能变化示意图之二

但是通过大量的观察，我们会发现，这两种片段在现实中几乎不会出现。这一点足以引起思考，在如此随机的指数分时走势中，这么小小的一个片段，对应的数学上完全可能的四种情况，竟然就有两种几乎不会出现，这是什么原因？原因正是在于上面两种情况不符合市场心理规律。该图左图中，两波上涨意味着买方此刻比卖方积极，但是下方成交量是上涨中缩小，下跌中放大，显示卖方比买方积极，这是相矛盾的。右图道理类似。所以说，除非是受到某些大资金进出的冲击，否则指数分时图中一般不会出现上面两种情况，因为这不符合群体性自然交易的规律。

通过这个例子就能明白，量与价的配合既然不随机，那么就说明量价关系中蕴含着深刻的规律，而这规律，恰恰体现出了多空动能演化的特点，也就是说，多空动能正是体现在量价的表现之中。

或许有的人对于成交量的理解有些困难，觉得成交量应该是双向的，也就是说有多少人买就有多少人卖，所以按照这个逻辑，当放量的时候，例如放量上涨的时候，放量在说明买方增加的同时也说明了卖方也在增加，既然这样，放量上涨不是也代表了卖方力量的强盛？这一点用一个简单的例子就能明白，例如玩桌球时是用白球撞彩球，按牛顿定律，彩球受到多大的撞击力白球也要受到相同的反作用力，那难道因为两个球受力相同，就能否认白球比彩球能量大的事实?成交量的道理也是一样的，双方成交数量相同这是必然的，但关键是，多空之间谁打了谁?

回到上面的例子，对于大盘分时走势如何体现出多空动能，现在我们已经有了一些理解。要从分时走势感知多空动能的变化，就需要对分时图进行细致的观察。比如，每一波运行的角度、升跌幅度、持续时间，下方成交量的大小、变化程度等等，都是有意义的细节。千万不要小瞧了指数分时图上一个个持续十几分钟的小波浪起伏，这小小的一波背后对应的两市成交量都达到数十亿甚至上百亿，其中的参与人数也在数十万以上，所以这些看似不起眼的小段走势对应的其实都是规模宏大的群体性“资金—筹码”交换运动。

前面所讲的是对多空动能在最小级别指数波动中的体现，接下来涉及到的是如何在动态中运用。首先看一个具有启发性的例子：

第一章中我们已经讨论了经典技术分析，技术分析一向为市场大众所喜闻乐道，这项诞生于西方股市百年之前的分析方法，虽然在历经长期实践检验后早已被成功者看作不入流，但却依然以其简单直观的优点而被广泛运用。我们已经知道，技术分析之所以能时不时发挥作用，原因在于“技术图形的自我实现和自我毁灭”原理，其余的所有影响，都是在这个影响作用下所派生出来的，包括主力资金对技术分析的战术运用，本质上也是对这一影响的“借力”。所以，在讲解技术分析时笔者就已经提到，经典技术分析基本上没有直接使用价值，学习它的主要目的是将其作为影响市场心理的一个变量纳入我们的综合考量范围，以帮助我们在与市场的博弈中更加了解市场的心理和行为，这里的案例正是与此相关。

假设，大盘近几个交易日从一个相对的底部开始震荡回升，通过对指数 K 线走势的技术分析显示，指数上方不远处即将临近的一个重要阻力位，比如某条重要均线、高点连线、整数位等等，总之是技术派们几乎都看得懂的阻力位。此时从媒体舆论中也可以明确感觉到，这个阻力位已经引起市场的普遍关心。当日，指数早盘小幅震荡后开始缓步回升并临近这个阻力位，如图 5-3 所示(虚线代表阻力位)：

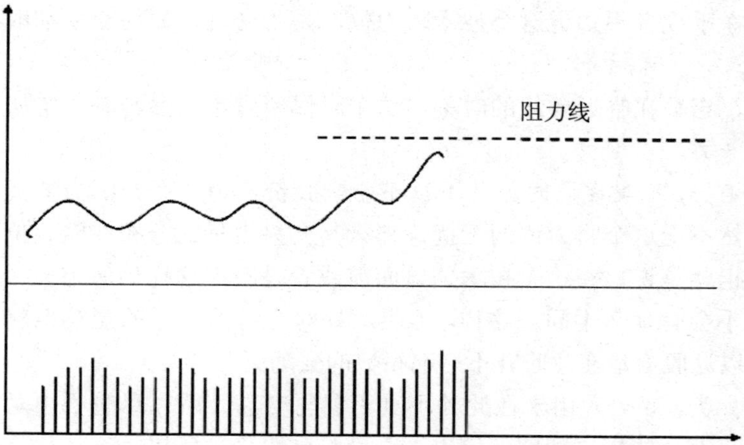

图 5-3　指数小幅震荡后缓步回升临近阻力位分时图

当分时图运行到这个时候，这时将要发生什么，市场将会采取何种行动？暂且不管，先看看技术派们怎么说。前面说到，虚线处为重要阻力位，既然如此，那么早在前一天收盘后股评们、技术“大师”们已经纷纷对此发表看法，诸如“将突破该阻力位向上确立升势”，“将在该阻力位处受阻回落”，“将在该位置附近震荡消化整理”等等，总之，技术派们这时的看法总是包含了各种可能性，并没有一个统一的意见，我们也并不能肯定受技术分析影响的大众交易者此时要采取什么行动。但是无论如何，当指数运行到图中的这个时刻，在技术分析对大众投资心理的影响下，影响股价波动的市场各方力量都将包括如下几类：

a:认为将突破向上，并且一旦突破将立即买进，甚至在涨到临近该位置的过程中就迫不及待买进。

b:预期将突破向上，并且突破后一旦不出现回落以及出现连续的强势将陆续买进。

c:认为将受阻回落，并且指数运行到该位置，甚至临近该位置附近就会卖出。

d:预期将受阻回落，并且指数运行到该位置附近有明显的掉头向下迹象将陆续卖出。

e:已经注意到了这个阻力位，但不确定将如何，内心忐忑不安，在这个区域内不打算参与交易。

f:不在乎或者不知道这个技术阻力位，是否交易、如何交易都取决于其他因素。

显然，指数在临近虚线的时刻，这个时候所有市场参与者一定属于上面几类中的某一类。

先看 f 类，f 类在此时刻并不真正影响股价，为什么？因为 f 类交易人群的交易既然不受这个阻力位的干扰，那么其交易力量的分布在阻力位前后都是均衡的，也就是说，在这个技术关口面前或者是不在这样的所谓关口面前，其交易状态不会有什么不同。这样，f 类此处对走势的产生的影响也就不会产生突变，所以这股力量在此时并不影响指数的变动。

再看 e 类，e 类人由于在此处不真正参与交易，所以尽管心中对走势和这个压力位存着一些想法预期，但也不会影响到股价。所以，真正作为变量影响后续股价波动的就是前面 a、b、c、d 四类，而最终的走势就取决于这四个方向、时间各不相同的分力所构成的合力。笼统的讲，a、b 是多头力量；c、d 是空方力量，并且此刻这四股力量必然都是或多或少存在的。

前面已经给出此时的 K 线背景是“指数近几个交易日从一个相对的底部震荡回升，上方面临重要阻力位”，现在分时图运行到这个时刻，我们关心的问题是，走势在这关键位置面前是会形成有效突破还是会受阻出现较大的回落，这显然要取决于四股力量的强弱状况，如果 a、b 力量占据主导那么意味着将有效突破，而 c、d 力量占据主导则意味着将受阻回落。现在的问题是如何能知道这些？这就涉及到对具体阶段下大众心态的揣测。首先我们可以从舆论环境中去感受，比如从机构、股评、名博等发表的相关观点中去感知市场多数人的想法是什么，但这种感知毕竟只是模糊大概的，多数时候只能作为研判的辅助。对多空动能真正地感知，是要在走势当下中形成，因为这些可以从量价表现中得到直接地揭示，所以我们真正要做的不是去猜测，而是去观察走势本身。

当指数分时图运行到这里，走势的下一步，常常出现的往往是如下三种情况：

情况①，如图 5-4 所示：

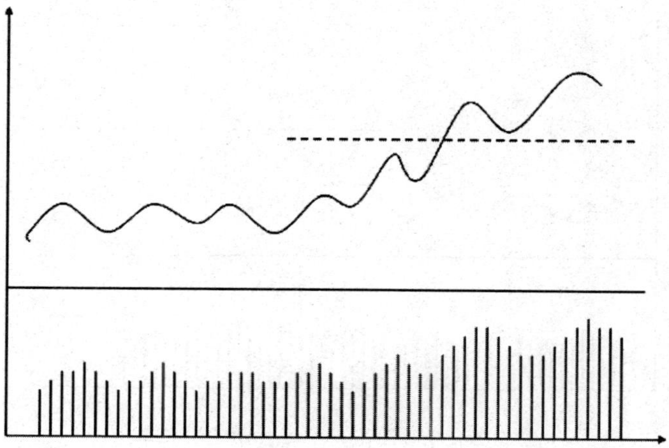

图 5-4　分时图下一步运行示意图之一

情况②，如图 5-5 所示：

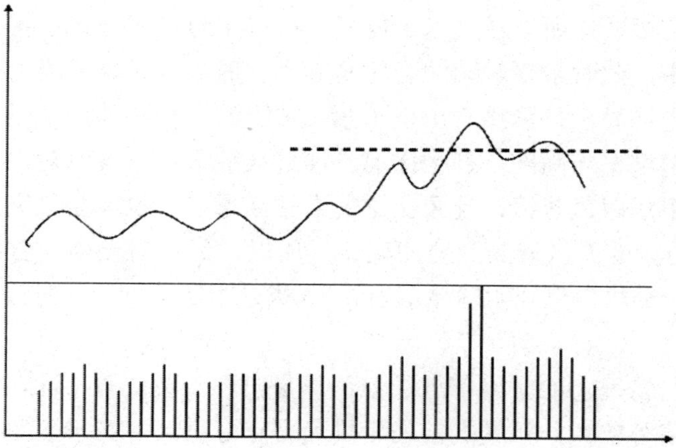

图 5-5　分时图下一步运行示意图之二

情况③，如图 5-6 所示：

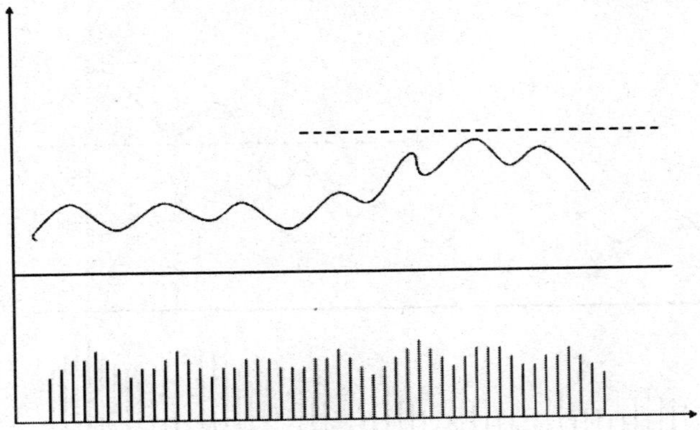

图 5-6　分时图下一步运行示意图之三

当这三类后续走势出现时，各揭示出什么？下面逐一分析。

情况①中，第一波上冲该阻力位时量能堆的整体高度相对于之前的分时量堆平均高度而言，出现有效放大，上涨的持续时间也有所延长，也就是说这一波上冲中追进的人的数量相比之前的买家数量，明显增多了。这首先揭示出，影响走势的几股力量中，a 类力量此时大量存在且占据着主导。而后，由于这一波已经冲上虚线，所以在技术上就已经构成了对该压力线的突破，在那些紧盯盘面的人中，此时最受触动的当然是 b 类，所以这时是 b 类力量显发出来的关键时刻。走势显示，紧接着出现了第二波上涨，伴随的成交量高度依然明显大于之前的量堆平均高度，甚至比前一波继续放大，这说明对阻力位的突破有效的点燃了市场跟风热情，导致买进的人持续增多，也就是说突破得到市场的认可，b 类力量的能量得到走势的确认。所以，经过对该阻力位区间小小的两波走势的量价分析，已经明确显示出 a、b 类是主导力量，此时该突破是强势且有效的。

情况②与情况①的开始部分类似，都是出现一波放量上冲，只是图 5-5 中上冲的量能格外的大，相较之前的量堆而言十分突兀，波形斜率也十分大，但是持续时间比较短，之后第二波的回升没有继续放量，而是萎缩到跟上冲之前的量堆差不多的水平，与前一波相比明显小了很多。这样的走势意味着什么？第一波上冲时急剧放量是否意味也着 a 力量的强大？答案是否定的。因为 a、b

类作为两种同受技术面影响的多方力量，其多寡尽管不完全成正比，却至少应该是密切相关的，没理由 a 大量存在而 b 却几乎没有，但现在的事实却是第一波量比之前放的很大，第二波量没有放大。我们在主力分析部分就已经知道，量小是真实的，而量大却不一定，不只是个股中如此，大势运行同样会受到超级主力的干预，只是干预的程度小一些。情况②的这种走势，便是一种常见的大主力干预分时走势的情况。

一般而言，主力在这样的技术阻力关口前出手有多种可能，或许是假突破诱多减仓，或许是试探市场反应从而获知多空能量状况，也就是所谓的试盘，又或许是想发力助推大盘上攻从而开展一轮升势。从图 5-5 中的量价表现来看，第二波的量不能放出首先至少说明了一点，那就是市场跟风力度严重不足，根本没有多少人认可这个突破，否则的话对于一个突破走势，市场买家岂会完全无动于衷以致之后量能堆相比之前不放大。同样，这也说明主力并不是想真的要发力推升，否则就不会猛拉一波之后又立即收手。以上分析说明，这是主力在技术关口前的试探，或者诱多减仓。而对于其后第二波走势量价表现所显现的跟风不足，超级主力的操盘者对此同样具备解读能力，所以如果是试盘，那么这已经告诉了主力：市场短期上升能量不济，需要回调蓄势；如果不是试盘，而是诱多减仓，走势会立即掉头向下，主力此刻需要与技术性卖盘赛跑。

所以不论是哪种情况，市场这时都将以极大的概率陷入调整，而这一切，突破后的第二波上冲过程中的表现就已经明确地揭示了，如果我们此前因仓位较重而正在考虑是否减仓的问题，那么不用再犹豫，在第二波高点处卖出。其后的走势，如果出现分时阴量显著放大的下跌，那么形成阶段性高点的可能性极大，就算只是技术性调整，时间上也不会太短，因为跟风状况的改善需要一个过程。

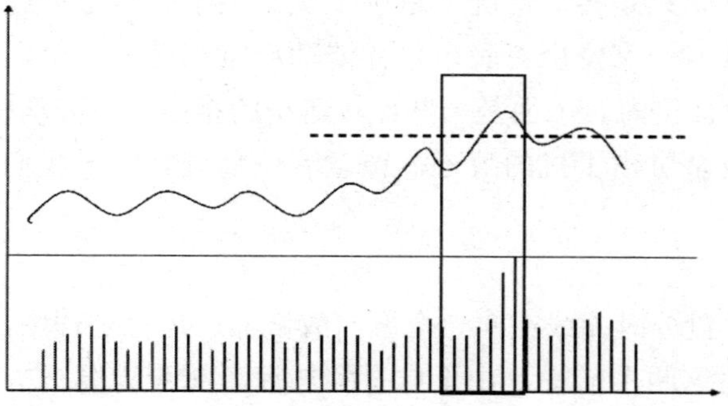

图 5-7 情况②分时示意图

对于图 5-7 框中主力急拉的过程，实际走势中往往还伴随着以下特征中的一种或几种：①红量持续时间短；②有权重股此时瞬间发力；③高点的波形显得较尖；④顶点位移(下面将讲到)。这些现象可以作为进一步确认的辅助，因为这些都是大资金冲击指数分时图的典型表现。

分析了前面两种典型情况，对于情况③，读者应该已经能自己解读，可以自己进行思考。结论依然不乐观，第一波成交量就不能放出说明市场对该关口的谨慎心理，而由于指数此时运行的 K 线背景是已经经历数个交易日的连续回升，也就是正在面临获利回吐压力，如果分时走势后面继续往上，获利抛压只会进一步增大，同时，多方情绪的谨慎使得继续往上的话，愿意追高买进力量会更加减弱，所以情况③构成一种典型的背离走势，意味着短期上涨将终止。

在理解本案例时一定要注意前面关于背景的限定条件，不同背景下有不同波动特点。例如上面的背景是“大盘近几个交易日从一个相对的底部开始震荡回升，上方不远处即将临近的一个重要阻力位。当日，指数早盘小幅震荡后开始缓步回升并临近这个阻力位。”这些限定条件是不能少的，如果背景不同那么结论也将不一样。

这是一个多空动能分析的很有启发性的案例，从中不难理解分析指数分时走势背后多空能量的一般思路。

下面讨论一些有关指数分时波动中的非自然细节的知识。

由于大盘分时图形背后的资金流量是数千万股民的数万亿资金，指数分时走势由大规模群体性运动决定，不容易受到个体的冲击，所以多数情况下都表现出自然而流畅的波动特征，这种特征是个股不具备的。但由于一些超大规模资金，尤其超级主力资金的存在，其在盘中短时间内的大量买进卖出，或者是对指数的主动性干预，也会对指数波动造成明显干扰，使得指数分时波动出现一些非自然特征。只是多数情况下这种干扰只限于分时走势级别，毕竟以目前的市场容量，任何一家资金对股市整体波动影响都是有一个限度的，不可能像个股主力一般翻江倒海。下面是一些比较典型的指数分时波动中的非自然细节，这些往往是大资金进出干扰的痕迹，留意着些痕迹有助于我们感知盘面上的状况。

(1)强反。

强反是指大盘分时曲线在向一个方向放量加速运行过程中，突然反向运动。注意放量和加速这两个前提，由于放量和加速意味着力度很大，所以自然状态下是先减速再反向，也就是说拐点本不应该是很尖的，所以如果出现急剧回拐，明显缩短前面加速运动本该具备的运行时间和波形延续长度，那么这往往是受到大资金的干扰。

例如图 5-8 中，分时阴量正急剧放出，且跌势很急，显然力度不小，却只延续了 5 分钟就急剧回拐，属于明显的强反。图 5-9 中阴量刚刚放出并且正急剧增加，波形也处在向下加速过程中，结果下跌突然停止，真正的放量过程只延续了 3 分钟。图 5-10 在阴量放大过程中回拐，而且红量随即放的更大，导致成交量的红绿分界点不是量能堆的峰顶或峰谷，而在山腰，这也是不多见的非自然的走势，属于强反。

一般而言，向上的强反是一种典型的主动性干预，多数出现在下跌途中，这往往是多头主力的试探性护盘，但事实上这种护盘方式的效果并不好，毕竟是逆着市场本身的动能，无功而返的概率很大，多数只有基金类的大主力才会这样。如果是已经连续超跌的状态下，强反则有可能是超级主力主动进场承接恐慌盘的迹象，值得重点留意。

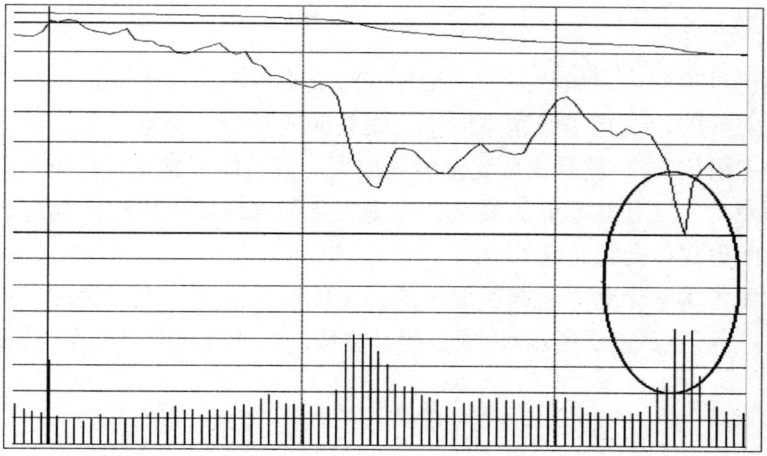

图 5-8 强反分时图一

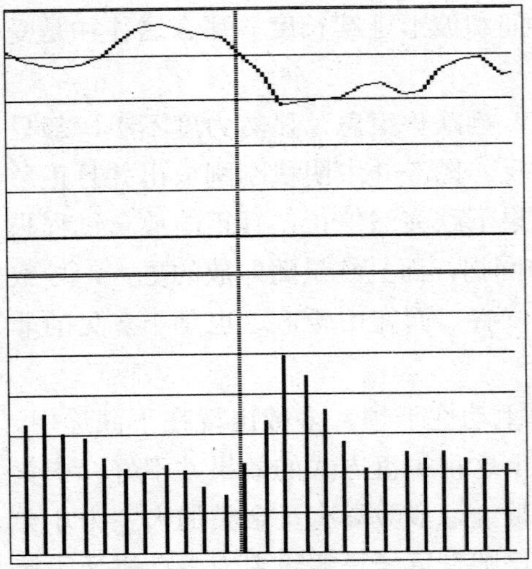

图 5-9　强反分时图二

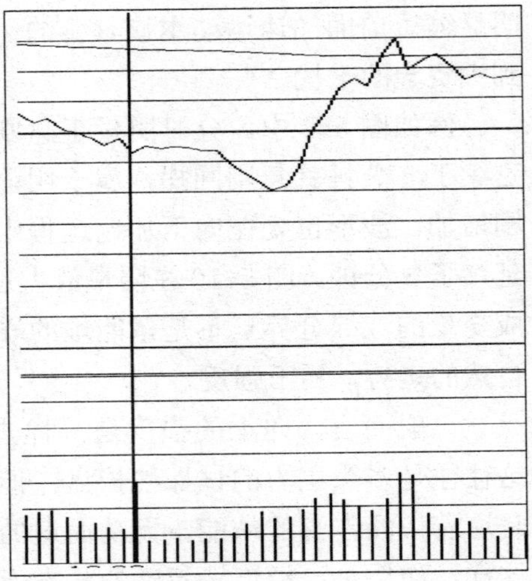

图 5-10 强反分时图三

(2) 顶点错位。

前面已经提到，自然状态下，指数分时成交量堆的高点应该是和走势的高点或低点对应的，这是小级别中的正反馈效应所导致的正常现象。但有时也会出现“顶点错位”，也就是说成交量明显放大，顶点却明显没有对应上应该对应的指数拐点处，这往往是有大资金该时刻大量买入或卖出所致，同时该波走势的延续时间也往往会因此延长。

例如图中本来走势平稳却突然下跌，量能明显放出，但是量堆高点没有对应该波下跌的低点(箭头所示)，顶点明显位移，意味着有大资金在快速减仓。

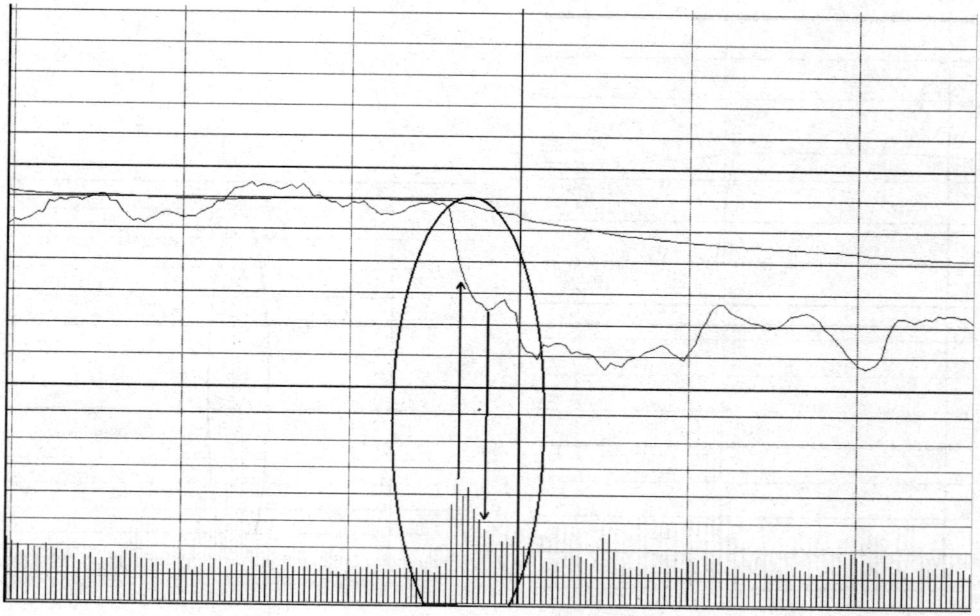

图 5-11　顶点全方位分时图

(3)突兀量。

当某个分时量堆与前、后相邻的量相比都过于突兀时，意味着这个量堆主要是大资金快速买进卖出导致的。原因是自然放量具有一定的连贯性，不会太过突兀。

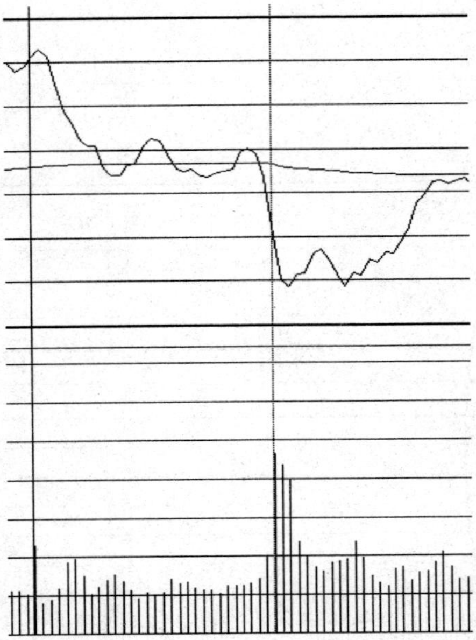

图 5-12　突兀量分时图一

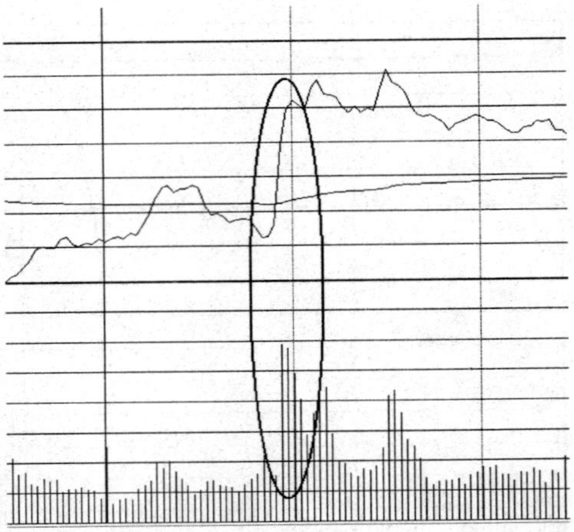

图 5-13　突兀量分时图二

前面已经对分时走势中体现的多空状态有了一定了解，这里再根据这种思路，分析一些典型波动，以加深理解。

由于分析大盘往往要观察一段时间以来多个交易日的走势，所以这里先定义一个分钟基准量概念，以便于对分时量柱高度进行更大跨度的对比。以沪指为例，将最近连续 5 日的日平均交易金额除以 240 分钟，得到的就是分钟基准量。例如，近 5 日沪指的日成交金额平均为 1000 亿，则分钟基准量为 1000 亿÷240≈4 亿。显然，这个基准量所反映的就是近几日分时成交量柱的平均高度，这样我们对当日盘中分时量能大小就能有一个更加量化的比较标准。

先看如下走势，如图 5-14 所示。

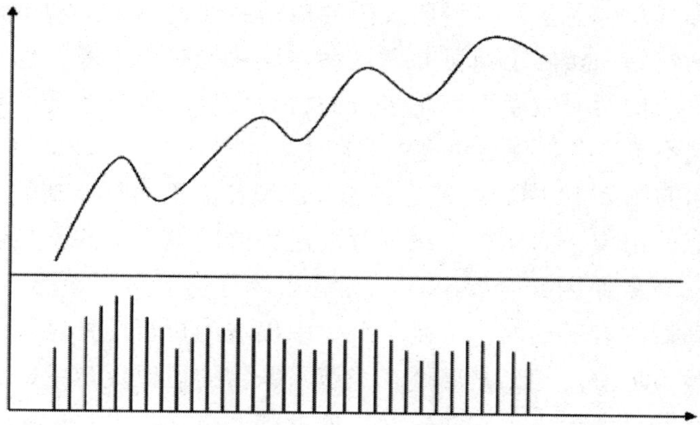

图 5-14　分时图走势示意图一

该分时走势逐波上行，技术上算是小的上升通道，但值得注意的是下方的成交量。这里的异常之处就在于，虽然连续上涨，但每一波上涨的成交量逐渐减少。当小的上升通道形成，按最一般的情况，这里应该存在着该级别的正反馈循环，也就是说不断地上行应该能吸引更多的人买进，以致成交量出现逐步地放大才对，而这里量能却在一波波上涨中逐渐减少，显然是一种异常的量价关系，这是一种典型的背离走势。在这种状态下，由于上涨无法激发买盘，而继续往上由于获利盘的增加，导致抛售压力必然加大，所以市场此刻的多空动能情况是一种上涨能量无以为继的状态。如果大盘正处在调整压力较大的状态，例如短期冲高后的高位，那么这种分时走势往往能当下的为我们提示出短期高点。

明白了上面所体现出的道理，我们对于成交量与价格的关系也就有了更深地理解。比如市场常说的 K 线放量上涨与 K 线缩量上涨，到底是放量上涨好还是缩量上涨好？如果单就大盘而言，笼统地说，当然是放量上涨好，而缩量的上涨则无法持久，为什么？因为潜在抛盘随走势上行而不断加大是客观事实，只有同步增大的买盘才能不断承接住卖压并维持上升走势。而缩量上涨的出现，往往说明这只是卖方的暂时惜售下的上涨，更重要的是，惜售只会是暂时性的，潜在卖盘随着上涨的增加带来实际抛压的增加只是早一刻晚一刻的事情，如果买方力量不随上涨增加带来放量，就无法继续消化卖盘，这个上升走势就没有延续的能力。所以我们常说，大盘可以连续无量下跌，却不可以连续无量上涨，上涨需要成交量的支持，就是这个道理。比如一种最常见的情况，市场刚刚急跌后反弹，如果反弹无量，则说明反弹的原因主要是因为刚刚下跌导致市场暂时出现了惜售情绪，实际上认可并愿意参与反弹的资金不多，也就是说反弹的根本原因是空方的暂时收手而不是多方的大力反攻，所以才会没有成交量，这样的反弹延续不了多久，便会再度掉头向下。

回到上面的图 5-14 中，这种走势如果出现在大盘面临调整的关口，显然意味着一个卖点的出现。而这种小级别背离走势的出现，也并不是偶然的，往往有着更深刻的背景原因。一般而言，在这几种背景下这种走势片段最常出现，一是短线冲高后的震荡期间；二是下跌途中出现的短暂反弹过程中；三是缩量整理的弱平衡市道中。如果是出现在快速下跌后的短暂反弹中，这是典型的危险信号，意味着反弹无力，立即转为再度下跌的概率很大，如果仓位较重并且在此前的高位没有减仓，那么此时应该在该背离走势的高点减仓。而如果是在相对低位的弱势震荡阶段，或是冲高后震荡中的试探性上攻，这就有很大概率成为盘中高点，构成高抛低吸的差价机会。

在实际分析中，实际走势与理想情况会略有不同，但重在把握住背后的多空状态本质特征。有一点要注意，对于该背离走势，其背离程度不仅取决于该小片段中量堆高度的前后对比，还要取决于这些量堆高度与该阶段的基准量水平的对比，与基准量相比越小，越能说明背离程度强，如果大于基准量则有可能不构成背离。

以 2010 年的行情为例，如图 5-15 所示。4 月的下跌，破位初期曾一度在 3000 点附近横盘，4 月 26 日(A 点)分时如图 5-16 所示，早盘探底后一度回升，但反弹延续至下午后量能明显不济，量柱高度只有 3～4 亿，远低于当时的基准量，且按当日上午量能估算的全天交易量也明显萎缩，而上方不远处就是 3000 点和年线的双重压力，这样动能不足的反弹显然是冲不上去的。

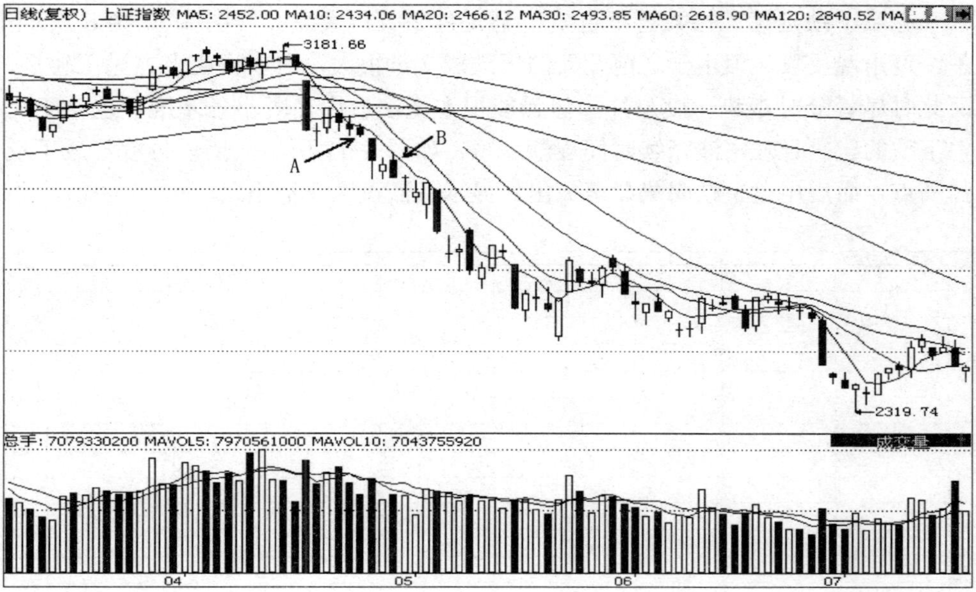

图 5-15 上证指数 2010 年 4~7 月 K 线走势

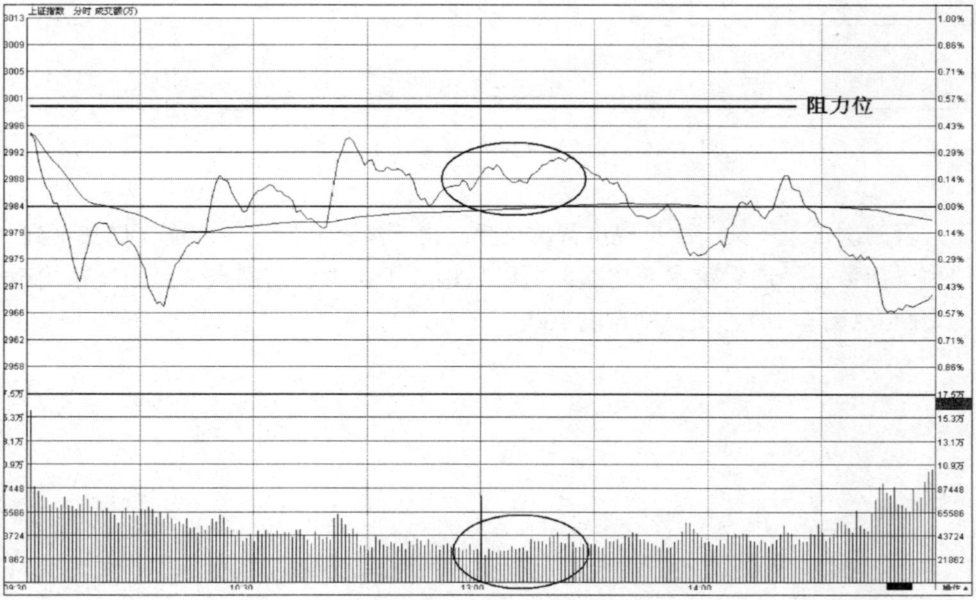

图 5-16 上证指数 2010 年 4 月 26 日分时图

之后下跌延续，指数再下台阶，至 4 月 29 日(大盘 K 线图 5-15 中 B 点)下午一度出现反攻，但由于之前几天的下跌成交量很大，所以说明上方抛压较重，而此时尽管分时走势一度急冲，但量能根本无法放出，既小于基准量也小于上午下跌的量，且攻击波延续时间逐渐缩短，如图 5-17 所示，所以再度形成了反弹高点，而后尾盘下跌阴量显著放出，显示恐慌盘大量涌出，

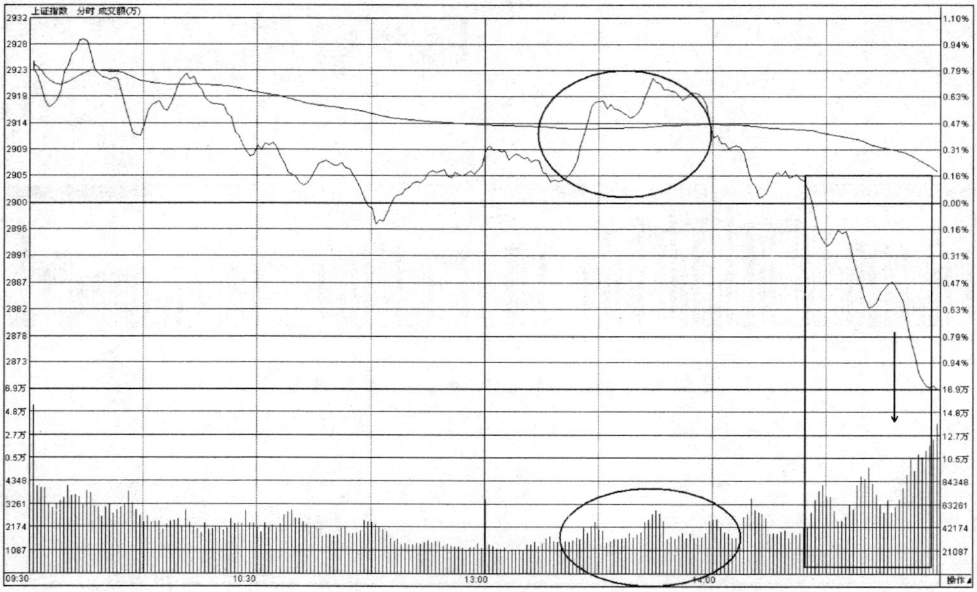

图 5-17　上证指数 2010 年 4 月 29 日分时图

直到次日上午又一次呈现出背离反弹，第三波上冲量柱高度连 3 亿都不到，但由于指数已经连续跳水而超跌，所以只构成了盘中震荡高点，后面尾市出现一定回升(图 5-18)，次日则再度下跌。

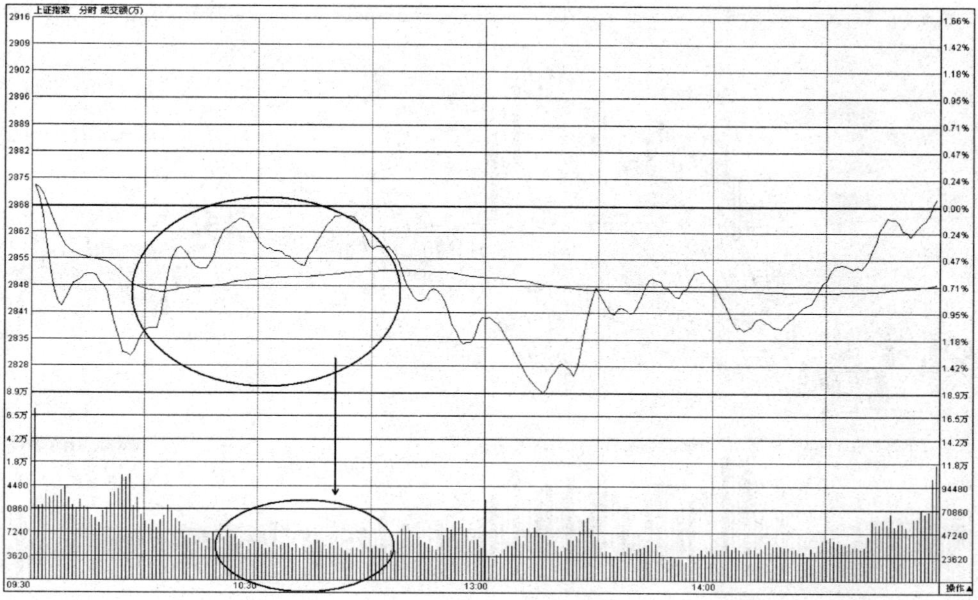

图 5-18 上证指数 2010 年 4 月 30 日分时图

再如 2010 年 11 月的大跌，当指数下跌至 2800 点上方时转入横盘，12 月 10 日和 13 日放量上攻冲上 2900 点并且兵临 30 日线的强阻力位，至 12 月 15 日量能相对于 13、14 日无法继续放大，下午虽然一度试探性攻击 30 日均线，但上冲过程中量柱只有 5 亿，比前两个交易日平均水平还低，显然市场对于上冲 30 日线的跟风明显不足，反弹无法进一步拓展空间，之后快速回调并且阴量放出(图 5-20)。

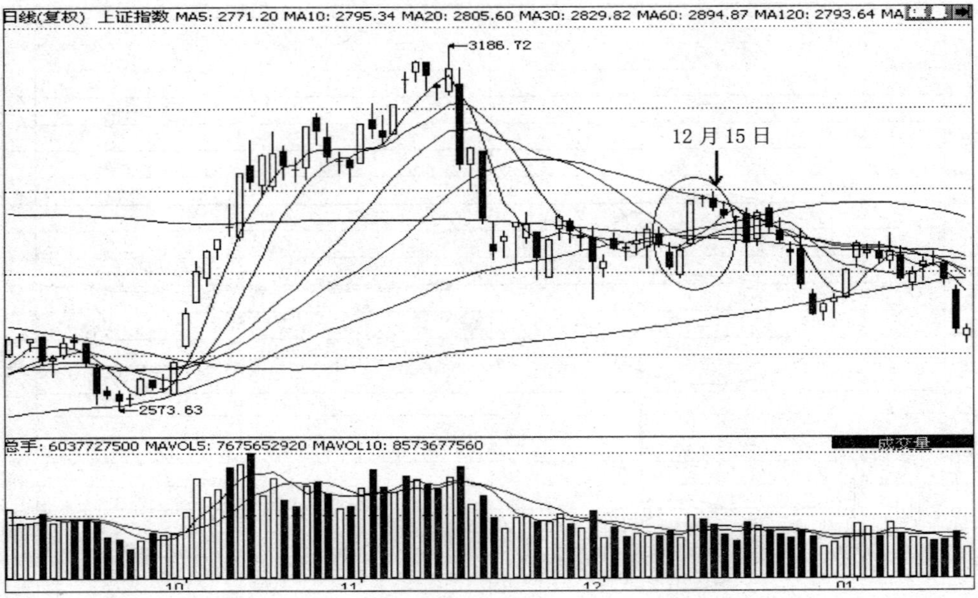

图 5-19　上证指数 2010 年 10～12 月 K 线走势

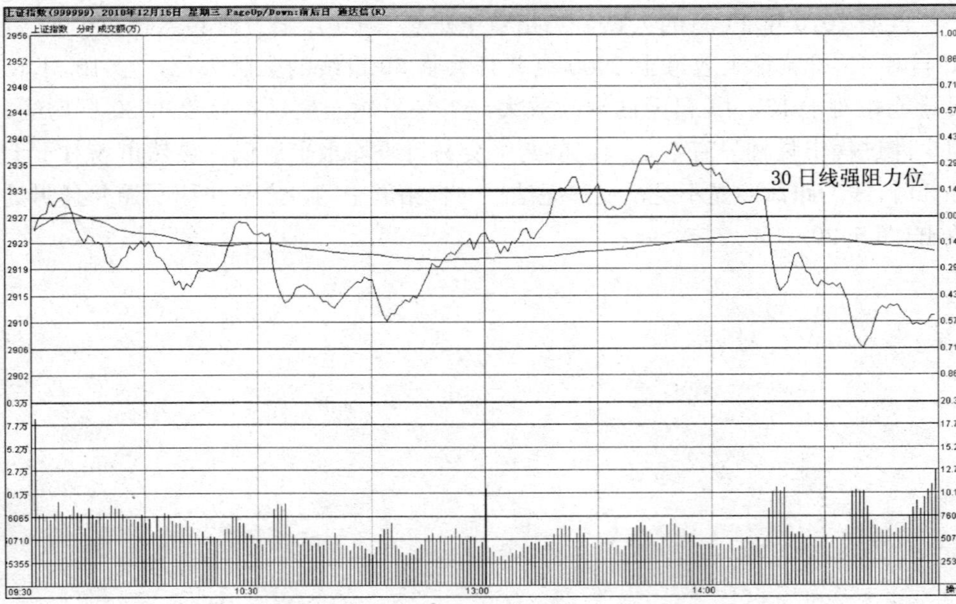

图 5-20　上证指数 2010 年 12 月 15 日分时图

2010 年 5 月底的急反弹中也曾有过类似的情况，如图 5-21 框中所示，反弹第三日量能无法放大，上午盘中冲高时量柱萎缩到 2～3 亿的高度(如图 5-22 分时图所示)，与前两日相比属于超低水平，所以力度无法延续。

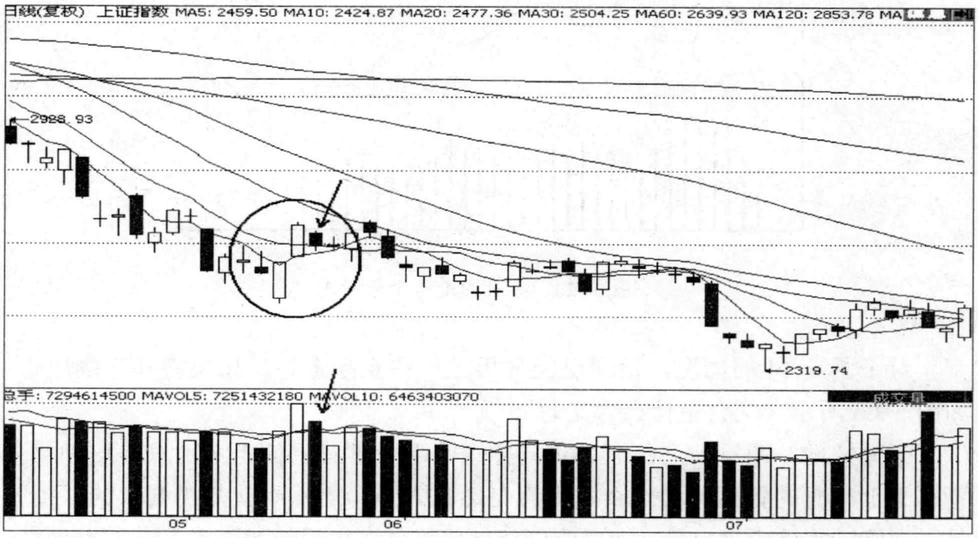

图 5-21　上证指数 2010 年 5～7 月 K 线走势

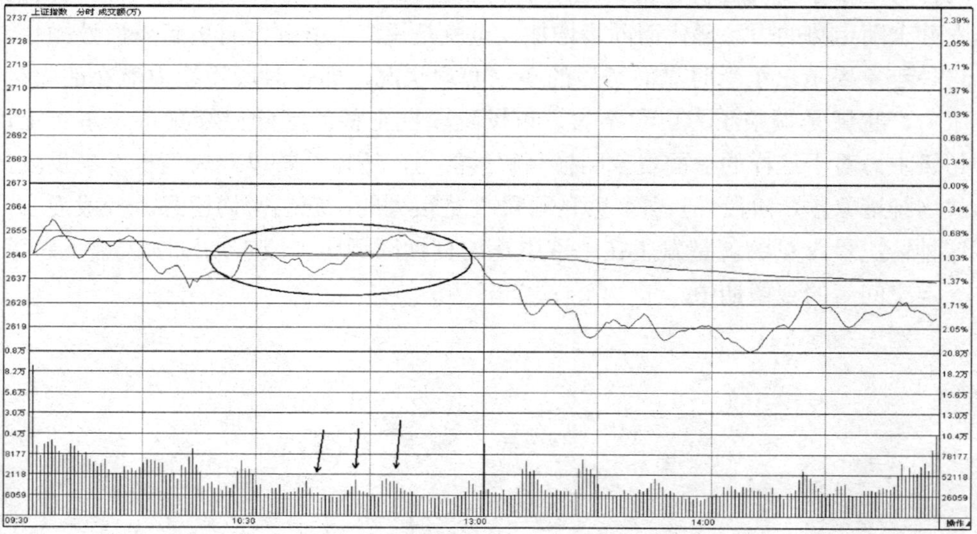

图 5-22　上证指数 2010 年 5 月 25 日分时图

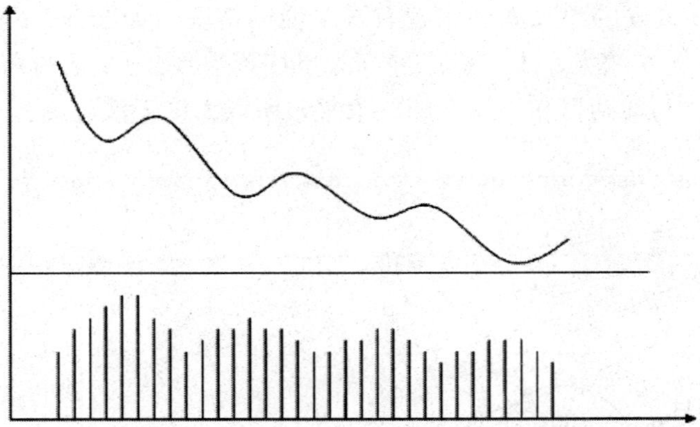

图 5-23　分时图走势示意图

对于图 5-14 的情况，前面已经分析了一些实际走势，如果将其颠倒过来，如图 5-23 所示，又会是什么含义？

毫无疑问，阴量的逐级衰减也同样意味着一种背离的走势，只是这种背离稍弱于上涨时的背离，为什么？因为自然状态下，上涨本就是需要量的，也就是说上涨过程更应该放量，所以不能有效放量就有很强的背离含义，相对而言，下跌不需要有量，所以体现的背离程度就弱一些。但如果出现类似上图的走势，同样有着很重要的分析价值。逐级下跌中量堆高度减少，这表明主动性抛出的人并未随走势的下跌恶化而同步增加，也就是说，下跌并没有引起恐慌性抛售。这种迹象揭示出了当时盘面背后的多空心理状况，即该时段短期内潜在的卖盘压力，也就是调整压力已经不大，市场阶段性企稳的基础已经具备。事实上，超级主力对于这样的盘面现象同样有解读能力，所以经常以此为契机发起反攻，故这种迹象预示阶段性反弹低点的可能性是很大的，应当密切留意。一般而言，这种情况最常见的就是发生在上涨中途的良性回调中，或市场刚刚大幅下跌了一定空间后的观望期中。

例如图 5-24：

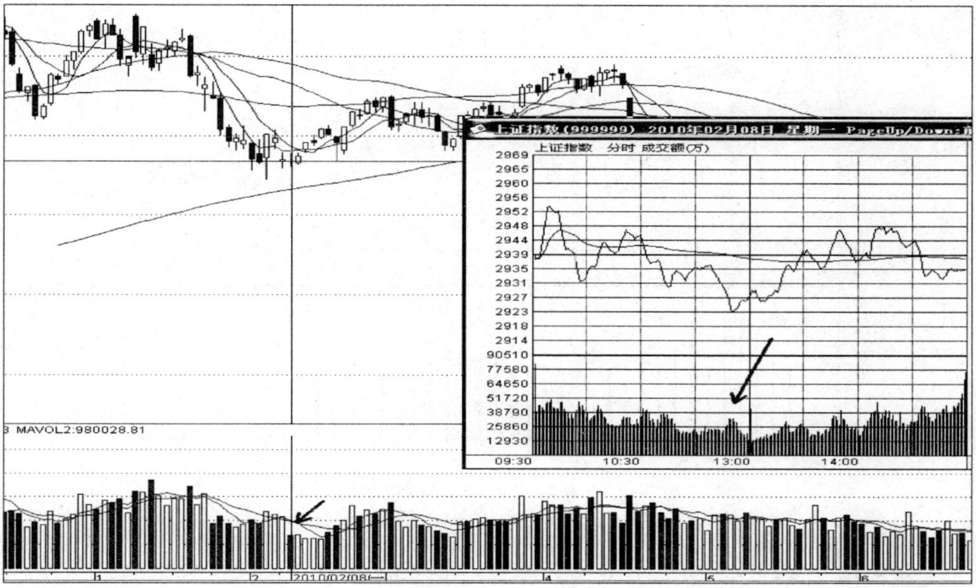

图 5-24 上证指数 2010 年 1～4 月走势图

这是在 2010 年春节前夕，沪指下跌至年线上方缩量整理。2 月 8 日上午再度下探之前已经探过的低点，但分时量价显示，下跌中量能缩减，第三波下跌的量柱仅 2 亿多，这在当时相比于基准量是一个异常低的水平，且盘中根据上午这半个交易日推算的全日成交量相对于此前的日成交水平而言也是明显缩量(可以借助通达信软件的虚拟成交量功能，这个功能非常便于盘中判断当日已经过去的交易时间相比之前的交易日是放量还是缩量，可以在“工具”中设置)，显示连续回调后抛压已经出现枯竭，加之又是春节前的最后几个交易日，重大节假日前有做多倾向是超级主力的惯有方式，所以部分主力在这个调整压力释放到位的时刻进场做多成为理所当然的事情。

如果将一些其他辅助特征考虑进去将有利于我们判断背离的程度，比如：

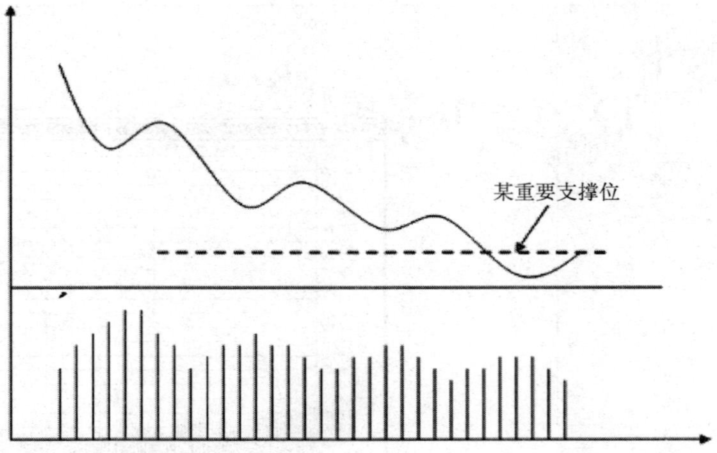

图 5-25　分时图走势在支撑位的表现

如果图 5-25 中虚线是某重要支撑位，显然这里的背离程度就更加强烈。因为跌破重要支撑位会导致一部分技术性抛盘的出逃，此时不放量更加说明抛盘心态的稳定,所以心理含义就更加强烈。

再看图 5-23，这也是一种非常典型的大盘分时走势片段，对市场心理有很强的揭示意味。图中先是小量下跌，而后阴量逐波急剧放大(实际走势中阴量的延续时间还会明显延长，在前面已经讲到过，延续时间也是力度的重要体现)，这是市场发生恐慌性抛售心理体现在走势中的一种直接表现，也就是我们常说的“恐慌盘涌出”。可以说在任何一轮幅度较大的下跌中都一定会出现几次这种走势，而在良性上涨状态的前半段则极少出现。这是一种非常不好的量价表现，当出现在调整初期往往是典型的跌势未尽的征兆，除非这只是受突发利空消息影响带来的一时恐慌。所以当大盘在高位摇摇欲坠时，如果出现这样的走势且当日成交量明显放量，是要高度警惕的，这意味着筹码已经明显松动。而如果是连续超跌后的低位，大资金则很有可能逆着恐慌抛盘而借机进场吸纳廉价筹码，因为超跌之后的底部恐慌很有可能是最后的恐慌。

多空动能分析的要点就在于对盘面异常现象的连续观察和分析。在后面附录中“每日大势分析表格”中有一栏叫心理分析，这里主要是每天开盘前统计机构、股评、名博等市场声音的观点，因为这些“专家”观点左右着市场的总体思维和心态，我们可以从中揣摩市场的想法，这些和走势结合到一起研判多空状态，能起到很好的辅助作用。例如，当一波上涨后，如果从统计各路观点中发现市场仍普遍抱着继续乐观的心态，市场自身的主动性自然抛压此时就应该不会太大，如果这时走势中却出现主动性抛压沉重的现象，那么说明这是异常征兆，要么是超级主力正在减仓，要么就是市场做多动能已经由于充分乐观而暂时枯竭，看多者已经悉数入场且累积了大量获利盘。如果是前一种可能那么很可能面临反转下跌，而如果是后一种可能也意味着将有较大的整理。所以不论是哪种可能，这都意味着波段上涨很可能终结。而做出这种判断正是借助于各类市场言论中所传递出的市场总体心态和市场本身走势的对比观察。反之，当市场一片悲观声音，走势中却反而显现出多头动能充分承接抛压，那么这时要么是短期已经跌透，要么是有大资金主动进场。所以说，一样的走势，出现在不同的市场心态背景下，其背后的含义是不同的。所以，市场心理分析是洞察走势不可或缺的辅助，包括消息面的分析作用也是如此，多空动能分析其实就是将所有影响市场的因素都考虑在内，然后从根子上去考察市场的行为，感受市场的喜怒哀乐，这就是所谓的“盘感”。感受市场状态的感知力需要一定的时间来培养，读者平时一定要多看盘和复盘，这样才能积累足够的感觉。

我们都知道，指数分时图上有白线和黄线两条走势，白线代表的是以加权计算的上证指数，而黄线则是以算术平均计算的平均股价变化。笼统地说，黄线代表中小盘股的平均走势，而白线受权重类个股走势的影响较大。我们在观察分时走势时，这二者是要结合看待的。由于市场心目中的大盘指数是白线，所以白线对市场心理的影响作用更大，但由于白线受权重股影响很大，所以有时黄线更能真实地反映出市场本身的波动节奏、能量和力度(注：有些软件的历史分时图中没有黄线，所以要看历史分时图中的大盘黄线最好用同花顺软件)。多数情况下，黄白线走势方向是大致吻合的，只是幅度上略有差异，而一旦二者出现突发性的背离，也就是二者突然背道而驰，这往往也是一种值得重点关注的异常现象。一般而言，这种黄白线背离往往是白线主导的。注意，这里说的是突发性的背离而不是一般性的偏离，正常情况下黄白线都会存在一定偏离，因为本来权重股和中小盘股之间的波动节奏就不是同步的，偏离往往可以看作是权重股与中小盘股作为两个大类间正常轮动的一种表现，而突发性的背离则不是市场的自然性波动，一定是有大资金参与其中。

市场常常说的“大资金拉高权重股掩护出货”，就属于这一类情况，这是白线往往突然向上拉升，而黄线则出现背离下跌。这里存在两种可能性：一是热点在超级主力主导下向权重股切换；二是利用大盘股拉高指数掩护中小盘减仓。其实不论哪种情况，只要明显的背离走势出现，首先至少意味着中小盘股本身的调整压力已经非常大，否则黄线至少会跟随白线而不会是反向运行，所以这种情况的出现至少对于中小盘股而言是一种危险信号。事实上，一旦出现这种走势，第二种情况可能性远大于第一种，也就是说权重股掩护中小盘出货占多数情况，这时市场往往当天就会出现巨量的大资金抛售现象。而即使是热点切换，也同样意味着中小盘股将出现较长时间的弱势，例如 2010 年 10 月的大盘股行情中，主流资金的调仓一度使得大小盘股呈冰火两重天走势，这是十分罕见的现象。如图 5-26 和图 5-27 所示。

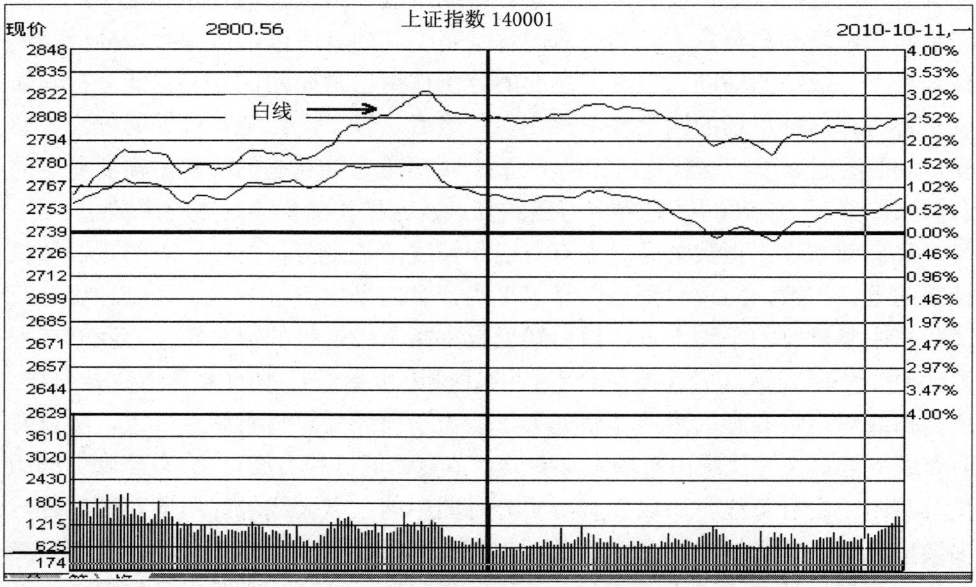

图 5-26　上证指数 2010 年 10 月 11 日分时图

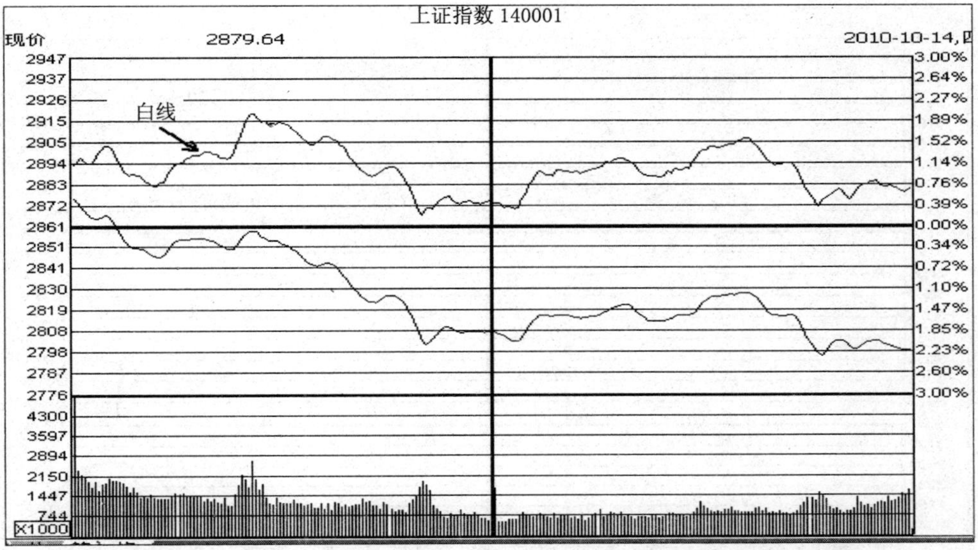

图 5-27 上证指数 2010 年 10 月 14 日分时图

如果这种走势出现在连续上涨后的高位，一般意味着超级主力大规模减仓的开始，需要高度警惕，背离的程度越强烈越能说明问题，2010 年的两次大跌前均上演了这一幕(图 5-28)：

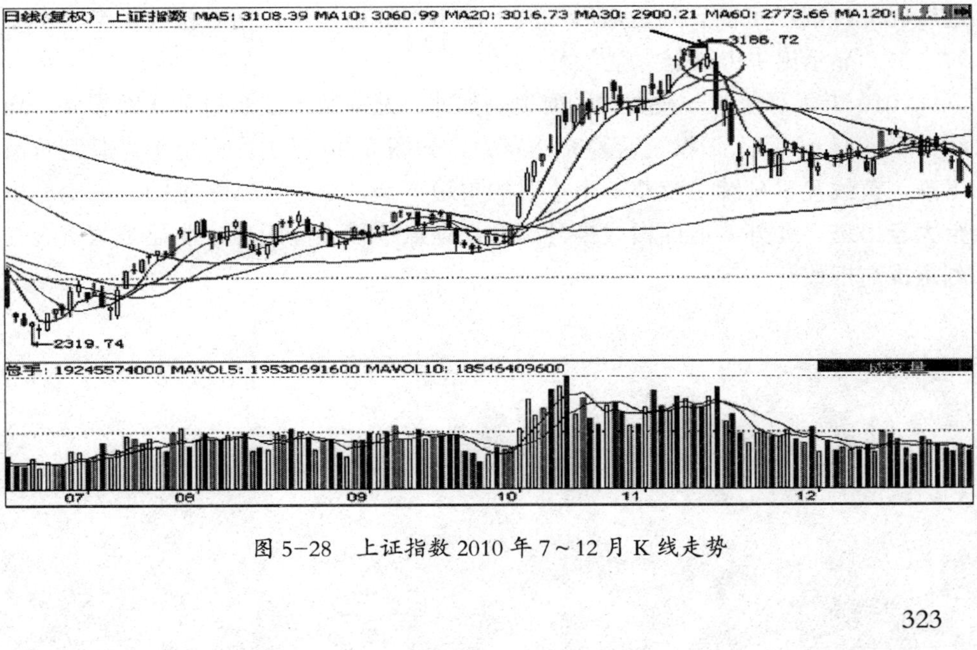

图 5-28 上证指数 2010 年 7～12 月 K 线走势

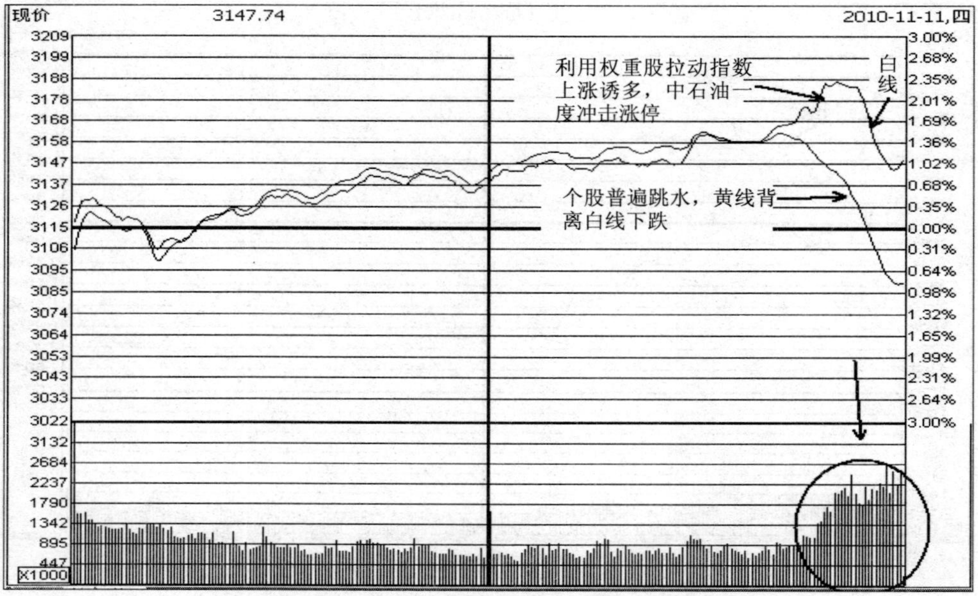

图 5-29　上证指数 2010 年 11 月 11 日分时图

图 5-29 是沪指 2010 年 11 月 11 日的走势，这之前几个交易日都是中小盘活跃而权重股疲软，黄白线中也体现出这一点，而当日尾盘权重股却一反常态地突然发力，石化双雄一度被大单疯狂打到接近涨停的位置，黄线则立即反向逆转向下，图中可以看到这最后一波下跌不仅放出巨量，而且延续了半个多小时之久，显示出主力减仓力度之大。

2010 年 4 月份的一波大跌之前也是如此。此前数个交易日黄线都领先于白线，至 4 月 13 日上午权重蓝筹突然发力，如图 5-30 所示。而中小盘股则背离下跌，黄线几乎延续了整整一个小时的单边下跌，这是异常罕见的，说明有资金大量出逃。此外，前面白线推升部分，顶点位移十分明显，明显是大资金在刻意推高指数。

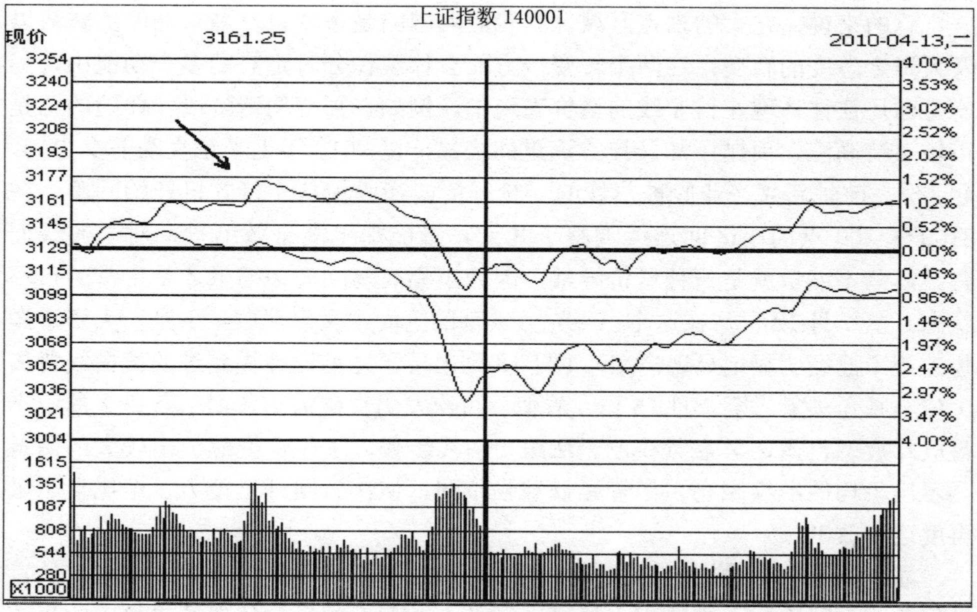

图 5-30　上证指数 2010 年 4 月 13 日分时图

类似的情况，读者可以自行分析 2009 年的大顶区域和 2007 年的历史大顶区域，看看类似的情况是如何上演的。

前面已经分析了一些分时波动下的多空状态解读，对于走势细节的观察思路不外于此。实际中的走势都是不断生长出来的，如同一首绵延不绝的旋律，所以对于任何波动，都不能孤立地看待，应该纳入阶段性的全局视角下进行连贯的观察分析。当对盘面的感知能力达到一定程度后，就会发现，在 K 线图的上下起伏轨迹中，其实隐含着另一条轨迹，那就是市场的心理轨迹，这条轨迹不像走势图跳跃杂乱，而是渐变的，似均线般圆润，但是在其拐点处，却又能发出敏感的不稳定信号。多空动能分析的最终目的，就是要深入走势的背后，去感知这条市场心理的轨迹，这种感知，就正是我们所说的盘感。显然，从这里就能够知道，盘感并非是虚无缥缈的第六感，而来自于从多空行为、动能的角度对走势的连续性观察。任何一个较大级别的走势转折，例如波段及以上级别的转折，其背后都对应着相应级别的多空动能状态或者说市场心理轨迹的转变，这些转变不是无迹可寻的，会从走势的多个典型细节中体现出来。一旦积累了一定的盘感，在连续的看盘中，对于这轨迹的转变就会有十分明晰地感受。

总的来说，在大的拐点区域，其背后对应的是市场自身多空动能的转势以及大资金态度的转变，这两个转变一方面会体现在分时走势的多空动能中，另一方面还往往体现在日K线的量价表现中。例如在顶部构造阶段，伴随的总是市场热情高涨，而抛压却又异常沉重的迹象，以2010年上半年大跌前夕为例，4月份之前是新兴产业股被热炒的一轮行情，当股指从4月6日开始回落，在3100～3200点的小区间连续调整了几天，量能却不能有效缩量，对于K线而言，震荡不缩量就是一种量价异常，因为小幅震荡回调中缩量才是正常的市场状态。至4月12日，在这个已经充分震荡的区间中又出现放量下跌，大资金抛售的迹象已经明显地显现出来，4月13则出现了之前已经提到过的黄白线背离大资金减仓迹象，至4月15日，看似要再次发力突破前高，但活跃已久的中小盘股却疲态已露，早盘黄线已无法跟上白线步伐，下午也突然放出较大的阴量显示出机构的继续减仓，尽管尾盘勉强拉回，但次日回升已无力，至尾盘阴量再度连续放出。

显然，这么多的有明显意义的细节，通通都不是上涨中继状态应该有的良性现象。一般而言，走势拐点的级别越是大，背后的异常体现在走势中的痕迹就越明显，也就是说信号越是多。而在拐点出现后的反向运动中，多空能量状态则会呈现出和之前完全不同的表现，通过这状态，我们对于这反向运动的力度和延续时间，就会形成直观的感受。例如，接着上面的例子，下跌刚开始时放量击穿年线后一度反攻至年线上方，此时面临的问题是下跌是否到位，此处会否企稳，这又要取决于该位置的多空动能状态。观察之后的几个交易日，且不说分时图所不断反映的大资金继续大量抛售的现象，单从日K线这么粗略的大级别上看，4月22日开始的连续三根小阴线的平均放量水平相对于4月上旬的高位竟然都没有衰减，这是典型的异常现象。波段高位开始的第一次急跌，短暂企稳反弹后的小幅回落中，不应该能放出和高点处相同的成交量水平，所以这里表明非自然抛压很重，这与分时走势中体现出来的状态是一致的，明显有大资金在大量抛售。这些分析足以帮助我们规避其后的风险，而这一切的判断和反应，显然都是当下作出的，并不需要什么超前的预测。

三、 板块特征辅助分析大势

前面曾说过，在波段这种级别的起伏中，蕴含着各级别走势中最突出的节奏感。这种节奏的存在，一个重要的原因就是走势背后市场群体多空心理的周期性起伏节奏。在自然界中，周期性是普遍存在的，而人的心理状态同样具有周期性，个体如此，群体更加如此，这种群体性心理的周期波动就决定了股市的运行中也呈现出一定的周期性规律，这方面最典型的总结就是江恩理论、波浪理论中的所谓时间周期规律，只是那些内容更多的是概率上、数字上的机械总结，难以应对复杂多变的实际情况，而要真正贴合市场的节奏与之共舞，只能借助于对多空动能的当下感知。

这种当下的感知是多方面的，从其中一个角度来看，波段起伏往往有一个鲜明的特点，就是从结构性上看，每一波行情都伴随着一个主要的上涨逻辑，在这个逻辑之下，与之相关的板块成为行情的主题热点，作为上涨的主要带动力量引导市场向上。也就是说，这个逻辑构成行情的主线，贯穿于整体走势之中。这个问题不难理解，早在板块分析部分已经有所论述，每一波上涨或下跌中，各板块是不可能完全同涨同跌的，不同板块间的表现差异往往很大。

这里我们还可以从多空平衡的角度来理解这种现象，大盘的整体多空动能失衡总是有一个限度的，否则价格的波动将立即修复这种失衡，比如每日开盘前利好或利空消息引发的突发性失衡，往往会以大盘高开或低开的方式来瞬间修复。所以，有限的多空动能失衡的影响在某个时间段，只可能集中于某些板块而非整体，否则所有板块整体失衡的话那说明这失衡肯定超限了，大盘早就该暴涨暴跌了，这种程度的失衡显然是很少见的，一般都是受突发性特大消息影响或者大资金外力干预时才可能出现，这就理解了为什么大盘在绝大部分时候，即使是牛熊市这种失衡非常严重的状态下，都只是一个板块轮动(牛市轮涨、熊市轮跌)状态，而不是同涨同跌，因为有限的失衡动能只能在有限的板块内宣泄。所以，在上涨中，这种失衡集中宣泄的板块，就成为所谓的领涨板块，在这些板块的示范效应下，失衡才在各板块逐步轮番蔓延起来，最终在热点板块的带动下轮番表现，形成系统性的上涨。而每一波行情中，有带动力的领涨板块的共性，就构成行情的所谓的逻辑主线。

所以说，上涨往往是需要逻辑的，只有某种有号召力的逻辑出现并且得到市场认可，才能令各路资金达成共识，最终在主流资金对该逻辑主线相关的热点板块的运作下，引导市场整体形成有持续力的上涨行情。如果缺少清晰的逻辑主线，大盘往往会陷入僵局，即使超级主力想做多，也是师出无名，难以得到市场的认可和追随，也就很难出现持久的行情，像那些热点散乱的行情一般都很难走得远。

某个逻辑出现在某个时期，往往并不是偶然的，这与当时社会经济环境的变化特征以及股市各板块自身的状态特征有着密切的联系。以2010年典型的震荡市为例，4月前的上涨，领涨的是各新兴产业类板块，因为当时社会集中关注的是中国经济面临转型的重大议题，各类相关促进政策密集出台，新兴产业作为未来的转型方向将受到极大推动，此时比其余板块更具备号召力，所以成为行情主线是理所当然；而7月份大盘跌至低位后，各强周期板块在大跌之下估值已极低，在当时向好的经济数据不断出台背景下，业绩弹性更大的那些强周期板块便被主流资金发掘出来，于是所谓的“强周期股估值修复”便构成了当时上涨的主要逻辑，之后才带动各题材及成长板块纷纷补涨；至国庆前后，中小盘股的估值已经非常高，行情很难继续向上拓展，但在部分实力极强的超级主力的联手下，通过对调整达一两年、已经鲜有人关注的低估值大盘蓝筹股的集中攻击，再次令市场资金达成共识，于是又出现了一波强有力的大盘股行情。所以说，一轮持续的上涨能否出现，以及出现后有多少延续力，这与行情背后的板块逻辑是有着密切联系的，而这些联系，就构成了我们对波段走势进行研判的一个重要辅助，这也就是所谓的结构性分析。

结构性分析，就是通过对强势板块及弱势板块的分析，结合市场的运行逻辑主线，来辅助研判市场的波动状态和拓展空间。因为从板块这个层面上讲，市场整体的波动就是各板块波动的分力所形成的合力，所以结构性分析相当于把市场这个整体肢解成不同部分，然后对各部分进行分别的观察，最后辅助对合力的判断。在走势的各个阶段，我们都应该对行情的结构性进行如下的思考，以上涨中为例：

最近哪些是强势板块，这些强势板块有无共同逻辑？

这个逻辑受市场持续认可的潜质有多大，能支撑多久的强势？

这个逻辑受到哪些外部因素影响，会否发生变动？

如果这个逻辑正强力延续，那么在市场对这个逻辑的深入发掘下，还有哪些板块有成为强势板块的潜质？

现在的经济、政策环境有什么特点，在这背景之下，除了之前的上涨逻辑，还有什么有可能演化出新的逻辑，也就是说热点会否出现大的切换和扩散？市场的多空动能状况能否支撑新逻辑的出现？

股市此刻各板块的自身状况是什么特点，各板块分别有多大的涨跌潜力，有没有哪些板块正在表现出异常，权重板块中有没有值得留意的变化？

根据以上方面的思考，此阶段的板块变动特征会对大势造成何种影响？

这些就是结构性分析的思考点，当然，首先需要较好的掌握前面所讲的板块分析的知识，然后要积累一定的市场感觉和经验。例如对逻辑主线的识别，主要是看强势板块的共性，这些共性一般体现自这些行业间某些共同的典型特征。例如前面讲到的，根据行业与经济周期变动关系的特征，可以划分出周期性行业和非周期性行业；根据板块个股的业绩和吸引力特点，分为蓝筹股、题材股、冷门垃圾股；根据价格高低，分为低价股、高价股；根据产业发展阶段和前景，分为新兴产业、传统产业等等。这些划分看似多种多样，但实际上，在某一个具体行情阶段，经济背景或者市场自身都会伴随着某个突出的特点和矛盾，而行情的逻辑主线，往往就来自于与这种特点和矛盾相关的划分类别。例如，2010 年下半年，经济背景的突出特点是国际大宗商品价格上涨和国内物价普遍上涨所造成的通胀压力，所以自然而然地，根据不同板块受到这样的经济环境影响的不同，市场这个时期就会相应重点突出所谓的抗通胀板块，而资源股期间出现的强势行情引领大盘上行，就是这种以通胀为逻辑主线的行情。

板块分析对于大势分析有重要的辅助作用，通过对前面列举的一些要点的分析，就能对行情的脉络有更清晰地把握。显然，在底部区域，要出现有力的上涨，一方面需要此前带动调整下跌的利空逻辑已经获得足够的消化；另一方面还要有具备获得市场认同潜力的逻辑能产生。而到了上涨途中，涨势要延续，要么是需要之前贯穿于行情的逻辑主线有进一步延续或者深化、扩散的能力，要么就需要有新的有号召力的逻辑的出现，而这些，就要从经济环境和股市环境两方面的具体情况来判断。到了顶部区域，板块特征往往就会表现为旧的主线缺乏延续和扩散能力，以及新的逻辑无法产生。根据各板块上表现出来的特征，再结合其他方面的分析，对于未来行情走向就能有更好的把握。以 2010 年一季度上涨后转势并暴跌的行情为例，当时在各界对经济转型的热议之下，新兴产业成为行情的主线，各新兴产业板块轮动式大涨，在各路主力对该主线的深入发掘之下，基本上与之相关的都涨了个遍，进入 4 月后这类个股普遍进入高位滞涨状态，此时由于权重板块估值偏低，所以情绪依然亢奋的市场普遍寄希望于热点由中小盘股往大盘股上切换，也就是新的逻辑能够出现，但权重股却不但不转强，甚至逆着市场预期走弱，量能也显示出明显的机构减仓迹象(注意察看当时各权重板块的表现)，这样，旧的主线已被过度发掘而难以延续，新的逻辑又无法产生，最终必然导致转势的形成。这里的判断，正是板块特征的分析起到了关键的作用。

附录：

每日行情分析

技术分析	当前大盘技术面特征	
多空动能分析	今日分时波动用多空平衡理论分析，大盘内在多空动能如何	
结构性分析	权重股及领涨领跌板块状况	
主力分析	盘面上看今日主力有何动作？战略意图是什么	
消息面分析	影响次日大盘的消息面情况	
心理分析	机构及股评观点	
龙虎榜关注		
结论	综合结论及操盘策略	
	午间分析	
	备忘	
当日总结		

日期：　　　年　　　月　　　日